国家级教学成果奖（二等奖）配套教材

普通高等教育“十一五”国家级规划教材

新编21世纪工商管理系列教材

社会主义市场经济理论与实践

第6版

主 编 王军旗
副主编 华 昊 贺敬垒

Theory and Practice of Socialist Market Economy

中国人民大学出版社
·北京·

图书在版编目（CIP）数据

社会主义市场经济理论与实践 / 王军旗主编；华昊，贺敬垒副主编. -- 6 版. -- 北京：中国人民大学出版社，2024.5

新编 21 世纪工商管理系列教材

ISBN 978-7-300-32867-6

Ⅰ.①社… Ⅱ.①王… ②华… ③贺… Ⅲ.①中国经济－社会主义市场经济－高等学校－教材 Ⅳ.①F123.91

中国国家版本馆 CIP 数据核字（2024）第 107124 号

国家级教学成果奖（二等奖）配套教材

普通高等教育"十一五"国家级规划教材

新编 21 世纪工商管理系列教材

社会主义市场经济理论与实践（第 6 版）

主　编　王军旗

副主编　华　昊　贺敬垒

Shehui Zhuyi Shichang Jingji Lilun yu Shijian

出版发行	中国人民大学出版社		
社　　址	北京中关村大街 31 号	**邮政编码**	100080
电　　话	010－62511242（总编室）		010－62511770（质管部）
	010－82501766（邮购部）		010－62514148（门市部）
	010－62515195（发行公司）		010－62515275（盗版举报）
网　　址	http://www.crup.com.cn		
经　　销	新华书店		
印　　刷	北京溢漾印刷有限公司	**版　　次**	2001 年 5 月第 1 版
开　　本	787 mm×1092 mm　1/16		2024 年 5 月第 6 版
印　　张	21.75 插页 1	**印　　次**	2024 年 12 月第 2 次印刷
字　　数	494 000	**定　　价**	55.00 元

内容简介

本书以习近平新时代中国特色社会主义思想为指引，深入贯彻党的二十大报告和习近平总书记最新讲话精神，运用辩证唯物主义、历史唯物主义方法和工具，对市场经济的普遍性和社会主义市场经济的特殊性展开系统深入的研究。

第6版内容做了较大调整，增加了把握新发展阶段、贯彻新发展理念、加快构建新发展格局、大力发展数字经济、中国式现代化的成功推进和拓展、我国未来发展的战略安排和总体目标、推动高质量发展等内容，集中诠释社会主义市场经济理论在新时代的新发展。

所有章节根据党的最新文献进行对表，“阅读扩展”“权威观点”专栏内容鲜活，全面呈现社会主义市场经济理论创新成果和实践创新成果。

作者简介

王军旗　天津大学马克思主义学院教授、博士生导师，中国马克思恩格斯研究会理事，陕西省外国经济学说研究会副会长。中宣部文化名家暨“四个一批”人才，国家“万人计划”哲学社会科学领军人才。在《人民日报》《光明日报》《经济学家》等报刊发表学术论文80余篇，出版教材专著20余部，承担国家重点研究课题10余项。作为负责人组织申报的《中国特色社会主义理论体系教学信息化建设的探索与实践》获评国家级教学成果二等奖。

序言

坚持社会主义市场经济改革方向

改革开放以来，经济学界对社会主义市场经济理论进行了长期的探索，取得了丰硕的研究成果。党的二十大报告指出，“坚持社会主义市场经济改革方向”“构建高水平社会主义市场经济体制”。在全面建设社会主义现代化国家新征程上，我们要坚持社会主义市场经济改革方向，毫不动摇巩固和发展公有制经济，毫不动摇鼓励、支持、引导非公有制经济发展，充分发挥市场在资源配置中的决定性作用，更好发挥政府作用，在更高起点、更高层次、更高目标上推进经济体制改革，为推进中国式现代化提供体制机制保障和动力支持。仔细考察近年来社会主义市场经济理论方面的研究成果，这些成果表现出高密度、深挖掘、精准化的发展趋势。在这种背景之下，《社会主义市场经济理论与实践》（第 6 版）出版发行了。细读该书，感觉到具有政治站位高、框架体系合理、论证材料鲜活、现实针对性强等特点，是一本难得的社会主义市场经济好教材。

党对社会主义市场经济理论的长期探索与实践

社会主义和市场经济的关系，是社会主义经济理论和实践发展中的一个重大问题。我们党经过长期艰辛探索和实践，摆脱了把社会主义和市场经济对立起来的传统观念，提出了建立社会主义市场经济体制的改革目标，成功实现了从高度集中的计划经济体制到充满活力的社会主义市场经济体制的历史性转变。

从 1978 年党的十一届三中全会到 1984 年党的十二届三中全会这一阶段，我们对经济体制中计划和市场关系的实践和理论问题不断作出探索。党的十一届三中全会深刻分析了我国高度集中的计划经济体制存在的严重缺点，提出重视价值规律作用的改革要求。1982 年党的十二大提出建设有中国特色的社会主义，强调“计划经济为主，市场调节为辅”。

1984 年，党的十二届三中全会通过《中共中央关于经济体制改革的决定》，提出

“社会主义计划经济必须自觉依据和运用价值规律，是在公有制基础上的有计划的商品经济”。

1987 年，党的十三大提出“社会主义有计划商品经济的体制应该是计划与市场内在统一的体制”，并明确了“国家调节市场，市场引导企业”为特征的经济体制的运行模式。

1992 年，党的十四大明确了我国经济体制改革的目标是建立社会主义市场经济体制，提出要使市场在社会主义国家宏观调控下对资源配置起基础性作用。这一重大理论突破，对我国改革开放和经济社会发展发挥了极为重要的作用。2003 年，党的十六届三中全会提出“更大程度地发挥市场在资源配置中的基础性作用”。

党的十八大以来，我们坚持全面深化改革，充分发挥经济体制改革的牵引作用，在完善社会主义市场经济体制上迈出新的步伐。党的十八届三中全会审议通过《中共中央关于全面深化改革若干重大问题的决定》，提出“经济体制改革是全面深化改革的重点，核心问题是处理好政府和市场的关系，使市场在资源配置中起决定性作用和更好发挥政府作用”。这是我们党在理论和实践上的又一重大推进，是对中国特色社会主义建设规律认识的一个新突破。党的十九届四中全会审议通过了《中共中央关于坚持和完善中国特色社会主义制度 推进国家治理体系和治理能力现代化若干重大问题的决定》，对社会主义基本经济制度作出新概括，明确提出“公有制为主体、多种所有制经济共同发展，按劳分配为主体、多种分配方式并存，社会主义市场经济体制等社会主义基本经济制度”。这是对社会主义基本经济制度内涵作出的重要发展和深化。

把握好完善社会主义市场经济体制的关键点

习近平总书记指出：“我国经济发展获得巨大成功的一个关键因素，就是我们既发挥了市场经济的长处，又发挥了社会主义制度的优越性。”坚持社会主义市场经济改革方向，核心问题是处理好政府和市场的关系，使市场在资源配置中起决定性作用，更好发挥政府作用。要坚持全面深化改革，不断完善社会主义市场经济体制。

一是切实落实“两个毫不动摇”。一段时间以来，社会上对我们是否还搞社会主义市场经济、是否坚持“两个毫不动摇”有一些不正确甚至错误的议论。我们必须亮明态度、决不含糊，始终坚持社会主义市场经济改革方向，坚持“两个毫不动摇”。要进一步深化国资国企改革，以提高核心竞争力和增强核心功能为重点，做强做优做大国有企业，充分发挥国有经济战略支撑作用。健全以管资本为主的国资管理体制，发挥国有资本投资运营公司作用，打造一批创新型国有企业。完善中国特色国有企业现代公司治理，加快建设世界一流企业。同时，要优化民营企业发展环境，从制度和法律上把对国企民企平等对待的要求落实下来，从政策和舆论上鼓励支持民营经济和民营企业发展壮大。

二是建设高标准市场体系。市场体系是各类市场及市场要素总和而成的有机整体。健全的市场体系要求各类市场齐全，各类市场之间相互协调配套，这样市场机制配置资源的功能才能充分发挥出来。要构建高水平社会主义市场经济体制，围绕夯实市场体系基础制度、推进要素资源高效配置、改善提升市场环境和质量、实施高水平市场开放、完善现代化市场监管机制等重点任务，加快构建全国统一大市场，形成高效规范、公平竞争的国内统一市场。要加强反垄断和反不正当竞争，破除地方保护和行政性垄断，依法规范和引导资本健康发展。要深化要素市场化配置改革，扩大高水平开放，破除阻碍要素自由流动的体制机制障碍，更大力度吸引和利用外资，进一步提升我国贸易投资合作质量和水平。

三是健全宏观经济治理体系。科学的宏观调控，有效的政府治理，是发挥社会主义市场经济体制优势的内在要求。做好当前经济工作，要在坚持社会主义市场经济改革方向的基础上，发挥国家发展规划的战略导向作用，以财政政策和货币政策为主要手段，加强产业、区域、科技等政策紧密配合，健全目标优化、分工合理、高效协同的宏观经济治理体系。要加强财政政策和货币政策等宏观政策协调配合，合理把握宏观调控的时效度。还要健全宏观经济政策统筹协调机制，强化宏观政策取向一致性评估，完善经营主体有序参与宏观经济政策制定机制，形成治理合力。从产业政策看，要加快建设现代化产业体系，加大力度培育壮大战略性新兴产业，改造升级传统产业，切实提升产业链供应链韧性和安全水平。从科技政策看，要着眼国家战略需求和国际竞争前沿，充分利用好新型举国体制优势，布局实施一批国家重大科技项目，发挥好政府在关键核心技术攻关中的组织作用，还要突出企业科技创新主体地位，推动政产学研用深度融合。

四是处理好效率与公平的关系。坚持社会主义市场经济改革方向，要以促进社会公平正义、增进人民福祉为出发点和落脚点，坚持在发展中保障和改善民生，实现效率和公平有机统一，在高质量发展中扎实推动全体人民共同富裕。在分配政策上，要坚持按劳分配为主体、多种分配方式并存，构建初次分配、再分配、第三次分配协调配套的制度体系，坚持多劳多得，增加低收入者收入，扩大中等收入群体，完善按要素分配政策制度，探索多种渠道增加中低收入群众要素收入，多渠道增加城乡居民财产性收入。在公共服务方面，要健全基本公共服务体系，提高公共服务水平，强化民生兜底保障，健全覆盖全民、统筹城乡、公平统一、安全规范、可持续的多层次社会保障体系，推进健康中国建设，着力解决好人民群众急难愁盼问题。

崔友平

中共中央党史和文献研究院第四研究部主任、教授

目录

第 1 篇

市场经济一般理论

第 2 篇

计划经济向市场经济的过渡

第 3 篇

社会主义基本经济制度

第 4 篇

社会主义市场经济新发展

第1篇

市场经济一般理论

研究社会主义市场经济理论与实践，首先必须研究市场经济的一般理论。本篇正是从这一逻辑出发，首先阐述市场经济的内涵与特征，在此基础上考察它的运行机制及功能，最后探讨目前世界上主要国家有代表性的市场经济运行模式。

第1章 市场经济的内涵与特征

我国从一个一穷二白的国家，发展成为世界第二大经济体，无疑得益于建立和完善社会主义市场经济体制。尽管学术界对市场经济的界定有不同的理解，但对市场经济的核心要素却高度认同。研究市场经济的内涵、特征及其与商品经济的关系，有助于我们进一步探索社会主义市场经济体制的真谛。

第1节 市场经济的含义

“市场经济”这一概念最早出现在西方经济学著作中，后来广泛流行于资本主义各国。20世纪七八十年代，在苏联、东欧社会主义各国的经济学著作中也开始运用这一概念。20世纪80年代末90年代初，“市场经济”这一概念开始出现在我国经济学文献中。1992年邓小平同志南方谈话以后，特别是党的十四大以后，随着我国把社会主义市场经济体制确立为经济体制改革的目标模式，学术界开始大量运用“市场经济”这一术语，如今它已是使用频率最高的经济学术语之一。但是，人们对它的认识有所不同，特别是关于“市场经济”的含义、“市场经济”与“商品经济”的关系，学术界众说纷纭。有人认为市场经济是一种社会经济形式，有人认为它是一种经济运作方式，还有人认为它是一种经济调节手段、资源配置机制，等等。

对于“市场经济”的具体含义，大致有以下几种观点：

(1) 等同论。这种观点认为，市场经济就是商品经济。市场经济是随着商品经济的产生而产生、发展而发展的。市场经济是个一般性的经济范畴，因此，发展社会主义商品经济就是发展社会主义市场经济。

(2) 特定论。这种观点认为，市场经济是商品经济的一种特定形式。无论从历史上还是从理论上来说，商品经济都是比市场经济更宽泛的概念。市场经济是发达的商品经济，即资本主义之前的小商品经济不是市场经济，资本主义制度建立之后的发达商品经济才是市场经济。从时间上看，第二次世界大战以后的商品经济才是真正的市场经济。

（3）管理体制论。这种观点认为，市场经济是商品经济的一种组织管理体制。市场经济是商品经济的产物，商品经济越发达，市场经济这一组织管理体制也就越健全完善。市场经济与商品经济一样是中性的，不具有任何社会属性，资本主义国家可以用它来组织与管理商品经济，社会主义国家同样也可以利用它。

（4）经济形式论。这种观点认为，市场经济是一种经济形式。经济形式的具体形态是随着生产力水平的发展变化而不断发展变化的，市场经济是继自然经济、商品经济之后的一种更高级的经济形式，是经济形式发展的一个必经阶段。

（5）资源配置方式论。这种观点认为，市场经济是一种资源配置方式，是通过市场来配置资源，以协调经济运行的自动机制。目前有两种资源配置方式：一种是计划经济，另一种是市场经济。实践证明，市场经济能够更加合理高效地配置资源、减少浪费，更好地满足社会需要。

阅读扩展

中国经济增长惠及世界

中国持续扩大进口和对外投资，同世界各国共享中国市场和发展机遇。在世界现代化的新版图上，中国形成了最大的中等收入群体、劳动力市场和消费潜能，成为全球发展重要的增长极和全球合作强劲的动力源。中国有 14 亿多人口，中等收入群体 4 亿以上，每年进口商品和服务约 2.5 万亿美元，市场规模巨大。2022 年，中国货物进口额超过 18.1 万亿元，增长 4.3%。中国对外非金融类直接投资额为 7 859 亿元，较上年增长 7.2%。中国创办进博会，便是中国主动同世界共享市场机遇、实现互利共赢的有力证明之一。

中国持续推进高质量共建“一带一路”和全球发展倡议，不断将中国经济增长动能传导到世界各国。中国同“一带一路”沿线国家经济合作动能强劲，对相关国家经济的拉动作用显著。2013—2022 年，中国同“一带一路”沿线国家货物贸易额从 1.04 万亿美元扩大到 2.07 万亿美元，年均增长 8%；同沿线国家双向投资累计超过 2 700 亿美元。截至 2022 年底，中国企业在沿线国家建设的境外经贸合作区累计投资达 571.3 亿美元，为当地创造了 42.1 万个就业岗位。中国还提出了面向世界各国开放的全球发展倡议，建立落实倡议的项目库，重点推进减贫、粮食安全、抗疫和疫苗、发展筹资、气候变化和绿色发展、工业化、数字经济、互联互通等领域的开放合作，不断推动构建全球发展命运共同体。

资料来源：徐秀军．为世界经济复苏提供中国动力．光明日报．2023－03－13.

我们认为，市场经济是市场在资源配置中起决定性作用的一种经济制度。也就是说，凡是经济活动过程要通过市场这个中介来进行的经济制度就称为市场经济。在这种经济形式下，社会的生产、分配、交换、消费等活动都必须通过市场这个中介的联结才能进行。在生产方面，生产过程中所需的资本、劳动力、生产资料、信息、技术等生产要素要从市场上取得，劳动的结果即商品的销售要在市场上进行；在分配方面，通过市场来配置资源，合理分配人、财、物；在交换方面，人与人之间的一切交换活动都表现为市场上的买卖活动，离开市场就不会有交换行为存在；在消费方面，实现市场化的消费，人们所需的一切消费资料都是从市场上获取的。

市场经济的含义是多层次、多角度的。从不同的层次、不同的角度来考察，市场经济有不同的含义。

首先，从本质层次看，市场经济不仅是一种经济形式，也是一种经济制度。它是同计划经济、命令经济相对应的一个范畴，是作为计划经济的对立面出现的。市场经济虽然是一个中性的概念，但当它和一定的社会形态相结合时，就表现为社会经济形态。在资本主义社会形态下表现为资本主义市场经济，在社会主义社会形态下表现为社会主义市场经济。

其次，从经济形式层次看，商品经济是市场经济存在的前提和基础，市场经济是商品经济发展的必然结果。在社会化大生产条件下，商品经济客观要求市场在资源配置中发挥决定性作用，这种制度称为市场经济。

最后，从经济运行层次看，市场经济还有以下含义：（1）从经济运行角度看，市场经济是一种经济运行机制，即市场经济等于市场运行机制；（2）从经济调节角度看，市场经济是一种经济调节手段，即市场经济等于市场调节；（3）从资源配置角度看，市场经济是一种资源配置方式，即市场经济等于市场配置资源方式；（4）从经济管理角度看，市场经济是一种管理方法，即市场经济等于市场管理方法。

第 2 节　市场经济的特征

市场经济的一般特征是指各种性质、各种类型的市场经济共有的特征。市场经济具有以下特征：

（1）市场经济是一种分工经济。市场经济是社会分工的产物，反过来又促进了社会分工的发展。市场经济与社会分工按相同的程度向前发展：社会分工程度越高，市场经济就越发达。离开社会分工，就不可能有市场经济存在。

（2）市场经济是一种交换经济。所谓商品，就是用来交换的劳动产品；所谓市场经济，就是直接以交换为目的的经济形式。马克思说："要成为商品，产品必须通过交换。"① 离开交换，产品就不可能成为商品，也就不会有市场经济存在。

（3）市场经济是一种由市场联结起来运转的经济。列宁指出，"……商品生产，也就是通过市场而彼此联系起来的单独生产者的生产"②，"哪里有社会分工和商品生产，那里

① 马克思恩格斯全集：第 23 卷．北京：人民出版社，1972：54.
② 列宁全集：第 1 卷．2 版．北京：人民出版社，2013：369.

就有‘市场’”[①]。显然，市场经济就是由市场联结起来运转的经济，离开市场这一“中介”，就不可能有市场经济存在。

（4）市场经济是一种竞争经济。竞争是市场经济所特有的一种社会现象，竞争规律是市场经济的一般规律。只要有市场经济就必然存在竞争，没有竞争就没有真正的市场经济。这是因为：“只有通过竞争的波动从而通过商品价格的波动，商品生产的价值规律才能得到贯彻，社会必要劳动时间决定商品价值这一点才能成为现实。”[②]

（5）市场经济是一种货币经济。货币是商品交换的产物，也是商品交换的媒介。市场经济是同货币联系在一起的，没有货币就不可能有市场经济。因此，市场经济是一种以货币作为交换媒介的经济。

（6）市场经济是一种追求价值的经济。商品不仅有使用价值，而且有价值。商品生产者生产的目的不是为了使用价值，而是为了出售商品，实现其价值。价值是由社会必要劳动时间决定的，是商品交换比例的客观基础。因此，商品生产者力求提高劳动生产率，降低单位商品中所包含的个别劳动时间，以便在交换中获得较大利益。

（7）市场经济是一种具有自我利益的经济。商品生产者彼此相对立，各有自己特殊的利益。商品生产者与经营者在商品交换中计较自己生产商品所耗费的劳动得到怎样的补偿，补偿的数量直接影响他们生产经营的积极性。

（8）市场经济是一种自主经济。在市场经济条件下，每一个商品生产者与经营者都是一个独立的或相对独立的经济实体，他们具有独立的法人资格。因此，商品生产者具有生产经营的自主权，具有获取财富的合法权益。市场经济的一切活动都是体现商品生产者和经营者意志的行为。正如马克思所说，“商品监护人必须作为有自己的意志体现在这些物中的人彼此发生关系，因此，一方只有符合另一方的意志，就是说每一方只有通过双方共同一致的意志行为，才能让渡自己的商品，占有别人的商品。”[③]

（9）市场经济是一种平等经济。市场经济的基本规律是价值规律，价值规律要求商品交换按等价交换原则进行。商品交换的等价性也就是交换双方的平等性。马克思指出：“就使用价值来看，交换双方都能得到利益，但在交换价值上，双方都不能得到利益。”[④]正是在这个意义上，马克思认为“商品是天生的平等派和昔尼克派”[⑤]。

（10）市场经济是一种以人对物的依赖关系为特征的经济。市场经济使人类摆脱了人身依附和等级服从的人的依赖关系，冲破了血缘、民族、地域和国家的限制，形成了普遍的社会物质交换和全面的社会经济关系。

（11）市场经济是一种系统经济。市场经济所反映的是一种以市场为媒介的社会经济关系，具有系统性。首先，生产、分配、交换、消费四个环节通过市场交换形成了相互联系、相互制约的有机整体；其次，市场经济的运行不仅是个别企业的运动，而且是互相依存、互为条件的商品世界各个企业的整体运动；最后，市场经济反映的不只是个别

① 列宁全集：第1卷.2版.北京：人民出版社，2013：79.
② 马克思恩格斯全集：第21卷.北京：人民出版社，1965：215.
③ 马克思恩格斯全集：第44卷.2版.北京：人民出版社，2001：103.
④ 马克思恩格斯文集：第5卷.北京：人民出版社，2009：184-185.
⑤ 马克思恩格斯全集：第44卷.2版.北京：人民出版社，2001：104.

商品生产者之间的关系，也不只是某一地区、某一国家生产者之间的关系，而是冲破地区、民族和国家限制的整个商品世界的关系。

（12）市场经济是一种开放经济。商品生产者所需的管理知识和生产技术要从外界学习，所需的生产经营信息要从外界获取，所需的生产资料和消费资料要由外界提供。同时，他们又为外界不断提供商品与劳务，与外界不断进行物质与非物质交换。

（13）市场经济是一种动态经济。与自然经济的静态性不同，市场经济处于发展变化之中：一方面，商品生产者和经营者为追求自身的物质利益，必然要不断改善经营管理，提高劳动生产率；另一方面，竞争规律又从外部加以强制，使他们不得不提高生产技术水平，降低商品的成本价格。这样，在促进生产力发展的同时也促进了自身的发展。

（14）市场经济是一种国际经济。市场经济的开放性，使它冲破自然经济的封闭性，扫除小生产方式的严重障碍，超越地区、民族、国家的界限，在世界各地“到处落户，到处开发，到处建立联系”[①]，形成国际性的经济。

权威观点　张维迎：市场经济的典型特征

第 3 节　市场经济与商品经济的关系

商品经济与市场经济的关系问题，是我国经济学界争论的一个热点问题。对于这一问题的不同回答，实质上来源于对市场经济的不同理解。纵观学术界的讨论，可以概括为两种有代表性的观点。

一种观点认为，在西方经济学文献中，市场经济是一个比较规范的概念，它的内在规定性包括：以私有制为基础，私有财产不可侵犯；经济决策高度分散，各私营企业自行组织生产；经济运行完全或主要受市场机制自发调节；全面展开竞争以获取最大利润；实行“契约自由原则”，他人和国家不得干预；承认市场分配不公以及两极分化。由此得出结论：市场经济等于资本主义经济。换句话说，市场经济是资本主义特有的经济范畴，社会主义不能采用。社会主义只能搞商品经济，绝不能搞市场经济。这种观点把商品经济与市场经济完全割裂开来，是值得商榷的。我们认为，市场经济在资本主义社会中找到了自己最普遍、最完备、最发达的实现形式，并且实践已经表明，市场经济在资本主义条件下显示了神奇的魔力，使其在一百年左右的时间内创造了超过过去一切时代的全部生产力。但市场经济与资本主义经济毕竟是两个本质不同的概念，资本主义之所以为资本主义，并不在于普遍存在的市场活动和千奇百怪的市场形态，而在于劳动隶属于资本，资本家最大限度地榨取工人所创造的剩余价值。

另一种观点认为，商品经济与市场经济是等同的概念，如同商品经济一样，市场经济也有一般性与特殊性之分。从一般性讲，市场经济就是以企业独立为条件、以市场关系为基础并受市场机制调节的经济，它包括三层含义：第一，企业是经济独立、自主经

① 马克思恩格斯选集：第 1 卷．2 版．北京：人民出版社，1995：276.

营、自负盈亏的商品生产者和经营者，是独立的法人，是市场的主体；第二，社会再生产的过程，即生产、交换、分配、消费都与市场有密切的联系，企业之间的联系是通过商品货币关系实现的，形成广泛的市场经济关系；第三，市场机制是经济的内在机制，它调节资源的配置和整个社会经济，是社会经济运行的基础。从特殊性看，市场经济的特殊社会性是由生产资料所有制决定的，以私有制为基础的市场经济是资本主义市场经济，以公有制为基础的市场经济是社会主义市场经济。这种观点的可取之处是在研究方法上给人以启示，但把市场经济与商品经济完全等同，似乎也不能令人信服。因为商品经济是一种兼容性很强的物质资料生产方式，它既可以存在于生产力水平相对低下的自然经济夹缝之中，也可以在社会化大生产条件下获得长足发展；既可以与私有制为伍，也可以“嫁”给公有制，与计划经济结为伴侣。市场经济则不同，只有在市场主体独立、市场体系完善、市场功能齐全、市场商品充沛的社会化大生产条件下，商品经济才能披上市场经济的外衣。因此，我们既要看到商品经济与市场经济的同一性，又要看到二者的差异性。只有这样，才能正确理解社会主义市场经济理论，从而准确地把握我国经济体制改革的“度”，保证我国经济全面、协调、可持续地向前发展。

商品经济与市场经济的同一性主要表现在：第一，二者都有商品交换的场所——市场；第二，二者都有交换的载体——商品；第三，商品所有者或生产者都要生产对社会有用的物品，都要让渡对别人有使用价值的商品，都要获得自己所需要的使用价值或价值；第四，二者都通行等价交换原则，都自觉不自觉地承认价值规律的调节作用；第五，二者都有交换的媒介——贵重物品或货币。因此，市场经济是商品经济一个特定的历史发展阶段，是商品经济比较充分和典型的经济形态。没有商品经济，市场经济是不可想象的；同样，没有市场经济，也就谈不上商品经济的充分展开。

商品经济与市场经济是两个不同层次、不同序列的经济范畴，二者的区别表现在：

（1）存在的条件不同。在这里，首先必须分清商品经济产生的条件和存在的条件。按照马克思的论述，商品经济产生的条件有两个：一个是社会分工，另一个是只有独立的互不依赖的私人劳动的产品，作为商品互相对立。而商品经济存在的条件除了社会分工这个首要条件外，生产资料属于具有不同物质利益的所有者，也是一个不可缺少的条件。市场经济则不同，它的产生除了具有商品经济产生的一般条件外，还有一些附加条件，其中主要包括：市场主体独立、市场体系完善、市场功能齐全、市场商品充足。

（2）在社会经济生活中的地位不同。商品经济是一个一般性的经济范畴，它与自然经济相对应而存在，是社会物质资料的生产方式之一，属于社会经济形式序列。商品经济包括商品生产、商品交换、商品分配和商品消费四个方面，它突出了商品生产，正如马克思所指出的那样，一定的生产决定一定的消费、分配、交换和这些不同要素间一定的关系。作为一种独立存在的社会经济形式，商品经济既可以存在于私有制社会，也可以适应公有制经济的发展；既可以与自然经济同在，也可以与计划经济共存。市场经济则不同，它与命令经济、计划经济相对立，充其量只是商品经济形态的一个子集，并非独立的物质资料生产方式；从市场经济的起源看，它只能存在于较为发达的机器生产力和现代生产力条件下，而且是“看不见的手”支配社会经济生活的主要方面，“看得见的手”只是从属于或服务于“看不见的手”。

（3）研究的角度不同。商品经济从产品性质的角度研究一定经济形式或经济系统的特征，市场经济则从流通形式的特征方面，从流通和交换形式对商品生产活动的影响和调节作用的角度来研究一定经济形式或经济系统的特征。

（4）研究的侧重点不同。商品经济的基本规律是价值规律，它是更抽象、更深刻的范畴，因而商品经济研究的侧重点是商品经济的基本规律（即价值规律）和基本的理论问题（如商品经济产生的前提、商品经济存在的条件等）。相对于商品经济而言，市场经济是反映接近现象、接近经济活动表层的经济范畴，因而更广泛、更丰富，更具有动态性和实践性。从理论上讲，市场经济理论侧重于研究市场活动的具体规律及其运用，如供求规律、竞争规律、平均利润规律等。

社会主义市场经济是在公有制基础上有宏观调控的现代市场经济，它既不同于原始市场经济，也不同于资本主义条件下的市场经济。我们的任务是从我国国情出发，逐步摸索出具有中国特色的社会主义市场经济运行机制，从而把计划调节的优越性与市场调节的有效性有机地结合起来，创造出比资本主义更高、更发达的社会生产力。

复习与思考

一、名词解释

市场经济　　商品经济　　经济制度　　经济形式

二、简答题

1. 什么是市场经济？
2. 市场经济的特征有哪些？

三、论述题

商品经济与市场经济的关系如何？

四、讨论题

怎样理解市场经济的本质？

延伸阅读

1. 白永秀．中国现代市场经济研究：一种新的社会主义市场经济理论及其实现形式．2 版．西安：陕西人民出版社，1996.

2. 张维迎．市场的逻辑．西安：西北大学出版社，2019.

即测即评

扫描二维码可在线自测并查看答案。

第 2 章

市场经济的运行机制与功能

市场机制是市场经济的内在运作机理。在现代市场经济中，生产要素或产品均表现为商品与货币的关系，并借助市场机制进行有效率的配置。我国建立社会主义市场经济体制，就是要充分发挥市场机制在资源配置和经济运行方面的决定性作用。本章将介绍市场经济的运行机制、基本功能、优势与局限性。

第 1 节　市场经济的运行机制

一、市场经济运行机制的内涵

"机制"一词原指机器运行过程中零部件之间相互联系、相互作用、互为因果的关系与运行方式。经济学中的"机制"一词借用自工程学、生物学和医学。经济机制是指经济系统中各构成要素之间相互联系、相互制约、相互作用，共同推动经济系统整体运作的关系、条件和功能。市场经济的运行机制又称市场机制，是经济机制的一部分，是构成市场的诸要素（如市场主体、市场客体、市场中介、价格、供求、信息、竞争、风险等）相互联系、相互制约、相互作用而形成的有机体系。在现代市场经济中，市场机制在资源配置和经济运行方面发挥着决定性作用。

市场机制对资源配置和经济运行的调节是一个自发的过程：首先，一定的市场供求关系决定一定的价格水平，当供求关系发生变化时，便会触发价格水平发生相应的变动。供大于求时，价格下降；供小于求时，价格上升。在完全竞争的市场条件下，由于市场中存在大量的生产者与消费者，他们都是独立进行买卖活动，因而市场中的供求关系始终处于变化之中。相应地，价格水平也处于不断波动之中。其次，价格变动反过来又会影响供求关系发生变化。在完全竞争的市场条件下，由于存在众多的生产者与消费者，因而每个个体的行为对于价格的影响微乎其微。换个角度来看，价格对于生产者与消费者而言都是给定的，他们必须按照市场价格的变化调整自己的行为。例如，当某种商品价格上涨时，生产者愿意增加产量以获取更多的利润，消费者则会减少对该种商品的购买或寻找替代品。当然，当生产者与消费者依据价格信号调整自身行为时，供求关系的变化同时也会触发价格水平发生新一轮的变化。如此循环往复，市场机制最终驱使供求关系趋于平衡，产生最优的资源配置效果。正是在这个意义上，市场被称作“看不见的手”。亚当·斯密在《国富论》中写道：“他被一只看不见的手引导着，去达到一个他无意追求的目的。虽然这并不是他有意要达到的目的，可是对社会来说并非不好。他追求自己的利益，常常能促进社会利益，比有意这样去做更有效。”①

概括地说，市场机制就是在市场竞争中通过供求关系的变化触发价格变动，又通过价格变动反过来带动供求关系发生变化的调节机制，是价值规律的具体表现。当然，市场机制对于资源配置和经济运行的调节是一个动态的过程，这意味着供求关系并不总是处于均衡状态。而且，当某些市场因素突然发生变化时，市场也许不能即时同步地作出调整。但在市场机制的作用下，经济运行的总趋势是供求趋于平衡。

二、市场机制的构成要素

市场机制是由构成市场经济的诸要素组合而成的有机体系，因此，这些要素的情况对市场机制的运作有着至关重要的影响。市场机制的构成要素主要包括供求关系、价格、竞争和风险。

1. 供求关系

供求关系是市场经济的基本关系，是市场机制的基本构成要素。供给是指生产者在各种可能的价格下愿意并能够提供的商品的数量，消费是指消费者在各种可能的价格下愿意并能够购买的商品的数量。供求关系是生产与消费在市场经济中的表现，是社会经济运行的基本面。市场机制对经济运行的调节归根到底要反映在它对供求关系的调节上。供求的总量或结构性失衡会导致市场经济的失衡，供求双方行为的失序则会导致市场经济的混乱。因此，市场机制调节作用的根本目的就在于实现供求关系的平衡与双方行为的规范。

2. 价格

价格是价值的货币表现，是商品的交换价值在流通过程中获取的转化形式。价格是从属于价值并由价值决定的，即价值是价格形成的基础，是价格变动的内在和支配性因素。但是，价格作为商品价值的货币表现，同时也要受到货币本身的价值的影响。这意味着，商品价格的变动不一定即时同步反映商品的价值。例如，在商品价值不变时，货币价值的变动就可能带动商品价格的变动，最常见的例子就是通货膨胀。同样，商品价值的变动也不一定立刻引发商品价格的变动。例如，当商品价值与货币价值同方向、同

---

① 亚当·斯密．国富论：下．西安：陕西人民出版社，2001.

比例变化时，商品价值的变动就不会引起商品价格发生变化。

3. 竞争

竞争是市场主体为获取各自的经济利益而在各种经济活动中展开的角逐。市场赋予商品生产者的平等权利是竞争得以存在的前提。在市场经济中，一方面，社会分工将商品生产者分割为相互独立的利益主体；另一方面，交换又将这些彼此独立的生产者联系在一起。同时，市场使置身其中的生产者都居于同样的地位，拥有平等的追求自身经济利益的权利。它还使得买卖双方或生产同类产品的生产者之间存在一定程度的此消彼长的关系。这意味着，商品生产者最终能在多大程度上实现自己的经济利益取决于其行为的优劣，而这种优劣最终是由消费者的“货币选票”决定的。

4. 风险

风险是发生不幸事件的概率，是一个事件产生负面后果的可能性。市场经济中的风险，是指由于未来的不确定性所导致的市场主体在参与经济活动时面临的盈利、亏损乃至破产的可能性。风险存在的主要原因，可以归结为市场信息的不完全性和市场主体的不完全理性：一方面，市场主体不可能及时、准确、完备地掌握作出决策所必需的全部信息；另一方面，囿于自身知识、能力、精力的有限性，市场主体在作出决策时不可能做到完全理性。这些都有可能导致经营或决策失误。

三、市场机制的主要形式

市场机制作为各市场要素之间相互联系、相互作用形成的有机体系，主要包括价格机制、供求机制、竞争机制和风险机制。

1. 价格机制

价格机制是指在市场竞争中与供求关系相互联系、相互制约、相互作用的市场价格的形成和运行机制。它是市场机制中最敏感、最灵活、最有效的调节机制。价格是市场的伴生物，价格机制是市场经济的必然产物。拥有众多独立并依赖于市场的商品生产者、有自由购买意愿和支付能力的消费者，以及较为完善的市场体系，是市场经济得以存在的基本前提。无论是生产者追求的自身利润最大化，还是消费者追求的自身效用最大化，都必须在市场上通过交换来实现。而交换通常是以货币为媒介进行的，于是，价格就成为指导供求关系变化的信号，市场主体会依据价格变动调整自身行为。从宏观层面来看，这种调整必然会驱使供求关系整体趋向于平衡。

2. 供求机制

供求机制是商品、资金和劳动力的供求之间的内在联系和作用形式，是市场机制的一个重要组成部分。供求关系是市场经济的核心问题，是市场经济内部矛盾运动的显现。供给与需求联结着社会生产的各个环节，价格、竞争等市场要素的变化都是围绕它展开的。供求机制对社会经济的运行具有重要影响：首先，供求机制能够对经济总量与经济结构进行调节。例如，当某种商品供不应求时，其价格就会上涨，这将吸引更多的生产要素进入该领域；反之，当供过于求时，由于部分商品的价值无法通过交换得到实现，部分生产者将会压缩产量或干脆退出。其次，供求机制能够在空间和时间上对资源进行合理配置。供求变化触发价格变动，价格变动又进一步改变市场主体的行为。因此，供求机制能够促使不同地区、不同国家间互通有无，促使有能力的生产者从事跨季节性的生产活动，从而缓解因空间和时间因素引起的供求矛盾。

3. 竞争机制

竞争机制是商品生产者之间、消费者之间，以及生产者与消费者之间为实现自身利益最大化而形成的互动机制。竞争是价值规律在市场经济中得以贯彻的外部强制力。马克思说过："竞争使资本主义生产方式的内在规律作为外在的强制规律支配着每一个资本家。"[①] 竞争机制充分发挥作用的标志是优胜劣汰，即它促使生产者根据市场需求组织和安排生产，改进技术，改善经营管理，提高劳动生产率，使生产与需求相适应，从而优化资源配置，提升经济效率。市场竞争的内容是立体的、全方位的，包括价格竞争、质量竞争、服务竞争、广告竞争等。竞争的目的在于最大限度地争夺市场份额或争夺优质的市场要素。

4. 风险机制

风险机制是市场经济的基础性机制之一，是指在风险、竞争、供求等市场要素的共同作用下，生产者或消费者的市场活动与面临的盈利、亏损和破产的不确定性之间的相互关系与作用形式。风险机制是一种因市场的不确定性而产生的对市场主体行为的约束关系和约束过程。在市场经济条件下，任何一个市场主体都面临盈利、亏损和破产等多种可能，都必须承担相应的风险。风险机制的存在，鞭策着市场主体努力改善经营管理，增强市场竞争实力，提高自身对经营风险的调节能力和适应能力。

第2节　市场经济的基本功能

市场经济是以市场为导向或以市场为媒介的一种经济形式，它自发地解决了生产什么、如何生产和为谁生产的问题。在此过程中，市场经济主要表现出资源配置、信息反馈、调节供求、经济评价、激励择优等基本功能。

一、资源配置功能

市场经济是市场在资源配置中发挥决定性作用的一种经济制度。物质资料生产是人类社会存在与发展的前提，而人类要从事生产活动就必须对有限的资源进行有效率的利用。因此，如何实现资源的合理配置一直是经济学研究的核心问题。这里的"资源"，是指可以用于生产满足人类需要的产品的物品和劳务。资源的合理配置，是指对有限的资源进行合乎比例的分配和有效率的使用，并通过生产低成本、高质量的产品来最大限度

---

① 马克思恩格斯全集：第23卷．北京：人民出版社，1972：649-650.

地满足各种社会需要。

资源的配置是否合理，可以从两个层面进行考察：从宏观层面看，有限的资源是否被充分利用；从微观层面看，有限的资源是否被分配给最有效率的生产者。一般均衡理论较为完备地表述了市场在合理配置资源方面的作用：经济活动中存在这样一套价格体系，它既能使每个消费者在给定价格下提供自己所拥有的生产要素，并在各自的预算约束下购买产品来实现自身效用的最大化；又能使每个企业在给定价格下决定其产量和对生产要素的需求量，以实现自身利润的最大化。同时，每个市场（包括产品市场与要素市场）都可以在这套价格体系的指导下实现供求平衡。当经济活动具备上述条件时就实现了一般均衡，这时的价格就是一般均衡价格。市场在一般均衡价格条件下就实现了资源的有效率配置。

一般均衡理论对于市场能够实现资源合理配置的推演是建立在一系列假定之上的。首先是“理性人”假定。它认为市场主体的目的是追求自身利益的最大化，并会为此作出理性的分析与决策——市场主体均受到利益的约束与激励，他们会根据商品或劳务的价格涨跌来调节自己的行为。其次，市场满足完全竞争条件，并且各种社会制度、人们的文化心理和外在的自然条件是既定统一的。最后，市场机制运行的宏观环境（即经济的周期性波动）在政府的干预下，不会成为影响市场机制发挥作用的因素。简单地说，一般均衡理论认为与市场机制运行相关的外生变量都是给定不变的。

市场可以依据商品的供求关系决定它们的价格，而价格也能够反映生产该种商品的要素的稀缺性。在价格的指导下，生产要素在各产业部门间流动，从经济效益低的部门流向经济效益高的部门，从供给过剩的部门流向供给不足的部门，从而使资源的利用效率和配置状况符合社会需求的变化。

二、信息反馈功能

市场经济是一种信息经济。在市场经济中，每一个经济主体的活动都必须依赖于各种信息，这些信息既包括政治、技术、文化、自然等宏观信息，也包括行业发展、竞争对手、市场价格、消费者需求、供应商等微观信息。没有高质量的充分、及时、准确的信息，生产经营者就不可能在竞争中取胜；没有快速的信息传播与流动，市场就无法进行交换，更谈不上市场经济的配置及配置的效率。信息反馈，是指控制系统把信息输送出去，又将其作用结果接收回来，修正之后再输出，以达到预定目的的过程。信息反馈的作用，在于及时发现计划和决策执行中的偏差，对过程进行有效的控制和调节。市场经济的信息反馈功能，是指以市场为传播媒介，将经济活动中产生的信息传递或反映给相关市场主体，进而引导其调整自身行为。商品生产者和消费者在市场中进行交换活动的同时，也在不断输入与生产和消费有关的信息。这些信息经过市场的转换，又会以新的形式反馈给市场主体。这种信息反馈功能主要依赖于价格机制发挥作用：当某种商品价格上涨时，会刺激生产者增加产量，并迫使消费者减少购买或寻求新的替代品；而当该种商品价格下跌时，会刺激生产者减少产量，并鼓励消费者增加购买。

尽管市场信息的内容和形式多种多样，但归结起来都是市场供求关系和社会资源在各部门的配置情况的显现。因此，市场经济的信息反馈功能，可以为国家的宏观经济政策和企业的微观经营决策提供重要依据。国家可以根据市场中的商品总量及其结构的信息反馈，判断国民经济各部门之间的比例关系是否恰当，并据此规划和调整社会资源在各部门的分配比例；企业可以根据商品市场销售状况的信息反馈，对消费者的偏好和需求潜力作出判断，进而决定或调整企业的经营方向。此外，市场经济的信息反馈功能还可以提升国家的宏观调控能力。国家对于经济的干预可以借助市场这一媒介，利用各种信息引导企业的生产经营行为，使之适应社会需求的变化。最后，市场经济的信息反馈功能，可以促进企业间的横向经济联系。信息的广泛交流，既能为商品生产者提供多种竞争机会，又能密切和加强生产者之间的联合与协作，实现规模效益。

三、调节供求功能

市场经济拥有自发调节供求关系的功能。供求平衡，是指市场上商品的供应量及其构成与市场上有货币支付能力的需求量及其构成间大致保持相等。当市场上所有商品的供求均居于平衡点时，经济也就处于一般均衡状态。一般均衡状态是经济在既定制度、技术和分析条件下的最优状态，是市场机制进行调节所能达到的最理想状态。

供求关系不可能自动实现平衡，需要某种力量予以协调。虽然计划调节也是一种可行的方式，但实践证明其效果不佳。由于经济活动中的供求双方不断受到多种因素的影响，供求关系的总量与结构均处于不断变化之中。这意味着供求平衡是一种动态的平衡，是有条件的、暂时的和相对的。计划调节者往往无法及时准确地掌握完备的信息，适时、恰当、理性地作出分析与决策。市场经济则可以通过价格机制与竞争机制的合力作用，在变化中驱动供给与需求趋于平衡。这是因为，市场的价格信号可以比较准确地反映供求关系的变动状况，并对其进行双向调节。一方面，市场经济是一种具有自我利益的经济。商品生产者彼此对立，各有自己的特殊利益。商品生产者与经营者在商品交换中计较自己生产商品所耗费的劳动如何得到补偿，而补偿的数量直接影响他们生产经营的积极性。另一方面，市场经济也是一种追求价值的经济。商品生产者生产的目的不是获得商品的使用价值，而是通过交换实现其价值。因此，商品生产者与消费者都必须按照市场给出的价格信号适时调整自己的行为，以实现自身利益的最大化。这就促使生产者调节商品及劳务供应，促使消费者调节商品及劳务需求，进而使市场供应和需求在总量上和结构上基本吻合，达到协调发展。

四、经济评价功能

市场经济是直接以交换为目的的经济，它能够提供评估商品价值的客观标准。离开交换，产品就不可能成为商品，市场经济也就不会存在。随着商品交换的地域范围的扩大、种类的丰富、频率的升高，作为商品交换媒介的货币就产生了。因此，市场经济也是一种货币经济，是一种以货币作为交换媒介的经济。市场能够以货币为工具对商品的价值进行评价——从质上判断是好是坏，是优是劣；从量上判断是多是少，是大是小。

如果产品进入市场后货币的持有者不为所动，就表明该种产品不适应社会需要。如果产品的生产成本高于社会平均成本，即便通过市场交换，其个别价值在市场上也不能完全实现。只有符合社会需要，生产成本低于或等于社会平均成本的商品，其使用价值和价值才能通过市场交换完全实现。简单地说，只有商品适销对路、物美价廉，才能成为市场上的抢手货，企业生产经营该种商品才能获得较好的经济效益。

由于人们的价值观不同，评价一种商品的价值、评价一个企业的好坏时，往往会有不同标准。但市场经济的评价功能可以避免各种主观因素、情感因素的影响，最大限度地做到公正、公开、公平。而且，由于市场本身是不断变化的，市场评价也是一种动态的评价。这种评价有利于管理机构、企业管理人员或社会公众对企业生产、经营和管理状况作出及时正确的评判。

五、激励择优功能

市场经济拥有奖优罚劣的强制手段，对市场主体具有激励作用。市场经济是一种风险经济，每个市场主体都必须随时接受市场的检验，面临各种市场风险。简单地说，质量好、价格低的产品畅销，质量差、价格高的产品会被市场淘汰。市场风险是通过竞争机制来发挥优胜劣汰作用的。竞争是市场经济的必然产物，竞争规律是市场经济的普遍规律，“只有通过竞争的波动从而通过商品价格的波动，商品生产的价值规律才能得到贯彻，社会必要劳动时间决定商品价值这一点才能成为现实”①。

市场风险与竞争，促使每个商品生产者面临成功与失败、前进与倒退、生存与死亡的选择。市场经济的目的在于通过交换实现商品的价值。市场上的交换是等价交换。优良生产者的个别劳动耗费量低于社会必要劳动量，他的个别价值低于社会价值。但交换是以社会价值为基础的，于是，优良生产者的较少劳动耗费被承认为较多的劳动量，他可以得到来自社会的较多的报酬。劣等生产者恰恰相反，只能从社会得到较少的劳动补偿。劣等生产者在所得不能补偿所费的情况下，有可能被迫退出市场。因此，企业要想在竞争中取胜，就必须使自己的劳动时间等于或低于社会必要劳动时间，为此应提高劳动生产率，提高技术水平并不断加强创新与管理。由此，市场经济通过风险与竞争机制，实现了对市场主体的筛选与择优，提高了社会经济的整体质量和素质。

权威观点

吴晓求：中国式现代化的重要内涵

一个现代化的国家当然应该是一个发达国家，发达国家当然也就是高收入国家，发达国家是中国式现代化最重要的内涵。我们要实现中国式现代化，首先就是要进入高收入国家的行列并成为发达国家。关于什么是发达国家，国际货币基金组织和世界银行等国际机构都有定义，一般认为，从收入水平来看，发达国家人均 GDP 超过 12 500 美元，

① 马克思恩格斯全集：第 21 卷．北京：人民出版社，1965：215.

应该算是一个最基本门槛。现在一般认为国际上有36个发达国家跨越了人均GDP 12 500美元这个基本门槛，甚至比基本门槛高很多。经济发展水平是现代化的重要指标，但不是全部，里面还有其他重要的指标，包括生态环境、人均预期寿命、教育水平、法制水平、贫富差距、创新能力、社会健康程度、防腐败程度、国际影响力等一系列社会性指标。

中国式现代化的实现过程也就是经济社会全面进步的过程，不是哪一个指标单一突进的过程。从现在来看，无论是经济发展还是社会环境、法治环境方面都是在不断往前改革和迈进的。保持经济可持续的增长仍然是我们面临的最重要的任务，同时我们要积极地改善包括生态、法制等在内的社会环境，并努力追求在贫富差距、创新能力等方面的积极的改善。

资料来源：吴晓求．中国式现代化与资本市场的作用．读数一帜，2022-11-21.

第3节 市场经济的优势与局限性

一、市场经济的优势

1. 市场经济有利于提升经济效率

“市场经济”一词流行于19世纪末期，以马歇尔、瓦尔拉、帕累托等为代表的西方新古典学派认为，在完全竞争条件下，商品经济可以通过市场机制实现资源的合理配置。与计划经济相比，市场经济拥有广泛而持久的动力。市场的竞争机制，可以将市场主体追求自身利益最大化的内在动机成功转换为市场不断自我积累、自我改造、自我发展的强大动力。竞争的结果是优胜劣汰、适者生存，即保证资源能够始终掌握在那些可以最有效地运用它们的市场主体手中，同时剥夺那些不能合理使用资源的市场主体的占有权。普遍的市场竞争，迫使市场主体必须有效率地利用资源，寻找生产要素的最优组合。通过对资源进行合理的配置，市场经济最终能够提升经济的整体效率。

2. 市场经济有利于推动法制建设

现代市场经济是法治经济，要求建立健全的法律体系与之配套。市场需要法律来调解矛盾、理顺关系、解决纠纷、制裁非法行为、保护正当权益、保证经济的有序运行和正常发展。法制能够从两个方面为市场经济提供制度保证：其一，约束政府对市场的随意干预；其二，通过界定和保护产权、仲裁和执行合同、制裁不正当竞争等，约束市场主体的行为。上述两者间存在有机的联系，只有使政府的权力受到约束，与市场保持适当的距离，才能保证它成为公正的仲裁者。市场经济对于法制的要求将推动政府建立完善的法律体系，并在全社会形成崇尚法律的法治精神。

3. 市场经济有利于加速政府职能转变

现代市场经济的特征之一就是承认国家的适度干预。尽管市场是一种高效的资源配置方式，但它也会“失灵”，不能有效解决外部性、公共产品供给不足、垄断和社会公正等问题。市场失灵需要国家进行补足与修正，现代市场经济的发展就内含着建立与其相适应的健全的宏观调控体系的要求。这意味着，政府必须按照市场经济发展的要求，对自身职能加以调整，主要包括：调整行政组织结构，加强宏观调控部门；适当调整社会服务部门，加强执法监督部门，培养和发展社会中介组织；按照权责一致的原则，调整行政部门的职责权限，明确部门间的职责分工；按照依法治国、依法行政的要求，加强政府职能体系的法制建设，实现政府职能运行的法治化。

4. 市场经济有利于扩大对外开放

现代市场经济是一种开放经济。在现代市场经济中，随着分工的日趋深化和交换的日益扩大，市场的扩张已经突破地理或政治界限的限制。各民族、各地区、各国家逐步连接成为一个相互依赖的整体——分散的地方市场逐步连接成一个统一的国内市场，并融合进一个更大的世界市场。由此可见，市场经济所要求的开放是全方位的：它既要求对内开放，要求国内各地区、各行业、各部门打破相互之间的封锁、垄断与分割，形成国内统一的大市场，又要求对外开放，要求企业积极参与国际竞争，自觉融入世界经济一体化的进程。

阅读扩展 弗朗索瓦-泽维尔·波洛：中国模式的独特优势

二、市场经济的局限性

1. 市场机制在非完全竞争条件下作用有限

在经济学理论中，市场能够自动实现资源的合理配置是以完全竞争为前提的。完全竞争，是指市场上存在为数众多的生产者和消费者，每个个体的决策对市场价格的影响是微乎其微的。也就是说，这些生产者和消费者面对的市场价格是给定的，他们是价格的接受者；生产者生产完全相同或几乎相同的产品，所有生产者生产的产品之间是同质的，即可以完全替代；生产者进入或退出一个行业时，不会有特别的成本发生，是自由的。消费者也可以很容易地从消费一个生产者的产品转向另一个。但在现实中，上述条件不可能完全具备，因此，市场也就无法自动实现资源的合理配置。

在非完全竞争条件下，市场机制在资源配置方面的局限性主要表现在两个方面：其一，垄断问题。在完全竞争条件下，市场的供求关系决定价格，而价格又调节着市场的供求变化，从而对社会资源进行有效率的配置。但在存在垄断的条件下，垄断者可以凭借垄断地位以垄断价格销售产品，获取垄断利润。由于垄断价格通常要高于均衡价格，垄断产量要低于均衡产量，因此会带来效率损失。其二，市场无法提供充足的公共产品。公共产品的特征是消费的非竞争性和非排他性。非排他性意味着一旦有人购买了公共产品，其他人就可以不用付费而享受同一公共产品，这就产生了“搭便车”问题。如果每个人都想搭便车，期待他人购买和提供公共产品，结果便是公共产品供给不足。

2. 市场经济无法解决外部性问题

外部性是指某利益主体（企业或个人）的活动对旁观者福利的影响。外部性有正外部性和负外部性。前者指某利益主体的活动使他人或社会受益，而受益者并未付费；后者指某利益主体的活动使他人或社会受损，而该利益主体却没有为此负担成本。外部性主要用来描述市场机制无法界定清楚的市场主体间的相互影响，当这种影响不反映在市场价格中时，就有可能成为经济无效率的来源。例如，在河的下游，渔民每天靠捕鱼为生，当一家化工厂向河中排放废弃物时，负外部性就产生了。它排放的废弃物越多，河里能存活的鱼就越少。但化工厂在作出生产决策时，没有受到令其愿意补偿渔民因河水污染承担额外成本的激励。当市场无法将负外部性带来的成本通过价格机制予以显现时，结果就是过多的生产和不必要的社会成本。正外部性同样存在无效率的问题。例如，一家厂商投入大量研究经费设计了一种新产品。如果该产品可以申请专利，厂商就可能通过生产和销售新产品获取大量利润。但如果该产品能够很容易地被其他厂商模仿，这些厂商就可以通过竞争分享一部分创新者的利润。如果创新缺乏足够的回报作为激励，市场对此提供的资金就会不足。

3. 市场经济无法解决信息不对称问题

信息不对称是指市场上交易双方掌握信息的程度不同。有些市场卖方掌握的信息多于买方，例如二手车的卖者比买者更了解车的质量与性能。在另一些市场，买方所掌握的信息多于卖方，例如医疗保险的购买者显然比保险公司更了解自己的健康状况。经济学理论在讨论市场均衡时，一般都假定买卖双方所掌握的信息是对称的。一旦买卖双方掌握的信息不对称，市场将出现问题。市场调节的结果对社会来说可能是无效率的。

与信息不对称相关的一个问题是“逆向选择”。例如，假定二手车市场能够完全发挥功能，消费者能够在低质量车和高质量车之间自由选择，一些人会选择低质量的车，因为它们价格较低，而另一些人愿意为高质量的车支付较多的钱。但由于消费者在购买前无法清楚地了解二手车的状况，因此他们的支付意愿普遍低得多。这导致二手车价格下跌，高质量的二手车因此被逐出市场。与信息不对称相关的另一个问题是“道德风险”。道德风险是指在市场交易中，掌握信息多的一方所采取的对另一方不利的行动。例如，一些投保人购买了家庭财产保险后，不再像以前那样仔细地看管家中的财物。出门时，他可能不再像买保险之前那样仔细地检查煤气是否关好、电源插头是否拔下，因为现在如果屋子着火，他将获得保险公司的赔偿。此外，还有“委托-代理问题”。委托人是企业的所有者，代理人是企业的雇员。委托人要通过代理人来实现企业利润最大化的目标，但代理人有自身的目标。例如，经理可能追求企业规模的扩张，以扩大自己在经理市场上的影响力；工人可能追求工资收入的最大化，或者在工资收入既定的情况下追求闲暇时间的最大化。

4. 市场经济无法解决收入不平等问题

单靠市场机制的自发作用无法实现公正的社会收入分配。萨缪尔森指出：“市场并不必然带来公平的收入分配，市场经济可能会产生令人难以接受的收入水平和消费水平的巨大差异。”① “自由放任竞争可能会带来普遍的不平等：那些营养不良的儿童长大之后可能会生出更多营养不良的儿童，收入和财富的不平等会一代一代延续下去……在走向竞争性更强的市场大潮中，许多国家如美国、瑞典和俄罗斯出现了更多的收入不平等现象。”② 市场机制的这一缺陷是由以下因素造成的：其一，市场的目标是追求经济效率的最大化，市场主体的目标是追求自身利益的最大化，而非收入平等与社会公正。其二，在市场经济中，人们的收入水平取决于包括努力程度、继承权、教育、要素价格、运气等在内的一系列复杂因素。但不同的市场主体在面对相同的市场竞争时，拥有的机会和初始条件是不同的，经济运行的结果可能会导致收入分配的不平等。

5. 市场经济无法解决经济的周期性波动问题

经济周期指经济运行中周期性出现的扩张与紧缩交替更迭、循环往复的现象。在市场经济条件下，市场机制通过自由竞争引起的价格波动调节供求关系，使之趋于均衡。但过度竞争不可避免地会使供求失衡的现象反复出现，表现为以超额供给或超额需求为特征的宏观经济总量失衡。一个经济周期可以划分为两个阶段：首先是上升阶段，也称繁荣阶段。上升阶段的最高点即为经济增长的顶峰，这也是经济由盛转衰的转折点。此后，经济就进入下行阶段，亦称衰退阶段。衰退严重时即萧条阶段，衰退的最低点称为谷底。当然，谷底也是经济由衰转盛的一个转折点，此后的经济再次进入上升阶段。经济从一个顶峰到另一个顶峰，或从一个谷底到另一个谷底，就是一次完整的经济周期。经济的周期性波动还会带来许多其他问题，如超额供给会引起生产过剩和大量失业，超额需求则会诱发严重的通货膨胀，而当超额供给与超额需求同时存在时，宏观经济就进入了滞胀阶段。

复习与思考

一、名词解释

市场机制　　供求关系　　价格机制　　资源配置　　风险

二、简答题

1. 市场机制的构成要素有哪些？
2. 市场机制的作用形式有哪些？
3. 市场机制的基本运作原理是什么？

三、论述题

1. 试述市场机制的主要功能。
2. 试述市场经济的优势。

四、讨论题

如何充分发挥市场机制的作用，提高劳动力收入水平？

---

① 保罗·萨缪尔森，威廉·诺德豪斯．经济学：第 16 版．北京：华夏出版社，1999：29.

② 同①224.

延伸阅读

1. 保罗·萨缪尔森，威廉·诺德豪斯．微观经济学：第19版．北京：人民邮电出版社，2012.

2. 保罗·萨缪尔森，威廉·诺德豪斯．宏观经济学：第19版．北京：人民邮电出版社，2012.

3. 亚当·斯密：国民财富的性质和原因的研究．北京：商务印书馆，2014.

即测即评

扫描二维码可在线自测并查看答案。

第3章

市场经济运行模式

市场经济运行机制的制度化、体系化就是市场经济运行模式。市场经济运行模式的本质属性和运行机理是一致的，只是在不同生产力发展水平与阶段、不同的国家表现出不同的运行方式和外在特征。本章主要阐释目前世界上有代表性的五种市场经济运行模式。

第1节　美国混合市场经济模式

美国是一个高度发达的市场经济国家，市场在资源配置中起决定性作用，政府的经济行为主要是弥补市场不足，维持宏观经济稳定。美国早期是典型的自由主义市场经济模式，19世纪末20世纪初随着工业化进程的结束逐步转变为混合经济。美国经济学家斯蒂格利茨认为："计划经济的管理机构通过一个官员体系发布命令，告诉人们生产什么，以什么方式生产，以及谁来消费。在另一个极端，经济主要依赖生产者和消费者的自由交换来决定生产什么，以什么方式生产，以及谁来消费。美国处在这两极之间靠右一端，其经济被认为是混合经济。也就是说，公共（政府）决策和私人决策混合在一起。生产者在一定限度内生产他们想要生产的东西，使用他们认为合适的生产方法，产出的东西则根据消费者的收入分配给消费者。"①

具体而言，美国混合市场经济模式的基本特征主要有以下几点：

1. 自由企业制度

自由企业制度的核心是财产的私人所有权，私人财产神圣不可侵犯，并且受到法律的保护。每个人都可以自主地处置自己的私人财产，即决定是用于消费还是用于投资、

---

① 斯蒂格利茨．经济学：上册．北京：中国人民大学出版社，1997：12.

用于消费什么和投资什么、在什么时间和什么地方消费和投资等。在市场经济自利动机的驱动下，每个人都会选择对自己最有利的领域和方式来使用自己的财产。虽然美国政府也拥有一定比例的财产，但私人财产在整个国民财富中始终占主体地位。

在自由企业制度下，每个人都有权利创办和经营企业，从事生产和经营性活动。美国法律规定，只要依法办理登记，依法承担纳税义务，每个人都可以成立新的企业。企业自主决定生产经营范围、规模、地点、产品和服务定价。

在自由企业制度下，政府的职能主要是为企业创造一种公平合理的竞争环境，是为企业从事生产经营活动提供保障和服务，不对企业的具体经营行为进行直接和微观的干预。

2. 遵循自由平等竞争原则

市场经济是一种平等经济，商品天生是一种平等物，美国市场经济模式坚持贯彻这一基本原则。这是由于两个方面的原因：一方面是市场经济本身的内在要求，另一方面是美国的发展历史决定的。美国是个移民国家，移民本身就具有反叛精神，他们反对权威、反对专断，要求民主、自由、平等和充分的人权，并特别强调奋斗、创新的竞争精神。上述两个方面的原因共同决定了美国的市场经济强调自由平等竞争原则。因此，美国市场经济在发展过程中，始终遵循自由平等竞争原则，即在市场竞争面前，人人都是平等的，至少在市场机会方面是平等的。在法律上，每个公民都有权利创办企业，有权进入市场进行经济活动，即“每一个人，在他不违反正义的法律时，都应听其完全自由，让他采用自己的方法，追求自己的利益，以其劳动和资本和任何其他人或其他阶级相竞争”[①]。美国进入混合经济时代，竞争性市场仍占有主要地位，同时也有相当一部分行业由垄断组织控制。为保护自由平等竞争，1890年美国制定并实施了世界上第一部反托拉斯法——《谢尔曼反托拉斯法》，随后出台了一系列反垄断法规，通过法律手段削弱垄断力量，对一些限制或妨碍竞争的不公平商业活动加以制止或制裁，这是其坚持自由平等竞争原则的体现。

3. 大中小企业并行发展

在美国混合经济中，大企业占主导地位。大企业在数量上比重不大，但在资本额、营业额和收入上占了绝大比重。中小企业则刚好相反，但是中小企业规模小、经营灵活，在整个经济中发挥着非常重要的作用，它们为大企业提供原材料、各种配件及半成品，在零售业及服务业中占有很大比重。通过竞争，中小企业不断分化，少数发展成为大企业，一部分被大企业兼并，还有一部分成为大企业的供应商、代理商或协作企业，另外一部分在竞争中破产。在美国混合经济的自由企业制度下，中小企业不断分化、消亡，同时又不断地大量涌现，确保了整个市场经济的发展活力和创造性。

4. 政府对经济的干预程度相对较低

在美国市场经济模式中，凡是私有经济能够有效发挥作用的领域，政府都不介入。美国政府对经济活动的干预和调节，主要是通过各种法律和宏观经济政策来进行的。美

---

① 亚当·斯密．国民财富的性质和原因的研究：下卷．北京：商务印书馆，1974：252.

国的各种法律比较健全完善，在调控社会经济活动中发挥着重要作用。美国的宏观经济政策主要包括财政政策、货币政策、收入政策、社会保障、福利政策和对外经济政策等，政府通过这些宏观经济政策的制定和执行，发挥调控社会经济运行、弥补市场失灵的作用。

5. 强调地方分权

在国家干预方面，美国的市场经济模式强调地方分权。美国是由 50 个州组成的联邦制共和国。美国的宪法规定，除国防、外交、外贸、高等司法、出入境管理、邮政和州际商业调节等由联邦政府负责，其他所有权力由州政府行使。在经济调控方式、税收等法律制度方面，各州都存在一定程度的差别。较西方其他经济发达国家而言，美国在市场经济的运行和政府调控方面，联邦政府和各级地方政府之间具有较明显的分权特征。

6. 注重经济的开放性和国际化发展

美国市场经济是一种典型的开放性和国际化经济。尤其是第二次世界大战后，美国一方面通过马歇尔计划帮助西欧国家恢复经济，另一方面又扶持日本的经济复苏，对外进行大量的贸易和投资，成为世界上最大的贸易国、投资国和债权国。虽然 20 世纪 80 年代以后美国丧失了最大债权国的地位，但其仍是金融实力最强的国家。随着商品输出和资本输出的扩大，美国的跨国公司迅速发展起来。目前，在全世界的跨国公司总数中，美国的跨国公司约占一半，海外直接投资占世界总额的 40%以上。与此同时，外国的商品、劳务和投资也逐步进入美国市场。欧盟、日本及其他国家的企业，在美国市场上与美国企业展开了广泛的激烈竞争，外国的商品、劳务和投资在美国市场上的份额不断增大。这些都使美国市场经济的国际化程度不断提高，其对世界市场的依赖性也随之增强。

7. 强调市场经济运行的法制化

美国是一个法制社会，拥有一套比较健全和完善的市场经济法律制度。美国的经济法律制度主要包括：一是关于企业组织的法律，如合伙法、公司法等；二是行业性法律法规，如金融法、银行法、贸易法等；三是有关经济运行和管理的法律法规，如劳动法、税法、破产法、反托拉斯法等。这些法律法规的制定与实施，旨在保障市场经济的正常运行，为经营者提供一个公平公正的经营和竞争环境，保护市场主体自由进入或退出，鼓励各种生产要素自由流动，保护自由平等竞争原则的贯彻实施及政府调控措施得以执行，为经济运行创造良好的秩序框架。

第 2 节　德国社会市场经济模式

在西方发达国家中，德国的市场经济模式独具特色，即社会市场经济。德国是两次世界大战的发起国和战败国。第二次世界大战后，德国一分为二，原联邦德国在战争的废墟上恢复经济和迅速发展，其社会市场经济模式起了一定的积极作用。1990 年 10 月 3 日，两德统一后，在对原民主德国经济市场化及东西部经济的融合发展中，社会市场经济模式也起了巨大作用。

德国社会市场经济是以弗莱堡学派的经济理论作为其理论基础的。弗莱堡学派的理论要点包括：

一是认为市场经济的基础是私有制，因此必须保障私人经济的充分自主性。“各个企业和家庭都自由地制定计划，开展活动。从事经济活动的人们不是执行命令，而是努力按照他人自己认为最有利的方式，利用他们自己的劳动力、生产资料和货币。占统治地位的市场形式是‘完全竞争’的市场形式。这种市场形式的任务，是把各个企业和家庭的计划和决策彼此协调起来。在它做不到这一点的地方，就需要采取特殊的经济政策措施。”①

二是认为国家的作用是保护市场竞争、维护社会公平。弗莱堡学派认为，国家经济政策的目标，一方面是建立和维护正常的市场竞争秩序，另一方面是维护社会的公正公平。国家经济政策的目标是通过如下方面实现的：第一，在建立和维持市场秩序方面，“国家的经济政策活动应该以塑造经济秩序的形式为目标，而不应该以控制经济过程为目标。我们赞成国家规划经济秩序的形式；我们不赞成国家计划和控制经济过程。根本的问题是承认形式和过程的区别，并根据这种区别而行动”②。第二，在保障社会公平方面，“国家政策的目标是分散经济上的权力集团，或者限制它们的作用”③。社会生产的发展、财富的增加是整个社会福利保障和改善的物质基础。国家通过社会保障政策对市场形成的收入进行再分配，做一些平衡性校正。

三是提出了“社会市场经济”的概念。米勒-阿尔马克进一步发展弗莱堡学派的基本观点，首先提出了“社会市场经济”的概念。他指出：“社会市场经济是按市场经济规律行事，但辅之以社会保障的经济制度，它的意义是将市场自由的原则同社会公平结合在一起。”④

通过以上经济理论和政策观点，弗莱堡学派试图把社会保障、社会正义、社会进步等社会目标同个人主义的自由与首创性目标统一起来，并通过整个社会经济大发展使这些目标得以实现。这样，社会市场经济不仅是一个完整的经济理论体系，而且形成了一套完整的社会经济政策纲领。后来，在总理艾哈德的领导下，在德国西部地区将其付诸实践，创造了“艾哈德奇迹”，艾哈德也因此被称为“社会市场经济之父”。1990年以后，社会市场经济又成为德国东部地区经济体制转轨的模式。

德国社会市场经济模式既不同于中央计划经济模式，又不同于以亚当·斯密理论为指导的美国混合市场经济模式，也区别于日本政府主导型市场经济模式。其基本特征主要体现在以下几个方面：

1. 兼顾个人利益与社会公平

在德国社会市场经济的实施过程中，国家一方面强调和重视个人利益，充分保护在市场经济协调的框架内和法律允许的范围内实现个人利益，国家建立并维护有关制度，

---

① 欧根．国民经济学基础//顾俊礼．德国：社会市场经济的运行机制．武汉：武汉出版社，1994：16.

② 欧根．经济政策原理//顾俊礼．德国：社会市场经济的运行机制．武汉：武汉出版社，1994：17.

③ 同②.

④ 米勒-阿尔马克．社会市场经济//顾俊礼．德国：社会市场经济的运行机制．武汉：武汉出版社，1994：18.

保护社会稳定和个人自由；另一方面又认为“私有因素存在某些弊端”，如某些阶层贫困化、通货膨胀及失业，这些要根据更高的理想，通过政治措施加以解决，不认同货币主义者认为的“经济的私有因素基本上是稳定的”。

2. 保护自由竞争与维持社会稳定相统一

在德国社会市场经济中，既强调要保护竞争，又强调要维持和保证社会的稳定。市场经济是一种竞争经济，竞争是市场经济的内在要求和正常运行的先决条件，没有竞争就没有市场，没有竞争就不会有资源的优化配置，也就不会有社会经济的健康发展。因此，德国制定了《反限制竞争法》等一系列法律，并建立相应的机构，即卡特尔局（实际上是反卡特尔局），禁止各种垄断和有损自由竞争的市场行为；同时鼓励中小企业合作，积极参与竞争，保证企业充分的独立性和经营自由；规定企业间的兼并或合作协议必须得到卡特尔局的批准，违者将受惩罚。此外，德国还制定了《反对不正当竞争法》，严惩假广告、缺斤少两、假冒商标、以次充好等不正当行为，以保护竞争者和消费者的正当权益。其他相关法律还有调整一般交易条件法、折扣法、附赠法、商标法、专利法等。这些法律为市场的正常运行规定了准则，维护了正常的市场竞争秩序。

3. 政府对经济进行间接的、宏观的管理

在社会市场经济中，国家并不直接干预经济过程本身。尽管德国联邦政府和地方政府都制订了中期的、年度的和短期的经济计划，但这些计划都是指导性的，仅仅规定一些综合性指标，对企业并没有硬约束力，计划的实施主要通过财政、税收、信贷等调控手段来实现。

在德国社会市场经济模式中，负责宏观经济调控的组织和机构并不仅是政府性组织，还包括一些社会性的组织和机构。如德国有一个由五名著名经济学家组成的“五贤人委员会”，其主要职责是在每年秋季提出一份全面评估德国当年宏观经济发展情况的鉴定书，作为各决策部门的参考依据。联邦总理在第二年 1 月要向联邦议院和联邦参议院提交一年一度的经济报告，对“五贤人委员会”的鉴定书做出答复，并提出当年的经济政策和措施。

4. 联邦银行发挥特殊作用

在德国，联邦政府主要负责运用财政和税收的手段来调节经济，而主要负责运用货币和信贷政策的是联邦银行。德意志联邦银行是德国的中央银行，其资本归联邦政府所有，只有联邦银行才有权发行货币。联邦银行是一个具有公共法人资格的联邦直接法人，独立于联邦政府，在行使职权时不受联邦政府指令影响，但它要支持政府总体经济政策。联邦银行的经费不列入政府预算，独立开支。当政府和银行在政策上发生分歧时可以协商，但联邦银行按理事会决议行事，联邦政府对这种决议只有暂时推迟实施的权力。

在采用欧元之前，联邦银行根据对经济形势的预测和对市场行情的分析，决定收缩或放松货币的发行量以保持马克的币值，稳定物价。联邦银行还可以提高或降低商业银行在联邦银行的最低存款额，提高或降低它对商业银行的再贴现率，在金融方面调节经济。

5. 实行独具特色的企业组织制度

一是大中小企业并存的企业规模结构。德国的社会市场经济中既存在私人企业又存在大企业，私人企业一般规模较小，属中小企业，大的企业几乎都是股份公司。同时在德国的市场经济模式中，家族企业占有相当大的比重。在企业规模结构方面，德国的大中小企业并存，以大企业为主。

二是股权分散的企业产权结构。在德国的企业特别是大的股份公司中，股权相当分散。如西门子公司有几十万股东，其中 3/4 是分散的。从 20 世纪 80 年代起，德国鼓励职工持有本企业的股份并给予奖励。目前，德国有相当数量的职工持有本企业股票。许多大公司中都有联邦政府和各级地方政府的股份，有时政府的股份足以控制这家公司，这样的公司之前实际上是国有企业。但是不论政府拥有企业的多少股权，企业仍和一般股份公司一样运行，一样纳税，政府除收取税收外，还可以分到根据股权享有的红利。

三是实施职工“参与决定权”的制度。即从法律上给予职工参与企业某些决策的权力，虽然不直接影响企业的所有制与企业产权，却能够对资本的权力进行某些限制。德国的企业中有两个领导机构：作为监督机构的监事会和处理日常业务的董事会。监事会由资方和劳方代表共同组成，有三种组成形式：一是在矿山和钢铁大企业中，双方代表各占一半，再加上一名由双方共同选出的中立的监事。二是在煤炭、钢铁、新闻界以外拥有 2 000 名职工以上的大企业中，监事会也由劳资双方各出一半代表组成。但在双方发生争执相持不下时，资方出任的主席有裁决权。此外，监事会劳方代表中必须至少有一名有管理权的高级职员。三是在不到 2 000 名职工的企业中，资方代表在监事会中占 2/3，劳方代表占 1/3。

另外，德国企业里还有代表劳方利益的企业职工委员会。凡年满 18 岁的职工，不论性别、国籍以及是否为工会会员，都有选举权和被选举权。企业职工委员会拥有多种权力，特别是在福利和人事问题上，如果没有企业职工委员会的同意，企业领导不得安排加班或缩短工时。

6. 建立比较完善的社会保障体系

一是失业保险。失业保险是全体职工的义务保险，目前德国职工的保险费约占其毛收入的 4.8%，由资方和劳方各出一半。遇到失业时，缴纳过一定时间保险费并愿意接受劳工局安排适当工作的人，可以要求领取失业金。最高失业金为净工资的 68%，失业金最多可以领取一年，年老的失业者可以领取 32 个月。如果继续失业要申请失业救济，最高救济金可达净工资的 58%。

二是医疗保险。医疗保险有社会医疗保险和私人医疗保险两种。所有工人和收入在一定标准以下的职员及一些其他行业的人必须参加社会医疗保险。其他人在一定条件下也可以自愿参加。社会医疗保险的保险费约为职工毛收入的 12.3%，也由劳资双方各付一半。社会医疗保险除包括治疗、药品等医疗补助外，还包括生育补助、丧葬费、家庭补助、住院费和某些休养费。

三是养老保险。德国的所有职工都必须参加养老保险。养老保险费一般为税前工资总额的 17.7%，费用由劳资双方各出一半。参加养老保险者一般要缴纳 60～80 个月的保险费后，才能享受到各种形式的养老金。德国的养老保险规定，男性年满 65 岁、女性年满 60 岁方可领取退休养老金。养老金的多少视参加保险时间的长短和劳动报酬的多少而定。养老金随着全体职工平均工资的增加而增加。另外，许多企业还向职工提供额外的老年补贴，称为企业养老金，这是法定养老保险的重要补充。

四是工伤事故保险。工伤事故保险是对全体职工、农民的一种义务保险，保险费全部由企业主支付。1971 年以来，大学生、中小学生和幼儿园的儿童也被纳入保险范围。

此外，德国还有儿童补贴、住房补贴等社会福利。战争受害者可以得到供养，伤残人士在治疗和职业上可以得到专门的扶助。另外，还有专门的救济金，对无依无靠的人进行救济。

总之，德国的市场经济模式是一种独具特色的模式，与西方其他发达市场经济国家的经济模式有所不同，在德国战后重建、经济发展以及合并后的经济整合中发挥了极其重要的作用。当然，随着欧洲一体化进程的发展，特别是在欧元区形成并日渐发挥作用后，德国的社会市场经济模式也发生了较大的变化。

第 3 节　法国计划市场经济模式

第二次世界大战后，法国政府依据自己的国情建立了一套独具特色的市场经济运行机制，取得了巨大成功。法国计划市场经济模式的主要特点如下：

1. 实行以市场经济为基础、计划调节与市场调节相结合的经济运行模式

在法国，市场机制对整个社会资源的配置过程起到基础性作用。然而，法国是拥有中央集权制传统的国家，垄断资本力量不断加强并取得经济上的支配地位，主要不是通过自由竞争，而是依仗国家的扶持和干预实现的。加之战后法国经济重建进程中，凯恩斯主义、社会民主主义得到广泛传播，从而形成了独具法国特色的计划干预思想，即市场机制在配置资源的过程中会出现失灵，如经济的外部性、社会分配的公平、公共产品的提供等问题，仅靠市场的力量不能得到有效解决。因此，现代市场经济的健康运行必须依赖国家的宏观经济指导。

一些法国经济学家认为，国家计划是要“把自由制度的长处和预测的长处融合在一起”，从而“向全国提供与国家利益相符合的集体目标”。“实际上，它（法国计划）是以自由经济的机制必须加以统制才能得到协调和确保发展这个思想为基础的。”① 在这种思想指导下，政府通过制定和实施国家计划和产业政策，从总体上对社会资源的配置施加影响，从而使宏观经济得以稳定和健康发展。当然，作为对市场机制的一种补充和完善，运用计划手段配置资源是在市场机制发挥作用的基础上进行的，目的是弥补市场的缺陷和不足，而不是取代市场。

2. 把计划机制和市场机制有机地结合起来

通过分析计划和市场的特点及优势，从而确定各自发挥作用的领域，并使二者在国

① 李玉平．略论法国市场经济的宏观管理．世界经济，1993（9）：46－52.

民经济发展中有机结合。理论和实证研究表明，市场机制对于企业的短期预测、实现短期协调是明显有效的，但是对于影响经济长期发展的结构性调整的作用较为迟缓，不够有力。计划的优点正是在于利用计划部门集中信息的优势，在对整个社会总市场作出中长期预测的基础上，实现对经济结构的调整。

法国实行的是指示性计划，这种计划不是独立于市场之外的，而是与市场融合在一起发生作用的力量。指示性计划是以经济手段诱导市场主体的行为，使之符合计划目标的市场参与过程。在此过程中，考虑到政府的奖惩手段，企业某些行动方案的预期结果将随之改变，从而迫使企业重新作出选择，那些有利于结构优化、有利于国民经济协调和高速发展的行动方案，可能受到政府的奖励资助而为企业所优先考虑和采纳。政府则会采取措施抑制那些不支持国家计划的私人企业的经济利益。计划以市场信息作为决策的依据，又以市场作为实施决策的舞台。

3. 私有经济与国有经济并存

法国是一个以私有经济为主体、私有经济与国有经济并存的市场经济国家，这种国有与私有并存的所有制形式构成了法国“混合经济”体制的基础。当然，西方发达的市场经济国家都存在国有经济成分，但是法国的国有经济比重较高，并且法国历届政府都坚持扩大国有经济规模和加强其在国民经济中的主导地位，从而使国有经济成为法国经济中的重要力量，发挥执行法国政府的各项经济政策的作用。

4. 遵循充分协商原则

充分协商原则是法国政府制订和实施计划的基础。为了编制国家宏观计划，法国建立了比较完善的计划编制机构和一套运作程序，计划的编制由具有高效率的计划总署（共200余人）负责具体组织领导。为使国家计划充分反映不同社会集团的利益，使其成为一个“集体合同”，政府专门成立了计划编制协商机构——现代化委员会（现改称计划工作委员会）。现代化委员会是官民直接对话、民主磋商、共同完成编制计划的重要组织，直属国家计划总署领导。该委员会由政府官员与“社会伙伴”（各行各业代表、社会各界代表和经济专家等）组成，机构庞大，拥有数千人，并按不同部门和专业划分为数十个专门委员会。该委员会按职能又分为垂直委员会（按专业）和横向委员会（跨部门）两大类，其任务是讨论中央政府提出的计划总方针、政策，并协商起草本领域的计划报告，呈送计划总署。计划总署以各委员会起草的计划报告为依据，进行综合平衡并最终形成政府的总体计划草案，然后提交政府内阁会议讨论通过，再经议会审议批准，以便立法实施。

5. 实施计划性产业结构调整政策

产业结构调整政策是法国政府的一项重大宏观经济调控政策，是法国宏观经济管理的重要组成部分。它包括产业部门和地区经济发展调节两个方面，是一种超越部门和地区的国家总体性经济政策。其任务是根据国家中长期计划确定的目标，规定不同时期内各产业部门的地位和作用及地区产业配置，规划中长期结构演变目标，促进国民经济结构优化。

法国的产业结构调整政策主要是通过国家中长期计划付诸实施。国家计划对产业结构的引导主要体现在两个方面：一是规定不同时期内产业部门的先后主次发展序列和重点开发地区，并适时引导结构重心转移，实行动态的“倾斜式”增长，推动结构顺应经济规律向高层次演进和转换；二是注重对部门和地区的资源配置过程实行干预，以保护和扶持重点部门和地区的发展，限制不希望发展的部门和地区。实施产业结构调整政策，把重要的投资活动和产业组织形态的活动纳入计划管理的范围，这比其他西方国家对市场经济活动的干预要深得多，是一种注重供给管理的类型，与注重需求管理的类型不同。

6. 独特的工业企业组织结构

法国工业企业由大量外围企业与少数中心企业构成。在现代化委员会中，企业界代表主要是最有势力的公司的代表，他们与政府的协商其实就是分配预定的产量和投资。由于市场或企业组织的高度集中，政府部门无须一一面对成千上万的企业，只要与屈指可数的重要企业或企业集团进行密切协商合作，便可制订出可行的计划。同时，由于为数不多的大企业参与了计划制订的过程，因此计划是官民共同协商的结果，从而增强了执行计划的信心，提高了计划的有效性。总之，市场的高度组织性为政府和企业界的协商合作提供了基本条件。

7. 别具一格的财政金融体制

为了实现国家规定的宏观经济管理目标，政府除采取必要的行政和立法措施，还配之以相应的财政金融措施，主要有财政预算、贷款、补贴、税收、奖金、价格、利率、折旧等，注重发挥经济杠杆的作用。凡符合国家目标要求的经济活动，国家均采取鼓励和优惠措施；反之，则采取限制性措施。同时，配之以收入政策、工资政策、储蓄政策、社会福利政策等，对企业和家庭收入、消费进行干预和调节。据统计，政府用于干预经济的直接财政预算约占全国投资总额的一半。国家除通过政府部门及国家银行和金融机构负责具体实施外，还建立了各种基金组织和职能机构，对各个领域的经济活动进行具体指导和协调。

第 4 节　瑞典福利市场经济模式

瑞典福利市场经济模式是指瑞典相对平和的劳资关系、一整套社会福利保障制度以及发展经济的一系列政策和措施。这种市场经济模式基于民主社会主义的理论和理想，以市场机制为动力机制，追求实现产出最大化，保持经济运行的高效率，以社会保障体系实现财富的公平分配，并以政府强有力的活动来主导经济社会的全面发展和进步。因此，这种模式又可称为“社会保障型的计划市场经济模式”[①]。其主要特点是：

1. 以政府干预为主导的社会保障机制

名目繁多的社会福利措施、广泛的社会保障面是瑞典福利市场经济模式最显著的特

① 彭森，张小冲，金春田，等．中国经济体制改革的国际比较与借鉴．北京：中国人民大学出版社，2008：112.

点，但要保证巨额的社会福利资金落实到位，必须依赖强有力的政府干预。瑞典政府对国民经济进行全面干预，在保持私有制的基础上，国家通过立法、财经政策和福利政策干预国民收入再分配，从而调节社会各阶级的利益，以达到充分就业、公平分配、经济民主、改善社会福利的发展目标。

2. 以分配机制为导向的市场运行体制

瑞典的资源配置方式以市场为基础，市场竞争机制和竞争秩序比较完备，市场功能得到正常发挥。在国家法律框架内，企业拥有充分的决策自主权，政府不得直接干预企业的生产经营。在生产资料所有制上，瑞典坚持私有制，农业资产基本上为私人所有，工业资产90%以上为私人所有。作为一个外向型国家，瑞典是世界上关税最低的国家之一，外国商品和资金可以自由地进入。在管理体制上，瑞典政府强调经济民主，确保劳资双方的共同利益。瑞典90%以上的蓝领工人参加了全国总工会，70%以上的白领工人参加了全国性工会，大多数雇主参加了雇主协会，并于1938年签订了《萨尔茨耶协定》，规定劳资双方共同建立劳动市场委员会，协商解决就业、工作期限、罢工等问题。

3. 以效率为基础的平等分配原则

瑞典实行一整套“从摇篮到坟墓”的福利计划。这套计划既保留了第二次世界大战前的社会保险和免费、低费的社会服务，又增加了补充退休金，并实行全民医疗保险制度，给私人建房低息贷款和实行住宅补贴，对中小学实行免费教育，为学生提供免费午餐和牛奶。另外，国家集中60%以上的国民收入，通过一整套制度措施和严密的宏观经济管理，实现生产的高效率与收入分配均等化的结合，以达到缩小贫富差距的目的。

阅读扩展　构建全国统一市场

第5节　日本政府主导型市场经济模式

日本的政府主导型市场经济模式是指在自由市场经济的基础上，在资源配置方式、决策结构与过程乃至经济运行方向等方面，国家通过产业政策、计划调节、行政指导等手段进行的干预和导向相对较强，可称为“政府导向型”或“行政导向型”的市场经济模式。该模式由于政府经济管理机构在国民经济运行中的作用比西方其他经济模式相对要大，也可以说是一种“官产复合体”模式或“集体协调型”模式。这是一种在经济运行中“看不见的手”和“看得见的手”配合较默契的经济模式。其主要特点是：

1. 政府对经济活动发挥强有力的宏观指导作用

第二次世界大战后，日本经济被美国控制，美国希望通过削弱日本垄断资本与政府的密切联系，将日本发展成为自由市场经济国家。结果却事与愿违，日本的市场经济模式并没有形成美国式的自由市场经济模式，反而演变为一种政府对经济活动发挥强有力的干预和调控作用的经济模式，即政府主导型市场经济模式。其具体表现如下：

第一，经济政策决策过程中形成了“官产复合体”和“日本株式会社”的结构。战后日本实行的所谓“1955 年体制”，在权力结构上形成财界、政界、官界“三位一体”。政府机构中以通产省（后改组为经济产业省）、大藏省（后改制为财务省和金融厅）、经济企划厅、科技厅（后并入文部省）、农林水产省、建设省等为代表的机构设置及其广泛而强有力的职能，表明日本政府对企业活动乃至国民经济运行实施体制性和结构性的深层介入。这是一种产业界与政府之间在经济管理上相互作用、协调合作的体制，自由竞争与干预相互妥协的体制。

第二，宏观调控有计划性。日本对国民经济的宏观管理偏重于制订和实施国家长期经济计划，是其经济体制的一个重要特征。日本式的经济计划是诱导性和指导性的计划，其宗旨是依据经济发展的现状，确立经济发展目标，表明政府的政策主张，通过制定政策引导企业的投资方向。虽然经济计划不具有行政上和法律上的约束力，但对企业决策具有强有力的诱导作用，因而日本经济计划被西方国家称为“世界上运用得最巧妙的计划诱导经济”。

第三，发挥产业政策的引导作用。日本政府通过制定产业政策对国民经济加以引导，是世界上公认最系统的产业政策之一。战后日本的产业政策主要是通过法律和行政指导的形式，利用税收、日本银行的间接金融、政府金融机构融资、引进国外技术等手段而展开。以促进产业发展为目的的产业政策主要包括两大体系：一是通过干预资源在产业间配置以实现产业结构转换、发展重点产业的产业结构政策；二是以保护垄断资本根本利益、促进企业间竞争为宗旨，调整企业间关系的产业组织政策。

第四，充分运用财政金融政策。日本政府充分运用财政金融政策调控宏观经济，以实现经济协调发展。日本的财政和金融体制的独特性，决定了其采取的财政金融政策有别于欧美国家。日本政府主要利用税收政策、政府支出政策、公债政策和财政投资性贷款等财政政策手段来对整个经济的发展进程进行调控。其中，财政投资性贷款是日本的一大特点。由于这种投资性贷款有着独立而固定的财源，不受财政收入规模的限制，因而它作为日本政府刺激有效需求的手段显得尤其重要，特别是在 20 世纪 60 年代的高速增长时期发挥了诱导民间资金投向的作用，成为政府实施产业政策并取得成功的重要保证。

第五，通过法律手段调控经济。日本的市场经济已实现高度法制化，政府通过制定和修订各种立法，将所有的经济活动和企业行为纳入法制轨道，使其在法律允许的范围内自由发展。日本的现行法规有 11 000 多部，其中大部分是关于经济方面的立法，如商法、产业标准化法、中小企业基本法、国土综合开发法等。政府正是依据这些经济立法来促进和保证企业的公平竞争及正常的市场秩序。

第六，重视宏观经济调控的目标与效果。日本政府进行经济干预的基本理念是以大企业为中心的经济增长主义。经济增长主义包括两个层面：一是一切都要服从和服务于经济增长的经济增长中心主义；二是一切经济活动都以垄断资本的高额利润为杠杆的高额利润至上主义，这两个层面统一于国民生产总值增长的实践中。从历史实践看，日本政府干预经济的基本目标指向依次为追赶→超越→扩张。

2. 实行有日本特色的企业制度

与其他西方国家的企业相比，日本企业在产权结构、治理结构、用工制度、企业理念等方面具有自己的特点。

一是从企业与市场的关系看，日本是一个企业本位社会，企业是市场的主体，企业活动和企业间的竞争构成市场的基本内容。

二是从企业经营管理体制和治理结构看，日本的企业（主要是大企业）实行以终身雇佣制、年功序列工资制、企业工会等为基本内涵的“日本式经营”，从体制上把企业从业人员的经济利益同企业的发展结合起来，使企业与从业人员形成“共同体”，从而有力地激发从业人员的献身精神。“企业就是人”“以人为主”的企业民主思想已构成日本企业文化的核心。

三是从企业产权结构看，日本企业采取以法人相互持股为基础的产权结构，这也是日本企业制度的最基本特征。与美国的自然人持股不同，日本这种独特的法人持股并非强调最大的股票收益率或控制其他企业，而是更加注重在现代化的协作生产中稳定生产经营联系、加强企业间横向联系等目标，这有利于企业追求长期发展目标，避免短期行为的干扰，使日本企业较之西方企业更具有长远和稳定的视野。同时，企业法人相互持股形成了企业间稳定和长期的纽带关系，对于扩大企业交易、降低生产费用、节约交易成本具有重大作用。

四是从日本企业的用工制度看，日本虽然实行的是市场经济体制，但是劳动力的配置机制却具有非市场经济的特征，具有组织机制的色彩。日本的终身雇佣制、年功序列工资制及内部晋升制等一系列促进企业劳动力在内部流动的形式正是这一机制的体现。这种雇佣体制有助于稳定就业以及提高生产经营和研究开发的效率，有利于企业凝聚力的形成。

3. 行会、协会等经济团体在经济发展中起着独特的作用

作为集团主义文化价值观的产物，日本的中介组织以经济团体的形式存在，有民间自发成立的，也有政府组织设立的；有行业性组织，也有地区性组织。在日本，这种组织多达10万个，157万家大中小企业的几乎所有法人企业都参加了这种组织。日本的经济团体，组织规模具有全国性，成员遍及各产业和各行业的经营者团体，其活动范围不限于产业经济，而是涉及整个国民经济。如日本经济团体联合会（以下简称“经团联”）、日本经营者团体联盟、经济同友会、日本商工会议所组成的“财界四团体”，就是经营者团体的主要代表；还有以增进事业者共同利益、调整内部关系为主要目的结合，由同一产业或同一行业形成的同行业团体，如日本汽车工业协会、日本钢铁联盟等；也有基于地区经济界人士的和睦协作关系，以促进企业相互发展为目的，按照法律由地区的事业者组成的地区型团体，如日本的商工会议所和各种乡町商工会。此外，还有为加强薄弱的中小企业的实力和团结而组成的中小事业者团体等。日本的经济团体作为企业与政府之间纵向联系和企业之间横向联系的纽带，以及增强企业或行业国际竞争力的推动者，协调企业间利害关系的中介者，在日本的市场经济运行中发挥着其他经济组织不可替代的特殊作用，体现了日本市场经济模式中最具特色、最具民族性的一面。

4. 财政金融体制有自己的特点

（1）财政体制的特点。日本认为，经济增长是解决一切经济问题的基础，主张通过政府干预促进经济发展，因而把促进经济增长作为财政政策的第一目标。1946 年 11 月日本公布了新宪法，1947 年制定了财政法，将财政行为纳入立法轨道，建立了中央集中领导、地方分级自主管理的体制，形成了完善的管理体制，在确立地方税独立性原则、保证地方税源的同时，将主要税种划给中央，保证中央有足够的税源，保证宏观经济调控。

日本通过改组大藏省的存款部，成立资金运用部，对政府资金实行统一运用，形成了独具特色的财政投融资制度。政府资金由大藏大臣统一管理使用，严格地筛选资金使用对象，确保国家财政资金使用的政策性与安全性。为保证财政信贷资金的正确使用，加强民主监督，成立了由各方人士组成的资金运用部，隶属总理府领导。20 世纪 50 年代初以来，日本成立了国民金融公库、日本开发银行、住宅金融公库和输出入银行等政府金融机构，通过这些机构对个人或企业提供低息、长期信贷资金，从而形成了贯彻政府政策意图、补充民间信贷活动的政府金融体系。

（2）金融体制的特点。日本银行系统的发展及日本银行作为“银行的银行”（中央银行）有其悠久的历史。日本银行的建立始于 1868 年。1876 年日本修改了国民银行条例，1882 年建立了日本中央银行，同年又颁布了《日本银行条例》。第二次世界大战后，在美国的干预下日本重建了金融体系。

目前的日本金融体制包括两个方面：①日本的金融机构。从日本现有金融体制看，主要有两类：一类是战后逐步建立起来的政府系统金融机构，包括日本开发银行、日本进出口银行。此外还有国民金融公库、住宅金融公库、中小企业金融公库、农林渔业金融公库等 10 个公库。政府系统金融机构的资金 70%来源于大藏省的资金运用部，它们又主要靠邮政储蓄的零散资金。大藏省集中了这些零散资金，使之成为政府系统金融机构资金的主要来源。另一类金融机构是在日本银行调节和监督下的私人银行。②日本银行对私人银行和金融市场的调节。日本银行对私人银行和金融市场的调节主要采取两种措施：一是调整利率。日本银行界的利率都以日本银行的官定利率为标准，对私人企业的贷款利率只能基于官定利率上下浮动。二是实行信贷控制与信贷配额。非银行公共机构可以低于市场利率从银行获得贷款，这种贷款又与银行部门及邮政储蓄系统的调节存款利率挂钩。

总之，日本的市场经济模式是一种以市场机制为基础，实行市场调节，又有政府导向的“二元机制”的混合经济模式。鉴于这种市场经济模式具有政府干预相对较强的鲜明特点，因此又称为政府主导型市场经济模式。实践表明，这一市场经济模式对战后日本经济的迅速崛起发挥了重大作用。尽管这一模式在实践中也曾出现因市场的盲目性造成的“市场失灵”，也曾出现因过度干预或导向失误导致的“政府失灵”，但从总体上看，这一模式在体制上和组织结构上有利于保持市场的活力和竞争的有序，可以说是战后日本经济在较短时间实现其赶超战略目标，并成为经济大国的重要原因之一。

权威观点　逄锦聚：社会主义市场经济的伟大创举

复习与思考

一、名词解释

市场经济运行模式　　混合经济　　社会市场经济　　充分协商原则

二、简答题

1. 美国混合市场经济模式的基本特征主要有哪些？
2. 德国的社会保障体系主要包括哪些内容？
3. 瑞典福利市场经济模式的主要特点是什么？

三、论述题

试比较美国和日本市场经济模式的不同之处。

四、讨论题

西方发达国家市场经济模式对我国完善社会主义市场经济体制有哪些借鉴意义？

延伸阅读

1. 张道根．经济制度演进的逻辑：政治经济学讲稿．上海：上海人民出版社，2021.
2. 罗伯特·弗兰克．牛奶可乐经济学．北京：北京联合出版公司，2016.

即测即评

扫描二维码可在线自测并查看答案。

第2篇

计划经济向市场经济的过渡

按照从一般到特殊的研究方法，本篇在前篇分析市场经济共性的基础上，着重探讨计划经济向市场经济的过渡。先考察计划经济的理论来源及实践，然后分析苏联东欧经济转轨的探索和教训，最后论证我国过渡模式的理性抉择和基本经验。

第4章

计划经济的理论来源及实践

计划经济体制是指以国家（政府）指令性计划为主要手段来配置资源的经济组织形式。由于主客观方面的各种原因，以苏联为首的社会主义国家在建国之初都不约而同地选择了计划经济体制，并且取得了较大成就。随着历史条件的改变，计划经济体制越来越暴露出其固有的弊端，以至于不得不对其进行改革，甚至用市场经济体制取而代之。研究计划经济体制兴起和终结的原因，对我们深刻认识经济体制改革的客观必然性、更好地完善和发展社会主义市场经济体制具有重要的理论价值和现实意义。

第1节　经典作家关于社会主义经济的基本构想

20世纪，俄、中等国共产党人在马克思主义的指导下，通过无产阶级革命夺取国家政权，建立了社会主义制度。第二次世界大战后，社会主义从一国发展到多国，社会主义阵营随之建立。苏联、中国和东欧社会主义国家在革命胜利后，无一例外地选择了计划经济体制，除了各种客观原因，也与马克思主义经典作家关于未来社会的构想密切相关。

马克思、恩格斯的社会主义思想源于早期社会主义者特别是空想社会主义者①的社会理想。然而，他们没有停留在空想社会主义对资本主义的道德批判，也没有沉溺于对传说中理想国的向往，而是通过考察资本主义基本矛盾及其运动规律，得出了“资本主义必然灭亡，社会主义必然胜利”的结论，并在此基础上勾画出未来社会的基本框架。在

① 早期的社会主义者有托马斯·莫尔（Thomas More，1478—1535）和托马斯·康帕内拉（Tommaso Campanella，1568—1639），18—19世纪空想社会主义的代表人物是圣西门（Saint Simon，1760—1825）、夏尔·傅立叶（Charles Fourier，1772—1837）和罗伯特·欧文（Robert Owen，1771—1858）。

《1844 年经济学哲学手稿》[①] 中，马克思在肯定“社会主义”概念的同时，也接纳了“共产主义”概念，这时他认为共产主义隶属于社会主义。在《哥达纲领批判》[②] 一文中，马克思又在更高一级的基础上实现了共产主义与社会主义两个概念的综合，但与《1844 年经济学哲学手稿》不同，马克思这时明确了社会主义隶属于共产主义，并将其作为共产主义整个社会形态发展的第一阶段。马克思通过对资本主义社会经济基础和上层建筑的总体分析，预测了未来社会形态的发展及特征，科学地划分了未来社会的两个不同的发展阶段。共产主义社会的两个阶段同属于一种社会形态，它们的区别只在于成熟程度的不同，其基本特征表现在以下四个方面。

第一，消灭资本主义私有制，建立生产资料公有制。马克思、恩格斯把资本主义私有制视为“建立在阶级对立上面、建立在一些人对另一些人的剥削上面的产品生产和占有的最后而又最完备的表现”[③]，因此，他们始终把所有制问题即消灭私有制代之以公有制作为无产阶级解放运动的“基本问题”[④]。马克思、恩格斯所设想的生产资料公有制是指生产资料的社会所有制。马克思认为，在未来理想社会即“自由人联合体”中，生产者“用公共的生产资料进行劳动，并且自觉地把他们许多个人劳动力当作一个社会劳动力来使用。……这个联合体的总产品是一个社会产品。这个产品的一部分重新用作生产资料。这一部分依旧是社会的”[⑤]。在《1848 年至 1850 年的法兰西阶级斗争》[⑥] 中，马克思把它具体化为“使生产资料受联合起来的工人阶级支配”[⑦]。马克思在《哥达纲领批判》中又进一步申明，在社会主义社会这一历史阶段，“以生产资料公有为基础”，“除了个人的消费资料，没有任何东西可以转为个人的财产”[⑧]。

第二，社会生产将有计划地进行，不存在商品生产、货币交换和市场。按照马克思、恩格斯的设想，在未来的社会制度中没有商品和货币交换，实行有计划的生产。“生产者不交换自己的产品；用在产品上的劳动，在这里也不表现为这些产品的价值，不表现为这些产品所具有的某种物的属性，因为这时，同资本主义社会相反，个人的劳动不再经

---

① 马克思于 1844 年流亡巴黎期间撰写的一部未完成的手稿，是马克思进行政治经济学和哲学研究的最初成果。在这部手稿中，马克思从唯物主义和共产主义的立场出发，在深入批判资产阶级政治经济学、黑格尔哲学和空想社会主义学说的基础上，阐明了一系列唯物史观的基本原理，并批判地改造了德国古典哲学的异化概念，提出并运用异化劳动理论初步论证了共产主义的必然性。

② 1875 年 2 月，德国工人运动两大派别爱森纳赫派和拉萨尔派在哥达城召开代表大会，拟定了充满了拉萨尔主义观点的合并纲领草案《哥达纲领》。为了捍卫科学社会主义的根本原则，清算拉萨尔主义的错误思想，使爱森纳赫派认清革命形势，马克思于 1875 年 4—5 月间抱病写下这篇著作。《哥达纲领批判》全面深刻地批判了拉萨尔主义，同时对无产阶级实现社会主义的路径，未来新社会的发展阶段、国家制度等都作了系统阐释，捍卫和发展了科学社会主义理论。

③ 马克思恩格斯选集：第 1 卷．北京：人民出版社，2012：414.

④ 同③435.

⑤ 马克思恩格斯选集：第 2 卷．北京：人民出版社，2012：126.

⑥ 马克思论述 1848 年法国革命的著作，写于 1850 年 1—11 月，以“从 1848 到 1849 年”为总题目连载于《新莱茵报・政治经济评论》。马克思在书中用历史唯物主义的观点和方法深刻分析了 1848 年法国革命的原因、性质、过程和影响，并在总结历史经验的基础上，发展了关于无产阶级革命和无产阶级专政的原理。

⑦ 同③478.

⑧ 马克思恩格斯选集：第 3 卷．北京：人民出版社，2012：363.

过迂回曲折的道路，而是直接作为总劳动的组成部分存在着。”[1] 这样，“一旦社会占有了生产资料，商品生产就将被消除，而产品对生产者的统治将随之消除。社会生产内部的无政府状态将为有计划的自觉的组织所代替”[2]。在生产资料的社会化和由此而来的管理的社会化的基础上，每一个别行业的生产以及这种生产的增加都不再通过价值规律和市场机制调节，而是直接由社会需要调节和控制，由社会“按照一个统一的大的计划协调地配置自己的生产力”[3]。

第三，实行按劳分配的原则，并逐步从按劳分配向按需分配过渡。马克思认为，为了实现再生产，在消费品分配给劳动者之前，必须从社会总产品中扣除生产力方面的消耗和需要，实行等量劳动领取等量产品的原则。共产主义第一阶段“不是在它自身基础上已经发展了的，恰好相反，是刚刚从资本主义社会中产生出来的，因此它在各方面，在经济、道德和精神方面都还带着它脱胎出来的那个旧社会的痕迹。所以，每一个生产者，在作了各项扣除以后，从社会领回的，正好是他给予社会的。他给予社会的，就是他个人的劳动量”。“他从社会领得一张凭证，证明他提供了多少劳动……他根据这张凭证从社会储存中领得一份耗费同等劳动量的消费资料。”[4] 随着社会生产力的增长和个人的全面发展，“集体财富的一切源泉都充分涌流之后”，即到了“共产主义社会高级阶段”，社会才能实行“各尽所能，按需分配”[5]。

第四，阶级消灭，国家逐步自行消亡，建立起“自由人联合体”。马克思、恩格斯认为，当彻底消灭了阶级剥削和阶级压迫，消灭了人对人的统治的时候，国家也就自行消亡了。“当阶级差别在发展进程中已经消失而全部生产集中在联合起来的个人的手里的时候，公共权力就失去政治性质。”[6] 无产阶级在消灭旧的生产关系的同时，“也就消灭了阶级对立的存在条件，消灭了阶级本身的存在条件，从而消灭了它自己这个阶级的统治”，未来社会“将是这样一个联合体，在那里，每个人的自由发展是一切人的自由发展的条件”[7]。自由人联合体不仅是共产主义社会生产的组织者，也是人们社会生活的组织者。

马克思主义经典作家对未来社会的这些设想，对共产党人来说是印象极为深刻的，也理所当然地成为各国共产党人为之奋斗的崇高理想。在革命胜利后，当共产党成为执政党，他们自然力图将这些构想付诸实践。因此，马克思主义经典作家对未来社会的设想是计划经济体制在社会主义国家得以建立的理论基础。

然而，社会主义革命并未像马克思、恩格斯所设想的那样在资本主义高度发达的国家同时取得胜利，而是在经济文化相对落后的国家首先取得胜利，因而他们关于社会主义社会的设想在现实中难以完全付诸实施，据此建立的计划经济体制也存在明显的弊端。因此，应科学辩证地看待马克思、恩格斯关于未来社会主义社会基本特征的阐述。

---

① 马克思恩格斯选集：第 3 卷．北京：人民出版社，2012：363.
② 同①671.
③ 同①683.
④ 同①363.
⑤ 同①365.
⑥ 马克思恩格斯选集：第 1 卷．北京：人民出版社，2012：422.
⑦ 同⑥.

首先，马克思、恩格斯对未来社会主义社会的构想，是在批判资本主义社会的弊端、科学揭示资本主义社会的基本矛盾和人类社会发展规律的基础上提出来的，而不像空想社会主义者那样根据自己头脑中的想象来描绘社会主义社会，因而马克思、恩格斯对未来社会主义社会的预见是一种科学预见。

其次，马克思、恩格斯对未来社会主义社会的构想，是根据 19 世纪发达资本主义国家的内在矛盾和发展趋势提出的，是以欧美“文明国家”的革命同时发生为条件，以高度发达的资本主义经济和优秀的人类文明成果为前提的。但是，现实中的社会主义社会均是在经济、文化和社会发展落后的国家建立起来的。具体到社会主义中国，它是在半殖民地半封建社会基础上建立起来的，社会物质生产力远未达到马克思所设想的高度发展的水平，因此占主导地位的公有制是国家所有制和集体所有制而非社会所有制，市场经济处在初始发展阶段而非已经消亡匿迹，按劳分配制度通过商品制度、货币交换这种形式而非通过劳动券迂回曲折地实现，政治国家及行政权力在强化和完善过程中而非已经消亡。究其根源，在于具有鲜明东方社会特点的中国经历了一条特殊的历史路径，无法严格地纳入“五种社会形态”这一西方典型历史演进模式的框架。

最后，马克思、恩格斯对未来社会主义社会的构想，诞生于资本主义发展初期，必然受到那个时代客观历史条件和主观认识水平的制约，因此也具有一定的历史局限性。至于未来社会主义在现实中将是什么样子，还有待社会主义革命、建设和改革的实践探索。而且，他们对未来社会主义社会的预见只是一种纯粹的理论抽象，是概括的社会主义，不是哪一个具体国家的具体发展阶段的社会主义，因而必须将其与各国的具体国情和实践结合起来，使之民族化、时代化。

第 2 节　苏联的计划经济体制

苏联的计划经济体制主要是在斯大林领导苏俄时期逐步建立起来的，因而人们习惯于把它称为“斯大林模式”。斯大林模式长期被看作社会主义经济的标准模式，其基本特征就是高度集中的计划经济体制。

一、苏联计划经济体制的建立

1917 年“十月革命”胜利后，列宁领导苏俄开始了社会主义建设的实践。列宁的社会主义模式源于马克思的理论，但有自己的特点。他赞同马克思关于共产主义发展的两阶段论，同时结合俄国实际，提出了社会主义社会将经历若干发展阶段的思想。这一思想最突出的特点就是引入无产阶级专政国家的强制力量作为社会主义经济的组织者和管理者。列宁在《国家与革命》[①] 中把社会主义经济比拟为一家“国家辛迪加”（State Syn-

① 列宁于 1917 年 8—9 月所写的一部系统阐发马克思主义国家学说的著作，全名《国家与革命（马克思主义关于国家的学说与无产阶级在革命中的任务）》。在书中，列宁简述和总结了马克思和恩格斯关于国家与革命学说的发展过程，阐述了无产阶级革命必须打碎资产阶级国家机器、建立无产阶级专政的原理，论述了无产阶级专政的性质、任务、领导力量和历史作用。

dicate)，即一家由政府垄断经营的大公司。他指出，在共产主义社会的第一阶段即社会主义社会里，“全体公民都成了国家（武装工人）雇用的职员。全体公民都成了一个全民的、国家的‘辛迪加’的职员和工人”，“整个社会将成为一个管理处，成为一个劳动平等和报酬平等的工厂”①。这与马克思、恩格斯设想的“自由人联合体”截然不同。

由于当时小农经济仍然在俄国经济中占统治地位，列宁一度提出经过一个多种经济成分并存的历史阶段逐渐向以国有制为基础的“完全的社会主义”过渡的思想②，但是外国干涉和 1918—1920 年国内战争的爆发，迫使新生的苏维埃政权实行以全面国有化、余粮收集制、劳动义务制和实物配给制为主要措施的“战时共产主义”，这就是历史上第一个计划经济体制。

战时共产主义是在残酷的战争环境和物资极度缺乏的特殊条件下，被迫采取的带有军事性的非常措施，它使苏维埃俄国最大限度地集中了全国的物力和财力，从而保障了军事上的胜利，为粉碎协约国的武装进攻、捍卫十月革命的胜利成果、保卫新生的苏维埃政权，创造了必要的物质前提，在“当时所处的战争条件下，这种政策基本上是正确的”③。

1920 年底，在国内战争基本结束的情况下，战时共产主义不但没有因非常时期结束而收缩，反而进一步加强，这就超出了俄国社会能够承受的水平，工农群众尤其是农民的不满情绪日益加剧，造成社会的不稳定和生产下降。列宁开始认识到，“用无产阶级国家直接下命令的办法在一个小农国家里按共产主义原则来调整国家的产品生产和分配”④的做法是行不通的，需要重新探索建设社会主义经济基础的途径。列宁经过深思熟虑，在 1921 年春开始实行以征收粮食税代替余粮收集制为主要内容的新经济政策：农民按国家规定交纳一定的粮食税，超过税额的余粮完全归个人所有。新经济政策的实行，一方面大大减轻了农民的负担，另一方面允许农民自由买卖余粮，打开了工农之间、城乡之间的商品流通渠道。此外，允许私人和外资企业暂时管理国家无力经营的企业，恢复商品货币关系调节生产的作用。新经济政策是列宁根据俄国经济落后、生产力低下的国情，探索建设社会主义新道路、新方法的伟大实践，使小农经济占优势的苏俄，找到了向社会主义经济阶段过渡的道路，是对传统社会主义理论的一次重大突破，创造性地发展了科学社会主义。在实践中，新经济政策也受到广大工人和农民的欢迎，工农业生产在四五年时间内即达到或接近战前水平，苏维埃政权得到进一步巩固。

1924 年 1 月列宁去世后，斯大林当选联共（布）中央总书记。在斯大林领导下，联共（布）十四大、十五大先后通过了社会主义工业化总方针和农业集体化方针，此后，新经济政策逐渐取消。1936 年，全苏苏维埃第八次（非常）代表大会通过的新宪法规定苏联是共产党领导的工农社会主义国家，经济基础是社会主义经济制度和生产资料的社会主义所有制，政治基础是各级劳动者代表苏维埃。新宪法的颁布，标志着社会主义基本制度在苏联的确立，也标志着斯大林模式的形成。这种以高度集中的计

---

① 列宁选集：第 3 卷．北京：人民出版社，2012：202 - 203.

② 同①361.

③ 列宁选集：第 4 卷．北京：人民出版社，2012：464.

④ 同③570.

划经济体制和高度集权的政治体制为基本特征的政治经济体制，通过行政命令管理经济，否定价值规律，排斥商品和市场。在优先发展重工业和军事工业的方针指引下，最初社会生产力水平极为落后的苏联快速进入工业化强国行列，为后来取得反法西斯战争胜利奠定了物质基础，特别是与资本主义经济大危机相比拥有鲜明的优势，使这一体制具有巨大的吸引力。第二次世界大战后，新建立的社会主义国家纷纷仿效苏联模式，建立了本国的计划经济体制。

权威观点　李燕：苏维埃政权初期社会主义经济制度选择的探索与实践

二、苏联计划经济体制的基本结构

为了使读者对苏联计划经济体制有一个清晰的印象，我们用图 4－1 来简要描述这一体制的基本结构，以及执行这个体制所产生的经济后果。

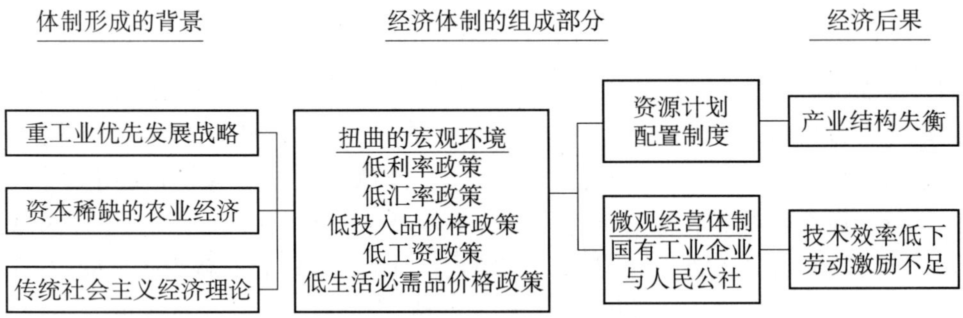

图 4－1　苏联计划经济体制的形成逻辑和组成部分

（1）扭曲价格的宏观政策环境。在一个经济发展水平低、资本极为稀缺的经济体中，资金的成本很高。由于重工业是资金高度密集型的产业，在资本市场上由供求决定的利率必然高得使优先发展重工业的战略无法实施。要实施这一战略，必须人为地压低资本、外汇、能源、原材料、劳动力和生活必需品的价格，以降低重工业资本形成的成本。因此，传统的宏观政策环境是以生产要素价格和产品价格的扭曲为特征的。

（2）高度集中的资源计划配置制度。扭曲生产要素和产品价格的制度安排造成了整个经济的短缺现象，被匈牙利经济学家科尔奈描述为“短缺经济”。为了把短缺的资源配置到战略目标所青睐的重工业部门，就要有一个不同于市场机制的资源分配制度。因此，银行体制、外汇管理体制、物资分配制度和劳动工资体制等都以高度的计划控制为特征。

（3）缺乏自主权的微观经营体制。在依靠压低产品和生产要素价格、实行高度集中的计划制度分配资源，以推行重工业优先发展战略的条件下，为了保证微观经营单位生产剩余的使用方向合乎战略目标的要求，政府通过工业的国有化和农业的人民公社化，建立起与重工业优先发展战略相适应的微观经营体制。这种体制的突出特征是严重缺乏激励和生产效率低下。[①]

① 蔡昉，林毅夫．中国经济．北京：中国财政经济出版社，2003：13.

可见，在计划经济体制中，重工业优先发展战略是政府主动选择的，是当时苏联经济建设面临的环境与政府希望迅速实现工业化的目标相结合的产物。而扭曲价格的宏观政策环境、资源计划配置制度和没有自主权的微观经营体制，则是为适应重工业优先发展战略而形成的。从计划经济体制的基本结构以及功能来看，上述三个方面相互联系，构成了一个有机的整体，并且具有不可分割的特点。

第3节　中国的计划经济体制

新中国成立后，我国经济所经历的增长与波动同经济体制的变动密切相关。为了更好地理解我国社会主义市场经济的产生和发展，有必要了解我国计划经济体制的形成过程、组成部分及其终结，并科学全面地评价其历史地位。

一、中国计划经济体制的形成过程

在新中国成立前，中国共产党的政治和经济纲领是根据毛泽东在1940年的《新民主主义论》中提出、由1945年党的七大确立的中国革命分“两步走”的思想制定的。“两步走”的思想即在夺取政权以后，第一步先建设新民主主义社会，实现由农业国到工业国的转变；第二步再实现由新民主主义社会到社会主义社会的转变。在民主革命取得胜利后建立的新民主主义经济，就是以国有经济为领导、在“节制资本”原则指导下允许私人资本主义存在的混合经济。

新中国成立后，党和政府为迅速改变中国贫穷落后的面貌，选择了优先发展重工业的工业化道路。为了实现重工业优先发展目标，开始效仿苏联逐步建立起高度集中的计划经济体制。从1949年新中国成立到1956年全面建成社会主义，计划经济体制的形成过程大致可以分为三个阶段：

第一阶段是计划经济体制的萌生阶段（1949年10月—1950年6月）。在组织机构方面，1949年10月建立了中央财政经济委员会，之后相继成立了其他专门负责计划管理和现金调度的中央机构，如全国编制委员会、全国仓库物资清理调配委员会、人民银行等。通过这些机构，国家开始通过行政指令对经济活动实行直接管理。在经济计划方面，1949年冬，中央确定实行全国财政经济统一管理的方针，并通过1950年2月召开的全国财政会议以指令性方式提出了“六个统一”：财政收支统一、公粮统一、税收统一、编制统一、贸易统一、银行统一。这一时期开始提出发展国民经济的某些计划和措施，如对粮食、皮棉、煤炭等安排了1950年生产的计划指标。在此期间，还进行了某些年度计划的试编工作，如1949年底编制了《1950年全国财政收入概算草案》，1950年5月试编了包括农业、工业、文教卫生等20多项内容的《1950年国民经济计划概要》，为后来编制中长期的国民经济计划积累了经验。在所有制方面，至1949年底，人民政府在全国共计没收2 858个官僚资本主义工业企业，建立了占全国工业资金78.3%的国营工业，基本掌握了国民经济命脉，开始建立社会主义公有制。不久，开始对非公有制的私营工商业进行调整，将私营企业初步纳入计划生产的轨道。1950年6月举行的党的七届三中全会认为，这一时期在对旧的社会经济结构进行不同程度的重新改组的同时，老解放区“特别是在东北，已经开始了有计划的经济建设”[①]，但在新解放区“还没有获得有计划地进行经济建设的条件”[②]。

第二阶段是计划经济体制的初步形成阶段（1950年7月—1952年8月）。党的七届三中全会以后，开始在全国范围内创造有计划地进行经济建设的条件。1950年8月，中央召开第一次全国计划工作会议，讨论编制1951年计划和三年的奋斗目标，要求各部门先订出当年计划和三年奋斗目标，然后由中央综合拟出全国计划纲要。会后，三年奋斗目标虽然没有形成计划文件，但初步形成了我国计划经济体制决策等级结构的雏形，即决策权归国家、决策权力的分配采取行政方式形成条块分割的等级结构。之后，中央首先加强了对国营工业生产和基本建设的计划管理。“在工厂内，以实行生产计划为中心，实行党政工团的统一领导。”[③] 在基本建设方面，把建设单位划分为“限额以上”和“限额以下”两种，并把重点放在交通运输的建设上。其次，在对农业、手工业的计划领导方面，1951年9月召开的第一次互助合作会议提出，在完成土改的地区，通过开展互助合作运动，克服农民分散经营中的困难，以保证国家农业生产计划的实现。同时积极推广生产互助组与供销合作社的“结合合同”制度的经验，使互助组有计划地生产和消费，供销社实现有计划地经营。对手工业生产，中央要求各地将组织和发展手工业生产合作社的计划纳入地方工业计划，并以国家和上级合作社的订货作为发展手工业生产的关键。再次，在1950年调整私营工商业的基础上，要求私营工商业执行政府制定的产销计划。情况不明，是无法实行计划经济的。当时开展“五反”斗争的目的之一就是彻底查明私人工商业的情况，以便团结和控制资产阶级，实行国家的计划经济。最后，在市场管理方面，国家指令要求国营贸易公司正确地执行价格政策。总之，在党的七届三中全会以后初步形成了我国计划经济体制的决策结构，在国家的集中统一领导下，以制定指令性的经济发展计划的形式，对国民经济各方面开始实行全面的计划管理，计划经济体制初步形成。到1952年8月，党的七届三中全会提出的任务已提前完成。毛泽东在政协第一届全国委员会常务委员会上宣布：经过两年半的奋斗，现在国民经济已经恢复，而且已经开始有计划地进行建设。

第三阶段是计划经济体制的基本形成阶段（1952年9月—1956年12月）。到1952年底，国民经济恢复任务已基本完成，根据毛泽东的建议，党中央从我国实际情况出发，提出了党在过渡时期[④]总路线，作为过渡时期各项工作的指南。1953年6月15日召开的中共中央政治局会议对此作了较为完整的概括：“党在过渡时期的总路线和总任务，是要在十年到十五年或者更多一些时间内，基本上完成国家工业化和对农业、手工业、资本

① 毛泽东文集：第6卷．北京：人民出版社，1999：69.

② 同①70.

③ 建国以来重要文献选编：第2册．北京：中央文献出版社，1992：41.

④ 过渡时期指从中华人民共和国成立到社会主义改造基本完成这一历史时期。

主义工商业的社会主义改造。”[①] 为了实现这一目标，计划经济体制进一步健全并得到法律的确认，在已建立的各种专门性的计划管理机构的基础上，1952 年 11 月成立了国家计划委员会，1954 年 4 月中央又成立了编制五年计划纲要草案的工作小组。该小组在 1951 年以来几次试编的基础上，以过渡时期总路线为指导，形成了第一个五年计划草案（初稿）。经过法定的审批程序之后，“一五”计划由国务院以命令形式颁布，要求各地各部门遵照执行。1954 年我国制定和颁布了第一部宪法，其中第十五条规定：“国家用经济计划指导国民经济的发展和改造，使生产力不断提高，以改进人民的物质生活和文化生活，巩固国家的独立和安全。”[②] 这表明，计划经济体制已成为我国法定的经济体制。

总之，经过社会主义改造，我国基本建立起对社会财产实行全民所有制和集体所有制的社会主义公有制；在对经济活动的管理形式方面，以行政命令方式制定颁布了发展国民经济的第一个五年计划，并于 1956 年底提前完成了“一五”计划中预定的大部分指标。在实际经济生活中运行的这种计划经济体制，被《中华人民共和国宪法》明文确定为国家法定的经济体制。至此，我国的计划经济体制已基本形成。

二、中国计划经济体制的主要特征

从 1956 年底计划经济体制形成到 1978 年底党的十一届三中全会召开，是我国的计划经济建设时期。我国的计划经济体制具有以下主要特征：

（1）公有制经济在所有制结构中占据主导地位。在我国公有制经济中，按照公有程度不同，城市工业经济所有制主要包括：全民所有制、国家所有制和集体所有制；农村则以土地国有制和农村集体所有制为主，但必须严格执行国家下达的指令性的农产品统购计划和相应的生产计划，并不具有完整的集体产权。农村土地在国家所有的基础上由集体管理，农民对土地仅有使用权。1956 年社会主义改造完成之后，我国国民收入中公有制经济的比重一度高达 90％以上。

（2）国家对经济活动采取直接指令性行政管理。中央计划经济体制的一个主要标志是国家或中央政府成为经济运行中的核心主体，而企业由于只执行既定的生产计划成为政府的附属物。国家主要通过一定阶段的经济发展计划对经济运行进行调控和管理，组建专门的经济计划部门负责制订发展计划，并通过指标、计划参数、实际评价等对企业实行全面的控制。

（3）经济决策权高度集中。国家不仅要负责宏观方面的资源配置，甚至要对微观的企业和个人的收入和支出做出计划，以实现资源在微观主体间的配置，导致在国家和政府之外并不存在实际的微观经济主体。

（4）社会资源按计划配置。在计划经济体制下，经济运行的各个层面都充斥着政府的计划和指令。资源流向的指令刚性导致配置效率下降，使大量资源都按照政府意愿配

---

① 中共中央党史和文献研究院．马克思主义中国化一百年大事记（1921—2021 年）．北京：中央文献出版社，2022：138.

② 建国以来重要文献选编：第 5 册．北京：中央文献出版社，1993：524.

置，资源的利用结构极不合理。

（5）交易活动具有非价格特征。计划体制下的交易活动被行政指令替代，交易对象被消除了商品属性。

（6）分配方式上采取按劳分配。在计划经济实践中，按劳分配往往被简化为平均主义，“吃大锅饭”“搭便车”行为普遍存在，严重挫伤了人们的劳动积极性，进而阻碍了生产力的发展。

（7）经济结构呈现明显的城乡分化和二元结构。由于计划经济体制出于战略考虑采取赶超型发展战略，对城市工业和重工业发展投入较大，造成城市对农村的挤压，以及工业对农业的抑制。

（8）经济对外封闭。在国际冷战格局的大背景下，多数社会主义国家的计划经济体制本质上都是封闭型的。应该说，计划经济体制促进了新中国成立初期国民经济迅速恢复和短期内高速发展，使我国初步建立起比较完整的工业体系，在社会主义改造和社会主义建设中发挥了积极作用。

传统理论认为，社会主义经济的基本特征是公有制、计划经济和按劳分配。这种理论对于三位一体的经济体制模式的形成也产生过很大的影响。在苏联版本的《政治经济学教科书》中，照搬马克思在资本主义早期对于社会主义经济的设想，把按劳分配、公有制和计划经济当作社会主义经济的基本特征，从而排斥物质利益原则、多种经济成分并存和市场机制的实践，有其深刻的理论基础。毛泽东在《论十大关系》一文中对苏联模式的一些方面进行了批判，也尝试在实践中予以修正，但由于我国选择了与苏联相同的重工业优先发展战略，因此不可能从根本上摆脱这种苏联式的经济体制模式。

三、对传统计划经济体制的评价

从历史条件来看，新中国成立之初建立计划经济体制有其历史必然性。而且，计划经济体制曾发挥重要的积极作用。

一方面，运用这种新的经济体制有助于在短期内医治旧中国遗留下来的经济恶性波动，顺利地渡过经济困难时期。新中国成立伊始，面对国民党政府留下的财政枯竭、通货膨胀的局面，国家加强集中管理，不到一年时间就基本遏制了通货膨胀，经济局势初步稳定。政务院财政经济委员会在 1949 年关于稳定物价斗争的总结中曾指出：在市场物价问题上同资产阶级的较量，不但需要统一的指挥，而且要有保证实施这种统一指挥意图的能力。也就是说，要能做到集中使用力量，灵活调度物资，全面指导物价。

另一方面，在经济发展水平低、建设资金严重短缺、国力有限的条件下，运用这种行政集权的计划经济体制，确保将有限的资源集中到重点建设上，奠定了国民经济良性循环的物质基础。在国民经济恢复时期结束后的第一个五年计划时期，正是由于国家利用手中的行政力量对重点建设进行集中统一管理，才建成了以苏联帮助我国建设的 156 项工程为中心的 694 个大中型建设项目和一些骨干企业，使我国建立起比较完整的基础工业体系和国际工业体系的骨架，积累了经验，培养了人才，为国家工业化奠定了初步基础，为国民经济的长远发展创造了有利的条件。

然而，计划经济体制对经济发展的推动作用是有限度的，超过这个限度就会产生负效应。党的十四大报告曾这样评价我国以往实行的计划经济体制："原有经济体制有它的历史由来，起过重要的积极作用，但是随着条件的变化，越来越不适应现代化建设的要求。"① 传统经济体制是为推行重工业优先发展战略，实现赶超发达国家的目标服务的。然而，没有自主权的微观经营体制造成劳动激励不足，排斥市场机制的资源计划配置制度造成经济效率低下，扭曲的宏观政策环境则造成了扭曲的经济结构。高度集中的计划经济体制，否定价值规律和市场机制的作用，限制商品货币关系，用行政命令管理经济，发展到后来越来越僵化，以致被推向极端，阻碍和破坏了生产力的发展。因此，传统经济体制并没有实现赶超的使命，反而导致20世纪80年代以前我国经济增长缓慢，人民生活长期得不到改善。

具体来看，计划经济体制存在一些明显的弊端：片面强调计划和集中管理，体制运行趋向低效率、高成本，阻碍社会主义民主与法治建设，忽视社会成员个体合理的利益需求等。

正是由于存在这些弊端，建立计划经济体制的社会主义国家在经历了最初的高速发展后，很快就暴露出了问题。简单归纳，主要有以下四个方面：

一是这些高速发展以不均衡为代价。依靠剥夺农业实现高速积累，一开始固然可以迅速拓展工业生产，但由于农业被剥夺，不能为工业提供强大的市场，结果最终导致工业发展缺乏后劲。这种非均衡发展不仅造成了巨大的资源浪费，而且使社会矛盾日益尖锐。

二是经济低效率。要对经济进行有效的计划管理，政府就必须主导经济，这就要求发展大量的国有经济或国家控制的经济，这样的经济由于产权主体虚置而缺乏内在的效益动力。

三是越来越难以适应经济的快速发展和复杂化。计划对于简单的经济体是有效的。但一个国家在实现工业化之后，社会经济情况日益复杂，使得计划制订者的信息越来越不能全面及时地反映经济变化，结果就是计划或者阻碍了社会生产，或者无法执行。

四是经济波动的破坏作用难以减弱。计划经济及其倾斜发展战略由于天然的非均衡性，比资本主义经济的周期更具有人为的主观特征，而纠正经济波动的手段又往往是强硬的，加上计划的迟滞，经济周期的破坏作用绝不比资本主义经济危机小，只不过比较隐蔽罢了。

这些问题长期积累下来，最终阻碍了社会主义国家经济的健康发展，影响了社会主义制度优越性的充分发挥。于是，计划经济作为一种经济运行体制也就走到了它的终点。为了克服传统计划经济体制的种种弊端，使中国的社会经济走出困境，中国共产党人一直在进行探索。从20世纪70年代末开始，全面的经济体制改革逐步展开。改革从农村开始，方向是逐步扩大市场的作用范围，直至最终选择了社会主义市场经济。事实证明，摆脱传统计划经济体制的束缚，建立充满生机与活力的社会主义市场经济体制，是历史的必然选择。

---

① 十四大以来重要文献选编：上．北京：人民出版社，1996：3.

复习与思考

一、名词解释

计划经济　　按劳分配　　重工业优先　　赶超战略　　短缺经济

二、简答题

1. 传统计划经济体制的特征有哪些？
2. 传统计划经济体制有哪些优缺点？

三、论述题

试析我国传统计划经济体制的成因。

四、讨论题

有人认为“计划经济功成身退，市场经济继往开来”，请谈谈你对这句话的理解。

延伸阅读

1. 鲍·布鲁兹库斯．苏维埃俄国的计划经济．济南：山东人民出版社，2018.
2. 程连升．筚路蓝缕：计划经济在中国．北京：中共党史出版社，2016.
3. 林毅夫．解读中国经济：解读新时代的关键问题．北京：北京大学出版社，2018.

即测即评

扫描二维码可在线自测并查看答案。

第5章

苏联东欧的经济转轨

苏联东欧高度集中的计划经济体制建立后，一度取得了令人瞩目的成就，但弊端和问题也逐步显现。为了克服和解决这些问题，这些国家尝试从高度集中的计划经济向市场经济转轨，在新的政治制度基础上普遍采取了激进转型方式。本章主要介绍苏联东欧国家向市场经济转轨的过程及经验教训。

第1节　苏联的经济转轨过程

一、苏联对社会主义市场经济的曲折探索

1. 苏联模式存在的主要问题

高度集权模式阻碍苏联民主与法制建设和经济持续发展，妨碍社会主义优越性的充分发挥，在探索社会主义发展道路方面存在巨大误区。

斯大林之后的苏联领导人虽然在经济体制方面略有改革，但基本维持了高度集中的计划经济体制。这一体制在苏联领导人提出赶超美国等资本主义的发展战略后，甚至在一定时期内取得举世瞩目的成就。然而，这些成就主要是依靠持续大量投入人力、物力和财力等生产要素来实现的，走的是一条粗放型发展道路。这种经济发展模式虽然使苏联国力迅速增强，但同时也暴露出经济效益差、经济结构失衡等严重问题，使苏联的各项主要经济指标相继呈现递减趋势。统计资料表明，1928—1958年苏联年均增长率为13.7%（不包括1940—1945年战争期间），1959—1979年却下降为6.5%，1980—1985年更下降为3.4%，1986—1990年再度下降为1.6%。这说明，苏联自从改革以来，年均增长率几乎是直线下降的，而且，每个阶段的增长速度都几乎比上期减半。改革不仅没

有解放生产力，反而阻碍了生产力的发展。[①] 到苏联建国70多年后，其社会劳动生产率还相当低，仅为美国的40%，工业劳动生产率仅为美国的55%，农业劳动生产率更低，仅为美国的20%。[②]

2. 对斯大林体制的突破和改革的探索

高度集中的计划经济体制不可避免地与市场机制的自发作用发生冲突，苏联经济学界对此进行了长期的争论。争论的核心是：究竟承认不承认和在多大程度上承认社会主义经济在本质上的商品经济属性。

1956年2月，赫鲁晓夫在苏共二十大的秘密报告中全盘否定斯大林，破除了对斯大林的个人崇拜并揭露其错误，一定程度上为苏联的经济改革奠定了基础。1956年7月到1959年10月苏联理论界先后召开四次会议，就市场机制问题进行了广泛讨论。经过讨论，价格、利润、利息等经济范畴受到了普遍重视，虽然苏联经济学界尚有思想分歧，但从总体上说在商品经济理论方面向前迈了一大步。讨论也推动苏联领导人进行了一些适应市场机制的改革。

从1957年起，苏联开始大规模的经济改革。改革从农业起步，改革农业劳动报酬制度，废除劳动日制，改行工资制，取得了一定成效，使农业生产大为改善，农庄收入增加。同时还进行了"工业和建筑业管理改组"，改组的中心是将工业、建筑业管理由部门原则改变为地区原则，除了与国防工业直接相关的工业部门外，其他中央和加盟共和国的工业、建筑业管理部门全部取消，管理的中心由中央转移到地方，以消除管理机构运转不灵、官僚化和工作效率低等问题。然而，改革不但没能克服用行政命令配置资源的固有弊端，而且由于打乱了原有的经济管理格局，加剧了地方分割而使经济出现了混乱。改革受挫后，1961年10月赫鲁晓夫在苏共二十二大上又提出了扩大企业权限、加强经济刺激、充分利用商品货币关系，以及利用各种经济杠杆、加强经济核算等新的改革。赫鲁晓夫的行政性分权改革局限于行政系统内权力转移，始终跳不出"一统就死、一放就乱"的怪圈。

1962年9月，苏联学者利别尔曼在《真理报》上发表了《计划·利润·奖金》一文，提出了著名的"利别尔曼建议"，建议的核心是利润刺激，以利润作为考核企业领导水平的指标，把国家与企业的关系建立在分配基础上，即企业向国家缴纳与其占用的生产基金相适应的利润，国家根据企业利润率规定各种物质奖励的统一基金。这一建议对经济理论界产生了重大影响，触发了一场广泛而深刻的经济改革大讨论，对国际理论界也产生了影响，为苏东国家经济体制改革发挥了舆论准备作用。"利别尔曼建议"大讨论带动了苏联乃至东欧、中国关于经济改革的大讨论，并影响了波兰、南斯拉夫、捷克斯洛伐克和匈牙利各流派的"市场社会主义"新思潮，宣告了苏俄"市场社会主义"的复兴。[③] 这次大讨论虽然触及经济体制问题，但是仍然停留在改善计划经济体制、运用商品

---

① 张仁德．原苏联东欧国家经济改革失败原因和教训的思考．马克思主义与现实，1993（1）：105-112.

② 吴荣廷，韩文彩．经济问题是最终原因：苏联东欧演变的历史教训．当代世界社会主义问题，1992（1）：34-39.

③ 廖逊．苏联的经济改革与"市场社会主义"．数量经济技术经济研究，1987（8）：56-61.

货币关系及价值规律方面，没有考虑在经济体制方面动大手术。

1964 年，勃列日涅夫根据“利别尔曼建议”推行“新奖励制度”来改组国家与企业的关系。1965 年 9 月，苏联先后通过了《关于改进工业管理、完善计划工作和加强工业生产经济刺激的决议》《国营生产企业条例》，推行新经济体制。这次经济改革实际上是赫鲁晓夫经济改革思想的继续，使苏联一度扭转了经济下滑的趋势。经济学界围绕论证“新经济体制”展开了一场大论战，提出了“计划与市场的问题”。以利希奇金、列昂惕夫等人为代表的一批经济学家，提出了“社会主义经济商品论”。后来，苏联批判“市场社会主义”，他们的许多合理主张也遭到否定，这就使市场调节问题在苏联成了一个无人敢触及的禁区。

1971 年，在苏共二十四大上，勃列日涅夫亲自发动了对“市场社会主义”的批判，从而确立了“有限商品生产论”在此后十几年的统治地位。对“市场社会主义”的批判，严重阻碍了苏联和东欧国家经济改革的正常推进。

随着时间的推移，苏联粗放型经济发展模式的潜力日渐枯竭，经济增长率和经济效益不断下降。受新科技革命浪潮的冲击和外国通过调整发展战略而获得振兴的影响，苏联在 20 世纪 60 年代末 70 年代初提出了生产集约化方针，要求社会生产增长由粗放型向集约型转变，用较少的耗费取得较大的成果。在 1971 年召开的苏共二十四大上，苏联正式提出经济向集约化为主的发展道路过渡，并规定在 1990 年前完成这一过渡，进而在全面集约化的基础上加快经济发展。1976 年，苏共二十五大又把“实行集约化、提高效率和质量”作为苏联经济战略的核心。1981 年的苏共二十六大再次强调，要在 1990 年完成经济发展向集约化为主的道路的过渡。

从 1982 年至 1985 年 2 月，苏联经过了短暂的安德罗波夫和契尔年科执政时期，苏联掀起了对体制改革的热烈讨论，但都没能从根本上突破计划经济模式的框架。总体来说，苏联经济在计划经济体制的躯壳里挣扎，无法摆脱经济严重衰退的状况，不断的改革试验尽管在开始时取得了一些效果，但最终陷入无效或低效困局，使社会主义计划体制的矛盾和弊端逐渐积累到难以承受的程度。到戈尔巴乔夫执政时，苏联领导人被迫把经济体制转型提上了议事日程。

二、苏联向市场经济的激进转轨

1. 戈尔巴乔夫的激进改革

1985 年 3 月，戈尔巴乔夫任苏共中央总书记时，苏联经济改革已经停滞不前，国内贪污腐化深深侵蚀社会肌体，企业生产缺乏活力，戈尔巴乔夫在这样的情况下开始了改革。同年 4 月，在苏共中央全会上戈尔巴乔夫提出了“加速战略”的思想。1986 年 2 月，苏共二十七大确认了“加速战略”方针，正式提出要彻底改革经济机制和管理体制，确定了“根本改造经济制度，建立完整有效的管理体制”的经济改革目标，其实质是提高集中领导的效能，尽量扩大企业自主权。会议提出了一套为世人瞩目的激进改革方案，如企业实行“三自一全”（自筹资金、自我补偿、自我管理和完全的经济核算）的根本改革，取消了以指令性指标为核心的物资技术供应体制改革等。会议不再批判“市场社会主义”，在苏联历史上第一次肯定了“社会主义企业是商品生产者”，强调必须克服对商品货币关系的偏见。

1987 年 6 月，苏共中央全会总结了两年来苏联经济体制改革的经验，提出了《根本改革经济管理的基本原则》这一纲领性文件，把重心转向经济体制的重建和根本改造。虽然没有明确指出计划与市场的关系，但从改革的内容看，所要建立的实际是计划与市场相结合的经济体制。

加速战略推行三年多后，经济上起色不大，食品和消费品的供需失衡状况不仅没有得到改善，反而更加恶化，1986—1988 年国民收入年均增长 2.8%，没有扭转经济下滑趋势。此时，苏联改革发动者认为改革的阻碍很大部分来自僵化的权力机制和官僚化的党政机关，如果不改革政治体制，经济改革的任务就难以完成。正是在这种特定的历史条件下，苏联的改革在历史的掣肘下，未能从经济改革入手，不得不首先用政治改革去排除反对改革的政治势力。但是，结果适得其反：改革既没有使人民生活得以改善，反而打乱了苏联体制的联系，带来了经济的一片混乱，而政治上又失去了强大的控制力，从而加速了苏联的崩溃。①

1987 年，戈尔巴乔夫在《改革与新思维》一书中提出了他的改革理念，认为国家处于危机之中，改革和发展一天也不能耽搁，改革的阻力不仅仅是思想惰性，也不仅仅是某些干部的思想僵化，而是体制问题，改革的实质是把社会主义和民主结合起来。从此，苏联的政治体制改革正式开始。戈尔巴乔夫的新思维不仅反映了当时苏联的社会思潮，而且反映了大多数东欧国家的社会思潮，引起了苏东地区形势的骤然变化。

1988 年 6 月，苏共第十九次代表会议决定实行“党政分权”，进行政治体制改革，并把戈尔巴乔夫提出的“民主的和人道的社会主义”作为政治改革的指导思想，把公开性、民主化和多元化称为苏共三个“革命性倡议”。苏联开始了全面政治改革，旨在克服庞大的官僚体制的阻挠。同时，苏共修改了宪法第七条关于党的领导的作用，为多党制打开了大门。

用政治改革推动经济改革，使中央权力大大削弱，无政府主义、民族分裂主义情绪滋长。1989 年起，苏联计划经济管理体制开始削弱，由于市场供应紧张、物价上涨、居民生活水平下降，社会强烈不满，恶化的经济形势使政治斗争的矛盾更加尖锐。为维持政府机构预算支出，苏联越来越依靠发行大量货币维持支出，经济危机和政治危机双重叠加，民族矛盾上升，国家政权开始“失控”。由于十几年来的改革没能给人们带来实惠，同时打开的国门又让人们看到了资本主义经济近二三十年迅速发展的现实，这更增加了人民的怒气，他们把问题归咎于社会主义，最终促成了一支强大的反社会主义的力量，为采取激进式改革奠定了群众基础。

1989 年 11 月，戈尔巴乔夫发表《社会主义思想与革命性改革》，对苏联的社会主义理论和实践、社会政治制度、斯大林模式进行了全面系统的总结和评判，提出要“根本改造我们的社会大厦，从经济基础到上层建筑”，从“所有制关系”到“政治体制”，通过改革使苏联的现代社会主义彻底人道主义化。

① 夏振坤．前苏联经济发展的教训．开放时代，2000（4）：12－16.

为了挽救陷入困境的经济形势，面对东欧地区开始的萨克斯“休克疗法”旋风，苏联高层和理论界普遍接受了朝市场经济方向改革，但在过渡方式上存在激进与温和渐进的严重分歧。1989 年 12 月，苏共中央全会和苏联第二次人民代表大会通过了为期六年的政府经济健康化计划。该计划实行的是一种以行政命令为主、以经济杠杆调节为辅、把计划与市场相结合的“计划市场经济”。1990 年 2 月，苏共中央全会提出了“争取确立有效的计划-市场经济”的行动纲领草案。该草案强调要以建立计划-市场经济为目标来进行根本经济改革，取代命令主义的分配制度。经济健康化计划和行动纲领草案的内容基本相同。这种先稳定经济再向市场经济过渡的设想遭到了激进派的反对。在这种情况下，1990 年 3 月，苏联总统委员会和联邦委员会决定把“计划-市场经济”改为“可调节的市场经济”。

1990 年 5 月，苏联部长会议主席雷日科夫在苏联最高苏维埃第三次会议上提出建立“可调节的市场经济”，明确指出改革的目标是建立市场经济体制，同时保留国家对经济的必要调节。但是，以叶利钦为首的激进派针锋相对地提出建立以私有化为基础的“自由市场经济”。“可调节的市场经济”改革方案在最高苏维埃会议讨论时引起激烈的争论，有的认为这一方案不是“完善计划制度”，有的批评这一方案“不够大胆”。特别是改革方案中关于一次性大幅度提高消费品价格的措施，引发了莫斯科等城市的大规模抢购风潮，市场形势急剧恶化。在这种情况下，苏联最高苏维埃决定，责成政府在吸收各方面意见的基础上对经济改革方案进行修改，提出向可调节市场经济过渡的修改方案。

在政府方案修改的过程中，叶利钦制订了一个向市场经济过渡的“500 天计划”，提出要在俄联邦实行广泛的私有化和价格自由化。1990 年 7 月 28 日，戈尔巴乔夫和叶利钦达成协议，决定成立由总统委员会成员沙塔林院士领导的专家小组，在俄联邦的“500 天计划”的基础上，制定一个 500 天全国向市场经济过渡的《向市场过渡——构想和纲领》。

同时，1990 年 7 月召开的苏共二十八大决定否定马克思主义的指导地位，实行政治多元化和多党制；取消苏共的领导地位，实行三权分立的政权体制；否定传统的苏联体制，肯定私有经济的地位和作用，向市场经济过渡。至此，戈尔巴乔夫进行的改革迅速背离了完善和发展社会主义的最初目标。

1990 年 9 月，苏联最高苏维埃第四次会议讨论向市场经济过渡的计划，会上出现了“政府纲领”与“500 天计划”方案之争。戈尔巴乔夫在会上表示他本人“更欣赏沙塔林的计划”。9 月 16 日，莫斯科数万人举行大规模游行集会，表示支持戈尔巴乔夫和叶利钦的“500 天计划”，反对政府制订的市场经济计划，要求雷日科夫下台。9 月 17 日，俄罗斯单独宣布从 11 月 1 日起开始执行“500 天计划”。9 月 24 日，苏联最高苏维埃会议经过激烈辩论，通过关于《稳定国民经济和向市场经济过渡的紧急措施》的决议，决定组成以戈尔巴乔夫为首的领导小组，在两个方案的基础上制订一个向市场经济过渡的统一方案，即“总统方案”。这表明苏联放弃了政府提出的比较稳健的过渡方案而转向了激进方案。10 月 17 日，经过激烈争论，通过了戈尔巴乔夫提出的《稳定国民经济和向市场经济过渡的基本方针》，最后确定了向市场经济过渡的目标，逐步放开消费品和劳务价格，改革所有制，实行私有化。方案的施行表明，苏联放弃了戈尔巴乔夫起初的经济改革目标“计划市场经济”，而走向了“完全的市场经济”。“500 天计划”一连串激进措施和改革的出现，使原本高度集中的体制迅速土崩瓦解。

1990年和1991年，苏联经济出现了历史上前所未有的负增长，商品匮乏，消费品市场趋于瘫痪，物价飞涨，苏联陷入全面的经济和政治危机。1991年8月19日，苏共部分高层领导发动政变，力图阻止戈尔巴乔夫的改革，但政变很快归于失败。“8·19”事件后，苏联改革实际上已经停顿。政治上极其尖锐的夺权斗争，使苏共相继在一些共和国和大城市丧失政权，中央失去控制全国的力量。随着各加盟共和国宣布独立，1991年12月底，苏联宣告解体。

2. 苏联解体后俄罗斯向市场经济的激进转轨

俄罗斯是苏联最大和最重要的加盟共和国，俄罗斯的激进转型基本展示了苏联激进转型的情况。戈尔巴乔夫执政后期，经过激烈争论，俄罗斯的大多数政治力量和居民已达成共识，普遍认为，除了向市场经济过渡，别无选择。

1991年6月12日，叶利钦当选为俄罗斯总统。7月20日，叶利钦宣布关于国家机关非党化的第一号总统令。10月，以盖达尔为首的总统经济工作组提出“休克疗法”的经济体制改革方案。10月28日，叶利钦在俄罗斯第五次人民代表大会上提出向市场经济过渡的计划。11月15日，叶利钦签署了《关于对外经济贸易活动自由化的法令》。苏联解体后，俄罗斯加快了用休克疗法向市场经济的激进转型。

俄罗斯向市场经济转型的改革方案，是由哈佛大学美国青年经济学家杰弗里·萨克斯作为政府顾问直接参与制订的。其特点是严格遵循西方经济学理论，特别是价格理论和产权理论，强调转轨速度，力求短期内彻底破坏旧的经济体制，“全面系统地”引入西方发达市场经济的规范做法，因而被人们称为“休克疗法”。休克疗法秉承华盛顿共识①的基本精神，是华盛顿共识在俄罗斯经济转型中的具体体现。其主要内容为：一是私有化，即通过大规模私有化，取消对私营活动的限制，建立以私有制为主体的所有制结构，同时形成一个广泛而强大的有产者和企业家阶层，作为新政权的社会经济基础；二是自由化，即停止价格控制，削减乃至取消国家补贴，一次性大范围地放开物价，力争一步到位地形成自由价格制度，同时实行外贸体制改革，进出口贸易自由化；三是稳定化，即实施严厉的财政金融政策，紧缩银根，削减赤字，平衡预算，稳定价格。

1992年1月2日，俄罗斯正式启动向市场经济转轨。转轨以全面放开价格为起点，推行以“私有化、自由化、稳定化”为主要内容的激进转轨。措施包括：（1）放开价格。从1992年1月2日起，一次性大范围地放开价格，将90%的零售商品和85%的工业品批发价格改由市场供求关系决定。（2）实行紧缩的财政与货币政策。大幅削减财政支出，提高税收，增加财政收入，规定靠预算拨款支付的工资不再与通货膨胀率挂钩，并严格控制货币发行量与信贷规模。（3）取消国家对外贸的垄断，允许所有在俄罗斯境内注册的经济组织参与对外经济活动，放开进出口贸易。（4）在俄罗斯国内可以自由兑换卢布，

---

① 1989年，由美国国际经济研究所牵头，在华盛顿召开了一个旨在为拉美国家经济改革提供方案的研讨会。经过讨论，与会者就拉美国家在经济调整和改革过程中应该采纳的“处方”达成了共识。在此基础上，美国国际经济研究所的约翰·威廉姆森（John Williamson）提出了10条政策措施即“华盛顿共识”，内容包括：建立金融规则、重新建立公共开支的优先秩序、改革税制、实现利率自由浮动、建立有竞争性的货币兑换率、贸易自由化、国外直接投资自由化、国有企业私有化、废除阻碍新企业进入或限制竞争的各种旧有规则，以及保护私人财产权。

由原来的多种汇率制过渡到双重汇率制（在经常项目下实行统一浮动汇率制，在资本项目下实行个别固定汇率制），逐步过渡到统一汇率制。(5）快速推行私有化。

由于激进的休克疗法忽视了市场体制的形成和发育需要经历长期演化过程的客观规律，改革并不顺利，俄罗斯为此付出了巨大代价。从 1991 年开始，俄罗斯生产持续下降，大量资金和人才外流，国家综合国力下降。居民生活两极分化严重，形成一个由少数人构成的官僚垄断集团。在休克疗法指导下，俄罗斯长期的指令性价格失效，商品极度匮乏，骤然放开的价格闸门导致商品价格飞涨，通货膨胀汹涌而至。再加上不利的外部环境，加重了经济状况的恶化，最终使经济无力抵御金融市场的冲击——卢布贬值，股市暴跌，外资纷纷撤离，国家外汇储备急剧下降。据统计，1990—1995 年，俄罗斯经济下降幅度达 38%，工业生产下降 50%，其中机器制造业下降 65%～80%，高新技术产品下降 90%，日用消费品下降 55%，70%的食品需要进口。①

休克疗法在俄罗斯的失败，使俄罗斯副总理盖达尔不得不于 1994 年 1 月主动辞职。叶利钦也在 1994 年 2 月的国情咨文中宣布放弃休克疗法的改革，并在 1996 年大选时承认“过去在改革中试图抄袭西方经济的做法是错误的”②。俄罗斯的激进转型直到经历了 1997—2008 年四次严重的金融动荡，即“俄罗斯危机”后，才开始企稳回升，逐渐摆脱经济困境。2011 年 12 月 16 日，俄罗斯获准加入世界贸易组织。

第 2 节　东欧社会主义国家的经济转轨

东欧社会主义国家（简称东欧国家）是指第二次世界大战后在欧洲东部地区建立的社会主义国家，包括波兰、保加利亚、匈牙利、捷克斯洛伐克、阿尔巴尼亚、南斯拉夫和摩尔多瓦等国。苏联解体后，东欧国家还包括俄罗斯、白俄罗斯、乌克兰、爱沙尼亚、拉脱维亚和立陶宛等。第二次世界大战后，东欧社会主义国家纷纷建立，并依照苏联模式形成了计划经济体制。这种体制在实践中日益暴露出严重的弊病，东欧国家为此进行了长期的改革，但未能从根本上触动计划体制，当这种改革无法解决经济严重衰退问题后，东欧国家发生了政治剧变，随后这些国家开始了激进的市场经济转轨。

一、东欧国家经济转轨的实践探索和理论准备

东欧国家效仿苏联建立高度集中的计划经济体制后，针对发展中的问题，相对于苏联更能够采取改革措施进行纠正，这些改革措施虽然没有从根本上实现向市场经济的转型，但在一定程度上为东欧剧变后各个国家向市场经济快速过渡，降低经济波动和激进转型风险奠定了基础，这是东欧国家不同于苏联的地方。同时，东欧国家的改革深受苏联影响，体现出以苏联改革动向为风向标的特点。

---

① 李志学．“休克疗法”启示录．俄罗斯中亚东欧研究，2004（2）：30－33.

② 张树华．私有化是祸？是福？——俄罗斯经济改革透视．北京：经济科学出版社，1998.

早在 20 世纪 30 年代，西方经济学界围绕社会主义制度能否存在曾发生一场争论。以哈耶克为代表的自由主义学者认为，社会主义制度是不可能生存的。其理由是：一方面，从价格机制来看，由于私有财产是自由价格与市场制度的基础，但社会主义的特性就是最大限度的公有化，故社会主义不存在这个基础，因而市场不可能通过价格机制得到所需的信息。另一方面，社会主义制度是由马克思等少数精英人物想象创造出来的，它所包含的信息量受某个思想家所知信息的限制，不可能实现亿万人相互作用并将不同信息加以综合运用。因此，少数人总会利用制度设计中的垄断权为自己谋求最大利益。

波兰经济学家奥斯卡·兰格不同意这种看法，他利用西方理论界的主流经济学说——新古典主义的一般均衡理论进行反驳，提出了“市场社会主义”。兰格认为，在社会主义制度下，即使所有的资产所有权归国家所有，个人只占有消费品的所有权，利用“试错法”同样可以使价格机制发挥配置资源的作用。具体而言，就是先让政府按照供求差调节价格，供不应求提高价格，供过于求降低价格，再把企业经营权分散，让厂长按照价格条件实现利润最大化，这就暗含了所有权与经营权分离的思想。这样，社会主义就可以按价格实现资源的最优配置，因而社会主义可以存在。

自由市场学派佛利哥对兰格的市场社会主义加以反驳。他强调，应该注意到价格变动机制背后的基础是自由市场、公平竞争和私有财产，没有私有财产激励，人们就没有动力去获取信息，因为信息的获得并不是没有成本的。退一步来讲，即使能够获得市场信息，但由于没有公平竞争，因此没有理由相信人们会提供真实的信息。由于价格不能传递准确的信息，资源就得不到最优配置，社会主义制度就依旧不能生存。实践证明，社会主义并没有像佛利哥断言的那样破产，其理论也就不攻自破。

进入 20 世纪 50 年代后，东欧的计划经济日益引发严重的社会经济问题。南斯拉夫最早对计划经济体制提出异议，并率先进行了改革。1952—1963 年，南斯拉夫实行工人自治，明确规定生产资料的社会所有制，实行分权化，减少国家经济管理职能，国家机关只决定社会总产值、国民收入及其分配，不再给企业下达生产计划，建立以工人自治为中心的企业管理制度，生产资料转交劳动集体自行支配，扩大企业使用和分配收入的管理权，发挥市场机制的调节作用。到 1956 年，逐步形成了被称为“行政官僚加市场”的体制。南斯拉夫的工人自治使经济得到迅速发展，1953—1960 年工业生产年均增长 13.8%，在南斯拉夫历史上实属罕见。南斯拉夫的改革实践说明，在坚持生产资料公有制和按劳分配原则的基础上，社会主义经济管理体制可以有不同模式，并率先打破了苏联社会主义模式的缺口，给社会主义国家建设的理论与实践吹进了一股清新空气。在南斯拉夫的影响下，其他东欧国家也相继出现了要求改革传统体制的呼声。

1956 年，苏共二十大秘密报告对斯大林进行批判后，苏东国家出现了思想的解冻与改革浪潮。苏联理论界的“利别尔曼建议”大讨论，波及东欧大多数国家的经济学界，形成一场国际性“利别尔曼”冲击波。20 世纪 50 年代中期，波兰经济学界独树一帜，奥斯卡·兰格最先主张运用市场机制来为社会主义经济服务，达到“福利最优化”。兰格在坚持马克思劳动价值论、坚持劳动统治资本的同时，引入了西方边际效用分析的有关成果，奠定了“市场社会主义”经济学的基础。他在《社会主义经济科学的展望》（1961）中指出：我们面对经济学模型对集中和分散的关键问题进行最热烈的讨论……在这种讨论中我们想依靠经验来判断，所有制取得的经验，确定集中与分散的最优关系。“市场社会主义”的提出，成为苏东地区影响重大的经济理论。主张将市场机制引入社会主义经济、全面改革传统体制的“东欧学派”从此脱颖而出，在波兰、南斯拉夫、匈牙利、捷克斯洛伐克等国涌现出一批倡导改革的经济学家。

在1956年6月召开的华沙会议上，兰格、卡莱斯基、利平斯基、布鲁斯、明茨等人明确提出了经济改革的要求，很大程度上对苏联和其他东欧国家的经济理论和改革实践产生了震动。

有“东欧经济改革首创人”之称的波兰经济学家布鲁斯认为，社会主义计划经济中上下级的等级制关系与纵向关系是必须的，但也要靠市场为媒介建立企业间的横向联系，问题在于如何确定集权与分权的范围。社会生活中的决策可分为三类：第一类是规定经济发展总方向的基本宏观经济的决策，需由中央当局决定；第二类是在劳动市场和消费资料市场上的决策，由个人决定；第三类是经常的局部的决策，既可集权也可分权。根据这三类决策决策者的不同，可划分为集权模式和分权模式。

那么，这两种模式效果如何？他指出，政府在追求少数最优先的目标时，集权模式最有效，这主要适用于战争时期和经济剧烈变动时期。分权模式则适用于经济目标越来越复杂、优先项目目标越来越扩大化的情况。我们也可以用信息经济学来解释这个道理：集权模式有一个内在要求，即委托方及代理方双方信息应该互相对称，而且整个信息的传导路径畅通无阻，不存在噪声干扰的问题。这种要求在现实中显得很严格，只有在优先发展经济目标时才能实现。既然现实经济如此复杂，社会主义也要实行分权模式，才能实现预定的经济目标。

另外，利别尔曼、利希奇金、列昂惕夫、毕尔曼等人提出“利别尔曼-利希奇金模式”，主张大胆地改革，彻底地承认市场机制的积极作用。被称为“捷克改革之父”的匈牙利人奥塔·锡克提出的“锡克模式”，则成为1968年前捷克斯洛伐克经济理论的典型概括。同期，南斯拉夫最先放弃“国家行政管理经济”制度，提出以工人自治和社会所有制为基础的改革模式，被称为“南斯拉夫自治模式”。

在这些理论的影响下，以1965年苏联实行新经济体制为标志，社会主义国家掀起了新一轮的改革浪潮。继南斯拉夫实行社会主义自治经济的试验以后，匈牙利出现了市场取向的经济改革。1964年9月，匈牙利成立了经济体制改革委员会，专门研究改革问题。经过比较细致的理论准备与改革的试点工作，自1968年起，匈牙利开始在全国实行新经济体制。这种体制既不同于苏联高度集权的计划体制，也不同于南斯拉夫的分权模式，而是把计划指导与市场调节相结合，既保持国家在宏观经济方面的调控作用，又发挥微观经济组织的积极性和主动性。匈牙利经济体制改革的主要内容包括：取消国家指令性计划，实行国家指导性计划；实行经济决策分工，宏观经济决策权属于国家中央机构，微观决策权基本上属于企业，削弱行政部门对企业的管理权限；在国家宏观经济指导下，加大市场调节的范围和力度。

1968年，匈牙利推行新经济管理体制，原则上取消对企业下达的指令性计划和物资调配计划，部分放开价格，实行“计划与市场相结合”的新体制。民主德国推行“国民经济计划和管理的新经济体制”也于同年达到高潮。波兰将部分领导权下放给地方，扩大企业的自主权，大大削减给企业下达的指令性指标，支持解散违反农民意愿的生产合作社，等等。南斯拉夫把工人自治推进到社会自治阶段。罗马尼亚也于 1965 年开始加入改革的行列。保加利亚从 1971 年开始推行新经济体制，随后波兰也开始实行新体制战略。这一时期的改革，基本上是在不触动中央集权体制的前提下进行的尝试，一定程度上缓解了国内危机，为后来的改革积累了经验。

1968 年 4 月，捷共中央全会通过了全面改革捷克斯洛伐克政治、经济体制的行动纲领，开始进行经济和政治改革，拉开了“布拉格之春”的序幕。这一改革强烈地冲击和震撼了苏联多年形成的经济体制和政治体制。苏联领导人认为，捷克斯洛伐克的改革不符合社会主义建设的共同规律，偏离了社会主义轨道，于 1968 年 8 月突然对捷采取军事行动，1969 年 4 月“布拉格之春”夭折。同时，苏联在理论上大肆批判南、匈、波、捷等国的“市场社会主义”，在苏联国内，批判以列昂惕夫和利希奇金为代表的“社会主义经济商品论”。大批判使社会主义国家改革形势出现逆转，各国相继放慢甚至中止了改革的进程。

进入 20 世纪 80 年代后，东欧国家的经济发展进一步陷入体制危机，经济增长率、劳动生产率、资金产出率等重要经济指标不断下降。经济危机和人民生活状况的恶化进一步暴露了体制问题，从而形成了要求彻底地放弃中央计划经济、向市场经济转轨的最根本的社会经济动因。1988 年以后，东欧国家的政局在国际大气候和国内小气候的相互作用和巨大冲击下，开始发生急剧变化，引发了“东欧剧变”。政治体制改变后，各国正式开始向市场经济过渡。

阅读扩展　大转型与转型经济学的兴起

二、东欧国家经济转轨的过程

东欧剧变后，各国在新政府的主导下采取休克疗法，全面终止了斯大林体制，实行政治自由化和经济市场化改革，通过强制方式将原国有企业推向市场，使其成为市场主体并逐渐私有化，以此来摆脱困境、重振经济。

东欧地区的休克疗法最先在波兰实行。1989 年，波兰议会选举结果刚刚揭晓，哈佛大学经济学家萨克斯就向团结工会参议员推销其政策建议，建议波兰实施“激进的经济纲领”。随后，萨克斯被聘为波兰政府经济顾问，并向波兰政府提出了如下政策建议：实现货币自由兑换；取消一切补贴，结束指令价格；外贸自由化；开办企业完全自由，停付外债。通过以上措施，他保证波兰在 6 个月内完全消除通货膨胀，生活水平回升，10 年后完全达到欧洲水平。波兰政府基本上依照萨克斯的政策建议制定经济纲领，并于 1990 年正式实施。

萨克斯在波兰实施休克疗法的同时，还在东欧国家展开游说，推销其政策建议，并担任了南斯拉夫政府经济顾问。最终，保加利亚、捷克斯洛伐克等国普遍采纳了萨克斯的建议，东欧形成了一股“萨克斯旋风”。

放开价格和贸易经济自由化是取消行政命令、引入市场关系的基础。价格按供求规律自由形成，是实行市场经济的基本前提。因此，东欧各国均把价格改革作为经济转轨的首要任务，共同的做法是取消国家对价格的垄断，由行政定价过渡到市场定价，为企业自由平等竞争创造条件。波兰、匈牙利在价格改革上走在前面，1990 年两国实行一次性放开价格，使商品和劳务的市场价格范围扩大到 90%以上，同时取消绝大部分物价补贴。1991 年，捷克斯洛伐克、保加利亚、罗马尼亚也先后取消国家对大部分价格的控制。放开价格使市场供应明显改善，缓解了市场供求关系。

总体来说，东欧各国在经济自由化、宏观经济稳定化、企业私有化以及建立适应市场经济的制度框架上付出了巨大的努力和代价。由于东欧各国国情不同，由计划经济向市场经济过渡所采取的方式不同，各国的转轨进程也很不平衡：波兰、匈牙利、捷克斯洛伐克的速度较快，也较平稳，而罗马尼亚、保加利亚和阿尔巴尼亚速度较慢。由于激进转型带来巨大损失，在转型后期许多国家或多或少放慢了速度，逐步从激进的休克疗法向渐进而富有成效的转型路径靠拢。1992 年，波兰率先摆脱经济衰退，走上经济复苏之路。波兰的经济增长被视为"黑暗隧道中的一线光明"，使历经艰辛的民众燃起了希望。到 1994 年，几乎所有东欧国家的经济都恢复了增长。

第 3 节　苏东国家经济转轨的探索和教训

对于苏联东欧国家经济转轨的探索和教训，可以总结以下几点：

一是苏东国家在政治剧变前都进行了长期的但不触动计划经济体制根本的改革，所有苏东国家的经济体制改革都没有大胆提出"市场经济"目标。虽然南斯拉夫、波兰、匈牙利等国从 20 世纪 50 年代到 80 年代，都在不断完善社会主义计划体制和进行计划加市场的改革尝试，如布鲁斯模式、兰格模式、科尔奈模式、锡克模式等，但总的看来，这些改革都没有从根本上突破社会主义计划体制的框架。时断时续、零敲碎打的改革，使这些国家延误了最佳的经济体制改革时机，最终在领导人认识到市场经济转型的必要性并准备大力推动时，反而由于政策的突变性严重影响了政局稳定。旷日持久的未解决根本问题的改革，使经济矛盾和政治冲突加剧，最后积重难返，动摇了人们对社会主义的信念和对改革的信心，造成了经济和政治的双重危机。

二是与苏联相比，东欧各国的经济改革更加主动积极，有关改革的经济理论成就也比较多，并取得了较好的成效，这为后来激进转型奠定了一定基础。实践表明，在激进转型前探索性改革越充分的国家，激进转型造成的经济损害越小，转型也越顺利。20 世纪 60—80 年代，在遇到经济困难时，东欧国家相继在不同阶段提出经济改革，试图"完善"或改变其经济体制。不过，真正有大动作的只有波兰、匈牙利、捷克斯洛伐克和南斯拉夫，这四个国家的经济改革或明或暗地、程度不同地引入了市场经济机制，这为后来通过休克疗法快速转轨到市场经济奠定了基础。"最重要的是，以前的改革使这些国家多了一段'历史经历'，'人的素质'也提高了：这些国家及其人民对市场经济不再那般'陌生'了，进而使它们后来一实行改革就进入了'角色'并能应对一切，例如它们能接受各种变革并承受由此而引起的震荡和压力。"①

---

① 高德平．东欧国家剧变以来的经济差异及其原因．东欧中亚研究，2000 (3)：57-66.

三是激进转型的优点与问题并存。激进转型虽然短期内动荡加剧，但转型完成为各国经济奠定了良好的发展基础。随着 2004 年波兰、匈牙利、斯洛文尼亚、捷克、斯洛伐克、爱沙尼亚、拉脱维亚和立陶宛等国正式加入欧盟，相当一部分学者认为，东欧国家的经济转型已经完成。甚至有的学者认为，俄罗斯也已经完成经济转型，成为一个典型的中等收入的资本主义民主国家。①

四是由于政治剧变和转型前东欧国家难以跨越市场经济的一些关键步骤，这些国家丧失了渐进式转型的最佳时机，被迫走上激进转型之路。东欧的经济学家从模拟市场开始，经过长期探索，最终得出了社会主义必须实行自由市场经济的结论。但是，与理论模式的发展相比，东欧各国的改革实践却步履维艰、缺乏生气。改革的决策者在两个至关重要的环节上退却了：一是明确发展社会主义市场经济的目标；二是适当发展非公有制经济。他们担心市场经济和非公有制经济的自我繁殖力，会冲垮传统计划经济体制的一切堤坝，造成无人能够驾驭的局面。同时，他们也未能在实践中找到国有企业与市场相兼容的有效形式。这些关键性的难题在我国的经济体制改革中被慢慢解开，并逐步形成了独具特色的社会主义市场经济理论。

《 复习与思考 》

一、名词解释

苏联模式　　　　休克疗法

二、简答题

1. 高度集中的计划经济体制有哪些主要特征？
2. 萨克斯休克疗法的主要内容是什么？

三、论述题

1. 高度集中的计划经济体制失败的原因是什么？
2. 苏东国家激进式市场经济转型的主要理论和现实依据是什么？

四、讨论题

1. 如何理解社会主义国家向市场经济转型的必然性？
2. 如何评价苏东国家向市场经济转型的激进式选择？

《 延伸阅读 》

1. 谭索．戈尔巴乔夫的改革与苏联的毁灭．北京：社会科学文献出版社，2006.

2. 陆南泉．苏联经济体制改革史论（从列宁到普京）．北京：人民出版社，2007.

3. 约翰·思文，罗思高．发展转型之路：中国与东欧的不同历程．北京：北京大学出版社，2008.

① 周冰．转型经济学在中国的兴起和学科定位．社会科学战线，2009（7）：39－49.

即测即评

扫描二维码可在线自测并查看答案。

第6章

我国过渡模式的理性抉择

经过改革开放四十多年的探索，我国成功开创了中国社会主义市场经济道路。中国道路的成功，用雄辩的事实证明了社会主义制度的优越性，丰富和发展了马克思主义理论，也打破了苏东剧变以来西方“自由民主”模式的终极神话，为广大发展中国家和转轨国家提供了一套全新的发展模式。梳理总结中国渐进式改革的主要特色、成功经验及重大意义，有助于我国走好中国道路，讲好中国故事，传播中国经验。

第1节　渐进式改革的探索过程与特色

改革开放之初，中国社会主义发展面临着“如何走、怎么办”的艰难抉择。习近平总书记指出：“我们党作出实行改革开放的历史性决策，是基于对党和国家前途命运的深刻把握，是基于对社会主义革命和建设实践的深刻总结，是基于对时代潮流的深刻洞察，是基于对人民群众期盼和需要的深刻体悟。”① 面对严峻局面，中国共产党领导人民“既不走封闭僵化的老路，也不走改旗易帜的邪路”②，而是坚持马克思主义指导地位不动摇，坚持科学社会主义基本原则不动摇，立足于我国国情，探索出了一条计划与市场相结合的中国特色社会主义市场经济发展之路。

一、中国特色渐进式改革的历程

渐进式改革就是在工业化和社会主义宪法制度的基础上进行的市场化改革，它强调

① 习近平．在庆祝改革开放40周年大会上的讲话．人民日报，2018－12－19（2）．

② 十八大以来重要文献选编：上．北京：中央文献出版社，2014：9．

利用已有的组织资源推进改革，在基本不触动既得利益格局的前提下实行增量改革。根据理论创新和实践创新的轨迹，可以将中国特色渐进式改革的历程分为五个阶段。

1. 第一阶段：改革启动阶段（1978—1984 年）

在这一阶段，我国突破了完全排斥市场调节的大一统的计划经济观念，确定了“计划经济为主，市场调节为辅”的基本原则。

1978 年党的十一届三中全会召开后，我国重新确立了“解放思想、实事求是”的思想路线，作出了把工作重点转移到社会主义现代化建设上来的战略决策，拉开了新时期中国经济体制改革的序幕。

关于社会主义能否与市场经济兼容并存问题的研究，是伴随着社会主义商品经济问题的讨论展开的。早在 1979 年 3 月，当时负责财经工作的副总理陈云就指出：“整个社会主义经济必须有两个部分：1. 计划经济部分（有计划按比例的部分）；2. 市场调节部分（即不作计划，让它根据市场供求的变化进行生产），即带有‘盲目’调节的部分。第一部分是基本的、主要的；第二部分是从属的、次要的，但又是必需的。”[①] 同年 4 月，在筹备社会主义经济中价值规律问题讨论会时，许多人也提出了市场经济问题，认为“市场经济是社会主义商品生产的必然产物”，“只要社会主义实行商品制度，市场经济的存在就是不可避免的，要人为地取缔它，是办不到的”[②]。但是讨论会以后，由于多数人持“市场经济是资本主义范畴”的观点，同时受限于整个理论界的认识水平，这种观点的影响力逐渐减弱。当大多数人对市场经济还谈虎色变的时候，邓小平在同年 11 月 26 日会见美国和加拿大客人时，介绍了中国改革和发展的方向及实现四个现代化的依据。当林达光教授提问“您是否认为，需要在社会主义计划经济的指导下，扩大资本主义的市场经济作用”时，邓小平果断地回答：“说市场经济只存在于资本主义社会，只有资本主义的市场经济，这肯定是不正确的。社会主义为什么不可以搞市场经济，这个不能说是资本主义。我们是计划经济为主，也结合市场经济。”[③] 这就突破了社会主义不能搞市场经济的禁区，肯定了社会主义也可以搞市场经济的观点。

1981 年 11 月，第五届全国人民代表大会第四次会议通过的政府工作报告提出：“正确认识和处理计划经济和市场调节的关系，是改革中的一个关键问题。”“我国经济体制改革的基本方向应当是：在坚持实行社会主义计划经济的前提下，发挥市场调节的辅助作用，国家在制定计划时也要充分考虑和运用价值规律；对于带全局性的、关系到国计民生的经济活动，要加强国家的集中统一领导，对于不同企业的经济活动，要给以不同程度的决策权，同时扩大职工管理企业的民主权利；改变单纯依靠行政手段管理经济的做法，把经济手段和行政手段结合起来，注意运用经济杠杆、经济法规来管理经济。”[④] 1982 年 9 月，党的十二大报告对此作了更明确的阐述，指出：“正确贯彻计划经济为主、市场调节为辅的原则，是经济体制改革中的一个根本性问题。”[⑤]

---

① 三中全会以来重要文献选编：上. 北京：人民出版社，1982：69.

② 于祖尧. 试论社会主义市场经济. 经济研究参考资料，1979（50）.

③ 邓小平文选：第 2 卷. 北京：人民出版社，1994：236.

④ 三中全会以来重要文献选编：下. 北京：人民出版社，1982：1028.

⑤ 十二大以来重要文献选编：上. 北京：人民出版社，1986：23.

2. 第二阶段：双轨制形成和渐进式改革道路确认阶段（1984—1988 年）

在这个阶段，确认了社会主义经济是建立在公有制基础上有计划的商品经济，突破了长期以来把计划经济与商品经济对立起来的传统观念，重新诠释了计划经济的内涵。

1984 年 10 月 20 日，党的十二届三中全会通过的《中共中央关于经济体制改革的决定》明确指出："改革计划体制，首先要突破把计划经济与商品经济对立起来的传统观念，明确认识社会主义计划经济必须自觉依据和利用价值规律，是在公有制基础上的有计划的商品经济。商品经济的充分发展，是社会经济发展不可逾越的阶段，是实现我国经济现代化的必要条件。"该决定进一步提出："就总体说，我国实行的是计划经济，即有计划的商品经济，而不是那种完全由市场调节的市场经济。"①

有计划的商品经济理论促使双轨制出现，为增量改革提供了具体路径。双轨制的出现是我国经济在转型过程中所采取的一种特殊制度安排，也是 1979—1993 年我国所实施的渐进式"增量改革"战略的一个重要特征。1984 年的莫干山会议②之后，"双轨制"思路成为中国渐进式改革的标识，并首先在价格机制上得到体现。价格双轨制即同种商品国家统一定价（体制内价格）和市场调节价（体制外价格）并存的价格管理制度，目的是将市场机制引入价格体系，随着体制外价格机制的逐渐发育、壮大，最终让体制内价格逐步退出历史舞台。

双轨制也是我国改革实践不断探索后所得出的必然结论：欲使改革获得成功，必须在体制外逐渐培育一个有效的市场定价体系，纯粹的体制内改革是不可能获得成功的。回顾我国的改革历程，20 世纪 50—70 年代，基本走的是"体制内改革"的道路，结果却陷入"一放就乱、一管就死"的怪圈。由于城市改革失败，从而使改革的突破口转向农村，首先启动农村改革成为必然选择。1979—1984 年，农村价格改革可以看成是中国价格改革的酝酿、准备和探索阶段。从 1985 年 3 月国务院下文首次废除计划外生产资料的价格控制开始，到 1997 年取消城市粮食定量供应和外汇并轨，双轨制在中国运行了十余年的时间。

在有计划的商品经济理论的支持下，我国向市场经济转型通过增量改革和双轨制的方式，使市场经济观念、规则、运行机制等一系列要素逐渐发育，为下一阶段的改革奠定了实践基础，提供了理论支持，并大大加快了我国经济建设步伐。正如一些学者所说，"中共十一届三中全会以后，我国经济改革经过了一段时间的摸索，找到了这样一条新的道路，这就是采取一些修补办法维持国有经济运转，把主要力量放到非国有经济层面，寻找新的增长点，笔者把这种战略叫作增量改革战略。我国经济在往后一二十年所取得的成就，在很大程度上与这一改革战略有关"③。"为了增量改革的顺利推行，出现了'双轨制'。双轨制是指为了使非国有企业能够在计划配置资源的体系还没有打破的条件下生

① 十二大以来重要文献选编：中．北京：人民出版社，1986：569.

② 指在 1984 年 9 月 3 日—10 日由朱嘉明、刘佑成、黄江南、张钢等青年经济工作者组织的全国中青年经济科学工作者学术讨论会，由于会议是在湖州德清县莫干山上召开，因此简称为"莫干山会议"。此次会议是在党的十二届三中全会之前约一个月召开的，主要是讨论中国经济体制改革中的重大理论问题和现实问题，为十二届三中全会提供智力支持。

③ 吴敬琏．当代中国经济改革．上海：上海远东出版社，2004.

存，中央政府做出的一种特殊的制度安排，使它们能够通过市场渠道取得原材料等的供应并销售自己的产品。”①

基于社会主义经济是有计划的商品经济的理论，1985年9月，《中共中央关于制定国民经济和社会发展第七个五年计划的建议》对于我国经济体制改革的总体规划做了如下概括：“建立新型的社会主义经济体制，主要是抓好互相联系的三个方面：第一，进一步增强企业特别是全民所有制大中型企业的活力，使它们真正成为相对独立的，自主经营、自负盈亏的社会主义商品生产者和经营者；第二，进一步发展社会主义有计划的商品市场，逐步完善市场体系；第三，国家对企业的管理逐步由直接控制为主转向间接控制为主，主要运用经济手段和法律手段，并采取必要的行政手段，来控制和调节经济运行。要围绕这三个方面，配套地搞好计划体制、价格体制、财政体制、金融体制和劳动工资制度等方面的改革。”② 这个规划已初步勾画出中国经济体制改革的基本轮廓。

在理论研究和经济改革实践的推动下，1987年10月召开的党的十三大提出：“社会主义有计划商品经济的体制，应该是计划与市场内在统一的体制”，“计划和市场的作用范围都是覆盖全社会的”，“新的经济运行机制，总体上来说应当是‘国家调节市场，市场引导企业’的机制”。③ 党的十三大报告虽然没有明确使用“市场经济”这个概念，但是这种以市场机制为基础的改革目标实际上就是社会主义市场经济。

3. 第三阶段：实现理论突破并向市场经济全面转型阶段（1989—1996年）

在这一阶段，从根本上破除把计划经济和市场经济看作属于社会基本制度范畴的思想束缚，明确我国经济体制改革的目标模式是建立社会主义市场经济体制。

1989年政治风波以后，国内一度出现批判市场经济的浪潮，认为市场经济同计划经济、同社会主义根本对立的观点处于主流地位。在此背景下，1991年3月，时任上海《解放日报》党委书记周瑞金以“皇甫平”为笔名在《解放日报》头版发表系列评论文章，对这一观点给予了正面回击：“有些同志总是习惯于把计划经济等同于社会主义，把市场经济等同于资本主义，认为在市场调节的背后必然隐藏着资本主义的幽灵。随着改革的进一步深化，越来越多的同志开始懂得：计划与市场只是资源配置的两种手段和形式，而不是划分社会主义与资本主义的标志。”④

针对人们在思想中普遍存在的疑惑，1992年1月18日—2月21日，邓小平在视察武昌、深圳、珠海、上海等地时发表了一系列讲话，其中最重要的内容之一便是关于社会主义与市场经济关系问题。邓小平说：“计划多一点还是市场多一点，不是社会主义与资本主义的本质区别。计划经济不等于社会主义，资本主义也有计划；市场经济不等于资本主义，社会主义也有市场。计划和市场都是经济手段。社会主义的本质，是解放生产力，发展生产力，消灭剥削，消除两极分化，最终达到共同富裕。”⑤ 邓小平的南方谈话把市场经济从姓“社”姓“资”的争论中解放出来，就是要在社会主义条件下充分发

---

① 刘文霞．论新自由主义对我国经济改革由增量改革到整体推进的影响．改革与战略，2008（11）：34.

② 十二大以来重要文献选编：中．北京：人民出版社，1986：821.

③ 十三大以来重要文献选编：上．北京：人民出版社，1991：26－27.

④ 皇甫平．改革开放要有新思路．解放日报，1991－03－02.

⑤ 邓小平文选：第3卷．北京：人民出版社，1993：373.

挥市场对资源配置的基础性作用，克服计划经济的弊端，发展生产力。同时，邓小平同志正确分析中国现阶段社会的主要矛盾，提出了判断各项工作是非得失的三个“有利于”标准：是否有利于发展社会主义社会的生产力，是否有利于增强社会主义国家的综合国力，是否有利于提高人民的生活水平。三个“有利于”的核心是发展生产力，它反映了社会主义的本质要求。邓小平从社会主义本质出发对计划与市场问题作出的精辟论述，是对马克思主义的重大发展，为我国确立社会主义市场经济体制改革目标奠定了极为重要的思想和理论基础。

1992 年 6 月 9 日，江泽民在中共中央党校省部级干部进修班上发表讲话，第一次确认了“社会主义市场经济体制”这个提法。在此之后，全国理论界出现了讨论社会主义市场经济的热潮，大批经济学家阐述了自己对社会主义市场经济的看法①，在社会主义市场经济问题上基本形成了共识。

1992 年 10 月，党的十四大郑重提出：“我国经济体制改革的目标是建立社会主义市场经济体制”，“我们要建立的社会主义市场经济体制，就是要使市场在社会主义国家宏观调控下对资源配置起基础性作用”。② 这一目标后来又写进了党章和宪法。这是我们党对科学社会主义理论的又一新发展和新贡献，对于我国社会主义现代化建设事业具有重大而深远的意义。1993 年 12 月，党的十四届三中全会又通过了《中共中央关于建立社会主义市场经济体制若干问题的决定》，勾画出我国在 20 世纪 90 年代改革和发展的基本框架，将社会主义市场经济理论转化为具体的方针政策和目标。

4. 第四阶段：社会主义市场经济理论发展阶段（1997—2012 年）

1997 年 9 月，党的十五大提出了“公有制实现形式可以而且应当多样化”③ 的论断，明确指出，公有制为主体、多种所有制经济共同发展是我国社会主义初级阶段的一项基本经济制度，股份制是现代企业的一种资本组织形式，资本主义可以用，社会主义也可以用④，实现了所有制理论的重大创新，为国有大中型企业改革奠定了理论基础。会议进一步勾画了社会主义市场经济体制的蓝图和基本方针，提出了我国的奋斗目标：2000 年，初步建立起社会主义市场经济体制，到 2010 年，形成比较完善的社会主义市场经济体制，到 2020 年，这一新经济体制更加成熟、定型。同时，提出社会主义市场经济体制的基本框架由现代企业制度、市场体系、宏观调控体系、合理的个人收入分配制度以及多层次的社会保障制度五大体系构成，这为公有制与市场经济的深层结合提供了新的理论指导。

2002 年 11 月，党的十六大召开。党中央全面总结我国发展市场经济的经验，提出了全面建设小康社会的奋斗目标和建设完善的社会主义市场经济体制的战略部署，从制度层面上进一步完善了市场经济理论。2003 年 10 月，党的十六届三中全会通过《中共中央关于完善社会主义市场经济体制若干问题的决定》，明确提出完善社会主义市场经济

---

① 这些观点和看法被编成书，较有代表性的有：《著名学者论社会主义市场经济》（人民出版社，1992）、《社会主义市场经济的理论与实践》（中国财政经济出版社，1992）、《跨世纪的选择》（上海人民出版社，1992）、《中国著名经济学家论改革》（北京出版社，1992）等。

② 十四大以来重要文献选编：上．北京：人民出版社，1996：19.

③ 十五大以来重要文献选编：上．北京：人民出版社，2000：21.

④ 同③22.

体制的目标、任务、指导思想和原则，会议提出："按照统筹城乡发展、统筹区域发展、统筹经济社会发展、统筹人与自然和谐发展、统筹国内发展和对外开放的要求，更大程度地发挥市场在资源配置中的基础性作用，增强企业活力和竞争力，健全国家宏观调控，完善政府社会管理和公共服务职能，为全面建设小康社会提供强有力的体制保障。"① 这标志着中国进入以完善市场经济体制为核心内容的制度创新时期。

2007年10月，党的十七大将科学发展观作为我国经济社会发展的重要指导方针，同时对实现国民经济又好又快发展作出了重要部署，首次在党的报告中提出"要在加快转变经济发展方式、完善社会主义市场经济体制方面取得重大进展"②。由关注"经济增长"到关注"经济发展"的转变，表明我国对市场经济的认识取得新的突破。报告提出：要深化对社会主义市场经济规律的认识，从制度上更好发挥市场在资源配置中的基础性作用，形成有利于科学发展的宏观调控体系；要加快转变经济发展方式，推动产业结构优化升级；重点要大力推进经济结构战略性调整，更加注重提高自主创新能力、提高节能环保水平、提高经济整体素质和国际竞争力。2008年，我国积极应对国际金融危机，推进产业结构调整，加快转变经济发展方式，确保了经济稳步发展。2010年10月召开的党的十七届五中全会对我国"十二五"经济社会发展作出了全面部署，确定了"以科学发展为主题，以加快转变经济发展方式为主线"的指导思想。会议同时提出坚持扩大内需战略，建立扩大消费需求的长效机制；推进农业现代化，加快社会主义新农村建设；发展现代产业体系，提高产业核心竞争力；加快建设资源节约型、环境友好型社会，把提高生态文明水平作为经济建设的重要任务。

5. 第五阶段：加快完善社会主义市场经济体制阶段（2012年至今）

2012年11月，党的十八大召开。这次大会确立了科学发展观的指导地位，系统阐述了坚持和发展中国特色社会主义的一系列重大理论和实践问题，明确提出了全面建成小康社会和全面深化改革开放的目标，强调要"坚持社会主义市场经济的改革方向"，再次确认"加快完善社会主义市场经济体制"，促进社会主义市场经济发展进入新时代。党的十八大以来，在习近平新时代中国特色社会主义思想指导下，中国共产党始终坚持从中国国情出发，探索并形成符合中国实际的正确道路，进一步增强经济发展的平衡性、协调性、可持续性。GDP突破120万亿元，人均GDP达1.27万美元，国家经济实力、科技实力、综合国力跃上新台阶，我国经济迈上更高质量、更有效率、更加公平、更可持续、更为安全的社会主义市场经济发展之路。

阅读扩展　中国经济体制改革是一场渐进式革命

二、渐进式改革的中国特色

中国的渐进式改革是在国民经济基础薄弱、生产力发展水平高度不均衡，同时又缺

---

① 十六大以来重要文献选编：上．北京：中央文献出版社，2005：465.

② 十七大以来重要文献选编：上．北京：中央文献出版社，2009：17.

乏理论和经验指导的背景下起步的，我国不断克服国内外一系列艰难险阻，创造性走出一条举世瞩目的成功之路。在渐进式改革与我国社会主义具体实践相结合的过程中，形成了诸多鲜明特色。

（1）先易后难，从薄弱环节打开突破口。我国改革首先从农村开始，继而推进至城市各个部门。农村之所以成为改革成本最低、阻力最小的领域，究其原因主要有三点：一是改革的启动成本小。在旧有的农村集体经济领域中，一方面，农产品统购统销和户籍分割制度使广大农民在旧体制中获益最少；另一方面，农业劳动力过剩、工农产品价格的剪刀差导致农民收入水平和购买力水平过低，生活普遍较为穷困。这使得农村内部积聚了强烈的改革愿望，农村和农业改革的“潜在利润”要远大于阻力，改革易于施行。二是改革的摩擦成本小。改革前，我国农业生产严重停滞，农民生活水平长期处于低位且得不到改善。在这种情况下，适当给予经营自主权既可使农民增收，也不会招致既得利益团体反对。这种“帕累托演进”使改革的摩擦成本较小，有利于改革深入展开。① 三是改革的人力资本转化成本小。1978 年开始，随着中国农村经济由“生产队集体耕作制”向“家庭联产承包责任制”转变，农民迅速转变和适应了以家庭为基础的生产模式，为新制度建立做好了准备。因此，农村改革相较于其他领域面临的人力资本转化成本低得多。农村改革过程中所取得的显著成效，增强了城市部门全面改革的信心，为城乡商品流通的市场化改革打下了基础，从而带动了整个经济体制改革的深入扩展。

（2）强调“过渡性制度安排”，使新、旧政治制度和经济制度保持了一定的连续性。中国经济改革历程中曾经出现的一系列“过渡性制度安排”、价格“双轨制”就是其典型模式。从计划经济向市场经济转变，核心内容之一是定价制度的变化，即从计划定价到市场定价，这构成了市场改革中最为艰难的部分。价格体系不仅影响供给和需求，更关乎利益分配格局。如果像苏联单纯依靠政府自身力量强制实行定价制度的改革，势必会带来社会动荡、通货膨胀乃至更严重的后果。价格“双轨制”既能改变既有定价制度，又能在适度范围内维护现有利益格局，故而使价格改革获得了必要的支持。随着市场定价部分的逐渐扩大和计划定价部分的逐渐缩小，最终定价制度就逐步过渡为单一的市场价格体系。中国的经济体制改革过程中，除了价格改革外，工资、劳动、信贷、外汇等方面的改革均采取了“双轨制”形式。这一系列过渡性制度安排在计划经济与市场经济之间搭起了一座“桥梁”，使得分几步跨越“制度鸿沟”成为可能，从而大大降低了改革对社会的冲击力。

（3）增量改革先行，带动存量改革。计划经济体制下形成的僵化的资源配置体制和利益分配格局，具有极强的刚性结构，推动其改革的难度很大。为此，我国在改革的初始阶段，基本没有触动国有经济的产权基础，而是采取一些修补的办法来暂时维持其运转。维持既有国有经济的正常运转，确保国民经济的稳定发展，为改革提供至关重要的稳定性，并以较小风险确立新制度成为可能。从宏观上看，由于国有经济向来是国家财政收入的主要依靠，国有经济的稳定性也就成了政府投资于基本建设和公共服务设施的前提条件；从微观上看，国有经济是国有单位职工就业和社会保障的依靠，稳定的国有

---

① 莫翔．中国渐进式经济改革的总结与思考．理论月刊，2008（10）：41－45.

经济可以避免大规模失业和社会保障体系崩溃局面的出现，从而为改革提供了良好的外部环境，这是国有经济对改革最大的支持。

与此同时，在增量改革中，非国有经济开始崛起，推进竞争性市场的逐步形成，使国有经济面临越来越激烈的竞争。在与非国有经济相比较中，国有经济经营不善、效率低下等问题暴露无遗，国有资产存量处于不进取就要被淘汰的环境中。三资企业、乡镇企业等非公有制成分的发展，使决策者开始考虑如何将其产权制度、治理机制引入国有企业，表现出新经济的发展对旧经济改革的示范效应和促进作用。此外，新经济成分的发展，在为国家培训出一大批新的企业和企业家的同时，也在许多方面逐步冲击着传统观念、社会习惯和人们的行为方式。在这种情况下，改革国有经济的必要性和紧迫性为越来越多的人所认同。因此，增量改革对带动存量改革起到了行为示范和催化剂的作用。

（4）先试点，再推广，由点到面逐步展开。正如习近平总书记所指出："摸着石头过河，这是富有中国特色、符合中国国情的改革方法。"[①] 这种做法，在降低改革学习成本和适应成本的同时，也避免了个别决策的失误演化成系统性、颠覆性错误的可能。我国渐进式改革，并非一蹴而就，而是在政府与市场长期博弈、不断尝试和试错过程中逐步完善的。政府初始时期并不能确定政策转变的效果与市场的反应所在，于是先寻找少数省市进行政策试点之后总结经验，如果取得较好效果则会在更大范围推广，反之则可能被叫停。这种方式的主要优点是尽可能分散改革风险，避免大的失误和过高的改革成本。

（5）兼顾改革、发展与稳定，实现三者的有机统一。首先，发展是解决中国一切问题的关键，是执政兴国的第一要务，任何改革都是以发展为最终目标和根本出发点的。其次，长期和谐稳定的社会环境是实现改革与发展的目标，开拓一切事业的根本前提。最后，改革是促进发展、保持稳定的根本动力，经济的健康快速发展和社会的长期稳定繁荣都离不开改革的持续深入推进。简言之，发展是目的，改革是动力，稳定是前提，三者共同构成了一个有机整体。中国的渐进式改革较好地实现了改革力度、发展速度和社会可承受程度的有机统一，既确保了改革稳步推进，释放了发展的巨大潜力，又在发展中保持了社会稳定，为改革发展创造了良好的社会环境。

第2节　渐进式改革的基本经验和重大意义

在经济体制转轨的过程中，相较于激进式改革，中国渐进式改革取得了巨大的成功，既丰富和发展了马克思主义理论，又为广大发展中国家和转轨国家提供了诸多有益的经验参考。

一、渐进式改革的基本经验

（1）坚持不断解放思想，用创新理论指导改革实践。不断解放思想，坚持从我国发

① 习近平著作选读：第1卷．北京：人民出版社，2023：68.

展的实际出发，是改革开放取得巨大成功的根本原因。四十多年来，我们从理论上破除了社会主义同市场经济不相兼容的教条，在社会主义同市场经济相结合方面进行了大胆探索。党的十四大提出建立社会主义市场经济体制的改革目标，彻底解除了传统计划经济理论的束缚，从培育和发展市场体系、深化经济体制改革、进一步改革科技体制和教育体制、加强法律制度建设等方面勾画了新体制的基本框架，为经济体制的根本性变革指明了正确方向。党的十五大、十六大、十七大继续推进理论创新，在国有经济战略性调整、非公有制经济的地位、国有资产管理体制改革和理顺收入分配关系等一系列重大问题上，进一步作出创造性的理论贡献，为推动改革实践的不断突破提供科学的理论依据和操作指南。党的十八大以来，我国社会主义市场经济进入新时代。社会主义市场经济体制改革取得根本性突破，确立和充分发挥市场在资源配置中的决定性作用。党的十九届四中全会首次把社会主义市场经济体制明确为社会主义基本经济制度，表明我党对社会主义市场经济的认识更加成熟，对计划与市场关系的认识达到了一个崭新高度。① 四十多年来，在解放思想、实事求是的思想路线指引下，我们党对所有制、分配关系、计划与市场等重大问题的认识不断深化，实现了一个又一个理论飞跃。思想的解放、理论的飞跃又不断引导着实践的革命，带来了中国大地翻天覆地的伟大变化。

（2）坚持加强和改善党的领导，为经济体制改革提供强有力的政治和组织保障。中国共产党是中国特色社会主义事业的领导核心。中国共产党诞生之后，历经风雨而不忘初心，始终以最广大人民的根本利益为自己的奋斗目标，始终坚持以马克思主义为理论指导，不断通过自身的组织创新和制度创新而始终与时俱进。在党的领导下，中国在四十多年时间内从“一穷二白”一步一步走向伟大复兴。也正因为如此，改革开放以来，广大人民群众始终坚决拥护党的各项改革措施，坚定不移跟党走。实践一再证明，只有坚持党的正确领导，才能确保各项改革沿着社会主义方向前进，才能保证成功应对国内外各种风险和考验，始终走在时代前列。

（3）坚持稳中求进、统筹兼顾，用渐进的方式推进改革。四十多年改革所取得的巨大成功，与我国从基本国情出发，选择了渐进式改革的路径密不可分。在没有先例可循更不能照搬照抄的情况下，为了尽可能减低改革成本，我国坚持“干中学”。先从体制外的增量改革突破，再深入进行存量改革；先局部试点，再总结经验，完善政策，逐步全面推开；注重统筹兼顾，加强总体协调，不失时机地实现重点突破。实践证明，坚持稳中求进、统筹兼顾的方式逐步推进改革，既利于控制改革风险，又能够及时推广成功经验，将改革顺利推向前进。

（4）坚持在充分发挥市场机制作用的同时，加强和改善宏观调控。发展社会主义市场经济，必须发挥市场对资源配置的决定性作用。但是，市场也有盲目性和局限性，必须通过政府宏观调控加以管理和引导。改革开放以来，我国宏观调控由主要依靠政府计划指令和行政命令等直接手段，转向综合运用发展规划、货币政策和财政政策等间接手段。宏观调控重点由干预微观经济转向调节市场供求总量变动，由追求速度、数量扩张转向提高质量、效益和优化结构，注重实现经济和社会协调可持续发展。特别是根据国

---

① 马建堂．社会主义基本经济制度是党和人民的伟大创造．经济日报，2020-01-03（9）．

内外经济形势变化，适时调整宏观经济政策的方向和力度，增强宏观调控的针对性、有效性和预见性，保持经济快速高质量增长。

（5）坚持对外开放，以开放倒逼改革。改革开放以来，我国顺应世界发展潮流，始终在更大范围、更广领域和更高层次上积极参与国际经济技术合作和竞争。过去四十多年，通过向世界的开放，中国学到了股份制、期货市场，学到了专利、产权和现代企业制度，学到了自由贸易、电子商务和移动互联……相应地，也彻底改变了原有的一系列旧的制度，废除了与现代市场经济不相适应的很多陈规陋习。[①] 特别是党的十八大以来，我国继续坚持"开放倒逼改革"的思路，进而探索自由贸易试验区、自由贸易港、市场准入负面清单和市场监管的责任清单，并将政府治理能力和治理体系现代化确立为全面深化改革的总目标。这些都是中国"以开放倒逼改革"的有力印证。

（6）坚持原则性和灵活性相统一，在不同时期确定不同的改革重点。中国的改革是社会主义制度的自我完善，是党在新的时代条件下带领全国各族人民进行的新的伟大革命。要牢牢把握改革正确方向，在涉及道路、理论、制度等根本性问题上，在大是大非面前，必须立场坚定、旗帜鲜明。必须强调以经济建设为中心不能动摇，改革开放的政策不能改变，坚持四项基本原则不能让步。在坚持原则性的同时，我国始终根据实际情况和可能，确定不同时期的改革重点，有计划、有步骤、有重点地推进改革，保证了改革有序进行并不断深化。

二、渐进式改革的重大意义

我国通过渐进式改革，不仅顺利完成了从计划经济向市场经济的转轨，同时还从低收入国家快速跃升为中上等收入国家，无论是从国内还是国际、从理论或实践来看，中国渐进式改革的成功都具有广泛而深远的重大意义。

（1）中国渐进式改革的成功用雄辩的事实证明了社会主义制度的优越性和强大生命力。苏东剧变后，世界社会主义运动遭遇重大挫折，陷入低潮期。西方资本主义势力借机放言社会主义的失败，妄谈共产主义的"历史终结"。在此关键的历史时刻，中国顶住压力，坚定不移地走社会主义道路，通过改革来逐渐引导经济体制与生产力的发展相适应，开创了社会主义经济建设的新局面，用事实回击了西方反动势力的猖狂攻击。中国改革的成功证明了只要找对方向走对路，社会主义将重新焕发勃勃的生机与活力。

（2）中国渐进式改革的成功极大地增进了中国人民的道路自信、理论自信、制度自信和文化自信，令中国人民怀着前所未有的信心踏上了国家富强、民族复兴的伟大历史征程。近现代的中国曾饱受侵略与压迫，长期处于贫困落后的状态。在经历了洋务运动、戊戌变法、辛亥革命和"苏式"计划经济等一系列尝试后，中国人民在中国共产党的带领之下终于找到了发展社会主义市场经济这条正确的道路，用40多年的时间走完了西方发达资本主义国家100多年走过的发展历程，人民生活得到极大改善，国际地位空前提高，经济文化影响力迅速扩大，彻底改变了积贫积弱的旧面貌。改革的伟大成就，极大

---

① 赵红军．中国改革开放实践对主流经济理论的挑战与贡献．江西财经大学学报，2019（2）：13-26.

地提升了我们的民族自豪感和自信心，在发展道路的选择上凝聚了广泛的共识，形成了空前团结的大好局面。

（3）中国渐进式改革的成功丰富和发展了当代中国马克思主义理论，深化了关于社会主义建设规律的认识。改革之前，我们受苏联模式的影响，将社会主义教条地理解为计划经济，将资源配置的手段等同于社会性质，未能将马克思主义普遍原理与中国社会主义初级阶段的具体国情相结合，走了不少弯路，耽误了国民经济发展和现代化建设事业。鉴于此，我国在改革过程中始终注重解放思想，结合中国发展中的具体实践，不断推动马克思主义的中国化。继邓小平理论之后，“三个代表”重要思想、科学发展观、习近平新时代中国特色社会主义思想等重大成果相继问世，持续深化了关于社会主义建设规律的认识，强化了对于中国特色社会主义建设实践的理论指导。

（4）中国渐进式改革的成功为广大发展中国家和转轨国家提供了诸多有益的经验参考。目前，越来越多的发展中国家将学习的目光从西方转向了中国，并在实践中取得了显著的成绩。例如，近年全球经济增长的新星埃塞俄比亚，从政府到民间都在认真地学习中国模式，借鉴中国改革开放的经验，其在近 10 年中保持了年均 11%的高速经济增长，摘得“经济增长速度最快国家”的桂冠。放眼当今世界，中国模式正在逐渐取代西方国家宣扬的资本主义“自由民主”模式，成为许多发展中国家的现实选择。

权威观点　林毅夫：诱致性制度变迁和强制性制度变迁

第 3 节　计划经济体制向市场经济体制转型的启示

从计划经济体制向市场经济体制的转型是 20 世纪重大的经济事件，不同的转型国家选择了不同的改革道路。与中国渐进式改革不同，一些国家走上激进式改革之路，其要义是在彻底否定社会主义宪法制度的基础上进行的市场化改革，强调在尽可能短的时间内通过同时推进政治自由化、契约自由和宏观经济紧缩，一步到位实现经济体制转型。从市场经济过渡的实践看，经济改革没有普遍和现成的模式可循，任何国家都有其独特的经济发展水平和社会发展条件，必须立足于本国国情，结合自身特点，积极探索适合本国实际的经济改革和发展道路。

一、经济转型的不同道路：激进式与渐进式

中国和俄罗斯分别是从计划经济体制向市场经济体制转型的两种不同方式的典型代表。理论界对转型方式的理论概括有两种主要观点：一种观点是用渐进式改革和激进式改革概括中俄为代表的两种不同的转型方式，这得到多数经济学家的认同，主要代表人物有斯蒂格利茨、罗兰、林毅夫、樊纲等；另一种观点是把转型和改革区分开来，只把苏东剧变后的市场化进程称为转型，把社会主义国家的市场化进程称为改革，而不是转

型，持这种观点的主要代表人物有萨克斯、胡永泰和杨小凯等。① 本书把计划经济体制转向市场经济体制统称为转型。基于这一考虑，开始于20世纪70年代末的世界各国经济体制转型呈现出两种截然不同的方式：一种方式是以苏联、东欧国家为代表采取的激进式改革，也称为"休克疗法"；另一种方式是以我国为代表的渐进式改革，也称为"中国模式"。这两种改革方式的主要区别是：一是在改革和发展的关系上，激进式改革往往是先搞改革、后求发展，改革阶段好比"泪水之谷"，通过人为降低发展速度来推动改革；而渐进式改革是既搞改革又求发展，把改革与发展结合起来，尽量避免过高的通货膨胀，用经济的稳定发展来支持改革。二是从"破"与"立"的关系上看，激进式改革往往是"破"字当头、先破后立，首先彻底破坏计划经济体系和国有制度，然后进行新体制建设；而渐进式改革往往"立"字当头、先立后破，在改革过程中于不断转换国有企业经营机制的同时鼓励非国有经济发展，在坚持和完善宏观调控的情况下不断减少指令性计划，这样使传统体制收缩的同时，市场主体和关系相应形成和扩张，避免了体制"真空"。三是从速度和推进力度方面看，激进式改革往往重视速度，力求速战速决；而渐进式改革则往往量力而行、循序渐进，通过局部均衡各个击破，通过边际均衡分解难题，而不是一味求全求快。

当然，激进式改革与渐进式改革的区分只是相对的，现实中的改革，渐进式与激进式总是交织在一起。一项改革措施多长时间完成算渐进式，多长时间完成算激进式，并没有绝对的界限。另外，激进式改革与渐进式改革取得成效都是有条件的。无论是激进式改革还是渐进式改革，都有自己的理论基础，都能在历史和世界上找到成败的例子。现实情况千变万化，激进式改革或渐进式改革不是唯一的路径，也不是十全十美的路径，更不是永远有效的路径。

从改革的实际效果来看，我国推行的渐进式改革在肯定人们追求物质利益的内在发展动机的基础上，对社会各主体物质利益分配格局进行了有序的渐进的调整，极大地调动了社会各阶层和成员的积极性，赢得了广泛的支持和参与，取得了年均经济增速9%以上的"中国奇迹"。20世纪苏联东欧等国家和一些发展中国家曾长期实行集中的计划经济体制，经历战后恢复和一段时间的经济增长后，都在不同程度上出现经济增长滞缓甚至衰退现象。这些国家曾努力在原有体制的框架内寻求促进经济发展的办法，但收效不大。在经济政治形势挤压下，这些国家走上了经济转型的道路，预期市场经济制度将为经济发展创造广阔的前景，但结果并不理想。苏联改革中释放的政治能量并没有转化为推动经济改革和经济发展的动力，相反，却导致政治矛盾和政治斗争的全面激化，结果是苏联解体。而且，国家经济也长期处在艰难的发展阶段。选择激进式改革道路的苏联东欧各国，年均经济增速大多低于2%，不仅低于欧、美、日等发达国家平均水平，也低于全球平均水平。世界银行数据显示，其中表现最好的波兰经济增速只达到3.7%，俄罗斯经济增长率则为0.5%，而表现最差的乌克兰经济总量甚至低于改革前水平。② 两种改革方式成效反差巨大，以至于很多顽固的自由主义者也不得不承认激进式改革的失

① 李伟，张占斌．中国渐进式经济转型经验及其发展道路探索．中共党史研究，2008（3）：31－38.

② 武鹏．中国渐进式改革的特色及其意义．中州学刊，2018（1）：14－19.

败。而激进式改革给当事国带来的负面影响甚至持续至今。

二、社会主义国家经济体制转型的启示

经济转轨国家的初始经济体制都是计划经济体制，经济体制转型的目的都是国家强盛、百姓富裕。无论是渐进式改革的成功经验，还是激进式改革的失败教训，都给后来国家选择成本最小化的经济转轨路径提供了有益的启示。

第一，把握好改革的社会主义方向。世界在发展，社会在进步，不实行改革开放没有出路，搞否定社会主义方向的“改革开放”也没有出路。在方向问题上，我们必须头脑十分清醒。正反两方面的历史经验证明，方向问题关乎改革性质和成败。苏联东欧前社会主义国家“方向”偏了，路走歪了，结果颠覆了社会主义制度，葬送了社会主义事业。我国改革方向正确、驾驭得当，有了问题能及时纠正，所以取得了历史性成就。

第二，必须有一个强有力的领导核心。“中国共产党领导是中国特色社会主义最本质的特征，是中国特色社会主义制度的最大优势。”[①] 中国正是因为始终坚持党的集中统一领导，才能实现伟大历史转折、开启改革开放新时期和中华民族伟大复兴新征程，才能成功应对一系列重大风险挑战、克服无数艰难险阻。在坚持党的领导这个决定党和国家前途命运的重大原则问题上，全党全国必须保持高度的思想自觉、政治自觉、行动自觉，丝毫不能动摇。

第三，改革的成败依靠实践来检验。“摸着石头过河”，边摸索边总结，尊重实践，尊重群众在实践中的创造，使我们最终到达了胜利的彼岸。四十多年的实践充分证明，党的十一届三中全会以来，我们党团结带领全国各族人民开辟的中国特色社会主义道路是完全正确的，只有在今后的实践中坚持不懈地继续沿着这条道路稳步推进改革，才能防止出现大的挫折。

第四，正确处理好权力集中与分散的关系。绝对集权与绝对分权都是不可取的，寻找市场经济条件下两者合理的结合点才是正确的。新自由主义所推崇的国家干预最小化，推崇政府管得越少越好是错误的。市场经济有缺陷，宏观调控在社会主义市场经济中作用巨大。只有用好“看不见的手”和“看得见的手”，有效发挥市场机制的作用与社会主义制度的优越性，才能推动经济社会持续健康发展。

复习与思考

一、名词解释

激进式改革　　渐进式改革　　中国模式　　双轨制

二、简答题

1. 中国渐进式改革的主要特色是什么？
2. 中国渐进式改革的基本经验有哪些？

---

① 习近平著作选读：第 2 卷．北京：人民出版社，2023：222.

三、论述题

社会主义国家经济体制转型给后来发展中国家选择成本最小化的经济转轨路径带来了哪些启示？

四、讨论题

如何看待激进式改革与渐进式改革？

延伸阅读

1. 吕炜．经济转轨理论大纲．北京：商务印书馆，2020.

2. 盛洪．中国的过渡经济学．2版．上海：上海三联书店，2009.

即测即评

扫描二维码可在线自测并查看答案。

第3篇

社会主义基本经济制度

社会主义基本经济制度在经济制度体系中具有基础性决定性地位，对其他经济制度影响重大。基于这一判断，本篇第 7～9 章阐述社会主义基本经济制度，主要包括坚持公有制为主体、多种所有制经济共同发展的所有制制度，坚持按劳分配为主体、多种分配方式并存的收入分配制度和完善社会主义市场经济体制。

第7章

坚持公有制为主体、多种所有制经济共同发展

社会主义经济制度消灭了剥削，实行生产资料公有制，劳动人民成了国家的主人，从而为协调发展国民经济和满足人民不断增长的物质文化生活需要创造了条件。党的十九届四中全会通过的《中共中央关于坚持和完善中国特色社会主义制度 推进国家治理体系和治理能力现代化若干重大问题的决定》（以下简称《决定》）明确指出："公有制为主体、多种所有制经济共同发展，按劳分配为主体、多种分配方式并存，社会主义市场经济体制等社会主义基本经济制度，既体现了社会主义制度的优越性，又同我国社会主义初级阶段社会生产力发展水平相适应，是党和人民的伟大创造。"[①] 把社会主义基本经济制度概括为生产资料所有制、收入分配制度、资源配置机制三个方面的有机统一，是对基本经济制度认识的重大突破。在这三个方面，生产资料所有制是最为重要、具有决定性作用的基础。坚持和完善社会主义基本经济制度，首先必须坚持公有制为主体、多种所有制经济共同发展。

第1节　社会主义所有制制度的形成和发展

生产资料所有制是社会经济制度的基础，对整个社会制度的性质和发展方向具有决定性作用。新中国成立后，我国通过对农业、手工业和资本主义工商业的社会主义改造，建立了以公有制为基础的社会主义经济制度，为当代中国一切发展进步奠定了根本政治前提和制度基础。

党的十一届三中全会后，党和国家认真总结了我国社会主义经济建设实践中所有制

① 中共中央关于坚持和完善中国特色社会主义制度 推进国家治理体系和治理能力现代化若干重大问题的决定．人民日报，2019-11-06（1）．

问题的经验和教训，立足社会主义初级阶段的基本国情，根据生产力发展的要求，开始对我国的生产资料所有制结构进行深刻的调整和改革，逐步确立了公有制为主体、多种所有制经济共同发展的社会主义初级阶段的基本经济制度，为社会主义市场经济的发展和现代化建设提供了有效的制度保障。

党的十一届六中全会提出“一定范围的劳动者个体经济是公有制经济的必要补充”，为被长期禁锢的个体经济发展扫除了政治障碍。党的十二大提出“坚持国营经济的主导地位和发展多种经济形式的方针”，多种经济形式主要包括农村和城镇各种形式的合作经济。党的十三大提出，社会主义初级阶段的所有制结构应以公有制为主体，对于城乡合作经济、个体经济和私营经济，都要继续鼓励它们发展；公有制本身也有多种形式，私营经济是公有经济必要和有益的补充，中外合资企业、合作企业和外商独资企业，也是我国社会主义经济必要和有益的补充。党的十四大提出，以公有制包括全民所有制和集体所有制为主体，个体经济、私营经济、外资经济为补充，多种经济成分长期共同发展，不同经济成分还可以自愿实行多种形式的联合经营。党的十五大全面阐述了社会主义初级阶段的基本路线和基本纲领，第一次明确提出：“公有制为主体、多种所有制经济共同发展，是我国社会主义初级阶段的一项基本经济制度。”① 这是一个具有里程碑意义的理论成果。党的十六大提出了“两个毫不动摇、一个统一”的观点：坚持和完善公有制为主体、多种所有制经济共同发展的基本经济制度，毫不动摇地巩固和发展公有制经济，毫不动摇地鼓励、支持、引导非公有制经济发展，二者统一于社会主义现代化进程中。党的十七大在坚持“两个毫不动摇”的基础上，提出要“坚持平等保护物权，形成各种所有制经济平等竞争、相互促进新格局”②。党的十八大进一步指出：“要坚持社会主义基本经济制度”，“完善公有制为主体、多种所有制经济共同发展的基本经济制度。要毫不动摇巩固和发展公有制经济，推行公有制多种实现形式……毫不动摇鼓励、支持、引导非公有制经济发展，保证各种所有制经济依法平等使用生产要素、公平参与市场竞争、同等受到法律保护”。③

党的十八大以来，以习近平同志为核心的党中央紧紧围绕实现中华民族伟大复兴这个奋斗目标，继续探索和完善社会主义基本经济制度，取得了丰硕的理论创新成果。党的十八届三中全会提出，公有制经济和非公有制经济都是社会主义市场经济的重要组成部分，都是我国经济社会发展的重要基础；公有制经济财产权不可侵犯，非公有制经济财产权同样不可侵犯；国家保护各种所有制经济产权和合法利益，坚持权利平等、机会平等、规则平等，废除对非公有制经济各种形式的不合理规定，消除各种隐性壁垒，激发非公有制经济活力和创造力。党的十八届三中全会进一步强调：公有制为主体、多种所有制经济共同发展的基本经济制度，是中国特色社会主义制度的重要支柱，也是社会主义市场经济体制的根基；公有制经济和非公有制经济都是社会主义市场经济的重要组成部分，都是我国经济社会发展的重要基础。这是我们党对社会主义所有制理论的创造

---

① 十五大以来重要文献选编：上．北京：中央文献出版社，2000：20.

② 十七大以来重要文献选编：上．北京：中央文献出版社，2009：20.

③ 胡锦涛．坚定不移沿着中国特色社会主义道路前进 为全面建成小康社会而奋斗：在中国共产党第十八次全国代表大会上的报告．北京：人民出版社，2012.

性发展。党的十八届四中全会从保护财产权的层面提出要“健全以公平为核心原则的产权保护制度，加强对各种所有制经济组织和自然人财产权的保护，清理有违公平的法律法规条款”。党的十八届五中全会进一步强调要“鼓励民营企业依法进入更多领域，引入非国有资本参与国有企业改革，更好激发非公有制经济活力和创造力”。这样，中国共产党对社会主义初级阶段基本经济制度的阐述，由“必要补充”到“基本方针”，由“基本方针”明确为“基本经济制度”，进而强调“两个毫不动摇”“都是重要组成部分”和“鼓励进入更多领域”，进一步表明，公有制为主体、多种所有制经济共同发展的基本经济制度是社会主义初级阶段必须长期坚持的经济制度。习近平总书记指出：“实行公有制为主体、多种所有制经济共同发展的基本经济制度，是中国共产党确立的一项大政方针，是中国特色社会主义制度的重要组成部分，也是完善社会主义市场经济体制的必然要求。”① “我们党在坚持基本经济制度上的观点是明确的、一贯的，而且是不断深化的，从来没有动摇。”“公有制经济、非公有制经济应当相辅相成、相得益彰，而不是相互排斥、相互抵消。”“任何想把公有制经济否定掉或者想把非公有制经济否定掉的观点，都是不符合最广大人民根本利益的，都是不符合我国改革发展要求的，因此也都是错误的。”② 这些都是我们党对社会主义所有制制度的创造性发展。

在上述探索的基础上，《决定》明确提出，公有制为主体，多种所有制经济共同发展是我国国家制度和国家治理体系的显著优势之一，并把按劳分配为主体、多种分配方式并存和社会主义市场经济体制上升为社会主义基本经济制度范畴。这是社会主义市场经济理论的重大创新，既体现了社会主义制度优越性，又同我国社会主义初级阶段社会生产力发展水平相适应，是党和人民的伟大创造，是习近平新时代中国特色社会主义经济思想的重大发展，对于坚持和完善中国特色社会主义经济制度、推动中国经济持续健康发展和实现经济治理现代化具有重要指导意义。2021 年 8 月，习近平总书记在主持召开中央财经委员会第十次会议时再次强调，要坚持基本经济制度，立足社会主义初级阶段，坚持“两个毫不动摇”，坚持公有制为主体、多种所有制经济共同发展，允许一部分人先富起来，先富带后富、帮后富，重点鼓励辛勤劳动、合法经营、敢于创业的致富带头人。促进中国经济实现高质量发展，必须坚持基本经济制度，为多种所有制经济共同发展创造更好条件。党的二十大把“两个毫不动摇”列为构建高水平社会主义市场经济体制的重要内容，为进一步完善社会主义所有制制度提供了重要遵循。

第 2 节　公有制的主体地位与实现形式

社会主义公有制是社会主义劳动者共同占有生产资料和劳动产品，用来满足人民物质和文化需要而结成的经济关系体系。它是社会主义经济制度的基础，是社会主义经济制度的根本标志。

---

① 习近平著作选读：第 1 卷．北京：人民出版社，2023：461.

② 同①462 - 463.

一、公有制经济的内涵

按照马克思和恩格斯的设想，在“剥夺剥夺者”后建立的“自由人联合体”社会，私有制将彻底被废除，代替它的是一切生产资料归全体社会成员共同所有的社会所有制，即单一公有制。这种单一公有制的实行是有条件的，其基本条件是在社会生产力已经有相当程度发展的西欧国家同时取得无产阶级革命的胜利。至于在那些社会生产力水平不高的东方国家如何建立社会主义制度，马克思和恩格斯则认为应该从各国实际出发，实事求是地加以选择。俄国“十月革命”胜利后，列宁和斯大林曾一度力求以革命的手段实现全部生产资料的国有化，并把国有化的深度和广度看作社会主义成功程度的标志。但是，随着苏联社会主义建设实践的发展，列宁和斯大林越来越清醒地认识到，单一公有制与苏联当时的生产力状况不相适应，给经济建设带来了许多不良的严重后果。斯大林首先突破了公有制等于全民所有制的教条，于 1936 年明确把社会主义公有制划分为全民所有制和集体所有制两种形式。1952 年，他在《苏联社会主义经济问题》一书中再次提出了社会主义公有制包括全民所有制和集体所有制的二元公有制模式。这种二元公有制模式的提出，是对马克思主义所有制理论的发展。

新中国成立后，我国也把公有制的两种形式写进了第一部宪法，使二元公有制模式定型化。应该说，这种二元公有制模式对于我国在一穷二白的废墟上初步建立门类比较齐全的工业体系功不可没。但在随后的发展过程中，由于盲目追求“一大二公”“纯而又纯”，公有制经济比重超过 99%，结果不仅没有促进生产力的更快发展，反而因为违背经济发展规律导致生产效率低下，经济发展缓慢，人民生活困难，严重影响了社会主义制度优越性的发挥。1978 年，我国 GDP 仅为 3 645 亿元，农村有 2.5 亿贫困人口，城镇有上千万待业人员。可见，在社会主义初级阶段，实行单一的公有制，片面追求公有制经济所占比例，违背了生产力发展的要求，不利于社会主义经济的发展。

改革开放以来，中国共产党把马克思列宁主义的普遍原理同中国的具体实践相结合，坚持解放思想、实事求是、与时俱进、求真务实的思想路线，不断调整二元公有制模式，我国社会主义公有制的主体地位日益巩固，国有企业发展质量和经营效益大幅提升，资产规模不断扩大，国有经济的活力、控制力、影响力和抗风险能力进一步增强，成为社会主义现代化建设的中坚力量，非公有制经济也不断发展，成为推动生产力发展的重要力量。随着改革实践的发展，我党需要重新认识社会主义公有制。基于这种考虑，党的十五大提出了社会主义公有制新的内涵：“公有制经济不仅包括国有经济和集体经济，还包括混合所有制经济中的国有成分和集体成分。”① 这一论断冲破了困扰理论界“姓社姓资”的思想障碍，突破了公有制等同于全民所有制加集体所有制的传统观念，确立了“公有制经济＝国有经济＋集体经济＋混合所有制中的国有、集体成分”，扩大了公有制的内涵和外延，是对马克思主义所有制理论的第二次重大突破。实践证明，单一公有制只会导致发展缓慢、贫穷落后；只有打破公有制一统天下的格局，放开发展多种所有制

---

① 十五大以来重要文献选编：上．北京：人民出版社，2000：21.

经济，社会主义经济才会充满生机与活力。

二、毫不动摇巩固和发展公有制经济

我国是中国共产党领导的社会主义国家，公有制经济是长期以来在国家发展历程中形成的，为国家建设、国防安全、人民生活改善作出了突出贡献，是全体人民的宝贵财富。必须毫不动摇巩固和发展好公有制经济，继续让它为改革开放和建成社会主义现代化强国作出贡献。习近平总书记指出："公有制主体地位不能动摇，国有经济主导作用不能动摇。这是保证我国各族人民共享发展成果的制度性保证，也是巩固党的执政地位、坚持我国社会主义制度的重要保证。"①

推进国有经济布局优化和结构调整。随着我国社会主义经济体系的建立、发展、调整和优化，国有经济布局也在不断改变和调整。要坚持有进有退、有所为有所不为，推动国有资本更多投向关系国计民生的重要领域和关系国家经济命脉、科技、国防、安全等领域，服务国家战略目标，增强国有经济竞争力、创新力、控制力、影响力、抗风险能力，做强做优做大国有资本，有效防止国有资产流失。对处于充分竞争领域的国有经济，通过资本化、证券化等方式优化国有资本配置，提高国有资本收益。进一步完善和加强国有资产监管，有效发挥国有资本投资、运营公司功能作用，坚持一企一策，成熟一个推动一个，运行一个成功一个，盘活存量国有资本，促进国有资产保值增值。

积极稳妥推进国有企业混合所有制改革。在深入开展重点领域混合所有制改革试点基础上，按照完善治理、强化激励、突出主业、提高效率要求，推进混合所有制改革，规范有序发展混合所有制经济。对充分竞争领域的国家出资企业和国有资本运营公司出资企业，探索将部分国有股权转化为优先股，强化国有资本收益功能。支持符合条件的混合所有制企业建立骨干员工持股、上市公司股权激励、科技型企业股权和分红激励等中长期激励机制。深化国有企业改革，加快完善国有企业法人治理结构和市场化经营机制，健全经理层任期制和契约化管理，完善中国特色现代企业制度。对混合所有制企业，探索建立有别于国有独资、全资公司的治理机制和监管制度。对国有资本不再绝对控股的混合所有制企业，探索实施更加灵活高效的监管制度。

稳步推进自然垄断行业改革。深化以政企分开、政资分开、特许经营、政府监管为主要内容的改革，提高自然垄断行业基础设施供给质量，严格监管自然垄断环节，加快实现竞争性环节市场化，切实打破行政性垄断，防止市场垄断。构建有效竞争的电力市场，有序放开发用电计划和竞争性环节电价，提高电力交易市场化程度。推进油气管网对市场主体公平开放，适时放开天然气气源和销售价格，健全竞争性油气流通市场。深化铁路行业改革，促进铁路运输业务市场主体多元化和适度竞争。实现邮政普遍服务业务与竞争性业务分业经营。完善烟草专卖专

权威观点　洪银兴：公有制为主体、多种所有制经济共同发展的制度优势

① 十八大以来重要文献选编：下．北京：中央文献出版社，2018：5。

营体制，构建适度竞争新机制。①

三、公有制不等于公有制的实现形式，公有制实现形式可以而且应当多样化

从一般意义上讲，所有制与所有制的实现形式是两个不同的概念，前者是指人们对生产资料的占有关系，即生产资料归个人、某个阶层、社会集团或整个社会所有。后者是指在一定的生产资料所有制前提下的企业的资本组织形式。从社会再生产过程看，所有制必须有具体的实现形式，这样才能在剩余产品和生产资料收益等生产成果方面体现出生产资料所有制的利益。所以，所有制实现形式为所有制服务，保证所有者权益的实现。这就决定了同一所有制在不同企业可以有多种实现形式，不同所有制可以采取同一种实现形式。

具体到社会主义公有制，它是指社会主义条件下与社会化大生产相适应的全体劳动者或部分劳动者共同占有生产资料的一种所有制形式。只有当劳动者成为整个再生产过程的共同主人，并且在这个过程中以平等的身份来互相对待和发生经济往来时，社会主义公有制才算是名副其实的。而公有制的实现形式实际上是指公有资产的运营方式或经济组织形式，可以有许多种。我国原来的国有国营，后来的承包制、租赁制以及现在的股份制、股份合作制，都是公有制的实现形式。国有资本、集体资本、非公有资本等交叉持股、相互融合的混合所有制经济，是我国基本经济制度的重要实现形式，有利于国有资本放大功能、保值增值、提高竞争力，有利于推动各种所有制资本取长补短、相互促进、共同发展。要积极发展混合所有制经济，放手让民营资本与国有资本、集体资本等交叉持股、相互融合。

第 3 节　非公有制经济的发展

我国的生产资料所有制除了公有制外，还存在非公有制形式，如个体经济、私营经济、外资经济等，它们作为社会主义市场经济的重要组成部分，也是我国经济社会发展的重要基础，在社会主义经济建设中发挥着越来越重要的作用。

一、我国对发展非公有制经济的认识历程

中国共产党和中国政府对非公有制经济在社会主义中国存在、发展及其地位、作用的认识以及相关的方针政策，经历了一个曲折变化和不断深化的发展过程，我国非公有制经济的发展也因此经历了曲折的过程。

第一阶段：并存论。新中国成立初期，为了尽快恢复国民经济，我国政府对非公有

---

① 中共中央、国务院关于新时代加快完善社会主义市场经济体制的意见．人民日报，2020-05-19 (1).

制经济采取发展的正确方针。1949年9月29日颁布的《中国人民政治协商会议共同纲领》规定，对中国的国营经济、合作社经济、农民和手工业者的个体经济、私人资本主义经济和国家资本主义经济，实行“以公私兼顾、劳资两利、城乡互助、内外交流的政策，达到发展生产、繁荣经济之目的”[①] 的方针。由于实行了在国营经济领导下多种经济成分并存的所有制制度，调动了各种经济成分的积极性，我国经济在极其困难的情况下得到恢复和发展。

第二阶段：对立论。1956年，我国完成了对资本主义工商业的社会主义改造。至此，中国的私人经济基本消失，仅存的一些个体经济因人数与规模甚小对国民经济的影响微乎其微。此后的20多年间，由于受传统的所有制理论和苏联的影响，急于实现所有制的过渡，把非公有制经济当作资本主义“尾巴”大加砍伐，片面地强调发展单一的全民所有制经济，轻视和削弱集体所有制经济，批判、否定、取消个体和私营等非公有制经济，“宁要社会主义的草，不要资本主义的苗”，忽视非公有制经济对社会生产力的推动作用，并把它看作社会主义基本经济制度的对立物和异己力量。

第三阶段：有益补充论。党的十一届三中全会以后，中国共产党认真总结在所有制问题上的经验教训，全面纠正“左”的错误，在坚持社会主义基本经济制度的前提下，开始对生产关系和上层建筑中不适应生产力发展的方面和环节进行改革，初步认识到非公有制经济也是推动社会生产力发展的一种重要形式。1980年8月，中共中央转发《进一步做好城镇劳动就业工作》的文件，指出个体经济是“从事法律许可范围内的，不剥削他人的个体劳动。这种个体经济是社会主义公有制的不可缺少的补充，在今后一个相当长的历史时期内都将发挥积极作用”。1981年6月，党的十一届六中全会通过的《关于建国以来党的若干历史问题的决议》明确指出：“国营和集体经济是我国基本的经济形式，一定范围的劳动者个体经济是公有制经济的必要的补充。”[②] 1982年12月，第五届全国人民代表大会第五次会议通过的《中华人民共和国宪法》第十一条规定：在法律规定范围内的城乡劳动者个体经济是社会主义公有制经济的补充。个体经济在中国迅速发展。1984年颁布的《中共中央关于经济体制改革的决定》，第一次系统阐述了党在现阶段对发展个体经济的基本指导方针，指出“坚持多种经济形式和经营方式的共同发展，是我们长期的方针，是社会主义前进的需要”[③]。1987年11月，党的十三大进一步阐明了这个问题，并且指出，除了个体经济外，还可以存在有雇佣关系的私营企业，作为“公有制经济的必要的和有益的补充”[④]。1988年4月，第七届全国人民代表大会第一次会议通过宪法修正案，确定了私营经济的法律地位和经济地位。宪法第十一条增加了“国家允许私营经济在法律规定的范围内存在和发展。私营经济是社会主义公有制经济的补充。国家保护私营经济的合法权利和利益，对私营经济实行引导、监督和管理”[⑤] 的条文。党的十三届七中全会确定了社会主义公有制为主体的多种经济成分并存的所有制

① 建国以来重要文献选编：第1册．北京：中央文献出版社，1992：7.
② 十一届三中全会以来重要文献选读：上．北京：人民出版社，1987：346.
③ 十二大以来重要文献选编：中．北京：人民出版社，1986：580.
④ 十三大以来重要文献选编：上．北京：人民出版社，1991：32.
⑤ 同④216.

结构。

1992 年 12 月，党的十四大明确了中国经济体制改革的目标是建立社会主义市场经济体制，并提出要以公有制包括全民所有制和集体所有制为主体，个体经济、私营经济、外资经济为补充，多种经济成分长期共同发展。至此，明确把坚持社会主义公有制为主体的多种经济成分并存的所有制结构写进党代会报告，并作为建设有中国特色社会主义的重要方针确定下来。

第四阶段：重要组成论。在有益补充论的指导下，我国的个体、私营等非公有制经济得到快速发展，以无可辩驳的事实证明了它们是推动生产力发展的重要形式，是我国社会主义市场经济的重要组成部分。但是，由于过去长期对马克思主义所有制理论的教条式理解，人们对发展多种所有制经济仍然存有种种疑虑。针对这一情况，1997 年 9 月，党的十五大确立“公有制为主体、多种所有制经济共同发展，是我国社会主义初级阶段的一项基本经济制度”[①]，确认“非公有制经济是我国社会主义市场经济的重要组成部分。对个体、私营等非公有制经济要继续鼓励、引导，使之健康发展”[②]。1999 年 3 月，第九届全国人民代表大会第二次会议通过的《中华人民共和国宪法修正案》明确规定：“在法律规定范围内的个体经济、私营经济等非公有制经济，是社会主义市场经济的重要组成部分。”[③] 这是国家根本大法对非公有制经济生存发展及其贡献的充分肯定，标志着非公有制经济从“制度外”进入“制度内”，由社会主义经济的“必要的和有益的补充”转变为“社会主义市场经济的重要组成部分”，从而给了非公有制经济一个客观科学的定位，从制度上确定了它的地位和“名分”，为继续调整和完善所有制结构，进一步解放和发展生产力指明了前进的方向。

第五阶段：平等发展论。党的十六大报告指出：“必须毫不动摇地鼓励、支持和引导非公有制经济发展。”“坚持公有制为主体，促进非公有制经济发展，统一于社会主义现代化建设的进程中，不能把这两者对立起来。各种所有制经济完全可以在市场竞争中发挥各自优势，相互促进，共同发展。”[④] 这不仅进一步强调了各种所有制经济是相互融合、相互促进的，而且进一步指明了共同发展的结合点，也为非公有制经济与公有制经济共同发展提供了广阔空间。党的十六届三中全会又进一步消除了非公有制经济发展的体制障碍，明确了非公有制经济的“市场准入”和“同等待遇”问题，允许它们进入法律法规未禁止的那些重要环节，这就为非公有制经济怎样在市场中发挥作用明确了政策。党的十八大进一步强调指出：“毫不动摇鼓励、支持、引导非公有制经济发展”，保证各种所有制经济依法平等使用生产要素、公平参与市场竞争、同等受到法律保护。党的十九大把“两个毫不动摇”作为重要内容，纳入新时代坚持和发展中国特色社会主义的基本方略。习近平总书记指出：“优化民营企业发展环境，依法保护民营企业产权和企业家权益，促进民营经济发展壮大。”[⑤] 这是对“两个毫不动摇”的重大部署，为非公有制经济

---

① 十五大以来重要文献选编：上．北京：人民出版社，2000：20.

② 同①22.

③ 同①809.

④ 十六大以来重要文献选编：上．北京：中央文献出版社，2005：19.

⑤ 习近平著作选读：第 1 卷．北京：人民出版社，2023：24.

高质量发展吹响了进军的号角。据统计，中国各类市场主体2012年近6 000万户，到2022年底，已经突破1.69亿户，净增加1亿户以上，年均增速高达10.9%；市场主体法人占全国总就业人数比重从7.9%上升至22.6%，即平均每5位就业者（包括农民）就有1名创业者，其中个体工商户超过1.1亿户，占市场主体的65.1%。中国城镇私人企业和个体工商户就业人数大幅度增加，这对于拥有10亿左右劳动年龄人口的国家而言，是实现充分就业目标最重要的制度创新之一。

总之，对非公有制经济的认识从对立论、有益补充论发展到重要组成论，再发展到平等发展论的过程，是中国共产党对非公有制经济的认识逐步深化提高的过程，也是不断消除非公有制经济发展的种种制约和束缚的过程。特别是党的十六届三中全会提出的允许非公有制经济进入法律法规未禁止的基础设施、公用事业及其他行业和领域的“非禁即入”的思想，标志着非公有制经济的发展进入了一个新的阶段。这是中国共产党与时俱进、勇于创新的又一体现，它消除了束缚非公有制经济发展的体制障碍，真正把非公有制经济融入社会主义市场经济。

二、非公有制经济的形式

社会主义初级阶段的非公有制经济形式主要有个体经济、民营经济、外资经济等。

1. 个体经济

个体经济是指生产资料归劳动者个人，并由劳动者个人支配和使用的一种非公有制形式。它以劳动者自己劳动为基础，劳动成果直接归劳动者所有和支配。它以手工劳动为主，生产设备落后、规模狭小、力量单薄，是一种小私有制经济。在我国现阶段，它主要存在于城乡手工业、农业、商业、交通运输业和服务业中，是同我国现阶段生产力水平低下、使用手工工具进行操作和分散经营相适应的一种所有制形式。

个体经济在经营方式和布点方面具有机动灵活、适应性强、经营时间长等特点。它可以较小的规模充分利用零星资源，灵活发展生产，扩大社会服务，促进城乡商品流通，弥补公有制经济的不足，方便群众，较好地满足劳动人民的日常生活需要。它还可以充分利用各种闲散的、辅助的劳动力，有利于众多的剩余劳动力就业。这些作用都是公有制经济在现阶段所无法替代的。

历史上，个体经济在奴隶社会、封建社会和资本主义社会里都存在过，但它从来不是一种独立的社会经济形态，不在社会中占统治地位，它总是依附于社会中占统治地位的经济形式并受其制约。在奴隶社会、封建社会、资本主义社会中，个体经济是分别依附于奴隶主所有制经济、封建主所有制经济和资本主义私有制经济的。在社会主义社会，公有制占主体，国有经济处于主导地位，个体经济必然与它们相联系，在它们的制约和管理下存在和发展，这就使得它既不同于旧社会的个体经济，又不同于我国社会主义改造前的汪洋大海般的个体经济。它的存在，不会成为产生资本主义和资产阶级的温床，不会影响我国的社会主义性质。正如马克思所说，“在一切社会形式中都有一种一定的生产决定其他一切生产的地位和影响，因而它的关系也决定其他一切关系的地位和影响。

这是一种普照的光，它掩盖了一切其他色彩，改变着它们的特点。”[①] 当然，有些个体经营者可能会偷税漏税，采取各种手段坑害消费者和进行违法经营活动，个体经济同公有制经济在原材料来源和市场等方面也会发生一些矛盾，但社会主义依靠强大的公有制经济，依靠经济的、行政的、法律的手段，完全可以引导个体经济按照人民的需要健康地发展。

2. 民营经济

民营经济是指除了国有企业和国有控股企业、外商和港澳台商独资及其控股企业以外的多种所有制经济的统称，包括国有民营经济、个体经济、私营经济、混合所有民营经济、民营科技企业、农民专业合作社等类型。其基本特征如下：从产权关系上看，具有产权主体多元化、产权明晰和利益分配明确等特征。民营企业多数为自筹资金、自由组合的经济实体，无论是个人投资、合伙投资或外商投资以及集体筹资创办的企业，其产权关系和利益关系都比较明确；从经营机制上看，“自主经营、自负盈亏、自我约束、自我发展”的机制比较健全。民营经济由于具有产权明晰、经济利益独立的特征，能够在市场竞争中自主决策，在生产经营活动中依靠科技，不断创新，不断开发新产品，开拓新市场，以求自身的发展壮大。

改革开放以来，特别是近些年来，民营经济得到快速发展，已经成为推进中国式现代化的生力军。国家市场监督管理总局发布的数据显示，截至2024年5月底，我国实有民营经济主体总量18 045万户，占比从2019年的95.5%增长为96.4%，其中民营企业5 517.7万户、个体工商户12 527.3万户。

在我国现阶段的生产力条件下，民营经济在稳定增长、促进创新、增加就业、改善民生等方面发挥了积极作用，已经成为我国经济制度的内在要素和推动经济持续健康发展的重要力量。(1) 民营经济的发展有利于企业产权多元化和产权明晰，从而有利于政企分开、所有权与经营权分离。(2) 民营经济的运行机制最接近于市场经济的运作机制，价值规律、供求规律、竞争规律在民营经济中体现得最充分，因而民营经济对国有经济改革具有一定的借鉴作用。(3) 民营经济的发展有利于增加供给、提高人民生活水平和生活质量。(4) 民营经济具有相对分散、规模小、易吸纳劳动力的特点，有利于增加社会就业。(5) 民营经济有助于调动多种积极性。由于生产资料的所有制形式和经营特点不同于传统的经济形式，所以能够充分调动所有者、经营者和广大员工的积极性。(6) 民营经济在发展过程中，培养和造就了能够适应市场经济规律运作的经营、管理人才。

正因为如此，中共中央、国务院于2023年7月颁布了《关于促进民营经济发展壮大的意见》，从持续优化民营经济发展环境、加大对民营经济政策支持力度、强化民营经济发展法治保障、着力推动民营经济实现高质量发展以及促进民营经济人士健康成长等方面，提出了31条具体举措，为促进民营经济发展壮大提供了法律保障。有党中央的坚强领导，有各项政策和社会各界大力支持，有广大民营企业家奋发图强，我国民营经济一定能够在中华民族伟大复兴历史进程中肩负起更大使命、承担起更重责任、发挥出更大作用。

---

① 马克思恩格斯选集：第2卷．北京：人民出版社，1995：24.

3. 外资经济

外资经济是指经中国政府批准，尊重中国主权，接受中国政府监督和监管的以独资、合资、合作经营形式存在的外资形式。它包括中外合资企业、中外合作企业、外商独资企业，通常统称为“三资企业”。这是我国对外经济开放过程中吸收外资而形成的所有制经济形式。(1) 中外合资企业是一种股权式合营企业。它由中外双方共同投资、共同经营、共担风险、共负盈亏。合资双方将其现金、实物、知识和技术专利等各种投资折算成股额，各自按股额分享权利和利益。它是具有法人地位的有限责任公司。(2) 中外合作企业是一种契约式经营企业。它的主要特点是：由中方提供土地、厂房及其他可供利用的设施和劳动力，由外方提供资金、设备、原材料等，在平等互利的原则下，合作兴办企业。合作双方的权力（权利）、责任、义务由双方通过签订协议、合同加以规定，按合同规定分配收益。它也是具有法人地位的有限责任公司。(3) 外商独资企业是由境外的商户或个人在我国境内单独投资兴建的企业。它完全掌握人、财、物和供、产、销权力，独自经营、自担风险、自负盈亏。

在中外合资企业和中外合作企业中，我方掌握了部分所有权和经营权，能够根据实际情况实行某些社会主义的经营原则。这些企业在性质上虽有一定的差别，但总的来看，属于国家能够加以监督管理、能够规定其活动范围的资本主义。因此，从本质上说，它们是社会主义条件下的资本主义性质的经济。

外资经济的存在和发展对我国社会主义市场经济的发展具有重要作用。列宁曾经说过：“当我们国家在经济上还极其薄弱的时候，怎样才能加速经济的发展呢？那就是要利用资产阶级的资本。”① 在我国现阶段，允许和鼓励外资经济的存在和健康发展，有利于我国的社会主义现代化建设和社会主义市场经济的发展；有利于引进国外的先进技术和设备，扩大我国的生产建设规模，促进我国生产技术水平的提高；有利于引进资金，特别是外汇资金，以弥补我国建设资金的不足；有利于学习国外的先进经营管理经验，提高我国的生产经营管理水平；有利于开拓国外市场，扩大产品出口，增加外汇收入，提高我国在国际市场上的竞争力；有利于扩大就业规模，培养一批技术人才和熟练工人。所以，中外合资企业、中外合作企业和外商独资企业也是我国社会主义市场经济的重要组成部分。

三、毫不动摇鼓励、支持、引导非公有制经济发展

非公有制经济是推动经济社会发展的重要力量，在满足 14 亿多人的消费需求、增加国家财政收入、创造更多就业机会、引进国外先进技术等方面，发挥着生力军的作用。坚持和完善社会主义初级阶段基本经济制度，必须毫不动摇鼓励、支持、引导非公有制经济发展，激发非公有制经济活力和创造力，为全面建设社会主义现代化国家增添强大动力。

依法保护民营企业产权和企业家权益，促进非公有制经济健康发展和民营经济人士健康成长。有恒产者有恒心，保护产权是经济社会持续健康发展的基础，是坚持和完善

① 列宁全集：第 40 卷 . 2 版 . 北京：人民出版社，1986：42.

社会主义基本经济制度的必然要求。更加有效地保护产权，完善非公有制经济产权保护制度，是支持和鼓励非公有制经济人士合法经营、诚实劳动的重要举措，有利于营造公平稳定的社会环境，形成社会公平正义和国家长治久安的良好局面。改革开放以来，通过大力推进产权制度改革，我国基本形成了归属清晰、权责明确、保护严格、流转顺畅的现代产权制度和产权保护法律框架，全社会产权保护意识不断增强，保护力度不断加大。同时也要看到，我国在产权保护特别是对非公有制经济的产权保护方面仍然存在一些薄弱环节和问题。党的十八大以来，以习近平同志为核心的党中央高度重视产权保护制度建设，并将其列为全面依法治国的重要内容。党的十八届三中全会强调：公有制经济财产权不可侵犯，非公有制经济财产权同样不可侵犯，国家保护各种所有制经济产权和合法利益。党的十八届四中全会提出，要健全以公平为核心原则的产权保护制度，加强对各种所有制经济组织和自然人财产权的保护。党的十八届五中全会提出，推进产权保护法治化，依法保护各种所有制经济权益。在此基础上，党和国家不断推进平等保护各类所有制经济产权的法治化进程。2016 年 11 月，中共中央、国务院发布《关于完善产权保护制度依法保护产权的意见》，明确了平等保护、全面保护、依法保护、共同参与、标本兼治的五项原则。党的二十大报告再次强调："依法保护民营企业产权和企业家权益，促进民营经济发展壮大。"落实新时代关于完善产权制度、保护民营企业合法权益的方针政策，必须持续完善知识产权保护体系，进一步完善监督和柔性执法体系；必须保护民营企业家人身和财产安全，健全涉产权冤假错案件和常态化纠正机制；必须进一步弘扬企业家精神，鼓励民营企业完善治理结构和管理制度，提升科技创新能力，加快数字化转型和技术改造步伐，提高国际竞争力，积极参与国家重大战略和国有企业混合所有制改革，将民营企业家自身发展融入实现第二个百年奋斗目标的伟大事业。

加快营造稳定公平透明可预期的营商环境。世界银行发布的全球营商环境指数表明，近几年我国的营商环境改善非常显著。在全球近 200 个经济体中，我国的营商环境 2017 年排名第 78 位，2018 年排名第 46 位，2019 年排名第 31 位。虽然进步较快，但与发达经济体仍然存在一定差距，需要继续努力。而且，世界银行中国营商环境指数的覆盖城市只是北京和上海，我国整体营商环境还有较大提升空间。从 2019 年的各分项指标看，中国在执行合同、获得电力、开办企业、登记财产、保护少数投资者和办理施工许可证六项表现较好，在跨境贸易和办理破产两项表现一般，在获得信贷和纳税两项表现较差。世界银行获得信贷指数有两个分项，即法定权利强度指数和信用信息深度指数，前者衡量抵押和破产法在促进贷款方面的有效性，后者衡量信用报告系统的强度。我国的问题主要在法定权利强度指数，即债权债务关系在抵押和破产方面的法律保护尚有欠缺。世界银行纳税指数有四个分项，我国的主要问题是总税率过高。其中，上海的总税率为 62.6%，北京为 55.1%，高于 OECD 国家平均水平的 39.9%。总体而言，我国的营商环境近些年在各个方面都持续改善，目前遇到的主要障碍在金融、财税的法律和制度建设上。这些方面的营商环境改善要和相应的改革相配套。① 习近平总书记在民营企业座谈会

---

① 中国社会科学院经济研究所课题组．"十四五"时期我国所有制结构的变化趋势及优化政策研究．经济学动态，2020（3）：3-21.

上强调，“要打破各种各样的‘卷帘门’、‘玻璃门’、‘旋转门’，在市场准入、审批许可、经营运行、招投标、军民融合等方面，为民营企业打造公平竞争环境，给民营企业发展创造充足市场空间。要鼓励民营企业参与国有企业改革。要推进产业政策由差异化、选择性向普惠化、功能性转变，清理违反公平、开放、透明市场规则的政策文件，推进反垄断、反不正当竞争执法。”① 党的十九大报告明确指出：“全面实施市场准入负面清单制度，清理废除妨碍统一市场和公平竞争的各种规定和做法，支持民营企业发展，激发各类市场主体活力。”党的二十大强调：“完善产权保护、市场准入、公平竞争、社会信用等市场经济基础制度，优化营商环境。”在这些重要精神的指引下，党和国家围绕解决制约非公有制经济发展的融资困难、市场准入、平等发展等问题，相应出台了一系列扩大非公有制企业市场准入、公平市场竞争、优化发展环境的改革举措，非公有制企业依法平等使用生产要素、公开公平公正参与市场竞争、同等受到法律保护的环境正在形成。

构建亲清新型政商关系。政商关系是市场经济绕不开的一个重要问题，构建良好的政治生态，形成良性循环的新型政商关系，切实有效地维护和实现企业家的合法权益，对于有效激发非公有制创新发展的潜力、不断完善社会主义市场经济体制至关重要。党的十八大以来，以习近平同志为核心的党中央站在全局和战略高度，持续关心关注非公有制经济健康发展和民营企业家健康成长，要求领导干部积极主动为民营企业服务，特别是在民营企业遇到困难和问题时更要积极作为、靠前服务，帮助解决实际困难，把构建亲清新型政商关系的要求落到实处。党的十九届四中全会站在建章立制、依法治国的高度，作出了健全支持民营经济、外商投资企业发展的法治环境，完善构建亲清政商关系的政策体系，健全支持中小企业发展制度的战略部署。党的二十大报告进一步强调：“全面构建亲清政商关系，促进非公有制经济健康发展和非公有制经济人士健康成长。”对于领导干部而言，所谓“亲”，就是要坦荡真诚同民营企业接触交往，特别是在民营企业遇到困难和问题时更要积极作为、靠前服务，对非公有制经济人士多关注、多谈心、多引导，帮助解决实际困难，真心实意支持民营经济发展。所谓“清”，就是同民营企业家的关系要清白、纯洁，不能有贪心私心，不能以权谋私，不能搞权钱交易。对于民营企业家而言，所谓“亲”，就是积极主动同各级党委和政府及部门多沟通多交流，讲真话，说实情，建诤言，满腔热情支持地方经济发展。所谓“清”，就是要洁身自好、走正道，做到遵纪守法办企业、光明正大搞经营。企业经营遇到困难和问题时，要通过正常渠道反映和解决，如果遇到政府工作人员故意刁难和不作为，可以向有关部门举报，运用法律武器维护自身合法权益。靠旁门左道、歪门邪道搞企业是不可能成功的，不仅败坏了社会风气，而且也会影响企业的可持续发展。

用“亲”“清”二字来定位政商关系，揭示了我国新型政商关系的本质，不仅让政商双方在交往中都有规可依，也给领导干部如何同民营企业家打交道划出了底线、拓展了空间，更为非公有制经济健康发展和民营企

阅读扩展　社会主义基本经济制度的发展

① 习近平著作选读：第2卷．北京：人民出版社，2023：208.

业家健康成长指明了前进方向。

复习与思考

一、名词解释

基本经济制度	社会主义公有制	公有制的主体地位
股份制	非禁即入	三资企业

二、简答题

1. 我国为什么要实行公有制为主体、多种所有制经济共同发展的所有制结构？

2. 社会主义公有制主要有哪些实现形式？

三、论述题

1. 为什么要毫不动摇地坚持公有制的主体地位？

2. 如何鼓励、支持和引导非公有制经济发展？

四、讨论题

如何理解将公有制为主体、多种所有制经济共同发展，按劳分配为主体、多种分配方式并存，社会主义市场经济体制三项制度并列作为社会主义基本经济制度？

延伸阅读

1. 中共中央文献研究室．十八大以来重要文献选编：中．北京：中央文献出版社，2016.

2. 中国社会科学院经济研究所课题组．“十四五”时期我国所有制结构的变化趋势及优化政策研究．经济学动态，2020（3）.

即测即评

扫描二维码可在线自测并查看答案。

第8章

坚持按劳分配为主体、多种分配方式并存

收入分配制度是经济社会发展中一项根本性、基础性的制度安排，是社会主义基本经济制度的重要组成部分。党的十九届四中全会把分配制度纳入社会主义基本经济制度，具体的制度设计是有针对性地通过完善初次分配制度、健全再分配调节机制、规范收入分配秩序、扩大中等收入群体等措施，为实现共同富裕提供制度保障。本章主要介绍社会主义基本分配制度的形成、坚持按劳分配为主体的原则、完善我国收入分配的体制机制。

第1节　社会主义分配制度的形成

一、马克思的收入分配理论

马克思按劳分配学说的形成经历了从19世纪40年代到70年代的连续发展过程，其中有两次质的飞跃：第一次，1867年《资本论》第一卷出版，马克思提出了“社会必要劳动时间”的概念，为科学度量价值量和劳动量奠定了理论依据。第二次，1875年《哥达纲领批判》完成，马克思指出：“每一个生产者，在作了各项扣除之后，从社会领回的，正好是他给予社会的。”“他以一种形式给予社会的劳动量，又以另一种形式领回来。”“生产者的权利是同他们提供的劳动成比例的；平等就在于以同一尺度——劳动——来计量。”①

马克思认为，按劳分配制度是社会主义唯一合理的分配制度，是对资本主义剥削关系和分配不公现象的根本否定。马克思按劳分配内容的设计是建立在其对未来社会主义

① 马克思恩格斯全集：第25卷．北京：人民出版社，2001：18－19.

制度设计的基础之上的，而马克思的社会主义蓝图与今天社会主义国家现实相比，具有以下较为重要的差别：一是具有在资本主义充分发展基础上建立起来的更高层次的社会生产力水平；二是生产资料实现了全社会范围内的共同占有；三是商品经济不复存在。在这样一种根本社会制度的前提下，马克思系统地设计了按劳分配的理论内容。

（1）按劳分配方式只能在生产资料公有制范围内实施。生产资料所有制形式是社会生产关系的基础，它决定着社会生产的全过程。有什么样的所有制形式，就有什么样的分配方式。生产资料公有制排除了某个集团和个人依据对生产资料的占有而获取收入的可能，在这种所有制形式下，只能对个人消费资料进行按劳分配。从另一个角度讲，生产资料公有制是按劳分配的制度前提与保证。

（2）按劳分配的对象是劳动者个人，分配的内容是个人生活消费品。在社会主义社会中，每个有劳动能力的社会成员都必须向社会提供劳动，社会也必须向每个劳动者进行按劳分配。同时，在生产资料公有制条件下，每个社会成员除了个人的消费资料，没有任何东西可以成为个人的财产。因此，社会向每个社会成员分配的劳动成果，只能是个人生活消费品。

（3）按劳分配的唯一尺度是劳动者提供的劳动。在生产资料全社会占有的条件下，劳动者对社会的唯一贡献就是提供自己的劳动。同时，社会衡量劳动者对社会贡献大小的唯一参考物就是劳动者提供的劳动的数量、质量。因此，社会向每个劳动者分配生活消费品的唯一标准也只能是其提供的劳动，且等量劳动获取等量报酬。

（4）劳动券是按劳分配的实现形式。在实现了全社会范围公有制的社会主义社会中，一切社会经济活动都能通过劳动者个人联合体以计划手段轻而易举地实现，劳动者的个别劳动能直接成为社会劳动的一部分而无须通过市场的转换，劳动者的劳动直接实现了一种形式的一定量的劳动和另一种形式的等量劳动相交换，因而也无须依靠市场作为媒介，个人生活必需品的获得直接由社会按劳分配到每一个劳动者手中而无须借助货币的职能。因而商品经济失去了存在的意义，按劳分配也就无须通过商品货币的形式实现，而是通过劳动券的形式实现。

（5）按劳分配的劳动量直接以劳动时间或劳动强度来确定。劳动者虽然都只能向社会提供一种共同的东西——劳动，但由于劳动者的个人天赋、劳动能力存在差异，因而劳动具有质与量的区别。既然劳动是按劳分配的唯一依据，就需要将不同的劳动用同一种标准统一起来，这种统一的标准就是劳动的时间或强度。

（6）按劳分配的个人消费品，必须是合理积累和必要扣除之后的剩余，而不是全部社会总产品。

二、改革开放以来我国收入分配制度的变迁

改革开放以来，我国对收入分配制度进行了全方位改革，从计划分配体制全面转向按劳分配为主体、多种分配方式并存的分配制度，同时，也基本形成了以税收、社会保障、转移支付等为主要手段的再分配调节机制。

第一阶段（1978—1992 年），即党的十一届三中召开至党的十四大之前。在这一阶

段，随着经济体制改革的不断推进，生产组织方式发生了重大变化。在农村，开始推行家庭联产承包责任制，明确划分了国家、集体和个人的责、权、利关系，有效地将农民的收入同他们的劳动成果挂钩，使农村收入分配不再以生产队为基础，而是以农户为分配主体，农民所得收入直接取决于其生产成果的多少。这种分配方式极大地调动了农民的生产积极性和创造性，农业劳动生产率有了大幅度提高，农民收入水平、消费水平、生活水平也因此得到了一定程度的改善。在城市，企业内部明确对每个岗位、每个职工的工作要求，建立了以承包为主的多种形式责任制。随着经济体制改革的不断推进，公有制以外的其他经济成分开始逐步发展起来，出现了个体经济、私营经济、股份制等所有制形式和成分。收入分配制度也相应地发生了重大变化，主要是以打破平均主义为突破口，推进落实按劳分配，逐步确立以按劳分配为主体、其他分配形式为补充的分配制度。同时，再分配调节机制也开始逐步建立：一方面，调节个人收入的税收制度陆续设立；另一方面，开始试点探索社会保障制度的改革，传统以就业单位为依托的保障制度逐步改变，失业保险制度逐步建立，开始推进企业职工养老保险制度改革。

第二阶段（1992—2002年），即党的十四大至党的十六大召开之前。1992年党的十四大胜利召开，标志着中国社会主义现代化建设和经济体制改革进入了一个新的阶段。相应地，收入分配制度改革也进入了一个新的时期。为了适应其他经济成分快速发展的现状，收入分配方面主要实行的是坚持按劳分配为主体、多种分配方式并存的分配制度，同时提出了“把按劳分配和按生产要素分配结合起来”的分配政策，为生产要素在社会主义市场经济条件下参与收入分配提供了政策支持。在公平和效率的选择上，党的十四届三中全会首次提出了“效率优先、兼顾公平”的原则。再分配调节机制方面，一方面不断完善税收调节制度，另一方面全面推进社会保障制度改革。

第三阶段（2002—2012年），即党的十六大至党的十八大召开之前。随着社会主义市场经济的发展，按劳分配与按生产要素分配相结合的分配政策也逐步完善：一是明确了生产要素按贡献参与分配的问题，强化非劳动生产要素参与分配的合法性。二是随着收入分配差距的逐步扩大，开始逐步强调分配公平的问题。党的十七大首次提出了在初次分配过程中，也要处理好效率和公平的关系。三是重视再分配机制的不断完善，采取了很多缩小收入分配差距的政策。制定实施了多项支农惠农政策；颁布最低工资标准，出台《中华人民共和国劳动合同法》和《中华人民共和国就业促进法》。通过这些制度安排，保障劳动者权益，增加劳动者收入。

第四阶段（2012年至今），即党的十八大以来。注重在提高居民收入的同时，将重视公平放在更加突出的位置，着力让人民共享发展成果。[①] 党的十八大进一步丰富和发展了社会主义分配制度的内容，将收入分配制度改革上升到“实现发展成果由人民共享”的高度。第一次明确提出了“两个同步”“两个提高”的目标：努力实现居民收入增长和经济发展同步、劳动报酬增长和劳动生产率提高同步，提高居民收入在国民收入分配中的比重，提高劳动报酬在初次分配中的比重。同时将公平放在了更加重要的位置，要求“初次分配和再分配都要兼顾效率和公平，再分配更加注重公平”。“两个同步”和“两个

---

① 张亮．改革开放40年中国收入分配制度改革回顾及展望．中国发展观察，2019（1）：23－29．

提高”赋予了分配制度动态发展的特征，不仅具有顶层设计的制度规定性，也具有政策层面的指导性和操作性，充分体现了中国特色社会主义的根本要求，那就是共享发展，共同富裕。党的十八届三中全会明确提出“健全资本、知识、技术、管理等由要素市场决定的报酬机制”，并进一步要求“清理规范隐性收入，取缔非法收入，增加低收入者收入，扩大中等收入者比重，努力缩小城乡、区域、行业收入分配差距，逐步形成橄榄型分配格局”。党的十八届五中全会通过的《中共中央关于制定国民经济和社会发展第十三个五年规划的建议》提出了共享发展的理念，并要求“坚持共享发展，着力增进人民福祉”，专门就“缩小收入差距”作出了战略部署。

党的十九大进一步丰富发展了“按劳分配为主体、多种分配方式并存”的社会主义分配制度的内容：一是要完善按要素分配的体制机制，促进收入分配更合理、更有序；二是提倡勤劳守法致富，扩大中等收入人群，增加低收入者收入，调节过高收入，取缔非法收入，把收入分配纳入法治轨道；三是通过拓宽财产性收入渠道增加居民收入。这些都为未来收入分配领域的改革指明了方向。党的十九届四中全会通过的《中共中央关于坚持和完善中国特色社会主义制度 推进国家治理体系和治理能力现代化若干重大问题的决定》（以下简称《决定》）首次把按劳分配为主体、多种分配方式并存提升为社会主义基本经济制度，并提出了“健全劳动、资本、土地、知识、技术、管理、数据等生产要素由市场评价贡献、按贡献决定报酬的机制”，这是对我国改革开放四十多年完善收入分配制度的一个科学总结，为推动经济高质量发展、建设现代化经济体系提供了制度保障。党的二十大围绕“增进民生福祉，提高人民生活品质”，对完善分配制度进行了重要部署，强调坚持按劳分配为主体、多种分配方式并存，坚持多劳多得，鼓励勤劳致富，促进机会公平，增加低收入者收入，扩大中等收入群体，规范收入分配秩序，规范财富积累机制。这些重要论断，为扎实推进共同富裕提供了基础性的制度安排。

三、分配制度是社会主义基本经济制度的重要组成部分

党的十九届四中全会将“按劳分配为主体、多种分配方式并存”融入社会主义基本经济制度范畴，标志着我国社会主义基本经济制度更加成熟、更加定型。

1. 将分配制度上升为基本经济制度是社会主义生产与分配的辩证统一

一个社会的基本经济制度主要指该社会占统治地位的生产关系的总和。基本经济制度包含生产资料所有制、产品分配形式和人们在生产与分配中的相互关系。党的十五大报告首次提出了“公有制为主体、多种所有制经济共同发展，是我国社会主义初级阶段的一项基本经济制度”，强调了基本经济制度中生产资料所有制形式的部分。生产决定分配，分配反作用于生产，生产与分配是辩证统一的。按劳分配为主体、多种分配方式并存体现了公有制经济为主体、多种所有制经济共同发展的生产资料所有制结构的内在要求。《决定》将“按劳分配为主体、多种分配方式并存”和“社会主义市场经济体制”纳入社会主义基本经济制度，使其更加全面和完整，同时也更加凸显了中国特色社会主义生产关系与分配关系的辩证统一。

2. 将分配制度上升为基本经济制度进一步明确了社会主义分配制度的内涵

《决定》将“按劳分配为主体、多种分配方式并存”与“公有制为主体、多种所有制经济共同发展”和“社会主义市场经济体制”并列起来，使得分配制度的内涵和实现机制都更加明确。从分配关系上看，“按劳分配为主体、多种分配方式并存”的分配制度是由我国在社会主义初级阶段的生产关系决定的。当前我国的分配关系中既有通过按劳分配实现的社会主义分配关系，也有通过按要素分配实现的与生产资料私有制对应的分配关系。按劳分配是起主导作用的分配关系，体现了社会主义分配关系中对劳动的重视和对劳动者的保护。从分配制度上看，按劳分配存在于公有制经济中，它建立在平等的劳动关系中，体现多劳多得、少劳少得、不劳不得的分配原则。非公有制经济中劳动者凭借劳动要素所有权参与按要素分配，注重保护劳动者权益，建立工资正常增长机制，保护劳动所得，提高劳动报酬占比。而资本、土地、知识、技术、管理等其他生产要素的贡献，需通过要素市场进行评价，按照市场价格决定要素报酬。从实现机制上看，社会主义初级阶段的按劳分配和按要素分配都需要通过市场实现，按劳分配的主导作用一定程度上也通过市场得以体现，按要素分配同样要通过各类要素市场来匹配要素供求，衡量要素价格。这就使得按劳分配的劳动所得和按要素分配的劳动要素所得，取得了在劳动力市场上进行比较并相互影响的机会。①

第2节　坚持按劳分配为主体的原则

一、社会主义社会按劳分配居于主体地位的客观必然性

个人收入分配是生产资料所有制的实现形式。按劳分配原则，将劳动者在生产经营中的劳动量作为分配的基本依据。一方面能够较充分地反映劳动者在生产经营中的劳动差别，实现分配促进劳动者积极性的短期效率；另一方面能够保持劳动者报酬在初次分配中的较大份额，实现分配的长期效率。在社会主义社会，对个人消费品实行按劳分配并以按劳分配为主体，具有客观必然性。

（1）社会主义生产资料公有制是实行按劳分配的条件。生产资料所有制是劳动产品分配关系的基础。在社会主义公有制经济中，生产资料归劳动者共同所有，劳动的成果属于全体劳动者所有，并在劳动者内部按照共同的利益分配。因此，在生产资料公有制的范围内，消灭了一小部分人凭借他们掌握的生产资料而无偿地占有广大劳动者的剩余劳动或剩余产品的制度，为实现按劳分配创造了条件。按劳分配是同社会主义公有制经济相适应的分配形式，体现了社会主义公有制经济的特性和要求。

（2）社会生产力的发展水平是实行按劳分配的物质条件。生产力发展水平的高低，直接决定了一个社会可供分配的产品数量的多少。恩格斯在谈到未来社会中是按照劳动量分配还是按照其他方式分配的问题时指出，“分配方式本质上毕竟要取决于有多少产品

① 王婷．将分配制度上升为基本经济制度高度的重大意义．红旗文稿，2019（24）：27－28.

可供分配”[①]。这对我们认识人类不同发展阶段的不同分配方式有着重要的指导意义。生产力发展水平决定了社会产品满足社会需要的程度。原始社会实行平均分配，未来共产主义社会实行按需分配，都是由生产力的发展水平决定的。社会主义虽然实现了生产资料公有制，但由于生产力的发展水平还不够高，社会产品还不能满足社会成员的实际需要，因而只能按照劳动者向社会提供的劳动数量和质量分配个人消费品，实行按劳分配。

（3）由于旧的社会分工的存在和劳动还存在重大差别，劳动仍是个人谋生的手段，这是实行按劳分配的直接原因。在社会主义初级阶段，不论在经济、道德还是精神方面，旧社会的痕迹都不可能完全消除，旧的社会分工还没有消失，工农之间、城乡之间、脑力劳动和体力劳动之间的本质差别依然存在，因而劳动者向社会提供的劳动也有着明显的差别。同时，劳动仍是谋生的手段，还没有成为人们生活的第一需要。在这样的条件下，劳动者不同等的工作能力便成为一种“天然特权”。如果在分配个人消费品时，不承认这种“天然特权”，不考虑劳动者劳动的差别，而实行平均主义分配，就会挫伤人们的劳动积极性，不利于生产的发展。只有默认“劳动者的不同等的个人天赋，从而不同等的工作能力，是天然特权”[②]，承认各个劳动者的劳动存在差别，并把劳动者向社会提供的劳动量同他可能获得的消费品数量联系起来，实行按劳分配，才能调动劳动者的积极性，进而推动社会生产的发展。

阅读扩展　郑新业：我国处于库兹涅茨曲线阶段

二、社会主义市场经济条件下按劳分配的个性

马克思提出的按劳分配的设想是以社会共同占有生产资料和不存在商品货币关系为前提的。但是，在我国社会主义初级阶段，一方面，在公有制为主体的前提下多种所有制经济共同存在和发展，并且公有制经济也有多种实现形式；另一方面，社会主义经济仍然是市场经济，建立和完善社会主义市场经济体制是我国经济体制改革的目标。这就决定了我国目前实现按劳分配原则的方式和马克思当时设想的有很大区别。在社会主义市场经济条件下，实现按劳分配的个性主要有：

（1）按劳分配是个人收入分配方式的主体，而不是个人收入分配的唯一原则。它只是社会主义公有制经济的基本分配原则，在社会主义公有制经济和其他经济成分中，还存在其他的分配原则和方式。

（2）等量劳动领取等量消费品的原则，还不可能在全社会范围内按统一的标准实现。马克思设想的按劳分配，是以社会为主体在全社会范围内进行的分配。在社会主义市场经济条件下，按劳分配是在公有制企业内部进行的；按劳分配的主体是企业而不是社会。这就使等量劳动取得等量报酬的原则只在企业内部适用，而在全社会范围内，不同公有制企业之间的劳动者在提供等量劳动的条件下得到的报酬可能是不等的。这是因为，市

---

① 马克思恩格斯选集：第4卷．北京：人民出版社，1995：691.

② 马克思恩格斯选集：第3卷．北京：人民出版社，1995：305.

场经济条件下劳动者的劳动不能直接作为社会总劳动的构成部分，它只能先作为企业总劳动的构成部分，当企业生产出来的产品在市场上销售出去，企业的总劳动得到社会承认后，才转化为社会劳动。在这种情况下，劳动者的个人收入就不仅取决于自己的劳动贡献，而且取决于所在企业的生产经营成果。

(3) 按劳分配不能以每个劳动者的劳动时间为直接尺度，而只能以商品交换实现的价值量所曲折反映的劳动量为尺度。在马克思设想的产品经济条件下，按劳动分配个人消费品是直接以劳动时间为尺度的。但是，市场经济是社会主义初级阶段经济运行的基本方式，按劳分配中的“劳”不仅是以劳动者个人，而且是以企业的联合劳动形式出现的。因此，每个劳动者为社会提供的劳动能否适合社会需要，他的劳动究竟有多少收益，并不完全取决于个人的劳动状况，在很大程度上取决于企业联合劳动的状况，即企业联合劳动所实现的价值量才是按劳分配的依据。

(4) 按劳分配借助商品货币形式而不是采用劳动券形式。马克思设想的按劳分配的实现形式是不能流通的劳动券，即劳动者从社会领得一张凭证，证明他提供了多少劳动（扣除他为公共基金而进行的劳动），他根据这张凭证从社会储存中领得一份耗费同等劳动量的消费资料。在社会主义市场经济中，按劳分配只有借助商品货币关系才能实现，劳动者先以货币形式取得劳动报酬，再用货币到市场上购买生活消费品。这样，在按劳分配的实现过程中，不仅价值规律起了决定作用，价格机制也起了再分配的作用。因此，劳动者最终取得的消费品所体现的劳动量同他向社会提供的劳动量之间，由于价格和价值的差异而不一致，这就使得按劳分配所体现的等量劳动相交换的原则并不适用于每个个别场合。

(5) 按劳分配原则和实践在不同程度上还存在矛盾。在马克思设想的产品经济条件下，衡量劳动的尺度是劳动时间，分配的主体是社会，“原则和实践在这里已不再互相矛盾”①，等量劳动相交换存在于每个个别场合。而在我国现阶段的市场经济条件下，由于劳与酬之间很难达到完全相等，等价物的交换只是平均来说才存在，并不存在于每个个别场合，因此，按劳分配不可能像理想的那样纯粹。这种非纯粹性非常明显地表现在不同企业之间由于经营、管理、资源、设备、环境、价格等因素所形成的差别上，这就是按劳分配的原则和实践在市场经济条件下的矛盾表现。

总之，社会主义市场经济条件下的按劳分配，具有许多不同于马克思和恩格斯的论述的特点。只有正确认识这些特点，才能更好地推进我国个人收入分配制度的改革，发挥分配对生产的促进作用。

三、按劳分配的实现形式

个人消费品实行按劳分配，必须通过一定的劳动报酬形式来实现。在我国社会主义公有制经济中，按劳分配是借助货币工资的形式来实现的。

社会主义工资是实行按劳分配的劳动报酬形式，是劳动者在必要劳动时间内创造的

---

① 马克思恩格斯选集：第3卷.2版.北京：人民出版社，1995：304.

价值的货币表现。现阶段，我国国有企业采用工资形式支付报酬，它分为两个层次：一是国家根据企业的经济效益确定企业的工资总额，即工效挂钩；二是企业自主地决定采取何种工资、奖金形式来支付职工的劳动报酬。实行工效挂钩的基本原则是：工资总额增长幅度必须低于本企业经济效益（依据实现利税计算）的增长幅度。具体形式可以有多种：第一，工资总额同企业的总产值或销售收入挂钩，即确定百元产值工资含量或百元销售收入工资含量，企业的工资总额随企业总产值或销售收入的增长而浮动；第二，工资总额同企业实现的净产值挂钩，即确定百元净产值工资含量，企业的工资总额随企业实现的净产值的增长而浮动；第三，工资总额与利税率或上缴税利总额挂钩。

社会主义工资主要有计时工资和计件工资两种基本形式。计时工资是直接以劳动时间计量报酬的工资形式。这种工资形式相对比较固定，只是随着劳动时间的长短而增减，因而有着广泛的适应性，特别适宜那些生产连续性强、难以按个人计量劳动成果的生产部门和工种；这种工资形式能较准确地反映劳动者实际付出的劳动量，有利于调动劳动者的积极性，但必须有科学的计量标准。计件工资是以劳动者实际完成的合格产品数量或工作量来计量劳动报酬的工资形式。它是计时工资的转化形式，与计时工资没有本质的区别，只是在计量劳动的方法上有差异。它能比计时工资更准确地反映劳动者提供的劳动量，劳动者完成的合格产品量越多，得到的工资就越多。由于计件工资把劳动者的利益和劳动成果紧密联系起来，因此更能调动劳动者的生产积极性、提高劳动生产率，更能体现按劳分配的要求，有助于克服平均主义的弊端。

奖金和津贴是工资的补充形式。奖金是用现金支付的物质奖励，是劳动者提供的超额劳动的报酬，具有灵活性，可以及时反映劳动者提供的劳动量的变化，有利于鼓励劳动者提供超额劳动，为国家创造更多的财富，促进生产力的发展。津贴是对从事劳动强度大、工作条件差和有损健康的工作的劳动者的补充报酬，如高温、高空、井下、野外等环境中的工作岗位的津贴。津贴一般以岗位为基础，在特定的岗位上就可以享受津贴，离开了特定岗位津贴就随之取消，有利于鼓励劳动者安心于自己的工作岗位。

计时工资和计件工资是劳动报酬的基本形式，奖金和津贴是补充形式，它们各自的适用范围和特点不同。要根据不同的情况采取不同的形式，以便有效地贯彻按劳分配原则。

我国现阶段农村合作经济中的个人消费品分配也实行按劳分配原则，但有着自身的特点。在农村合作经济中，农户的收入除劳动收入外，还包括对土地投资带来的收益等。我国农村实行的家庭联产承包经营，通过承包合同将国家、集体和农民之间的关系固定下来。根据合同，集体将土地等生产资料包给农户使用，农户则须完成上缴给国家和集体的任务。合同实际上是预先确定的分配方案，承包户收获的农产品在完成了合同规定的上缴任务以后，其余部分就是个人收入。这种收入分配方式把劳动成果同劳动报酬联系起来，把责、权、利紧密结合起来，有效地克服了平均主义，调动了广大农民的积极性；同时，正确处理了国家、集体和个人利益的关系。

中国特色社会主义进入新时代，坚持按劳分配为主体，就是要坚持多劳多得，着重保护劳动所得，增加劳动者特别是一线劳动者劳动报酬，努力实现劳动报酬增长和劳动生产率提高同步，提高劳动报酬在初次分配中的比重。

第 3 节　完善我国收入分配的体制机制

一、生产要素参与分配

生产要素是指除生产资料之外，在生产过程中不可缺少的资本、劳动力、技术、土地、信息等诸多要素。生产要素参与分配，就是生产要素所有者按向社会提供的生产要素的数量和质量分配相应的报酬。也就是说，参加生产过程的生产要素归谁所有，谁就参与收益分配。《决定》指出，要健全劳动、资本、土地、知识、技术、管理、数据等生产要素由市场评价贡献、按贡献决定报酬的机制。

1. 劳动力要素

劳动力是一种重要的生产要素，它参与收益分配在市场经济国家已得到普遍认同。劳动力要素参与收益分配主要是按劳动力价值分配。劳动力价值是由生产与再生产这一劳动力的社会平均费用决定的，其底线是不能影响劳动力的生产与再生产。目前我国在外资企业和民营企业中工作的劳动者所得到的工资收入，实际上就是劳动力价值或价格的转化形式，是劳动力要素参与收益分配的结果。而合资和合营企业的职工的个人收入具有两重性：既有按劳分配的性质，又有按劳动力价值分配的性质。

按劳动力价值分配与按劳分配的区别在于：按劳动力价值分配的工资是劳动力价值的实现所得，按劳分配的工资是以劳动为尺度的分配所得；按劳动力价值分配的工资围绕劳动力价值以劳动力市场供求变化而波动，按劳分配的工资以企业效益高低为转移；按劳动力价值分配的工资在市场买卖时就已确定，按劳分配的工资水平要根据企业生产经营情况而定。

2. 资本要素

改革开放以来，随着居民收入水平的日益提高，居民的收入已由过去单纯用于消费转化为一部分成为投资资金。居民投资资金的出现，导致资本要素参与收益分配形式的出现。随着个人用于投资的额度和形式越来越多，资本要素参与分配的范围也越来越大。从目前来看，居民的资本要素参与收益分配主要包括以下几种形式：一是将资金用于银行储蓄，获取利息收入；二是将资金用于购买各种债券、股票等有价证券，获取利润、红利、股息以及有价证券的投机收入；三是将资金用于购买房屋等不动产，获取增值收益；四是将资金以独资、合资等形式从事实业投资以获取投资利润等收入。

3. 技术要素

科学技术是现代社会生产力发展不可缺少的一个要素，技术成果的所有者凭借科技成果的所有权参与相应的收益分配，获得相应的收入，这是技术所有权在分配上的实现。一般来说，技术要素参与收益分配的方式大致有三种：一是一次性买断，企业对技术所有者的技术开发成果一次性支付报酬；二是收益分成，就是企业以该技术在使用期间所创造的收益为基准，按一定比例逐年支付报酬；三是按股分成，就是将该技术折算成一定的股份，企业按股份比例逐年支付股息和红利。

4. 管理要素

管理是一种重要的生产要素，它在生产经营活动中主要表现为管理者的组织协调和指挥运筹才能，是实现生产过程中劳动力、资本、技术等生产要素有效结合的决定性因素，是一种比简单劳动层次更高的脑力与体力支出，其劳动成果以企业的总体经济效益来体现，在分配形式上主要有职务（岗位）工资制、承包制、年薪制、津贴制等。

5. 数据要素

随着信息技术深入发展和深度应用，数据已经成为生产经营活动必不可少的新生产要素。如何促进数据要素有效参与价值创造和分配，是信息时代面临的一项重要课题。党的十九届四中全会首次增列“数据”作为生产要素，正是与时俱进完善分配制度的生动体现。

数据之所以能创造价值，一方面是因为它能提高经济运行体系中原有要素的价值转化效率，促进生产效率提升；另一方面是因为数据本身就能产生新的价值。比如，数字经济的发展及业态创新本质上就是基于数据信息的价值创造。但数据创造价值的功能并不能直接实现，数据要素也不能直接参与价值分配，而是要经过数据创造、加工并传输给数据要素使用者后，才能创造价值、参与价值分配。由此可见，在信息时代，能否掌握数据资源并将其有效转化为生产要素，已经成为衡量一个企业甚至一个国家竞争力水平高低的重要因素。促进数据要素有效参与价值创造和分配，必须强化科技攻关，完善数据采集、转移、使用等相关规章制度特别是法律制度。

权威观点　陈启清：健全和完善生产要素参与分配机制

二、当前我国收入分配格局的主要特点

改革开放四十多年来，我国的收入分配差距走势部分印证“库兹涅茨曲线”。统计显示，我国的基尼系数从 1978 年的 0.3 到 1992 年跨越警戒线 0.4，并于 2008 年达到 0.48 的顶峰，2008 年后略有下降，2012—2016 年分别为 0.474、0.473、0.469、0.462、0.465。到 2021 年，我国的基尼系数为 0.466，2022 为 0.474，仍然维持在 0.46～0.48，说明我国居民收入贫富差距依然过大，政策、体制、机制等是影响收入分配差距格局的关键变量。我国的收入分配差距问题，根植于中国特色的“双重转型”变革中的复杂局面，按劳分配为主体、多种所有制并存的收入分配制度，既有按要素分配产生的市场经济国家共性特征，也有公有制下由体制机制不健全产生的独有特征。

（1）市场机制作用下稀缺要素获得高报酬。市场经济遵循按要素贡献获取报酬的基本原则，各市场主体拥有要素数量和质量的先天差异，是产生收入分配差距的客观基础和根本动因。尤其在当今时代，技术、管理等体现人力资本的新生产要素在经济中的重要性愈加凸显，拥有高人力资本禀赋的劳动力获得高额报酬，形成一部分的“高薪阶

层”，加速劳动者队伍内部收入差距的分化。

（2）初次分配领域劳动要素所得份额走低，按劳分配的主体地位未凸显。初次分配领域所得由企业、政府和居民的收入构成。我国初次分配领域资本所得占据优势地位，掌握大资本的大型国有企业和外企所得比例偏高；政府收税收费后财政收入大幅度提高，进入 21 世纪后，我国财政收入连续十几年保持两位数高增长，远超居民收入增长速度；扣除企业、政府所得后，劳动报酬占比相对下降。按劳分配原则在初次分配领域未能充分体现。

（3）再分配领域的“再分配效应”未充分彰显。再分配领域某些不合理的制度设计，使调节收入分配差距的财政政策工具不能充分发挥功效。主要表现在：一方面，税收调节能力不强。我国的税目以间接税为主，客观上加重了一般劳动者负担，减轻了高收入群体的税负；税收征收环节严密性不足，为民间花样繁多、不断翻新的避税手段留下空间，尤其是体制外的高收入群体的税收没有应收尽收。税收监督环节的有效性和查处力度不足，也使高收入阶层偷漏税现象未能得到较好遏制。另一方面，社会保障的“共济性”较弱。社会保障待遇呈“碎片化”趋势，且对低收入群体倾斜不足，城镇居民、农村人口、农民工等高风险的困难群体保障待遇偏低。

（4）第三次分配领域调节力量微薄。第三次分配的主要力量是慈善组织，在缩小收入分配差距中起补充作用。当前，中国的慈善事业总体仍处于起步阶段。官方慈善组织带有浓厚行政色彩，运行效率较低，成本高，约束和激励机制均不健全。民间慈善组织虽得到长足发展，但同样缺乏相应的激励举措，办慈善事业尚未成为中国企业或公众人物承担社会责任的共识，由于缺乏慈善运营的专门人才，整体慈善服务对困难群体的渗透率仍较低。

三、坚持和完善社会主义分配制度

社会主义分配制度既有利于鼓励先进，促进效率，最大限度激发活力，又有利于防止两极分化，逐步实现共同富裕，使人民群众共享改革发展成果。要有针对性地完善相关制度和政策，坚持和完善社会主义分配制度。

1. 完善初次分配制度

初次分配是按照各生产要素对国民收入贡献的大小进行的分配，主要由市场机制形成。在社会主义初级阶段，不仅劳动力属于不同的所有者，而且劳动力以外的资本、技术、管理等生产要素也属于不同的所有者。如何调动这些生产要素的积极性，是收入分配改革必须解决的一个重大问题。党的十八大提出，完善劳动、资本、技术、管理等要素按贡献参与分配的初次分配机制，要求在初次分配阶段就要处理好公平与效率的关系。党的二十大报告进一步强调指出，要完善分配制度，“构建初次分配、再分配、第三次分配协调配套的制度体系，努力提高居民收入在国民收入分配中的比重，提高劳动报酬在初次分配中的比重”。因此，我国要建立的收入分配制度，不仅要调动劳动要素的积极性，还要调动资本、技术、管理、企业家才能等生产要素投入生产的积极性，这样才能让一切劳动、知识、技术、管理、资本的活力竞相迸发，让一切创造社会财富的源泉充分涌流。完善初次分配制度，必须充分发挥市场机制的作用。一方面，要坚持多劳多得，着重保护劳动所得，健全工资决定和正常增长机制，完善企业工资集体协商制度，强化工资收入支付保障制度，增加劳动者特别是一线劳动者劳动报酬，提高劳动报酬在初次分配中的比重。另一方面，要健全劳动、资本、土地、知识、技术、管理、数据等生产要素由市场评价贡献、按贡献决定报酬的机制，充分尊重科研、技术、管理人才，建立健全数据权属、公开、共享、交易规则，更好实现知识、技术、管理、数据等要素的价值。

2. 健全再分配调节机制

再分配是在初次分配基础上，对部分国民收入进行的重新分配，主要由政府调节机制发挥作用。由于通过市场机制来实现的初次分配存在先天缺陷，无法避免两极分化，必须要通过以税收为主要手段的再分配进行调节。党的二十大报告在强调构建三次分配协调配套的制度体系时指出，“要加大税收、社会保障、转移支付等的调节力度。完善个人所得税制度，规范收入分配秩序，规范财富积累机制，保护合法收入，调节过高收入，取缔非法收入。”贯彻落实党的二十大关于完善再分配制度的要求，首先要健全以税收、社会保障、转移支付等为主要手段的再分配调节机制，合理调节城乡、区域、不同群体间分配关系。其中，强化税收调节很重要，特别是要完善直接税制度并逐步提高其比重，更好发挥税收对收入分配的调节作用，形成“低中收入者低税负、高收入者高税负”的格局。重视发挥第三次分配的作用，通过道德力量的推动，支持有意愿有能力的企业和社会群体积极参与公益慈善事业。随着现代市场经济的发展，人们的慈善意识越来越强。在欧美发达国家，捐赠额占 GDP 总量通常都在 1%以上，慈善事业的发展形成了浓厚的“慈善文化”。我国的公益慈善事业起步较晚，我国慈善捐赠额占 GDP 的比重比较低，2022 年捐赠额占 GDP 总量的比例低于 0.2%，志愿者服务参与率也比较低，仅为 3%。这说明，我国通过“温柔之手”发挥第三次分配作用的空间还很大。中央财经委员会第十次会议提出，鼓励高收入人群和企业更多回报社会。这就需要建立健全相关的法律和政策，鼓励和提倡高收入阶层和企业，在正确的时间、正确的地点由正确的人把正确的金额转移给“掉队者”，使高收入阶层情感需求、自尊需求以及自我实现需求得到满足，同时激发全体人民更强烈的进取心和事业心，努力拼搏走向富裕幸福的彼岸。要抓住时机建设和完善第三次分配相关制度政策体系，要坚持党对公益慈善事业的全面领导，完善法律法规和配套政策，加快培育公益慈善文化，建设适合中国国情的第三次分配模式。

3. 拓宽居民劳动收入和财产性收入渠道

积极拓宽居民劳动收入和财产性收入渠道，是党的十八大以来收入分配制度改革的一贯要求和重要内容。党的十七大报告首次提出逐步提高“两个比重”的明确要求，即逐步提高居民收入在国民收入分配中的比重，提高劳动报酬在初次分配中的比重。党的二十大报告强调，要努力提高“两个比重”，要“完善按要素分配政策制度，探索多种渠道增加中低收入群众要素收入，多渠道增加城乡居民财产性收入”。过去，居民收入一般指的是劳动报酬。随着生产要素参与收入分配的推进，财产性收入在收入中的比重越来越高，收入差距的扩大很大程度上源于财产性收入与劳动收入之间的差距。面对由此产生的越来越大的收入差距，缩小收入差距不能靠否定财产性收入，而要使劳动者除了得到劳动收入外，也能得到财产性收入。2013年2月，由国家发展改革委、财政部、人力资源社会保障部联合制定、国务院批转的《关于深化收入分配制度改革的若干意见》提出，增加居民财产性收入的渠道包括：加快发展多层次资本市场，落实上市公司分红制度，强化监管措施，保护投资者特别是中小投资者合法权益；推进利率市场化改革，适度扩大存贷款利率浮动范围，保护存款人权益；丰富债券基金、货币基金等基金产品；支持有条件的企业实施员工持股计划；拓宽居民租金、股息、红利等增收渠道；加强知识产权保护，完善有利于科技成果转移转化的分配政策，探索劳动者获取非劳动要素收入的主要途径。

4. 扩大中等收入群体

扩大中等收入群体，是实现高质量发展、维护社会和谐稳定和国家长治久安的必然要求。扩大中等收入群体对于一国经济社会持续稳定发展有着重要意义。只有在一部分人先富起来的基础上，扩大中等收入群体，让大部分人进入中等收入群体，才能实现全社会共同富裕的目标。改革开放四十多年来，中国人民告别了贫穷，实现了温饱，全面建成小康社会，正在向全面建成社会主义现代化强国迈进。在这一进程中，我国经济社会发展的重要目标就是让大部分人进入中等收入群体，实现共同富裕。党的十九大报告将“中等收入群体比例明显提高，城乡区域发展差距和居民生活水平差距显著缩小”设定为社会主义现代化的重要标志，党的二十大报告进一步将“中等收入群体比重明显提高”确定为2035年的发展目标之一。从世界各国普遍的发展趋势来看，在每一个现代化社会中，都有一个人数众多的中等收入群体。目前西方发达国家中等收入阶层一般占到在业人数半数以上。我国中等收入群体比重虽然还不够高，但随着中国现代化建设的不断推进，中等收入群体比重会提高，到基本实现现代化之时，其比重至少要达到在业人口的一半以上。因此，扩大中等收入群体是一项长期任务，要坚持以经济建设为中心，解决好发展质量效益、扩大人力资本、发挥企业家作用、支持中小微企业发展、建设技能型劳动者队伍等重大问题。要增加低收入者收入，扩大中等收入群体，调节过高收入，逐步形成橄榄型收入分配格局。①

5. 加大对困难群众的帮扶力度

经过多年的发展，大部分群众的生活水平都有了很大提升，出现了中等收入群体，也出现了高收入群体。但是，仍然存在不少低收入的群众，真正需要帮助的，恰恰是低收入群体。党的十八大以来，脱贫攻坚战取得彪炳史册的巨大成就，9 899万农村贫困人口全部脱贫，832个贫困县全部摘帽，12.8万个贫困村全部出列，显著改善了农村困难群众的生活水平。脱贫攻坚表现出强烈的时代性特征：一是中央高度重视，形成了五级书记抓扶贫、全党合力促攻坚的生动局面；二是以改革为动力，强化顶层设计，通过脱贫攻坚推动农村供给侧结构性改革落到实处；三是以精准为要义，由过去主要依靠政策带动、“大水漫灌”式扶贫，向因村因户因人施策、“精准滴灌”式扶贫转变；四是注重动员各方，形成党政齐抓共管、社会各界广泛参与的大扶贫格局；五是敢于较真碰硬，

① 刘鹤．坚持和完善社会主义基本经济制度．人民日报，2019-11-22（6）．

实施最严格的考核评估和督查巡查，确保脱贫成效经得起实践和历史的检验。新时代新征程，进一步健全社会保障体系是帮扶困难群众的主要途径。党的二十大报告强调，社会保障体系是人民生活的安全网和社会运行的稳定器，要“健全覆盖全民、统筹城乡、公平统一、安全规范、可持续的多层次社会保障体系。完善基本养老保险全国统筹制度，发展多层次、多支柱养老保险体系”。

复习与思考

一、名词解释

按劳分配　　库兹涅茨曲线　　数据要素　　按生产要素分配

二、简答题

1. 简述按劳分配的主要内容。
2. 简述社会主义社会按劳分配居于主体地位的客观必然性。
3. 我国社会主义市场经济条件下实现按劳分配的个性有哪些?
4. 简述按生产要素分配的具体形式。

三、论述题

怎样理解将分配制度上升为社会主义基本经济制度的重大意义?

四、讨论题

如何坚持按劳分配为主体、多种分配方式并存，促进效率和公平的有机统一?

延伸阅读

1. 李实，万海远．中国收入分配演变 40 年．上海：格致出版社，2018.
2. 阿瑟·奥肯．平等与效率：重大抉择．北京：中国社会科学出版社，2013.
3. 阿马蒂亚·森．正义的理念．北京：中国人民大学出版社，2012.

即测即评

扫描二维码可在线自测并查看答案。

第9章

完善社会主义市场经济体制

2019 年 10 月，党的十九届四中全会总结实践经验，对社会主义基本经济制度作出新的概括，把社会主义市场经济体制上升为基本经济制度。2022 年 10 月，党的二十大报告再次明确指出，要“坚持社会主义市场经济改革方向”。为了深化对这一问题的认识，本章首先梳理我国市场化改革及建立社会主义市场经济的曲折历程，其次介绍当前我国社会主义市场经济体制的特征，最后研究如何完善社会主义市场经济体制。

第 1 节　社会主义市场经济的理论背景和创新发展

一、社会主义市场经济的理论背景

确立社会主义市场经济理论要突破的一个观念是：社会主义能不能搞市场经济？人们对这一问题的认识经历了一个长期而曲折的发展过程。

马克思为未来社会的自由人联合体设计了一个非商品化、完全由计划调控的经济形式：“劳动时间的社会的有计划的分配，调节着各种劳动职能同各种需要的适当的比例。另一方面，劳动时间又是计量生产者个人在共同劳动中所占份额的尺度。”① 恩格斯认为，在未来社会里，“一切生产部门将由整个社会来管理，也就是说，为了公共的利益按照总的计划和在社会全体成员的参加下来经营”②。在《反杜林论》中，他明确提出：“一旦社会占有了生产资料，商品生产就将被消除，而产品对生产者的统治也将随之消除。社会

① 马克思恩格斯全集：第 23 卷．北京：人民出版社，1972：96.

② 马克思恩格斯全集：第 4 卷．北京：人民出版社，1958：365.

生产内部的无政府状态将为有计划的自觉的组织所代替。”①

列宁在 1906 年曾把计划经济和市场经济作为对立的两种社会基本制度来看待。十月革命后，俄共（布）曾一度试图利用战时共产主义这个特殊历史时期准备“直接过渡”，“消灭货币”。但是，从 1921 年春开始，基于国内严峻的政治经济形势，俄共（布）不得不转而实行新经济政策。实践使列宁的思想有了很大变化，转而主张“采取市场的经济形式”实现国家经济计划。列宁逝世后，由于俄共（布）一直未能突破理论认识上的局限，把社会主义与市场经济对立起来的思想又占据了统治地位：市场经济是资本主义特有的东西，计划经济才是社会主义经济的基本特征，搞社会主义只能实行指令性的高度集权管理的计划经济。

从 20 世纪 20 年代开始，苏东经济理论界围绕社会主义能否采用市场经济，即社会主义是否与市场经济兼容的问题展开了激烈的争论和深入的研究，并由此产生了著名的“兰格模式”。兰格模式力图证明市场机制是中性的，本身无社会性质之属，只有被不同的社会制度采用时才会产生相应的积极或消极后果。同时认为，在社会主义社会中，或选择计划或选择市场，无论选择哪一种体系，让其在资源配置中发挥主要作用，都不应取决于意识形态的成见，而应看哪种体系更能提高资源配置的效率。② 在当时由于苏联实行了计划经济体制，以兰格模式为代表的市场社会主义理论在社会主义国家受到冷遇。③

新中国成立后，随着社会主义建设的开始，在 20 世纪 50—60 年代，毛泽东提出了尊重经济规律和尊重价值法则的思想；陈云论证了社会主义经济的主体和补充关系；孙冶方主张把计划和统计放在价值规律之上；于光远认为社会主义始终存在商品经济等，实际上这些理论智慧已经接近社会主义经济是有计划的商品经济的命题。然而，直至党的十一届三中全会之前，中国的主流经济学派始终停留在苏联模式经济体制的理论基础上④，在经济建设实践中也和苏东国家一样，坚持高度集中的计划经济体制。

将社会主义与市场经济对立起来，主要源于三个认识误区：一是把社会经济的运行形式等同于社会基本制度；二是没有认识到各社会主义国家的历史条件与马克思、恩格斯所设想的不同；三是对马克思、恩格斯理论教条主义的理解与运用。⑤

二、社会主义与市场经济的兼容性

市场经济作为一种经济方式，可以在资本主义社会存在并为资本主义经济发展服务，

---

① 马克思恩格斯选集：第 3 卷．北京：人民出版社，2012：671.

② 罗卫东，蒋自强．兰格模式与社会主义市场经济理论：社会主义市场经济理论的历史渊源．学术月刊，1994(5)：41-46.

③ 尽管如此，兰格模式对于人们认识苏联模式的缺陷，推进社会主义经济体制改革，仍具有一定的启发作用，20 世纪 70 年代东欧社会主义国家开始经济改革之后，兰格模式的影响逐渐上升，并在 20 世纪 80 年代对我国经济学界产生较大影响。

④ 在此期间，也有经济学家对计划经济一直持否定态度，如卓炯在 20 世纪 60 年代就认为：“商品经济的集中表现形式是市场，而市场是人类生活一种进步的表现。从市场的大小和规模，可以看出一个社会经济、文化发展的程度。”孙冶方也对传统的计划经济理论提出质疑，认为价值规律对社会主义经济仍然起全面的调节作用，经济工作违背价值规律会遭到惩罚。

⑤ 倪志安．邓小平经济理论研究．重庆：重庆出版社，1998：58.

也可以在社会主义社会存在并为社会主义经济发展服务。邓小平在南方谈话中指出："社会主义的本质，是解放生产力，发展生产力，消灭剥削，消除两极分化，最终达到共同富裕。"[①] 社会主义的本质决定了市场经济同社会主义的本质之间存在兼容性。[②]

1. 解放生产力、发展生产力的社会主义根本任务同市场经济的兼容

社会主义社会的主要矛盾决定了社会主义的根本任务是解放生产力和发展生产力。我国社会主义改造基本完成以后，由于"左"的错误否定了这一正确的认识，把无产阶级同资产阶级的矛盾确定为整个社会主义历史阶段的主要矛盾，强调要"以阶级斗争为纲"，使我国的社会主义建设蒙受了巨大的损失，直到党的十一届三中全会才回到正确的认识上。1981 年 6 月召开的党的十一届六中全会指出："在社会主义初级阶段，我国社会的主要矛盾是人民日益增长的物质文化需要同落后的社会生产之间的矛盾。"社会主义的本质要求，就是解放和发展社会生产力。党的十四大报告重申了现阶段我国社会的主要矛盾，为了解决这一主要矛盾，"必须把发展生产力摆在首要位置，以经济建设为中心，推动社会全面进步"[③]。要大力发展生产力，必须首先解放生产力。实践证明，在社会主义制度建立后，随着独立的、比较完整的工业体系和国民经济体系的建立，传统的僵化的经济体制束缚社会生产力发展的弊端日益显露，不改革这种旧的经济体制，建立适合生产力发展要求的新的经济体制，生产力的发展就会受到阻碍。

生产力发展史已经表明，商品经济的充分发展是社会经济发展不可逾越的阶段，社会主义生产力的发展，同样必须通过大力发展商品经济，使商品经济获得充分发展，这是客观的要求。商品经济的正常运行和发展，要求由价值规律的作用或者说由市场来配置资源，除此之外的配置方式，都只能阻碍甚至破坏经济社会的运行和发展。社会主义国家经济发展走过的曲折道路，充分证明了这一点。长期以来，我国一直坚持计划经济，而这种经济体制随着商品经济的发展日益严重地阻碍了社会主义生产力的发展。所以，社会主义国家还存在着解放生产力的问题，也就是通过经济体制改革把计划经济体制转变为市场经济体制，为商品经济的充分发展进而为社会主义生产力的发展提供体制保证。由此可见，社会主义根本任务的实现，要求实行市场经济，市场经济则有力地促进了生产力的解放和发展，体现了二者的兼容。我国改革开放四十多年来取得的伟大成就，社会生产力获得的飞跃发展，就是最有力的证明。

党的十九大报告指出："中国特色社会主义进入新时代，我国社会主要矛盾已经转化为人民日益增长的美好生活需要和不平衡不充分的发展之间的矛盾。"同时强调："必须认识到，我国社会主要矛盾的变化，没有改变我们对我国社会主义所处历史阶段的判断，我国仍处于并将长期处于社会主义初级阶段的基本国情没有变，我国是世界最大发展中国家的国际地位没有变。"党的二十大报告指出要实现第二个百年奋斗目标，把我国建成富强民主文明和谐美丽的社会主义现代化强国。为此需要继续坚定不移地把发展作为党执政兴国的第一要务，坚持深化改革开放，坚持社会主义市场经济改革方向，着力推动

---

① 邓小平文选：第 3 卷．北京：人民出版社，1993：373.

② 杨干忠．社会主义市场经济概论．北京：中国人民大学出版社，2011：82－86.

③ 十四大以来重要文献选编：上．北京：人民出版社，1996：11.

高质量发展。

2. 消灭剥削、消除两极分化的社会主义根本要求同市场经济的兼容

社会主义经济制度同以往一切以私有制为基础的社会经济制度的根本区别就是，它要消灭剥削，消除两极分化。一切剥削制度的深刻经济根源在于生产资料私有制，因为剥削就是一部分人凭借生产资料的私人占有而无偿地占有他人的劳动。同剥削制度不同，社会主义经济制度建立在生产资料公有制的基础上，广大劳动人民成为生产资料的主人，他们用共同占有的生产资料进行互助合作的劳动，创造出的物质财富归劳动人民共同占有，按照劳动人民的利益进行分配，即实行按劳分配，这就从根本上消灭了剥削。此外，在以私有制为基础的社会经济制度中，剥削阶级利用其占有的生产资料对劳动人民进行残酷的剥削，把自身的富裕建立在劳动人民贫困的基础上，因此必然存在两极分化的现象。社会主义制度下公有制的建立和按劳分配的实行，既使剥削阶级失去了通过占有生产资料榨取劳动者和实行资本积累而聚敛社会财富的社会条件，又使广大劳动者摆脱了受剥削的地位和贫穷的命运，从而消除了两极分化的经济根源。

消灭剥削的制度性基础和物质基础都在于生产力相当高程度的发展。通过建立市场经济，大力发展生产力，进而奠定消灭剥削的制度性基础和物质基础，就成为社会主义国家的必然要求。在以私有制为基础的商品经济条件下，价值规律的自发作用也就是市场或市场机制的作用，会导致商品生产者的两极分化。其根源是以私有制为基础的社会，以及市场的自发作用。在社会主义社会，以公有制为基础，而且市场的作用是在社会主义国家的宏观调控下发挥的，这就消除了产生两极分化的根源。可见，市场经济同消灭剥削、消除两极分化的社会主义根本要求是可以兼容的。

3. 实现共同富裕的社会主义根本目标同市场经济的兼容

生产资料归谁所有，劳动生产创造的社会财富就归谁支配，社会财富的分配自然是按照有利于生产资料所有者的原则进行分配的，这就是以私有制为基础的社会中，奴隶主、封建主、资本家富裕，而广大劳动者贫穷的根源。社会主义公有制建立后，劳动人民成为生产资料的主人，从而成为生产、社会财富的主人，社会财富按照劳动人民的利益进行分配。所以，随着社会生产的发展和物质财富的不断丰富，其结果必然是劳动人民的共同富裕。邓小平深刻地指出："社会主义不是少数人富起来、大多数人穷，不是那个样子。社会主义最大的优越性就是共同富裕，这是体现社会主义本质的一个东西。"①当然，共同富裕不等于完全平均和同步富裕，因为我国是一个经济底子比较薄弱、经济发展不平衡的大国，实现共同富裕不可能一蹴而就、同时实现，而必须允许和鼓励一部分地区、一部分企业和一部分人，依靠勤奋劳动和合法经营先富起来，然后先富帮助和带动后富，最终实现共同富裕。

在新时代，社会主义社会的生产目的和一切经济活动的目的，归根到底就是满足人民日益增长的美好生活需要，实现共同富裕。生产资料的公有制是实现共同富裕的条件，但只有这一条件并不能使人民群众共同富裕，还必须有另一个条件，那就是物质文化生

---

① 邓小平文选：第3卷．北京：人民出版社，1993：364.

活极大丰富。这两个条件都需要生产力相当高程度的发展，尤其是物质的极大丰富，更必须经历商品经济的充分发展阶段，发展商品经济的体制要求只能是实行市场经济。这表明社会主义的根本目的同市场经济是完全可以兼容的。

三、新时代社会主义市场经济理论与实践的创新发展

我国改革开放四十多年的伟大实践，为社会主义市场经济创新发展提供了良田沃土，孕育出社会主义初级阶段理论、社会主义所有制理论、社会主义分配理论、对外开放理论和社会主义经济发展理论等重大成果。党的十八大以来，以习近平同志为核心的党中央坚持和完善社会主义基本经济制度，在巩固和发展公有制经济、发展混合所有制经济、支持民营经济健康发展、健全按劳分配和按要素分配机制、深化供给侧结构性改革、发挥市场在资源配置中的决定性作用、推动经济高质量发展等方面，取得了一系列新的重要理论和实践成果，开创了社会主义市场经济发展新时代。

2012年11月，党的十八大胜利召开，标志着中国特色社会主义进入新时代。这次大会确立了科学发展观的指导地位，系统阐述了坚持和发展中国特色社会主义的一系列重大理论和实践问题，再次确认"加快完善社会主义市场经济体制"，这成为新一轮改革顶层设计的方向和目标。随后，以习近平同志为核心的党中央进一步推动马克思主义政治经济学中国化时代化，形成了以加强党对经济工作的集中统一领导、坚持以人民为中心、牢固树立五大发展理念、坚持和完善社会主义基本经济制度为主要内容的习近平新时代中国特色社会主义经济思想，系统回答了新时代中国特色社会主义经济发展的时代背景、根本立场、政治保障、制度基础、主题主线、发展理念、发展路径、内外关系和工作方法等一系列重大问题，为构建新时代中国特色社会主义政治经济学理论体系、发展当代中国社会主义市场经济理论指明了前进方向，开辟了广阔道路。①

（1）坚持加强党对经济工作的集中统一领导。强调中国特色社会主义最本质的特征是中国共产党领导，中国特色社会主义制度的最大优势是中国共产党领导；坚持党的领导，发挥党总揽全局、协调各方的领导核心作用，是我国社会主义市场经济体制的一个重要特征；党中央必须对经济工作负总责、实施全面领导，做好经济领域重大工作的顶层设计、总体布局、统筹协调、整体推进、督促落实；等等。这些思想丰富和发展了对社会主义经济本质特征的认识，为推动我国经济发展提供了根本政治保证。

（2）坚持以人民为中心的发展思想。强调坚持以人民为中心的发展思想，是马克思主义政治经济学的根本立场；要坚持把增进人民福祉、促进人的全面发展、朝着共同富裕方向稳步前进作为经济发展的出发点和落脚点；要坚持人民主体地位，顺应人民群众对美好生活的向往，不断实现好、维护好、发展好最广大人民根本利益；坚持在发展中保障和改善民生，坚决打赢脱贫攻坚战；等等。这些思想丰富和发展了对社会主义生产目的的认识，为推动我国经济发展提供了强大动力。

（3）牢固树立创新、协调、绿色、开放、共享的发展理念。强调新发展理念是关系

---

① 秋石．习近平新时代中国特色社会主义经济思想的原创性贡献．求是，2018（14）．

我国发展全局的一场深刻变革；创新发展注重解决发展动力问题，协调发展注重解决发展不平衡问题，绿色发展注重解决人与自然和谐问题，开放发展注重解决发展内外联动问题，共享发展注重解决社会公平正义问题；五大发展理念是不可分割的整体，相互联系、相互贯通、相互促进，要一体坚持、一体贯彻；等等。这些思想进一步科学回答了实现什么样的发展、怎样实现发展的问题，深刻揭示了实现更高质量、更有效率、更加公平、更可持续发展的必由之路，深化了我们党对中国特色社会主义经济发展规律的认识，为推动我国经济发展提供了根本遵循。

（4）坚持和完善社会主义基本经济制度。在所有制方面，强调公有制经济和非公有制经济都是社会主义市场经济的重要组成部分，都是我国经济社会发展的重要基础；坚持公有制主体地位和国有经济主导作用不动摇，积极发展混合所有制经济，促进非公有制经济健康发展，构建新型政商关系；在分配制度方面，完善社会主义基本分配制度，坚持按劳分配原则，完善按要素分配的体制机制，缩小收入差距，逐步实现共同富裕；在经济体制方面，强调经济体制改革是全面深化改革的重点，核心问题是处理好政府和市场的关系，使市场在资源配置中起决定性作用，更好发挥政府作用；我们是在中国共产党领导和社会主义制度的大前提下发展市场经济，什么时候都不能忘了“社会主义”这个定语；继续在社会主义基本制度与市场经济的结合上下功夫，既要“有效的市场”，也要“有为的政府”，努力形成市场作用和政府作用有机统一、相互补充、相互协调、相互促进的格局；等等。党的十九届四中全会将“公有制为主体、多种所有制经济共同发展”“按劳分配为主体、多种分配方式并存”“社会主义市场经济体制”三项制度并列，都作为社会主义基本经济制度，是对社会主义基本经济制度作出的新概括，是对社会主义基本经济制度内涵作出的重要发展和深化。

（5）推动高质量发展，建设现代化经济体系。强调我国经济已由高速增长阶段转向高质量发展阶段，正处在转变发展方式、优化经济结构、转换增长动力的攻关期，建设现代化经济体系是跨越关口的迫切要求和我国发展的战略目标；建设现代化经济体系，必须把发展经济的着力点放在实体经济上，把提高供给体系质量作为主攻方向，显著增强我国经济质量优势；推动新型工业化、信息化、城镇化、农业现代化同步发展；等等。这些思想丰富和发展了对我国经济发展阶段性特征的认识，为推动我国经济发展提供了科学的战略目标。

（6）推进供给侧结构性改革。强调供给侧结构性改革的重点是解放和发展社会生产力，用改革的办法推进结构调整，减少无效和低端供给，扩大有效和中高端供给，增强供给结构对需求变化的适应性和灵活性；供给侧和需求侧是管理和调控宏观经济的两个基本手段，二者不是非此即彼的替代关系，而是既对立又统一的辩证关系；等等。这些思想丰富和发展了对中国特色社会主义宏观调控的认识，为推动我国经济发展提供了明确的工作主线。

（7）实施乡村振兴战略，推进城乡发展一体化。强调实施乡村振兴战略，坚持农业农村优先发展，按照产业兴旺、生态宜居、乡风文明、治理有效、生活富裕的总要求，建立健全城乡融合发展体制机制和政策体系；坚持和完善农村基本经营制度，推进农村土地所有权、承包权、经营权“三权分置”改革；加快推进农业农村现代化，推进以人为核心的新型城镇化，形成以工促农、以城带乡、工农互惠、城乡一体的新型工农城乡关系；等等。这些思想丰富和发展了中国特色社会主义“三农”思想，为实现农业农村现代化提供了有效途径。

（8）构建人类命运共同体，促进经济全球化健康发展。强调中国开放的大门永远不会关上，中国将始终做全球发展的贡献者，坚持奉行互利共赢的开放战略；推动形成全面开放新格局，形成对外开放新体制，发展更高层次的开放型经济；推动建设开放型世界经济，推动经济全球化朝着更加开放、包容、普惠、平衡、共赢的方向发展，积极参与全球治理体系改革和建设，以“一带一路”建设打造国际合作新平台，推动构建人类命运共同体；等等。这些思想丰富和发展了马克思主义经济全球化和中国特色社会主义对外开放理论，为推动我国经济和世界经济互动发展提供了正确抉择。

（9）坚持稳中求进工作总基调。强调稳中求进工作总基调是治国理政的重要原则和做好经济工作的方法论，必须正确处理稳和进的关系，提高宏观调控的针对性和精准度；要保持战略定力、坚持久久为功、坚持底线思维，充分考虑困难和问题，做好应对最坏情况的准备，发扬钉钉子精神，积小胜为大胜，一步一个脚印向前迈进，坚决防范各种风险特别是系统性风险；等等。这些思想丰富和发展了中国特色社会主义国家治理理论，为推动我国经济发展提供了正确方法论。

权威观点

顾海良：对社会主义市场经济的创造性理论贡献

习近平经济思想关于推进完善社会主义市场经济体制的一系列理论和实践问题的深刻阐述，特别是关于经济体制改革中处理好政府和市场关系的核心问题、社会主义市场经济体制的基本经济制度规定性问题以及资本特性和行为规律问题的深刻阐述，丰富发展了中国特色社会主义政治经济学，对马克思主义政治经济学中国化时代化作出了创造性理论贡献，赋予了马克思主义政治经济学以新的时代内涵。

资料来源：顾海良．对社会主义市场经济的创造性理论贡献．经济日报，2022-09-20（10）.

第2节　社会主义市场经济体制的现状

一、对建立和发展社会主义市场经济体制突破性的认识

1993年党的十四届三中全会作出的《关于建立社会主义市场经济体制若干问题的决定》，设计了社会主义市场经济体制的基本框架，确立了社会主义市场经济体制改革的各项任务。从我国改革发展所取得的成就来看，总体上说，这一改革进程是顺利的，实践是成功的。可以说，原定初步建立社会主义市场经济体制的目标基本达到。这一决定颁布以来，我国在建立社会主义市场经济体制的改革实践中，对社会主义市场经济体制的建立和发展有以下认识：

1. 社会主义市场经济体制是由计划经济体制向市场经济体制的飞跃

过去计划经济体制是以行政手段配置资源为主，以指令性计划配置资源为主。在由计划经济体制向社会主义市场经济体制转变的过程中，最根本的转变就是资源配置方式的转变。也就是由过去的以行政手段配置资源为主，向以市场配置资源为主转变。这一转变实际上涉及各个方面深刻而广泛的变革，特别是涉及权力的重新调整和利益的重新分配，因而这是一个十分复杂而困难的转变，又是一个非完成不可的转变。

2. 社会主义市场经济体制是由公有制向以公有制为主体、多种所有制并存的所有制结构的飞跃

社会主义市场经济体制能否成功建立、社会主义市场经济能否顺利发展，关键就在于能否真正解决公有制与市场机制有机结合的问题。改革实践证明，不坚持公有制为主体，市场经济体制的改革就会偏离方向；不搞所有制形式的多元化、公有制实现形式的多元化、国有企业投资主体的多元化，也即市场竞争主体的多元化，社会主义市场经济体制就难以真正建立和完善，企业也难以真正转换机制和建立现代企业制度。

3. 社会主义市场经济体制是由自由放任经济向国家政府宏观调控经济的飞跃

市场经济长期发展的实践表明，市场经济的正常运转要发挥“两只手”的作用，这就是市场机制对资源配置的决定作用和国家政府宏观调控的作用。在由计划经济体制向社会主义市场经济体制的转变中，既不能重走资本主义国家从自由放任开始的老路，也不能把过去已经习惯了的计划经济体制下的政府行为都看成是宏观调控，而是市场对资源配置起决定性作用条件下的政府行为，它是以间接手段为主进行调控的政府行为，是以总量平衡、结构调整、政策引导、宏观服务为主要任务，以取得较好的宏观经济效益、社会效益、生态效益为主要目的的政府行为。

4. 社会主义市场经济体制是由平均主义“吃大锅饭”向坚持按劳分配原则，完善按要素分配的体制机制，促进收入分配更合理、更有序，逐步走向共同富裕的飞跃

社会主义市场经济是富民经济，其最终发展目的是劳动人民的共同富裕。实践证明，发展社会主义市场经济确实有利于提高生产效率和经济效益，但与此同时也容易产生收入差距过大、失业人员增加等问题。解决这些问题，需要坚持在经济增长的同时实现居民收入同步增长，在劳动生产率提高的同时实现劳动报酬同步提高；拓宽居民劳动收入和财产性收入渠道；履行好政府再分配调节职能，加快推进基本公共服务均等化，缩小收入分配差距。

5. 社会主义市场经济体制是由地区保护、行政垄断、闭关锁国的经济向内外开放、平等竞争的经济飞跃

从本质上说，市场经济是自由竞争和平等竞争的经济。因此，从一个国家的范围来说，市场经济的发展在客观上要求打破地区封锁、部门垄断，从而建立统一的、完整的市场体系。没有这样一个完整的市场体系，既不能真正称为市场经济体制，也不可能真

阅读扩展　完善社会主义市场经济体制

正做到内外开放、平等竞争。比较优势是国际贸易产生和发展的主要动力，也是市场经济国家发展到一定阶段必然要实行对外开放的主要动因。

二、完善社会主义市场经济体制进程中存在的主要问题

目前，社会主义市场经济体制还有很多不完善的方面，主要表现在以下三个方面。

1. 发展不平衡，多层次、多水平的市场经济并存

与我国生产力水平低且发展不平衡相适应，我国市场经济的发展也极不平衡，具有"三代同堂"的典型特征：既有东部沿海发达地区建立在自动化与半自动化生产力水平基础上的现代市场经济，也有中部欠发达地区在机械化与半机械化生产力水平基础上的古典市场经济，还有西部落后山区和农村建立在以手工工具为特征的生产力水平基础上的原始市场经济。从总体上看，我国现阶段的市场经济就其主导力量来说是现代市场经济，但存在大量的古典市场经济与原始市场经济。

首先，在我国东部沿海的大中城市，95%以上的大中型国有工业企业是现代化企业。这些企业的生产力水平很高，采取科学方法管理，并在国家宏观调控下进行生产，它们具备了现代市场经济的基本特征，理应属于现代市场经济的类型。

其次，在一些中部地区经济发达的城郊和交通比较便利的农村地区，虽然农产品的商品率较高，达到了90%以上，但其生产力水平还比较低，仅达到机械化的生产力水平，从发展程度看，明显处于古典市场经济阶段。

最后，在西部落后山区和农村，市场经济与自然经济同时存在，且以自然经济为主体，农产品商品率只达到50%左右。这些地区农民参与市场交换的范围有限，有相当一部分需要自给自足。还有极个别地区基本上处于自然经济阶段，除少数工业用品外，其余的都是自给自足，在一定程度上保留着男耕女织的生产方式与经济体制，这些地区农产品的商品率不到30%。就发展水平而言，后两类地区的市场经济仍处于原始市场经济阶段。

需要指出的是，虽然多种市场经济并存的情况是客观存在的，但不能成为我国市场经济不发达的佐证。其一，发展不平衡的问题，在很大程度上是由我国特殊的历史条件与全国各地自然条件不平衡决定的。这种情况可能长期存在，但不能以此说明我国市场经济是不发达的、低层次的。其二，没有纯而又纯的现代市场经济，多种市场经济形式并存是不可避免的。即使在发达的资本主义国家，现代市场经济也不是纯粹的。因此，我们绝不能用多种市场经济类型的存在来否定我国市场经济的现代性质，而应该既看到我国市场经济现代性的一面，也承认其不足的一面。

2. 我国现阶段的市场经济是在艰难曲折中发展起来的，具有非规范性

由于我国没有经过典型的资本主义发展阶段，我国的市场经济也没有经过充分发展的古典市场经济阶段，因而我国现阶段的市场经济不是由古典市场经济逐渐发展起来的，而是在国家政策的催化下，由带有自然经济与产品经济因素的混合经济形式转化而来的。之所以这样说，是因为我国改革之前的农村经济在很大程度上带有自然经济的因素，人

们的生活方式和思想观念基本上没有摆脱自然经济模式的影响；改革之前的城市经济在很大程度上带有产品经济的因素，并把产品经济作为目标模式来发展。新中国成立后的 30 多年里几经曲折，国家时而允许市场经济的发展，时而禁止其发展。因此，它不是按照自然规律自然而然地生长起来的，而是伴随着中断和间歇无规则地发展起来的，中间出现了断层。断层就在于没有经过古典市场经济的充分发展，导致古典市场经济成熟时期的某些优良秩序没有保留下来，却保留了它早期的某些弊端。可以说，在改革之前我国的经济秩序不是市场经济的秩序，而基本上是带有产品经济与自然经济因素的混合经济的秩序。经过 40 多年的经济体制改革，我国的市场经济虽然得到了一定程度的发展，却是非规范地发展起来的，这就决定了中国的市场经济是非规范性的市场经济。改革开放打破了产品经济单一的计划调节体制，但尚未建立起成熟的市场经济调节机制，即计划与市场相结合的调节机制。由于我国的市场经济具有市场的非规范性、竞争的非规范性、交换的非规范性，因此有可能出现经济秩序混乱、消极现象严重的局面。

3. 完善的市场经济体制尚未确立，在一定程度上仍具有非市场经济的制度环境

与其他社会主义国家一样，中国在取得社会主义革命胜利以后的很长一段时间里，曾试图按照马克思主义经典作家“社会主义非商品经济”的设想，消灭市场经济，建立产品经济体制。为与建立产品经济体制相适应，我国建立了一套高度集中的产品经济的政治体制、文化体制、法律体制等非市场经济的制度环境以及与此相适应的思想意识形态。虽然 40 多年的改革使这些非市场经济的外部环境受到了一定的冲击，或多或少地发生了一些变化，但从整体上看，行政体制、户籍管理制度、社会保障体系、教育制度、医疗卫生体制等非市场经济的制度因素还没有发生根本变革，仍在一定程度上制约着中国市场经济体制的改革。因此，中国的市场经济所处的制度环境是非市场经济的制度环境。

第 3 节　构建高水平社会主义市场经济体制

经过 40 多年实践，我国社会主义市场经济体制已经初步建立并不断完善，但仍然存在不少束缚市场主体活力、阻碍市场和价值规律充分发挥作用的弊端，需要通过深化市场化改革予以解决。党的二十大报告着眼全面建设社会主义现代化国家的历史任务，作出“构建高水平社会主义市场经济体制”的战略部署，要求“充分发挥市场在资源配置中的决定性作用，更好发挥政府作用”。

一、充分发挥市场在资源配置中的决定性作用

市场决定资源配置是市场经济的一般规律，市场经济本质上就是市场决定资源配置的经济。习近平总书记指出，深化经济体制改革，核心是处理好政府和市场关系，使市场在资源配置中起决定性作用和更好发挥政府作用。这就要讲辩证法、两点论，“看不见

的手”和“看得见的手”都要用好。[①]

提出使市场在资源配置中起决定性作用，是马克思主义中国化的一个新的成果，标志着社会主义市场经济发展进入了一个新阶段。从党的十四大确定“社会主义市场经济目标”以来，在30多年时间里，我们党对政府和市场关系的认识在不断深化、不断成熟。党的十四大提出“我国经济体制改革的目标是建立社会主义市场经济体制”，是重大理论突破，有力推动了我国改革开放和经济发展，国家面貌发生了历史性巨变。“使市场在资源配置中起决定性作用”的论断，同样会极大地解放思想、解放和发展生产力，助力我国第二个百年奋斗目标和“中国梦”的实现。在《关于〈中共中央关于全面深化改革若干重大问题的决定〉的说明》中，习近平总书记在回顾了我们党对政府和市场关系不断深化的认识过程之后，得出结论：“考虑各方面意见和现实发展要求，经过反复讨论和研究，中央认为对这个问题从理论上作出新的表述条件已经成熟，应该把市场在资源配置中的‘基础性作用’修改为‘决定性作用’。”[②] 市场在资源配置中起决定性作用，既是中国共产党对市场化改革认识的深化和发展，也是针对中国经济改革实践的发展对深化改革提出了更高的要求，为进一步推进市场化改革指明了方向。

市场配置资源是最有效率的形式。市场经济是通过价值规律的作用实现资源高效配置的经济形式，充分发挥价值规律的作用，有利于实现资源的有效配置，这是因为：第一，价值规律发挥作用的前提是各个经济主体的独立地位的形成。市场经济中的各个经济主体的独立和平等地位的取得，极大地调动了他们追求自己的经济利益的积极性。第二，价值规律的自发作用，使各个生产者必然要尽可能降低生产商品的个别劳动时间，这就需要不断进行技术创新、管理创新等各种创新以节约各种成本，进而提高个别企业的劳动生产率。个别生产者之间的竞争促进了社会劳动生产率的提高。第三，价值规律的作用，还产生了劳动及其他经济资源在不同部门的重新分布或配置，从而有利于提高宏观资源配置效率。价值规律的作用产生了个别生产者之间的竞争，从而能够有效淘汰不被社会所需要的产品、技术、生产方法和产能，进而在整体上节约社会经济资源，并促使劳动和其他各种经济资源在不同部门和产品生产上得到新的分布或配置。要让市场在资源配置中发挥决定性作用，必须构建高水平的社会主义市场经济体制。党的十八届三中全会明确指出，建设统一开放、竞争有序的市场体系，是使市场在资源配置中起决定性作用的基础。党的二十大报告强调，要构建高水平社会主义市场经济体制，必须“构建全国统一大市场，深化要素市场化改革，建设高标准市场体系。完善产权保护、市场准入、公平竞争、社会信用等市场经济基础制度，优化营商环境”。

起决定性作用不是起全部作用。我国实行的是社会主义市场经济体制，我们仍然要坚持发挥我国社会主义制度的优越性、发挥党和政府的积极作用。尽管市场在提高经济效率上有着其他机制难以替代的巨大功能，但是市场并不是万能的。虽然从理论上讲，完全竞争的市场机制能够实现最优的经济效率，但需要具备一些假设前提，比如人是理性的、市场是完全竞争的、信息是完全和对称的、没有外部效应、交易成本可以忽略不

① 中共中央文献研究室．习近平关于社会主义经济建设论述摘编．北京：中央文献出版社，2017.

② 十八大以来重要文献选编：上．北京：中央文献出版社，2014：499.

计、不存在规模报酬递减现象等。而这些前提条件，在现实生活中是难以满足的。因此，市场失灵是客观存在的。尽管同市场能够有效发挥作用的领域相比，市场失灵的领域很小，但是如果不加干预，就会产生严重后果。维持市场的良性运转，克服市场缺陷和弥补市场失灵，就成为市场经济条件下政府必须担负的责任。在社会主义条件下发展市场经济，是我们党的一个伟大创举。我国经济发展获得巨大成功的一个关键因素，就是我们既发挥了市场经济的长处，又发挥了社会主义制度的优越性。社会主义市场经济体制既不同于资本主义市场经济体制，也不同于社会主义计划经济体制。持续的经济高速增长表明，社会主义市场经济体制，相比于完全的资本主义市场经济体制和完全的社会主义计划经济体制，是更加符合中国国情的发展道路和体制。

二、更好发挥政府作用

更好发挥政府作用，首先要切实转变政府职能。完善社会主义市场经济体制，就必须发挥市场在资源配置中的决定性作用，大幅度减少政府对资源的直接配置，推动资源配置依据市场规则、市场价格、市场竞争实现效益最大化和效率最优化。更好发挥政府作用，不是要更多发挥政府作用，而是要在保证市场发挥决定性作用的前提下，管好那些市场管不了或管不好的事情。推进市场化改革，正确处理政府与市场关系，必须遵循市场机制能有效调节的经济活动政府不得干预的原则，即政府向市场放权。市场的主体是企业。所谓向市场放权，实际上就是向企业放权，实行政企分开，将企业应有的管理自主权归还给企业。但市场不是万能的。正如 1997 年世界银行发布的《1997 年世界发展报告：变革世界中的政府》所指出的，政府主导的发展已经失败了，但是没有政府的发展也将是失败的；没有一个有效的政府，不论是经济的还是社会的可持续发展都是不可能实现的。正因为深刻地认识到这一点，党的十八届三中全会明确提出，从广度和深度上积极稳妥地推进市场化改革，既要发挥市场在资源配置中的决定性作用，又要更好发挥政府作用。政府的职责和作用主要是保持宏观经济稳定、加强和优化公共服务、保障公平竞争、加强市场监管、维护市场秩序、推动可持续发展、促进共同富裕、弥补市场失灵。

其次，要创新和完善宏观调控。党的十八大以来，我国经济向形态更高级、分工更优化、结构更合理的阶段演进。在这一进程中，宏观调控紧紧围绕统筹推进“五位一体”总体布局、协调推进“四个全面”战略布局，贯彻落实党中央经济方针政策，不断创新、持续完善，推动我国经济持续健康发展。党的二十大强调，要“健全宏观经济治理体系，发挥国家发展规划的战略导向作用，加强财政政策和货币政策协调配合，着力扩大内需，增强消费对经济发展的基础性作用和投资对优化供给结构的关键作用”。现阶段创新和完善政府宏观调控，一要发挥国家发展规划的战略导向作用。国家发展规划是宏观调控的重要载体，集中体现了党和国家的战略意图和中长期发展目标，必须举全党全社会之力推进实施。二要健全宏观调控政策体系。把握我国供求关系的深刻变化，更好发挥财政、货币、消费、投资、产业、区域等政策工具的支撑作用，构建更加有效有力的宏观政策供给体系。三要完善宏观经济政策协调机制。加强对宏观经济政策的综合协调，增强宏观调控的针对性、前瞻性、灵活性和协同性，使多重目标、多种政策、多项改革之间平衡协调联动。四要注重引导市场行为和社会预期。围绕处理好政府和市场关系，加强风险防范和应对处置，提升服务监管水平，强化社会预期管理，提高宏观调控的科学性和艺术性，为实现经济社会持续健康发展创造良好环境。

最后，要实施有效的政府治理。从治理主体来看，有效的政府治理突出强调社会公共事务的多方合作治理。过去我们的社会管理存在一个根本性问题，就是作为管理主体的政府一家独揽，市场、社会、民众的力量比较薄弱，甚至缺席，这导致社会治理的过度行政化，造成社会资源配置效率低下。从权力运行来看，有效的政府治理必须合理定位政府职能。原来政府承担了其他主体的许多职能，现在要通过简政放权，放权于市场、放权于企业、放权于社会，明确政府与市场、政府与社会权力的边界范围。在此基础上，顺应经济社会发展的形势和要求，推动政府职能向创造良好发展环境、提供优质公共服务、维护社会公平正义转变。政府要切实履行好服务职能，同时政府的管理职能也很重要，也要履行好，只讲服务不讲管理也不行。管理和服务不能偏废，政府该管的不仅要管，而且要切实管好。从组织结构来看，有效的政府治理必须以科学合理的政府组织结构为基础。重点是要优化政府职能配置、机构设置、工作流程，完善决策权、执行权、监督权既相互制约又相互协调的行政运行机制，用机制再造流程、简事减费、加强监督、提高效能。

三、深化社会主义市场经济体制改革

经过40多年实践，我国社会主义市场经济体制已经初步建立并不断完善，但仍然存在不少束缚市场主体活力、阻碍市场和价值规律充分发挥作用的弊端，需要通过深化市场化改革予以解决。党的二十大报告着眼全面建设社会主义现代化国家的历史任务，作出“构建高水平社会主义市场经济体制”的战略部署，明确了新举措新要求。

1. 构建全国统一大市场

构建全国统一大市场，是坚持扩大内需战略、构建新发展格局、建设高水平社会主义市场经济体制的内在要求。要强化统一大市场基础制度建设，推进市场基础设施互联互通，建立公平规范高效的市场监管体系；打造高标准商品、服务和要素市场，促进现代流通体系建设，增强统一市场的规模效应和集聚效应；畅通城乡要素流动，激发融合发展的巨大潜能，促进生产要素在更大范围、更广领域流动交融；加快统一市场法规及标准的建立和修订，坚决废除妨碍全国统一市场和公平竞争的各种规定和做法。

深化要素市场化改革。要素市场是市场体系的重要组成部分，深化要素市场化改革，是构建全国统一大市场的重要任务。推进要素市场建设，重点是在土地、金融、科技、数据等领域健全制度规则，深化市场化改革，实现要素价格市场决定、流动自主有序、配置高效公平。

建设高标准市场体系。高标准市场体系是构建高水平社会主义市场经济体制、保障市场有效运行的重要基础。要坚持平等准入、公正监管、开放有序、诚信守法，畅通市场循环，疏通政策堵点，提升市场监管服务的规范化和便利化程度。

2. 完善市场经济基础制度

建设高标准市场体系，全面完善产权、市场准入、公平竞争等制度，筑牢社会主义市场经济有效运行的体制基础。

一是全面完善产权制度。健全归属清晰、权责明确、保护严格、流转顺畅的现代产权制度，加强产权激励。完善以管资本为主的经营性国有资产产权管理制度，加快转变国资监管机构职能和履职方式。健全自然资源资产产权制度。健全以公平为原则的产权保护制度，全面依法平等保护民营经济产权，依法严肃查处各类侵害民营企业合法权益的行为。落实农村第二轮土地承包到期后再延长30年政策，完善农村承包土地“三权分置”制度。深化农村集体产权制度改革，完善产权权能，将经营性资产折股量化到集体经济组织成员，创新农村集体经济有效组织形式和运行机制，完善农村基本经营制度。完善和细化知识产权创造、运用、交易、保护制度规则，加快建立知识产权侵权惩罚性赔偿制度，加强企业商业秘密保护，完善新领域新业态知识产权保护制度。

二是健全全国统一的市场准入负面清单制度。推行“全国一张清单”管理模式，维护清单的统一性和权威性。建立市场准入负面清单动态调整机制和第三方评估机制，以服务业为重点试点，进一步放宽准入限制。建立统一的清单代码体系，使清单事项与行政审批体系紧密衔接、相互匹配。建立市场准入负面清单信息公开机制，提升准入政策透明度和负面清单使用便捷性。建立市场准入评估制度，定期评估、排查、清理各类显性和隐性壁垒，推动“非禁即入”普遍落实。进一步改革生产许可制度，着力解决“准入不准营”的难题。

三是全面落实公平竞争审查制度。完善竞争政策框架，建立健全竞争政策实施机制，强化竞争政策基础地位。强化公平竞争审查的刚性约束，修订完善公平竞争审查实施细则，建立公平竞争审查抽查、考核、公示制度，建立健全第三方审查和评估机制。统筹做好增量审查和存量清理，逐步清理废除妨碍全国统一市场和公平竞争的存量政策。建立违反公平竞争问题反映和举报绿色通道。加强和改进反垄断和反不正当竞争执法，加大执法力度，提高违法成本。培育和弘扬公平竞争文化，进一步营造公平竞争的社会环境。①

3. 建设现代财政金融体系

财政金融是国家治理的基础和重要支柱。一是健全现代预算制度，优化税制结构，完善财政转移支付体系。全面实施预算绩效管理，提高财政资金使用效率。优化各级政府间事权和财权划分，建立权责清晰、财力协调、区域均衡的中央和地方财政关系，完善财政转移支付体系。深化税收制度改革，优化税制结构，健全地方税体系，主动防范化解政府债务风险。二是深化金融体制改革，建设现代中央银行制度，加强和完善现代金融监管。发展普惠金融、绿色金融，完善以支持实体经济为本的现代金融服务体系。强化金融稳定保障体系，依法将各类金融活动全部纳入监管，提高预防预警能力，及时化解金融风险，坚决守住不发生系统性风险底线。三是健全资本市场功能，提高直接融资比重，全面实行股票发行注册制。深刻认识把握社会主义市场经济体制下的资本特性

① 中共中央、国务院关于新时代加快完善社会主义市场经济体制的意见．人民日报，2020-05-19（1）．

和行为规律，充分发挥其作为重要生产要素的积极作用，同时科学设置“红绿灯”，健全事前引导、事中防范、事后监管相衔接的全链条监管体系，依法规范和引导资本健康发展，防止资本无序扩张。

复习与思考

一、名词解释

供给侧结构性改革　　新发展理念　　高质量发展

二、简答题

1. 我国社会主义市场经济的特征是什么？
2. 当前推进供给侧结构性改革面临哪些困难和挑战？
3. 如何建设现代化经济体系？

三、论述题

试述加快完善社会主义市场经济体制的路径选择。

四、讨论题

讨论社会主义市场经济与资本主义市场经济的异同点。

延伸阅读

1. 吴敬琏．当代中国经济改革教程．上海：上海远东出版社，2016.

2. 程恩富．社会主义市场经济论：纪念中国改革开放40周年．北京：中国财政经济出版社，2019.

即测即评

扫描二维码可在线自测并查看答案。

第4篇

社会主义市场经济新发展

一个时代有一个时代的主题，一个阶段有一个阶段的使命。立足于中国特色社会主义新时代这一新的历史起点，党中央、国务院作出了一系列旨在推动社会主义市场经济新发展的战略部署。本篇以实践创新为基点，首先阐释把握新发展阶段、贯彻新发展理念、构建新发展格局，在此基础上考察大力发展数字经济、中国式现代化的成功推进和拓展、我国未来发展的战略安排和总体目标，最后探讨以推动高质量发展为主题，推动实现经济质的有效提升和量的合理增长，为全面建成社会主义现代化强国奠定坚实的物质技术基础。

第10章 把握新发展阶段

习近平总书记指出："全面建成小康社会、实现第一个百年奋斗目标之后，我们要乘势而上开启全面建设社会主义现代化国家新征程、向第二个百年奋斗目标进军，这标志着我国进入了一个新发展阶段。"① 经过几代人接续奋斗，我国全面建成小康社会，完成脱贫攻坚任务，实现了第一个百年奋斗目标。当前，我国进入新发展阶段，发展基础更加坚实，发展条件深刻变化，进一步发展面临新的机遇和挑战。

第1节　新发展阶段的历史依据

一个大国的发展、一个伟大民族的复兴，是一个长期的历史进程，必然要在阶段性与连续性相统一、量变与质变相承接中一步步接近宏伟目标。习近平总书记指出："新发展阶段是我们党带领人民迎来从站起来、富起来到强起来历史性跨越的新阶段。"② 中国共产党成立一百多年来，团结带领中国人民所进行的一切奋斗，就是为了把我国建设成为现代化强国，实现中华民族伟大复兴。这一奋斗历程由一系列发展阶段接续组成。习近平总书记在党的十九届五中全会第二次全体会议上强调："新发展阶段就是全面建设社会主义现代化国家、向第二个百年奋斗目标进军的阶段。这在我国发展进程中具有里程碑意义。"③ 作出这样的战略判断，有着深刻理论、历史和实践依据。

从理论层面看，新发展阶段是社会主义初级阶段中经过几十年积累、站到了新的起点上的一个阶段。马克思主义者是远大理想和现实目标相结合、历史必然性和发展阶段

---

① 深入学习坚决贯彻党的十九届五中全会精神 确保全面建设社会主义现代化国家开好局．人民日报，2021-01-12（1）.

② 同①.

③ 习近平．新发展阶段贯彻新发展理念必然要求构建新发展格局．求是，2022（17）.

性相统一的统一论者，坚信人类社会必然走向共产主义，但实现这一崇高目标必然经历若干历史阶段。我们党在运用马克思主义基本原理解决中国实际问题的实践中逐步认识到，社会主义发展不仅是一个长期历史过程，而且是需要划分为不同历史阶段的过程。在开辟中国特色社会主义道路的进程中，我们党提出我国处于并将长期处于社会主义初级阶段。只有科学把握这个最大国情、牢牢立足这个最大实际，党的理论和路线方针政策才能与时俱进，既不落后于时代，又不脱离实际、超越阶段。20 世纪 50 年代末 60 年代初，毛泽东在读苏联《政治经济学教科书》时就提出："社会主义这个阶段，又可分为两个阶段，第一个阶段是不发达的社会主义，第二个阶段是比较发达的社会主义。后一个阶段可能比前一阶段需要更长的时间。"① 1987 年 8 月 29 日，邓小平在会见意大利共产党领导人约蒂和赞盖里时指出："社会主义本身是共产主义的初级阶段，而我们中国又处在社会主义的初级阶段，就是不发达的阶段。一切都要从这个实际出发，根据这个实际来制订规划。"② 今天我们所处的新发展阶段，就是社会主义初级阶段中的一个阶段，同时是其中经过几十年积累、站到了新的起点上的一个阶段。

从历史层面看，新发展阶段是我们党带领人民迎来从站起来、富起来到强起来历史性跨越的新阶段。我们党成立后，团结带领人民经过 28 年浴血奋战和顽强奋斗，建立了中华人民共和国，实现了从新民主主义革命到社会主义革命的历史性跨越。新中国成立后，我们党团结带领人民创造性完成社会主义改造，确立社会主义基本制度，大规模开展社会主义经济文化建设，实现了从社会主义革命到社会主义建设的历史性跨越。改革开放后，我们党深刻总结世界社会主义特别是我国社会主义建设正反两方面经验，作出我国正处于并将长期处于社会主义初级阶段的重大判断，并据此提出了党的基本路线，极大激发了广大人民群众的积极性、创造性，成功开辟了中国特色社会主义道路，实现了社会主义现代化进程中新的历史性跨越，迎来了中华民族的伟大光明前景。特别是改革开放以来，我国经济发展实现了历史性跨越，2010 年按现价计算的 GDP 达到 6.1 万亿美元，超过日本的 5.7 万亿美元，成为世界第二大经济体。2011 年，我国 15～59 岁劳动年龄人口达到峰值，随后进入负增长，这标志着我国经济社会进入更加成熟的发展阶段。在经济发展长周期和全球政治经济大背景下，由于我国人口红利减弱，传统增长动能下降导致潜在增长率降低，经济增长速度相应呈下行趋势。党的十八大以来，我们在前人长期奋斗的基础上统筹推进"五位一体"总体布局，协调推进"四个全面"战略布局，推动党和国家事业取得历史性成就、发生历史性变革。今天，我国正在此前发展的基础上续写全面建设社会主义现代化国家新的历史。

从实践层面看，我国已经拥有开启新征程、实现新的更高目标的雄厚物质基础。新中国成立后不久，我们党就提出建设社会主义现代化国家的目标，经过新中国成立以来特别是改革开放四十多年的不懈奋斗，到"十三五"规划收官之时，我国经济实力、科技实力、综合国力和人民生活水平跃上了新的大台阶，成为世界第二大经济体、第一大工业国、第一大货物贸易国、第一大外汇储备国，GDP 超过 100 万亿元，人均 GDP 超

① 毛泽东文集：第 8 卷．北京：人民出版社，1999：116.
② 邓小平文选：第 3 卷．北京：人民出版社，2001：206.

过 1 万美元，城镇化率超过 60%，中等收入群体超过 4 亿人。2020 年，我国农村贫困人口全部脱贫，历史性地解决了绝对贫困问题，“十三五”规划圆满收官，全面建成小康社会，解决了困扰中华民族几千年的绝对贫困问题，这在我国社会主义现代化建设进程中具有里程碑意义，为我国进入新发展阶段、朝着第二个百年奋斗目标进军奠定了坚实基础。未来 30 年将是我们完成建设社会主义现代化国家这个历史宏愿的新发展阶段。我们已经明确了未来发展的路线图和时间表，即到 2035 年，用三个五年规划期，基本实现社会主义现代化。然后，再用三个五年规划期，到本世纪中叶，把我国建成富强民主文明和谐美丽的社会主义现代化强国。

在全面建成小康社会之际，以习近平同志为核心的党中央作出“十四五”时期我国将进入新发展阶段的重大判断。在国内外环境深刻变化的情况下，我们需要更有针对性地、按照更高要求持续解决人民日益增长的美好生活需要和不平衡不充分的发展之间的矛盾，破解新发展阶段面临的经济发展挑战和制约，解决一系列影响高质量发展的结构性、周期性、体制性问题，培育强劲持续的发展新动能，不断实现人民对美好生活的向往。2022 年，我国人均 GDP 达到 1.27 万美元，处于中等偏上收入国家水平，距高收入国家标准只有 601 美元。从经济发展能力和条件看，我国经济有希望、有潜力保持长期平稳发展，到“十四五”末达到现行的高收入国家标准，到 2035 年实现经济总量或人均收入翻一番，是完全有可能的。在新发展阶段第一个五年打下扎实基础，再经过两个五年的努力，我国将在 2035 年如期基本实现社会主义现代化，人均 GDP 达到中等发达国家水平。

第 2 节 新发展阶段的基本特征

任何一个社会发展都要经历从初级到高级的动态发展过程，我国社会主义发展也不例外。习近平总书记指出：“正确认识党和人民事业所处的历史方位和发展阶段，是我们党明确阶段性中心任务、制定路线方针政策的根本依据，也是我们党领导革命、建设、改革不断取得胜利的重要经验。”① 只有科学分析和准确把握社会主义初级阶段的特征，才能从我国社会主义发展史中汲取营养，牢固树立发展理念，推动社会主义发展取得新成效，迈上新台阶。

第一，从“两个一百年”奋斗目标的关系上看，新发展阶段具有高起点特征。新发展阶段是我们在实现第一个百年奋斗目标基础上向第二个百年奋斗目标进军的历史阶段。这两个奋斗目标是一脉相承、接续前行的关系。新发展阶段是经过几十年发展积累而具有坚实的发展基础的历史阶段。发展基础的坚实与否对于一定发展阶段来说有着决定性影响。如果说新中国的发展是从一穷二白的起点开始的，改革开放新时期的发展基础十分薄弱，是以较低经济水平为起点的，那么中国特色社会主义进入新时代，当我们开启新发展阶段的时候，已站在迄今最为有利的发展起点。习近平总书记指出，新发展阶段

① 习近平著作选读：第 2 卷. 北京：人民出版社，2023：398.

是社会主义初级阶段中的一个阶段，同时是其中经过几十年积累、站到了新的起点上的一个阶段。经过新中国成立以来特别是改革开放四十多年的不懈奋斗，我们已经拥有开启新征程、实现新的更高目标的雄厚物质基础。从这个意义上说，具有较高起点的发展阶段也就是一个较高的发展阶段。而较高的发展起点，意味着更高的发展目标、新的发展规律和实践要求。所以说，在新发展阶段，必须贯彻新发展理念，构建新发展格局，推进高质量发展。

第二，从新的发展任务上看，新发展阶段具有全面性特征。新发展阶段是全面建设社会主义现代化国家的历史阶段。新发展阶段不仅有新的基础和起点，而且有新的目标和任务，即全面建设社会主义现代化国家。中华民族实现伟大复兴的过程，中国人民站起来、富起来、强起来的过程，从一定意义上说就是实现我国社会主义现代化的过程。新中国成立不久，我们党就提出建设社会主义现代化国家的目标，并进行了不懈探索。改革开放以来，我们党紧紧抓住经济建设这个中心，不断推动社会主义现代化建设事业前进。党的十八大以来，我们党克服各种困难和挑战，全面建成小康社会取得伟大历史性成就。新发展阶段，就是在此基础上全面建设社会主义现代化国家的历史过程。党的十九大对新时代推进我国社会主义现代化建设作出新的顶层设计，提出分两步走在本世纪中叶建成社会主义现代化强国的战略安排：第一个阶段是在全面建成小康社会的基础上再奋斗 15 年，到 2035 年基本实现社会主义现代化；第二个阶段是在基本实现现代化的基础上再奋斗 15 年，到本世纪中叶把我国建成富强民主文明和谐美丽的社会主义现代化强国。这样，新发展阶段就既包括为基本实现社会主义现代化而奋斗的 15 年，也包括此后为全面实现社会主义现代化而奋斗的 15 年。

第三，从实现中华民族伟大复兴进程上看，新发展阶段具有跨越性特征。新发展阶段是我们党带领人民迎来从站起来、富起来到强起来历史性跨越的历史阶段。进入新发展阶段，是中华民族伟大复兴历史进程中的大跨越。中华民族伟大复兴是一个包含站起来、富起来和强起来三个历史阶段在内的历史进程。新民主主义革命的胜利和中华人民共和国的成立，让中国人民站了起来，争得了民族独立和尊严；新中国成立以来特别是改革开放以来，我国社会主义现代化建设不断推进，让中国人民富了起来，逐步摆脱贫困而过上了比较富足的小康生活；中国特色社会主义进入新时代，意味着近代以来久经磨难的中华民族迎来了从站起来、富起来到强起来的伟大飞跃，迎来了实现中华民族伟大复兴的光明前景。最终实现强起来的历史跨越，实现中华民族伟大复兴中国梦，还需要我们在新发展阶段不懈努力，这也正是新发展阶段的关键性和特殊重要性之所在。

第四，从与社会主义初级阶段的关系上看，新发展阶段具有特定性特征。一方面，新发展阶段是社会主义初级阶段中一个特定的历史阶段。社会主义初级阶段的基本国情是中国特色社会主义路线方针政策的时代依据。习近平总书记明确指出，新发展阶段是社会主义初级阶段中的一个阶段，同时是其中经过几十年积累、站到了新的起点上的一个阶段。这一重要论述包含两层意思：其一，新发展阶段属于社会主义初级阶段，是社会主义初级阶段中的一个具体阶段；其二，新发展阶段是社会主义初级阶段中一个特定的阶段，即具有较高起点的阶段。另一方面，新发展阶段也是我国社会主义发展进程中的一个重要阶段。我们不仅要从社会主义初级阶段来把握新发展阶段的内涵，还要把新时代和新发展阶段放到社会主义发展史中去把握，即新发展阶段不仅推动着社会主义初级阶段内部的进步发展，而且推动着社会主义初级阶段向更高阶段的过渡。习近平总书记指出：“全面建设社会主义现代化国家、基本实现社会主义现代化，既是社会主义初级阶段我国发展的要求，也是我国社会主义从初级阶段向更高阶段迈进的要求。”① 这一论述极为重要，首次明确提出了社会主义从初级阶段向更高阶段过渡的问题，也明确强调了新发展阶段对这个过渡的重要作用，是我们谋划社会主义未来发展阶段的重要依据和指导思想。

权威观点

曲青山：正确认识新发展阶段与社会主义初级阶段的关系

新发展阶段与社会主义初级阶段是什么关系？习近平总书记指出：“今天我们所处的新发展阶段，就是社会主义初级阶段中的一个阶段，同时是其中经过几十年积累、站到了新的起点上的一个阶段。”对新发展阶段与社会主义初级阶段的关系，习近平总书记是从两个方面来论述的。一方面，指出了新发展阶段是社会主义初级阶段中的一个阶段。就是说，新发展阶段包含在社会主义初级阶段之内，不是社会主义初级阶段之外的一个什么阶段。另一方面，强调了新发展阶段是经过几十年积累、站到了新的起点上的一个阶段。就是说，对这个问题的认识，不能停留在过去，必须认识把握它的新内涵。如果不是这样看问题，就会犯片面性、绝对化、机械论错误。

资料来源：曲青山．深刻理解新发展阶段．求是，2022（17）.

第 3 节　新发展阶段的战略要求

社会主义发展遵循着马克思主义关于事物发展从量变到质量的逻辑过程。社会主义初级阶段不是一个静态、一成不变、停滞不前的阶段，也不是一个自发、被动、不用费多大气力自然而然就可以跨过的阶段，而是一个动态、积极有为、始终洋溢着蓬勃生机活力的过程，是一个阶梯式递进、不断发展进步、日益接近质的飞跃的量的积累和发展变化的过程。新发展阶段是我国在全面建成小康社会、实现第一个百年奋斗目标之后，全面建设社会主义现代化国家、向第二个百年奋斗目标进军的发展阶段。党的二十大站在新的更高的历史起点上，对在实现第一个百年奋斗目标基础上，接续完成第二个百年奋斗目标任务作出了用两个 15 年、分两个阶段推进的战略安排，明确了全面建成富强民主文明和谐美丽的社会主义现代化强国的路线图、时间表，是对实现中国现代化建设的长远战略谋划。

阅读扩展　新发展阶段推动高质量发展的根本遵循

① 习近平著作选读：第 2 卷．北京：人民出版社，2023：402.

1. 新发展阶段要解决新的社会主要矛盾

习近平总书记在党的十九届五中全会第二次全体会议上指出："深刻认识社会主要矛盾变化，增强解决发展不平衡不充分问题的系统性。"① 社会主要矛盾发生积极变化是一个国家、一个社会发展跃上新水平的重要标志，也对推动发展提出了更高要求。进入新时代，我国社会主要矛盾已由人民日益增长的物质文化需要同落后的社会生产之间的矛盾转化为人民日益增长的美好生活需要和不平衡不充分的发展之间的矛盾。当前，我国发展面临的主要问题是，创新能力不适应高质量发展要求，农业基础还不稳固，城乡区域发展和收入分配差距较大，生态环保任重道远，民生保障存在短板，社会治理还有弱项。发展不平衡，主要指各区域各领域各方面发展不够平衡，存在"一条腿长、一条腿短"的失衡现象，制约了整体发展水平提升；发展不充分，主要指一些地区、一些领域、一些方面还存在发展不足的问题，发展的任务仍然很重。发展不平衡不充分，已经成为满足人民日益增长的美好生活需要的主要制约因素，也是需要解决的社会主要矛盾的主要方面。

我国社会主要矛盾的变化是关系全局的历史性变化，反映了新时代我国发展的实际状况，指明了解决发展主要问题的根本着力点，对我国发展全局产生广泛而深刻的影响。这就要求我们在继续推动发展的基础上，着力解决好发展不平衡不充分问题，大力提升发展质量和效益，更好满足人民各方面日益增长的美好生活需要，更好推动人的全面发展、社会全面进步。在新发展阶段解决好我国社会主要矛盾，要坚持问题导向和目标导向，着力增强系统性，坚持系统观念，加强前瞻性思考、全局性谋划、战略性布局、整体性推进；增强针对性，深刻认识人民对美好生活的向往呈现多样化、多层次、多方面的特点，解决好人民群众最关心最直接最现实的利益问题，推动人的全面发展、社会全面进步。

2. 新发展阶段要实现新的奋斗目标

新发展阶段是在全面建成小康社会、实现第一个百年奋斗目标之后，乘势而上，全面建设社会主义现代化国家、向第二个百年奋斗目标进军的阶段。相对于"全面建成小康社会"，"全面建设社会主义现代化国家"是站在新的更高起点上所确立的更高发展目标。进入新发展阶段，意味着我们将实现从高速增长到高质量发展的大跨越、从追赶到引领的大跨越、从全面小康到现代化强国的大跨越。全面建成社会主义现代化强国，总的战略安排是分两步走：从 2020 年到 2035 年基本实现社会主义现代化；从 2035 年到本世纪中叶把我国建成富强民主文明和谐美丽的社会主义现代化强国。到 2035 年，我国发展的总体目标是：经济实力、科技实力、综合国力大幅跃升，人均 GDP 迈上新的大台阶，达到中等发达国家水平；实现高水平科技自立自强，进入创新型国家前列；建成现代化经济体系，形成新发展格局，基本实现新型工业化、信息化、城镇化、农业现代化；基本实现国家治理体系和治理能力现代化，全过程人民民主制度更加健全，基本建成法治国家、法治政府、法治社会；建成教育强国、科技强国、人才强国、文化强国、体育

① 习近平．论把握新发展阶段、贯彻新发展理念、构建新发展格局．北京：中央文献出版社，2021：3.

强国、健康中国，国家文化软实力显著增强；人民生活更加幸福美好，居民人均可支配收入再上新台阶，中等收入群体比重明显提高，基本公共服务实现均等化，农村基本具备现代生活条件，社会保持长期稳定，人的全面发展、全体人民共同富裕取得更为明显的实质性进展；广泛形成绿色生产生活方式，碳排放达峰后稳中有降，生态环境根本好转，美丽中国目标基本实现；国家安全体系和能力全面加强，基本实现国防和军队现代化。在基本实现现代化的基础上，我们要继续奋斗，到本世纪中叶，把我国建设成为综合国力和国际影响力领先的社会主义现代化强国。

党的二十大报告指出，未来五年是全面建设社会主义现代化国家开局起步的关键时期，主要目标任务是：经济高质量发展取得新突破，科技自立自强能力显著提升，构建新发展格局和建设现代化经济体系取得重大进展；改革开放迈出新步伐，国家治理体系和治理能力现代化深入推进，社会主义市场经济体制更加完善，更高水平开放型经济新体制基本形成；全过程人民民主制度化、规范化、程序化水平进一步提高，中国特色社会主义法治体系更加完善；人民精神文化生活更加丰富，中华民族凝聚力和中华文化影响力不断增强；居民收入增长和经济增长基本同步，劳动报酬提高与劳动生产率提高基本同步，基本公共服务均等化水平明显提升，多层次社会保障体系更加健全；城乡人居环境明显改善，美丽中国建设成效显著；国家安全更为巩固，建军一百年奋斗目标如期实现，平安中国建设扎实推进；中国国际地位和影响进一步提高，在全球治理中发挥更大作用。

3. 新发展阶段要高度重视保持战略定力

进入新发展阶段，世界百年未有之大变局加速演进，在世界动荡变革期全面建设社会主义现代化国家、创造新的更大奇迹，尤须保持战略定力。习近平总书记在省部级主要领导干部学习贯彻党的十九届六中全会精神专题研讨班开班式上讲话时指出："正确的战略需要正确的策略来落实。要取得各方面斗争的胜利，我们不仅要有战略谋划，有坚定斗志，还要有策略、有智慧、有方法。策略是在战略指导下为战略服务的。战略和策略是辩证统一的关系，把战略的坚定性和策略的灵活性结合起来，站位要高，做事要实，既要把方向、抓大事、谋长远，又要抓准抓好工作切入点和着力点，既要算大账总账，又要算小账细账。如果没有足够的战略定力和策略活力，就容易出现患得患失、摇摆不定、进退失据的问题，就会错失发展机遇。"① 我们的战略定力，源自和体现为对中华民族伟大复兴目标的执着，源自和体现为对自己所走道路的自信，源自和体现为坚持中国共产党的领导。

新发展阶段，我们保持战略定力，必须牢牢把握以下重大原则。必须坚持和加强党的全面领导，坚决维护党中央权威和集中统一领导，把党的领导落实到党和国家事业各领域各方面各环节，确保我国社会主义现代化建设正确方向，确保拥有团结奋斗的强大政治凝聚力、发展自信心。必须坚持中国特色社会主义道路，坚持以经济建设为中心，坚持四项基本原则，坚持改革开放，坚持独立自主、自力更生，既不走封闭僵化的老路，也不走改旗易帜的邪路，坚持把国家和民族发展放在自己力量的基点上，坚持把中国发

① 习近平著作选读：第2卷．北京：人民出版社，2023：585.

展进步的命运牢牢掌握在自己手中。坚持以人民为中心的发展思想，维护人民根本利益，增进民生福祉，不断实现发展为了人民、发展依靠人民、发展成果由人民共享，让现代化建设成果更多更公平惠及全体人民。坚持深化改革开放，深入推进改革创新，坚定不移扩大开放，着力破解深层次体制机制障碍，不断彰显中国特色社会主义制度优势，不断增强社会主义现代化建设的动力和活力，把我国制度优势更好转化为国家治理效能。坚持发扬斗争精神，增强全党全国各族人民的志气、骨气、底气，不信邪、不怕鬼、不怕压，知难而进、迎难而上，统筹发展和安全，全力战胜前进道路上各种困难和挑战，依靠顽强斗争打开事业发展新天地。

4. 新发展阶段要强化机遇意识和风险意识

新发展阶段是一个充满机遇和挑战、危和机并存的阶段。当前和今后一个时期，我国发展仍然处于重要战略机遇期，但机遇和挑战都有新的发展变化，尤须强化机遇意识、风险意识。面对复杂变化的国际形势和周边环境，以及艰巨繁重的改革任务，我们能不能创造新的更大奇迹，很大程度上取决于能否抓住机遇、更好发展，能否有效化解风险、化危为机。新的发展阶段，我们既要下好防范风险的先手棋，也要有应对和化解风险挑战的高招；既要打好防范和抵御风险的有准备之战，也要打好化险为夷、转危为机的战略主动。习近平总书记在省部级主要领导干部坚持底线思维着力防范化解重大风险专题研讨班开班式上强调："坚持底线思维，增强忧患意识，提高防控能力，着力防范化解重大风险，保持经济持续健康发展和社会大局稳定，为决胜全面建成小康社会、夺取新时代中国特色社会主义伟大胜利、实现中华民族伟大复兴的中国梦提供坚强保障。"①

当前，我国已转向高质量发展阶段，制度优势显著，治理效能提升，经济长期向好，物质基础雄厚，人力资源丰富，市场空间广阔，发展韧性强劲，社会大局稳定，继续发展具有多方面优势和条件。同时，我国发展进入战略机遇和风险挑战并存、不确定难预料因素增多的时期，需要应对的风险和挑战、需要解决的矛盾和问题比以往更加错综复杂，各种"黑天鹅""灰犀牛"事件随时可能发生。习近平总书记指出："我们要强化机遇意识、风险意识，科学部署、精准施策，真抓实干、埋头苦干，牢牢把握经济工作主动权。"② 我们要牢固树立底线思维，发扬斗争精神，增强斗争本领，防微虑远、趋利避害，把防范化解重大风险作为一项极其重要的工作，不能有丝毫懈怠，特别是要密切关注那些可能迟滞甚至中断中华民族伟大复兴进程的重大风险，综合研判、统筹谋划、有力应对。要加强战略预判和风险预警，预防风险所在是防范风险的前提，把握风险走向是谋求战略主动的关键，必须见微知著、防微杜渐，力争把风险化解在源头。要提高风险化解能力，透过复杂现象把握本质、抓住要害、找准原因，果断决策，善于引导群众、组织群众，善于融合各方力量、科学排兵布阵，有效予以处理。要完善风险防控机制，建立健全风险研判机制、决策风险评估机制、风险防控协同机制、风险防控责任机制，运用制度威力应对风险挑战冲击。

---

① 习近平著作选读：第 2 卷．北京：人民出版社，2023：244.

② 习近平．正确认识和把握中长期经济社会发展重大问题．求是，2021（2）.

5. 新发展阶段要在把握规律的基础上实现变革创新

在新发展阶段创造新的更大奇迹，对认识和把握发展规律提出了新的更高要求。认识和把握发展规律，就要认识和把握共产党执政规律、社会主义建设规律、人类社会发展规律。认识和把握发展必须是遵循经济规律的科学发展、必须是遵循自然规律的可持续发展、必须是遵循社会规律的包容性发展。党的十八大以来，以习近平同志为核心的党中央不断深化对发展规律的认识，统筹推进“五位一体”总体布局，协调推进“四个全面”战略布局，坚定不移贯彻创新、协调、绿色、开放、共享的新发展理念。这是认识和把握发展规律的重大成果，必须在新发展阶段一以贯之。

在新发展阶段，必须深入认识和把握、更好遵循和运用发展规律，推动我国发展不断迈上新台阶，在新发展阶段实现高质量发展。《中华人民共和国国民经济和社会发展第十四个五年规划和 2035 年远景目标纲要》强调：“‘十四五’时期推动高质量发展，必须立足新发展阶段、贯彻新发展理念、构建新发展格局。”① 这是遵循和运用发展规律的集中体现，必须在新发展阶段着力推进。必须把新发展理念贯穿发展全过程和各领域，切实转变发展方式，推动质量变革、效率变革、动力变革，实现更高质量、更有效率、更加公平、更可持续、更为安全的发展。根据我国发展阶段、环境、条件变化，特别是基于我国比较优势变化，必须加快构建以国内大循环为主体、国内国际双循环相互促进的新发展格局。构建以国内大循环为主体、国内国际双循环相互促进的新发展格局，是根据我国发展阶段、环境、条件变化，特别是基于我国比较优势变化，审时度势作出的重大决策，是事关全局的系统性、深层次变革，是立足当前、着眼长远的战略谋划。我们要从全局和战略的高度准确把握和加快构建新发展格局的战略构想，与时俱进提升我国经济发展水平，塑造我国国际经济合作和竞争新优势。

复习与思考

一、名词解释

新发展阶段　　　系统观念　　　战略定力

二、简答题

1. 新发展阶段的理论依据和实践依据是什么？

2. 如何理解新发展阶段的基本特征？

三、论述题

试述新发展阶段的战略要求。

四、讨论题

在新发展阶段我国如何实现党的第二个百年奋斗目标？

---

① 国家发展和改革委员会．中华人民共和国国民经济和社会发展第十四个五年规划和 2035 年远景目标纲要辅导读本．北京：人民出版社，2021：11.

延伸阅读

1. 习近平．论把握新发展阶段、贯彻新发展理念、构建新发展格局．北京：中央文献出版社，2021.

2. 白重恩，等．中国经济新发展．北京：中译出版社，2022.

即测即评

扫描二维码可在线自测并查看答案。

第 11 章

贯彻新发展理念

坚持新发展理念是新时代坚持和发展中国特色社会主义的基本方略。党的十八大以来，我们党对经济社会发展提出了许多重大理论和理念，其中新发展理念是最重要、最主要的。党的二十大报告指出，“贯彻新发展理念是新时代我国发展壮大的必由之路”。新发展理念为把握新发展阶段、构建新发展格局、推动高质量发展提供了行动指南。

第 1 节　新发展理念的内涵

创新、协调、绿色、开放、共享的新发展理念是在深刻总结国内外发展经验教训、深刻分析国内外发展大势的基础上形成的，是针对我国发展中的突出矛盾和问题提出来的，系统回答了关于发展的目的、动力、方式、路径等一系列理论和实践问题，阐明了我们党关于发展的政治立场、价值导向、发展模式、发展道路等重大政治问题。

一、创新发展注重解决发展动力问题

发展动力决定发展速度、效能、可持续性。坚持创新发展，是分析近代以来世界发展历程特别是总结我国改革开放成功实践得出的结论，是应对发展环境变化、增强发展动力、把握发展主动权的根本之策。

创新是引领发展的第一动力。创新能力从根本上影响甚至决定一个国家和民族的前途命运。纵观人类历史，世界经济中心几度迁移，背后的重要力量就是创新。18 世纪以来，每一次科技和产业革命都深刻改变着世界发展面貌和格局。一些国家抓住了机遇，经济社会发展驶入快车道，经济实力、科技实力、军事实力迅速增强，甚至一跃成为世界强国。我们党始终高度重视科技创新在经济社会发展中的重要作用。新中国成立后，

我国坚持走独立自主的发展道路，在极其艰苦的条件下取得“两弹一星”等重大科技创新成果。改革开放后提出“科学技术是第一生产力”的论断，进入 21 世纪深入实施知识创新工程、科教兴国战略、人才强国战略，不断完善国家创新体系、建设创新型国家。坚持创新发展，是总结我国改革开放成功实践得出的重要结论。

坚持创新发展是当今世界经济社会发展的大势所趋。进入 21 世纪以来，世界各国的发展越来越依赖于理论、制度、科技、文化等领域的创新，国际竞争新优势也越来越体现在创新能力上。科技创新已经成为提高综合国力的关键支撑，成为社会生产方式和生活方式变革进步的强大引领。面对新一轮科技革命，世界主要国家纷纷出台新的创新战略，加大投入，加强人才、专利、标准等战略性创新资源的争夺。如美国提出“再工业化”战略，德国提出“工业 4.0”战略，韩国提出“创造经济”，日本强调“独创力关系到国家兴亡”，英国强调“人民的想象力是国家的最大资源”等，力图拥有引领发展的主动权。

坚持创新发展是破解当前发展难题的应对之策。新中国成立后，党中央高度重视科技事业，经过多年不懈努力，我国科技整体水平有了明显提高，正处在从量的增长向质的提升转变的重要时期。但总体上看，我国科技创新能力还不强，关键核心技术受制于人的局面尚未根本改变，创新体系整体效能还不高，科技创新资源整合还不够，科技创新力量布局有待优化，军事、安全领域高技术实力同发达国家仍有较大差距。同时，依靠资源、资本、劳动力等要素投入支撑经济快速增长和规模扩张的发展道路已经走不通了。党的十八大以来，以习近平同志为核心的党中央敏锐地把握世界发展趋势，以全球视野大力谋划创新、积极推动创新，深入实施创新驱动发展战略，推动科技创新、产业创新、企业创新、市场创新、产品创新、业态创新、管理创新等。创新作为发展理念，已贯穿社会主义现代化建设的全领域、全过程。党的二十大报告指出：“坚持创新在我国现代化建设全局中的核心地位。”坚持创新发展，必须把创新摆在国家发展全局的核心位置，让创新贯穿党和国家一切工作。首先，完善党中央对科技工作统一领导的体制，健全新型举国体制，强化国家战略科技力量，优化配置创新资源，优化国家科研机构、高水平研究型大学、科技领军企业定位和布局，形成国家实验室体系，统筹推进国际科技创新中心、区域科技创新中心建设，加强科技基础能力建设，强化科技战略咨询，提升国家创新体系整体效能，推进科技自立自强。其次，推动科技创新和制度创新两个轮子一起转，完善科技创新体制机制，深入推进科技体制改革，完善国家科技治理体系，加大多元化科技投入，加强知识产权法治保障，形成支持全面创新的基础制度市场和技术和谐共振，让新技术、新业态、新模式不断开花结果，最大限度释放发展潜能，力争实现我国科技水平由跟跑并跑向并跑领跑转变。最后，培育创新文化，弘扬科学家精神，涵养优良学风，营造创新氛围，加快形成一支规模宏大、富有创新精神、敢于承担风险的创新型人才队伍；同时，扩大国际科技交流合作，加强国际化科研环境建设，形成具有全球竞争力的开放创新生态。

二、协调发展注重解决发展不平衡问题

协调发展要求坚持统筹兼顾、综合平衡，正确处理发展中的重大关系，补齐短板、

缩小差距，努力推动形成各区域各领域全面发展。

协调发展理念是对马克思主义协调发展理论的创造性运用。唯物辩证法指出，事物是普遍联系的，要从客观事物的内在联系去把握事物，去认识问题、处理问题。我们党在带领人民建设社会主义的长期实践中，形成了许多关于协调发展的思想和方法。新中国成立之初，毛泽东提出要坚持“统筹兼顾”“弹钢琴”的工作方法；改革开放后邓小平提出“两手抓”战略方针；江泽民提出“处理好十二个带有全局性的重大问题、重大关系”；胡锦涛提出“实现全面协调可持续发展”；等等。党的十八大以来，以习近平同志为核心的党中央提出了“五位一体”总体布局、“四个全面”战略布局，在协调发展中拓展发展空间，在加强薄弱领域中增强发展后劲。这些都体现了我们党对协调发展认识的不断深化，体现了唯物辩证法在解决我国发展问题上的方法论意义。

坚持协调发展是全面建设社会主义现代化国家的必由之路。全面建设社会主义现代化国家强调的不仅是“现代化”，更重要而且更难做到的是“全面”。“现代化”讲的是发展水平，“全面”讲的是发展的平衡性、协调性、可持续性。全面建设社会主义现代化国家，覆盖的领域要全面，是经济、政治、文化、社会、生态文明建设“五位一体”全面进步的现代化；覆盖的人口要全面，是惠及全体人民的现代化；覆盖的区域要全面，是城乡区域协同发展的现代化。改革开放之初，我们党提出“让一部分人、一部分地区先富起来，先富带动后富，最终实现共同富裕”的发展战略，今天“让一部分人、一部分地区先富起来”已经成为现实，我国发展不平衡、不协调、不可持续问题日益凸显，“先富带动后富，最终实现共同富裕”成为必须着力解决的问题。唯有坚持协调发展，抓重点、补短板、强弱项，才能使中国式现代化得到人民认可，经得起历史检验。

坚持协调发展必须准确把握新阶段协调发展的新特点。第一，协调既是发展手段又是发展目标，同时还是评价发展的标准和尺度。协调发展要求统筹兼顾、注重平衡、保持均势，把分散的部分系统化、把发散的局部功能整体化、把薄弱的区域和薄弱的环节补起来，形成均衡的发展结构，增强发展的后劲。第二，协调是发展“两点论”和“重点论”的统一。一个国家、一个地区乃至一个行业在其特定发展时期既有发展优势，也存在制约因素，在发展思路上既要着力破解难题、补齐短板，又要考虑巩固和厚植原有优势，两方面相辅相成、相得益彰，才能实现高质量发展。第三，协调是发展平衡和不平衡的统一。由平衡到不平衡再到新的平衡是事物发展的基本规律。发展过程既有不平衡的趋势，也有平衡的趋势，关键是要在二者之间保持恰当的均衡点，在不平衡中保持平衡，在平衡中掌控不平衡。第四，协调是发展短板和潜力的统一。发展的短板具有两重性，既是发展的薄弱环节和掣肘因素，又是发展的潜力所在、空间所在，可以变不利为有利、弱项为强项。实现协调发展，就要找出短板，在补齐短板上多用力，通过补齐短板挖掘发展潜力，努力把短板变成“潜力板”，不断拓展发展空间、增强发展后劲，保持发展的整体性、协调性。

三、绿色发展注重解决人与自然和谐共生问题

中国式现代化是人与自然和谐共生的现代化，尊重自然、顺应自然、保护自然，是

全面建设社会主义现代化国家的内在要求。

绿色发展理念是马克思主义生态文明观同中华优秀传统文化中的生态文明智慧相结合的产物。中华文明历来强调天人合一、尊重自然。早在先秦时期，中国先人就提出了“天人合一”的理念，主张人必须同天地和谐相处。正是中华民族优秀传统文化蕴含的生态文明智慧，引导着人们尊重自然，保护自然，促进人与自然的和谐统一。在对待自然问题上，恩格斯曾深刻指出：“我们不要过分陶醉于我们人类对自然界的胜利。对于每一次这样的胜利，自然界都对我们进行报复。”[①] 人因自然而生，人与自然是一种共生关系，对自然的伤害最终会伤及人类自身。无论是百年来西方工业化走过的弯路，还是我国为粗放发展付出的资源环境代价，历史经验教训告诫我们：人类对于自然资源必须取之有度，人类发展活动必须尊重自然、顺应自然、保护自然。

坚持绿色发展是全面建设社会主义现代化国家的内在要求。改革开放以来，我国经济发展在取得历史性成就的同时，资源约束趋紧、环境污染严重、生态系统退化的问题日益严峻，资源环境承载力逼近极限，高投入、高消耗、高污染的传统发展方式已不可持续。粗放型发展方式不但使我国能源、资源不堪重负，而且造成较大范围雾霾、水体污染、土壤重金属超标等突出环境问题，不仅成为民生之痛，也成为制约未来中国经济社会发展的一大“短板”。随着社会发展和生活水平不断提高，人民群众对清新空气、干净饮水、安全食品、优美环境的要求越来越强烈。针对不断凸显的生态环境问题，党的十五大明确提出实施可持续发展战略，党的十六大将“可持续发展”纳入全面建设小康社会目标，党的十七大将“全面协调可持续发展”作为科学发展观的重要内容，提出“建设资源节约型、环境友好型社会”。党的十八大报告将“生态文明”列入全面建成小康社会的目标之一。2015年3月，中共中央、国务院《关于加快推进生态文明建设的意见》指出，要“协同推进新型工业化、信息化、城镇化、农业现代化和绿色化”，首次提出“绿色化”的概念，创造性地将“新四化”拓展为“新五化”，体现了党中央对生态文明建设的高度重视。党的十九大将“建设生态文明”上升为“中华民族永续发展的千年大计”，进一步凸显出生态文明建设的战略地位。党的二十大明确提出，“尊重自然、顺应自然、保护自然，是全面建设社会主义现代化国家的内在要求”，对于当代中国坚定不移走生产发展、生活富裕、生态良好的文明发展道路，全面推进建设美丽中国，实现中华民族永续发展具有重要现实意义。

坚持绿色发展必须准确把握绿色发展的丰富内涵。首先，绿色发展就是要解决好人与自然和谐共生问题。生态环境没有替代品，用之不觉，失之难存。在发展过程中，必须敬畏环境、善待环境，坚持节约资源和保护环境的基本国策，坚持以大自然生态圈整体运行规律的宏观视角，全面审视人类社会的发展问题，人类的一切活动都必须放在自然界的整体格局中考量，按自然规律行事，促进人与自然和谐共生。其次，绿色发展着眼于开创环境保护与经济发展的“双赢”局面。坚持绿色发展必须科学把握保护环境与发展经济的辩证关系。既要绿水青山，也要金山银山。宁要绿水青山，不要金山银山，而且绿水青山就是金山银山。从这个意义上讲，保护环境就是保护生产力，改善环境就

① 马克思恩格斯选集：第3卷．北京：人民出版社，2012：998.

是发展生产力。最后，绿色发展致力于引领社会各界形成新的发展观、政绩观和新的生产生活方式。绿色发展是在传统发展基础上的一种模式创新，是在生态环境容量和资源承载能力的条件下，将环境保护作为实现可持续发展重要支柱的一种新型发展模式。推动绿色发展，就是要推动生产方式绿色化，构建科技含量高、资源消耗低、环境污染少的绿色发展方式、产业结构和生活方式，加快形成人与自然和谐发展的现代化新格局，协同推进人民富裕、国家强盛、中国美丽。

四、开放发展注重解决发展内外联动问题

封闭没有出路，开放才能发展。必须以更开放的姿态拥抱世界，以开放促改革、促发展、促创新，促进中国与世界互利共赢。

开放发展是顺应时代发展潮流的应有之举。马克思主义认为，人类社会最终将从各民族的历史走向世界历史。人类的历史就是在开放中发展的。任何一个民族的发展都不能只靠本民族的力量。只有处于开放交流之中，经常与外界保持经济文化的吐纳关系，才能得到发展。历史告诉我们，一个国家要发展繁荣，必须把握和顺应世界发展大势，反之必然会被历史抛弃。闭关锁国曾使我国落后于当时世界发展潮流。而工业革命以来西方发达国家和新兴经济体的高度开放是其成功经验的共同特征。因此，一个国家、一个民族要振兴，就必须在历史前进的逻辑中前进、在时代发展的潮流中发展。改革开放以来，中国顺应经济全球化浪潮，适时抓住开放机遇，从建立经济特区，开放沿海、沿江、沿边、内陆地区，到加入世界贸易组织，再到共建“一带一路”，从大规模“引进来”到大踏步“走出去”，实现了中国同世界关系的历史性变革。打开国门搞建设，极大地调动了人民群众的积极性、创造性，极大地解放和发展了社会生产力，成功实现了从封闭半封闭到全方位开放的伟大转折，开放已经成为当代中国的鲜明标识。实践证明，中国特色社会主义道路之所以成功，之所以能够不断为经济社会发展提供强大动力，使之始终具有蓬勃生机和活力，就在于实行和坚持了改革开放。没有改革开放，就没有中国的今天。实践证明，改革开放是当代中国发展进步的动力之源，是党和人民事业大步赶上时代前进步伐的重要法宝，是实现国家现代化和中华民族伟大复兴的关键抉择。对于迈上全面建设社会主义现代化国家新征程的中国，扩大开放不是“选择题”，而是“必答题”，推进互联互通、加快融合发展成为促进中国与世界共同繁荣发展的必然选择。

坚持开放发展必须坚定不移奉行互利共赢的开放战略。当前，我国开放发展面临的国际国内形势总体上有利因素更多，但风险挑战不容忽视：经济全球化出现波折，保护主义、内顾倾向抬头，少数西方大国热衷于“筑墙设垒”“脱钩断链”，多边贸易体制受到冲击。面向未来，树立开放发展理念，一要顺应我国经济深度融入世界经济的趋势，坚持对外开放的基本国策，坚定奉行互利共赢的开放战略，坚持内外需协调、进出口平衡、引进来和走出去并重、引资和引技引智并举，发展更高层次的开放型经济，以扩大开放带动创新、推动改革、促进发展。二要不断以中国新发展为世界提供新机遇，更好惠及各国人民。积极推进双边、区域和多边合作，推动贸易和投资自由化便利化，促进

国际宏观经济政策协调，推动建设开放型世界经济，共同营造有利于发展的国际环境，共同培育全球发展新动能。三要坚持经济全球化正确方向，进一步主动参与、推动、引领经济全球化进程，积极参与全球经济治理和公共产品供给，提高我国在全球经济治理中的制度性话语权，推动构建人类命运共同体。

五、共享发展注重解决社会公平正义问题

实现好维护好发展好最广大人民根本利益，是共享发展理念的根本出发点和落脚点。要让全体人民在共建共享发展中有更多获得感，让现代化建设成果更多更公平惠及全体人民。

共享发展是马克思主义的逻辑起点和奋斗目标。马克思主义自诞生之日起，就以推翻资本主义剥削制度，建立共同富裕、人人共享的新社会为目标。虽然马克思和恩格斯并未明确提出"发展成果由人民共享"的概念，但在其诸多的理论研究和著作中，都体现和蕴含着丰富的共享思想。在他们看来，资本主义社会中种种不公正现象得以产生的基本根源在于资本主义剥削制度，因此"真正的自由和真正的平等只有在共产主义制度下才可能实现；而这样的制度是正义所要求的"①。只有通过无产阶级运动推翻资本主义制度，建立共产主义制度，才能真正实现社会的公平。因为"无产阶级的运动是绝大多数人的、为绝大多数人谋利益的独立的运动"②，社会主义和共产主义能"保证一切社会成员的富足"，能够"结束牺牲一些人的利益来满足另一些人的需要的状况；彻底消灭阶级和阶级对立；通过消除旧的分工，通过产业教育、变换工种、所有人共同享受大家创造出来的福利，通过城乡的融合，使社会全体成员的才能得到全面发展"③。马克思和恩格斯认为，在彻底消灭阶级和阶级对立的共产主义社会，坚持以每个人的自由而全面发展为基本原则，坚持全体社会成员联合占有生产资料，坚持全体社会成员参与民主管理，坚持全体社会成员共同占有劳动产品，这为实现发展成果由人民共享提供了条件。

坚持共享发展是我们党始终践行的执政理念。毛泽东指出，"现在我们实行这么一种制度，这么一种计划，是可以一年一年走向更富更强的，一年一年可以看到更富更强些。而这个富，是共同的富，这个强，是共同的强，大家都有份"④。改革开放后，我国以世界上少有的速度持续快速发展，人民生活质量和社会共享水平显著提高。但是，在经济发展的"蛋糕"不断做大的同时，仍存在收入差距较大、部分群众生活比较困难等问题。邓小平提出"社会主义发展生产力，成果是属于人民的……我们的目的是共同富裕"⑤，并且在南方谈话中进一步把共同富裕纳入社会主义本质的重要内容："社会主义的本质，是解放生产力，发展生产力，消灭剥削，消除两极分化，最终达到共同富裕。"⑥ 党的十

---

① 马克思恩格斯全集：第 1 卷．北京：人民出版社，1956：582.

② 马克思恩格斯选集：第 1 卷．北京：人民出版社，1995：283.

③ 马克思恩格斯文集：第 1 卷．北京：人民出版社，2009：689.

④ 毛泽东文集：第 6 卷．北京：人民出版社，1999：495.

⑤ 邓小平文选：第 3 卷．北京：人民出版社，1993：255.

⑥ 同⑤73.

八大以来，以习近平同志为核心的党中央紧紧围绕回答好“发展目标是什么和发展成果如何共享”这一重大理论和现实问题，把实现好维护好发展好最广大人民根本利益，作为发展的根本出发点和落脚点，带领全体人民朝着共同富裕方向稳步前进。党的二十大报告强调“让现代化建设成果更多更公平惠及全体人民”，明确指出“为民造福是立党为公、执政为民的本质要求”，为在全面建设社会主义现代化国家新征程中推进共享发展指明了努力方向。

坚持共享发展，必须准确把握共享发展的科学内涵。首先，共享是全民共享，这是就共享的覆盖面而言的。共享发展是人人享有、各得其所，不是少数人共享、一部分人共享。其次，共享是全面共享，这是就共享的内容而言的。共享发展就要让全体人民共享国家经济、政治、文化、社会、生态各方面建设成果，在学有所教、劳有所得、病有所医、老有所养、住有所居上持续取得新进展，促进人的全面发展，社会全面进步。再次，共享是共建共享，这是就共享的实现途径而言的。共建才能共享，没有发展的共享和没有共享的发展都是不现实的，也是不可持续的。最后，共享是渐进共享，这是就共享发展的推进进程而言的。共享发展必将有一个从低级到高级、从不均衡到均衡的过程，即使达到很高的水平也会有差别。要立足国情、立足经济社会发展水平来思考设计共享政策，既不裹足不前、铢施两较，也不好高骛远、寅吃卯粮。

新发展理念是具有内在联系的集合体，回答了关于发展的目的、动力、方式、路径等一系列理论和实践问题，阐明了我们党关于发展的政治立场、价值导向、发展模式、发展道路等重大政治问题。一方面，创新、协调、绿色、开放、共享五大发展理念都有各自特定内涵的质的规定性，既互相联系，又互相作用，构成了辩证统一的完整理念体系；另一方面，新发展理念中的每一个理念也是一个相对独立的整体，其内部也具有系统性，系统中的每一个要素都有自己的位置、自己的次序、自己的作用，相互不可替代，也不可分割。新发展理念中，创新是发展的第一动力，创新强则国运昌，创新弱则国运殆，必须坚持创新在我国现代化建设全局中的核心地位。协调是持续健康发展的内在要求，既是发展手段，也是发展目的，还是发展评价的尺度，必须注重发展的整体效能。绿色是永续发展的必要条件和人民对美好生活追求的重要体现，生态环境没有替代品，用之不觉，失之难存，是人们生存和发展的基本条件。开放是国家繁荣发展的必由之路，必须依靠内外联动充分运用人类社会创造的先进科学技术成果和有益管理经验。共享是中国特色社会主义的本质要求，体现的是公平正义，它是发展的根本目的，也是我们在奋斗中要逐渐实现的目标。新发展理念的五个方面，主题主旨相通、目标指向一致，既各有侧重又相互支撑，统一于坚持以人民为中心的发展思想中，统一于“五位一体”总体布局和“四个全面”战略布局中，统一于坚持和发展中国特色社会主义的实践中，统一于全面建设社会主义现代化国家、实现中华民族伟大复兴的历史进程中，共同构成了一个开辟未来发展前景的顶层设计，构成了一个相互贯通、相互促进的系统逻辑体系。

阅读扩展　新发展理念的提出

第 2 节　新发展理念开辟了我们党发展理论的新境界

党的十八大以来，以习近平同志为核心的党中央在深刻总结国内外发展经验教训、分析国内外发展大势的基础上，针对我国发展中的突出矛盾和问题，创造性地提出创新、协调、绿色、开放、共享的新发展理念。新发展理念把马克思主义政治经济学基本原理同新时代经济实践结合起来，继承和创新党的发展理论，坚持以人民为中心的发展思想，进一步科学回答了实现什么样的发展、怎样实现发展的问题，明确了我国现代化建设的指导原则，深化了我们党对中国特色社会主义经济发展规律的认识，开辟了我们党发展理论的新境界。

一、新发展理念继承和坚持了党的发展理论

针对我国经济发展环境、条件、任务、要求等方面发生的新变化，党的十八届五中全会提出要树立和坚持创新、协调、绿色、开放、共享的发展理念，新发展理念充分吸收了马克思主义政治经济学的思想精华，继承和坚持了党的发展理论。

新发展理念是在科学发展观的基础上提出来的。新世纪新阶段，针对我国发展不协调、不平衡、不可持续的突出问题和阶段性特征，以胡锦涛同志为总书记的党中央提出了科学发展观，强调第一要义是发展，核心是以人为本，基本要求是全面协调可持续，根本方法是统筹兼顾，创造性地回答了“实现什么样的发展、怎样实现发展”的重大理论和现实问题。在我国进入全面建成小康社会、全面深化改革的关键阶段，随着经济发展进入新常态，针对人民日益增长的美好生活需要和不平衡不充分的发展之间的突出矛盾，以习近平同志为核心的党中央提出了“创新、协调、绿色、开放、共享”的新发展理念，对“实现什么样的发展、怎样实现发展”这一问题作了与时俱进的回答。显然，在“实现什么样的发展、怎样实现发展”的重大问题上，科学发展观作了开创性的理论探索和实践积累，新发展理念在继承的基础上作了发展性的回答，前者是后者的直接理论来源并且为后者提供了直接经验，后者是对前者的坚定继承和创新发展。新发展理念不是对科学发展观的排斥和背离，而是对科学发展观的创新发展。新发展理念，不论是其中的一条还是作为一个整体，都是对我国改革开放以来特别是我们党提出科学发展观以来发展经验的深刻总结、集中体现和创新发展。

新发展理念与科学发展观具有本质的、动态的一致性、贯通性。科学发展观是关于发展的世界观和方法论，具有普遍性和根本性；新发展理念是关于发展思路、发展方向、发展着力点的理念设计，具有灵活性和特殊性。尽管二者之间有一定的差异，但都聚焦回答了“实现什么样的发展、怎样实现发展”的相同主题。贯穿新发展理念的“以人民为中心”与科学发展观的“以人为本”，都坚持“发展为了人民、发展依靠人民、发展成果由人民共享”的人民立场。新发展理念的“五位一体”总体布局、“四个全面”战略布局体现的也是“全面”的基本要求；新发展理念中“协调”“绿色”与科学发展观中的

"协调发展""可持续发展"是密切关联、高度一致的。新发展理念与科学发展观都是在不同的社会发展形势下将马克思主义基本原理与中国发展实践、时代特征相结合形成的发展理论，都是在运用马克思主义理论解决新问题、谋划新发展的实践中形成的中国化的马克思主义发展理论。

二、新发展理念丰富和发展了中国特色社会主义政治经济学

时代课题是理论创新的驱动力。党的十八大以来，面对错综复杂的国内外经济形势，面对形形色色的经济现象，以习近平同志为核心的党中央把马克思主义政治经济学基本原理和方法论同新时代中国经济社会发展实际相结合，认识经济运动过程，把握经济发展规律，不断提高驾驭社会主义市场经济能力，准确回答了我国经济发展的重大理论和实践问题，创造性地提出创新、协调、绿色、开放、共享的新发展理念，丰富和发展了中国特色社会主义政治经济学。

创新发展理念丰富发展了马克思主义政治经济学关于生产力发展理论和中国特色社会主义政治经济学关于科学技术是第一生产力的理论。马克思主义政治经济学从生产力和生产关系、经济基础和上层建筑的矛盾运动出发揭示了现代社会的经济运动规律，指明了社会生产力水平及其发展在其中具有基础地位。创新发展理念赋予了创新丰富内涵，并突出强调了创新在经济社会发展中的第一驱动力地位，提出必须把创新摆在国家发展全局的核心位置，让创新贯穿党和国家一切工作，以创新驱动经济转型发展，从而创造性地揭示了当代生产力和社会发展的驱动力和新机制。

协调发展理念丰富发展了马克思主义政治经济学的社会再生产理论。马克思主义政治经济学揭示了社会劳动时间必须按比例分配于社会生产各部门以及社会生产各部类之间必须保持一定比例关系的客观规律。协调发展理念深刻揭示了发展平衡与不平衡、局部和全局、当前和长远、重点和非重点的辩证关系，从我国发展的主要矛盾和发展不平衡不充分的突出问题出发，进一步强调了城乡之间、区域之间、物质文明与精神文明之间、人与自然之间、国内经济循环与国际经济循环之间的辩证关系，极大地丰富和拓展了马克思主义政治经济学的社会再生产理论。

绿色发展理念丰富发展了马克思主义政治经济学关于人与自然关系的理论。马克思主义政治经济学从人与自然的对立统一关系出发，深刻揭露了资本主义生产方式对于自然资源与生态环境的掠夺和破坏，为实现人与自然的和谐共生和人类社会的永续发展奠定了科学的理论基础。绿色发展理念立足当代世界和我国发展客观趋势、内在要求，创造性地提出了绿水青山就是金山银山，不仅强调了保护资源和生态环境对于经济持续发展和人类生存的重要性紧迫性，拓展了人民美好生活需要和中国式现代化道路的内涵，而且突出强调了经济发展与生态环境保护的辩证统一关系，指明了人类经济发展和文明发展的新机遇和新方向，将马克思主义政治经济学关于人与自然关系的理论提升到了一个全新的高度。

开放发展理念丰富发展了马克思主义政治经济学的世界市场理论。马克思主义政治经济学深刻揭示了资本的本质及其发展的内在动力，说明了资本不断扩张的本性促使其

突破国家和地区的界限开始走向世界，使资本主义的生产、分配、交换和消费等环节开始走出国界走向世界市场。开放发展理念立足新的世界形势和新时代中国特色社会主义发展的内在要求，提出必须主动顺应经济全球化潮流，坚持对外开放，积极参与全球经济治理体系改革，推动构建人类命运共同体，为解决发展内外联动问题提供了重要思路。

共享发展理念丰富发展了马克思主义政治经济学关于人的全面发展理论。马克思主义政治经济学深刻批判了资本主义私有制的不公平性和不合理性，提出以公有制为基础的共产主义社会将实现人的全面发展。共享发展理念不仅反映了实现全体人民共同富裕的社会主义本质要求，而且揭示了共享与发展的辩证关系，指明了发展必须依靠人民的唯物史观，体现了马克思主义政治经济学以人民为中心的根本立场。[①]

总之，新发展理念开辟了我们党发展理论的新境界，实现了中国特色社会主义发展理论的新飞跃，书写了中国特色社会主义政治经济学新篇章。新发展理念与马克思主义发展观，与党的历代领导人的发展思想既一脉相承又与时俱进，都统一于中国共产党领导的中国特色社会主义的相同主题与伟大实践。在思想认识和实践活动中，要防止将二者对立割裂，或作孰先孰后、孰重孰轻、厚此薄彼的简单联系与对比的错误倾向；既要看到二者的一脉相承又要看到二者的创新发展，更要把握二者在立场观点方法和精神实质上的一致性、相承性，即要深刻认识到新时代坚持新发展理念就是坚持科学发展观，实现科学发展就要贯彻新发展理念。

权威观点　《求是》杂志编辑部：关系我国发展全局的深刻变革

第3节　贯彻新发展理念的基本要求

贯彻新发展理念是关系我国发展全局的一场深刻变革，是新时代我国发展壮大的必由之路。只有坚持完整把握、准确理解、全面落实，把新发展理念贯穿到经济社会发展全过程和各领域，真正做到崇尚创新、注重协调、倡导绿色、厚植开放、推进共享，才能实现更高质量、更有效率、更加公平、更可持续、更为安全的发展。

一、从根本宗旨把握新发展理念

人民是我们党执政的最深厚基础和最大底气。习近平总书记指出："只有坚持以人民为中心的发展思想，坚持发展为了人民、发展依靠人民、发展成果由人民共享，才会有正确的发展观、现代化观。"[②] 为人民谋幸福、为民族谋复兴，这既是我们党领导现代化建设的出发点和落脚点，也是新发展理念的"根"和"魂"。

从根本宗旨把握新发展理念必须坚持以人民为中心的发展思想。党的十八大以来，

① 邱海平．新发展理念的重大理论和实践意义．经济日报，2022-10-29（10）．

② 习近平著作选读：第2卷．北京：人民出版社，2023：407．

我们党对发展形势进行科学判断，对经济社会发展提出许多重大理论和理念，对发展理念和思路作出及时调整，其中新发展理念是最重要、最主要的，引导我国经济发展取得历史性成就、发生历史性变革。实践证明：只有始终坚守为人民谋幸福、为民族谋复兴这个“根”和“魂”，坚持全心全意为人民服务这个根本宗旨，我们党在政治立场上才能永固坚定，在价值导向上才不会须臾偏离；我们的发展目标才能始终从人民利益出发，不断顺应人民对美好生活的新期待，坚持发展为了人民、发展依靠人民、发展成果由人民共享；我们的发展模式才能实现更高质量、更有效率、更加公平、更可持续、更为安全；我们在发展道路上也才能不惧任何风险挑战，趋利避害、行稳致远。党的二十大将“坚持以人民为中心”列入全面建设社会主义现代化国家前进道路上必须牢牢把握的重大原则之中，就是要始终牢记全心全意为人民服务的根本宗旨。

从根本宗旨把握新发展理念必须扎实推进共同富裕。财富的创造和分配是各国都面对的重大问题。一些西方国家在社会财富不断增长的同时，长期存在贫富悬殊、两极分化的弊病。共同富裕是中国特色社会主义的本质要求，也是一个长期的历史过程。在我国社会主义制度下，既要不断解放和发展社会生产力，不断创造和积累社会财富，又要防止两极分化，切实推动人的全面发展、全体人民共同富裕取得更为明显的实质性进展。因此，习近平总书记反复强调，实现共同富裕不仅是经济问题，而且是关系党的执政基础的重大政治问题。共同富裕本身就是社会主义现代化的一个重要目标。我们不能等实现了现代化再来解决共同富裕问题，而是要始终把满足人民对美好生活的新期待作为发展的出发点和落脚点，在实现现代化过程中不断地、逐步地解决好这个问题。要自觉主动解决地区差距、城乡差距、收入差距等问题，推动社会全面进步和人的全面发展，促进社会公平正义，让发展成果更多更公平惠及全体人民，不断增强人民群众获得感、幸福感、安全感，让人民群众真真切切感受到共同富裕不仅仅是一个口号，而是看得见、摸得着、真实可感的事实。

二、从问题导向把握新发展理念

直面问题是树立新发展理念的逻辑起点。马克思指出：“问题就是公开的、无畏的、左右一切个人的时代声音。”[①] 新发展理念是针对我国经济发展进入新常态、世界经济复苏乏力形势提出的治本之策。我国发展已经站在新的历史起点上，要根据新发展阶段的新要求，坚持问题导向，更加精准地贯彻新发展理念，切实解决好发展不平衡不充分的问题，推动高质量发展。

从问题导向把握新发展理念必须直面发展中的困难和问题。新发展理念就是针对当前我国发展面临的突出问题和挑战提出的战略指引。迈上全面建设社会主义现代化国家新征程，我国发展已经站在新的历史起点上，物质基础雄厚、人力资本丰富、市场空间广阔、发展潜力巨大，经济发展方式加快转变，新的增长动力正在孕育形成，经济长期向好基本面没有改变。同时，我国发展面临不少困难和问题：发展不平衡不充分问题仍

① 马克思恩格斯全集：第 40 卷．北京：人民出版社，1982：289.

然突出，推进高质量发展还有许多卡点瓶颈，科技创新能力还不强；确保粮食、能源、产业链供应链可靠安全和防范金融风险还须解决许多重大问题；重点领域改革还有不少硬骨头要啃；城乡区域发展和收入分配差距仍然较大；群众在就业、教育、医疗、托育、养老、住房等方面仍面临不少难题；生态环境保护任务依然艰巨；等等。新发展理念就是针对这些问题提出的。创新发展注重解决发展动力问题，协调发展注重解决发展不平衡问题，绿色发展注重解决人与自然和谐共生问题，开放发展注重解决发展内外联动问题，共享发展注重解决社会公平正义问题。新发展理念集中体现了我国发展思路、发展方向、发展着力点，具有很强的战略性、纲领性、引领性。

从问题导向把握新发展理念必须更加精准地贯彻新发展理念。要根据新发展阶段的新要求，坚持问题导向，举措要更加精准务实，切实解决影响构建新发展格局、实现高质量发展的突出问题，切实解决影响人民群众生产生活的突出问题，真正实现高质量发展。要按照党的二十大的战略部署，聚焦我国关键核心技术受制于人这个突出短板，把发展基点放在创新上，强化事关发展全局的基础研究和共性关键技术研究，全面提高自主创新能力，着力增强我国经济整体素质和国际竞争力。聚焦我国发展中不平衡、不协调、不可持续的突出问题，着力推动区域协调发展、城乡协调发展、物质文明和精神文明协调发展，推动经济建设和国防建设融合发展，不断增强我国发展的整体性。聚焦人民群众反映强烈的生态环境问题，推进美丽中国建设，统筹产业结构调整、污染治理、生态保护、应对气候变化，让人民群众切实感受到经济发展带来的实实在在的环境效益，走向生态文明新时代。聚焦高水平开放中面临的保护主义、“筑墙设垒”、“脱钩断链”、单边制裁、极限施压等邪风逆流，提高把握国内国际两个大局的自觉性和能力，提高对外开放质量和水平，推进双边、区域和多边合作，营造有利于发展的国际环境。聚焦实现共同富裕这个关系党的执政基础的重大政治问题，自觉主动解决地区差距、城乡差距、收入差距等问题，不断增强人民群众获得感、幸福感、安全感。

三、从忧患意识把握新发展理念

我们党建党 100 多年、新中国成立 70 多年、改革开放 40 多年的历史，从来都不是一帆风顺的。随着我国社会主要矛盾变化和国际力量对比深刻调整，我国发展面临的内外部风险空前上升，必须增强忧患意识、坚持底线思维，随时准备应对更加复杂困难的局面。党的二十大报告把安全问题摆在非常突出的位置，强调“统筹发展和安全，全力战胜前进道路上各种困难和挑战，依靠顽强斗争打开事业发展新天地”。必须从忧患意识把握新发展理念，未雨绸缪、防微杜渐，下好先手棋，打好主动仗，时刻准备战胜一切艰难险阻。

从忧患意识把握新发展理念是应对新发展阶段严峻复杂局面的迫切需要。当前，国内外形势正在发生深刻复杂变化，虽然我国发展仍然处于重要战略机遇期，但机遇和挑战都有新的发展变化，机遇和挑战之大前所未有，总体上机遇大于挑战。从国内看，我国有独特的政治优势、制度优势、发展优势和机遇优势，经济社会发展依然有诸多有利条件；同时，发展不平衡不充分问题仍然突出，地区差距、城乡差距、收入分配差距明显，生态环保、民生保障、社会治理存在弱项，推动高质量发展任重而道远。从国际看，世界百年未有之大变局加速演进，经济全球化遭遇逆流，保护主义、单边主义上升，世界进入动荡变革期。今后一个时期，我们将面对更多逆风逆水的外部环境。面对我国社会主要矛盾变化带来的新特征新要求，面对错综复杂国际环境带来的新矛盾新挑战，只有始终保持强烈的忧患意识，始终居安思危，才能切实增强贯彻新发展理念的政治自觉、思想自觉和行动自觉，提升我国在严峻复杂环境中的生存力、竞争力、发展力、持续力，确保立于不败之地。

从忧患意识把握新发展理念必须做好“两个统筹”。一方面，统筹中华民族伟大复兴战略全局和世界百年未有之大变局。要立足国内，放眼世界，深刻认识错综复杂的国际局势对我国的影响，既保持战略定力又善于积极应变，既集中精力办好自己的事，又积极参与全球治理，为国内发展创造良好环境。另一方面，统筹发展和安全。习近平总书记反复强调，“安全是发展的前提，发展是安全的保障”[①]。在全面建设社会主义现代化国家的新征程中，要深入贯彻总体国家安全观，既要善于运用发展成果夯实国家安全的实力基础，又要善于塑造有利于经济社会发展的安全环境，实现发展和安全互为条件、彼此支撑。因此，要从认识把握外部环境深刻变化和我国改革发展稳定面临的新情况新问题出发，运用科学的马克思主义思想方法和工作艺术，善于预见和预判各种风险挑战，做好应对各种“黑天鹅”“灰犀牛”事件的预案，注重堵漏洞、强弱项，不断增强发展的安全性。

复习与思考

一、名词解释

创新发展　　协调发展　　绿色发展　　开放发展　　共享发展

二、简答题

1. 新阶段协调发展的新特点是什么？
2. 如何理解共享发展的内涵？

三、论述题

论述新发展理念五个方面的内在关系。

四、讨论题

在逆全球化兴起的时代背景下，中国如何坚持开放发展？

延伸阅读

1. 习近平．论把握新发展阶段、贯彻新发展理念、构建新发展格局．北京：中央文献出版社，2021.
2. 徐兆荣，潘梅芝．贯彻新发展理念十讲．北京：中国民主法制出版社，2023.

---

① 习近平．论把握新发展阶段、贯彻新发展理念、构建新发展格局．北京：中央文献出版社，2021：424.

3. 洪向华．完整准确全面贯彻新发展理念．北京：人民出版社，2021.

即测即评

扫描二维码可在线自测并查看答案。

第12章

加快构建新发展格局

党的二十大擘画了以中国式现代化全面推进中华民族伟大复兴的宏伟蓝图，再次明确了加快构建新发展格局的战略任务。2023年1月，习近平总书记在中共中央政治局第二次集体学习时强调："加快构建新发展格局，是立足实现第二个百年奋斗目标、统筹发展和安全作出的战略决策，是把握未来发展主动权的战略部署。"① 以习近平同志为核心的党中央统筹中华民族伟大复兴战略全局和世界百年未有之大变局，作出加快构建新发展格局的重大战略谋划，是"应对新发展阶段机遇和挑战、贯彻新发展理念的战略选择"②，必将引领我国经济迈上更高质量、更有效率、更加公平、更可持续、更为安全的发展之路，谱写全面建设社会主义现代化国家的崭新篇章。

第1节　加快构建新发展格局的战略意义

经济发展是一个连续的螺旋式上升的历史过程，不同阶段具有不同的特征和要求。与发展阶段相适应的需求结构、产业结构、技术体系和关联方式等，决定了不同的发展格局。以习近平同志为核心的党中央立足我国发展阶段、环境和条件的新变化，作出的构建以国内大循环为主体、国内国际双循环相互促进的新发展格局的重大决策，是牢牢把握发展主动权的系统谋划，为抓住和用好重要战略机遇期，全面推进中华民族伟大复兴和全面建成社会主义现代化强国提供了有力支撑。

---

① 加快构建新发展格局，增强发展的安全性主动权．人民日报，2023-02-02 (1).

② 习近平著作选读：第2卷．北京：人民出版社，2023：414.

一、统筹国内国际两个大局的战略谋划

一个国家的发展格局总是在一定的时代背景、内外部环境和发展条件等综合因素的作用下形成，又塑造和影响着国家发展的总体态势。

新中国成立后，面对西方国家的经济封锁，中国共产党领导全国人民坚持独立自主、自力更生的发展道路，建立起独立的比较完整的工业体系和国民经济体系，开启了国内经济循环的尝试。在发展道路选择方面，我国既没有走西方轻工业化的道路也没有完全照搬苏联的经济建设经验，而是在党的坚强领导下，在国营经济的统领下发挥各种经济成分的优势，在补缺重工业的同时坚持轻工业与农业的改造提升，实现国内经济循环独立完整的工业体系基本建立。在国内经济循环阶段，我国不仅形成了以物质生产部门为主体的经济结构，还对国民经济结构平衡问题进行了探索，形成了党探索优先发展重工业条件下的经济平衡与循环发展的基础理论。在马克思社会总资本再生产理论以及列宁的生产资料优先发展的经典理论的基础上，中国共产党探索了工业与农业之间、重工业与轻工业之间的比例关系调节问题，同时也对国民经济的区域布局进行了大胆实践，总体上形成了发展社会生产与满足人民需要并进的国内经济循环思想体系。

党的十一届三中全会以来，党将工作中心转移到经济建设，拉开了我国改革开放的序幕，为国际经济大循环创造了制度条件。随着经济体量的快速增长以及开放程度的不断提升，特别是加入世界贸易组织后，我国抓住了经济全球化的宝贵机会融入国际大循环，积极引进外资和技术，大力开拓国际市场，形成了市场和资源“两头在外”的国际经济大循环发展格局。我国利用劳动力成本优势与资源成本优势，占据了全球价值链的加工制造环节并通过生产的国际化建立并巩固了制造大国的地位，快速提升了经济实力、改善了人民生活水平。这一时期，虽然我国国内消费市场规模不断扩大，但消费对经济增长的贡献率却总体呈下降趋势，与此同时，我国外贸依存度快速上升，在国际分工体系中扮演了越来越重要的角色。2008 年国际金融危机后，面对严重的外部危机冲击，我国将扩大内需作为保持经济平稳较快发展的基本立足点，一方面，加大宏观调控力度，推出大规模刺激计划，以超常规投资力度稳住经济运行基本盘；另一方面，采取多种方式提振内需，扩大消费市场规模，引导大批企业从出口导向转为面向内需，国内循环在我国经济中的作用显著上升，我国经济逐渐从深度依赖国外投资和国际市场向兼顾国内国际两种资源、两个市场转变。

党的十八大以来，以习近平同志为核心的党中央坚持实施扩大内需战略，坚定不移走中国特色自主创新道路。在全面建成小康社会、实现第一个百年奋斗目标之后，我国进入全面建设社会主义现代化国家的新发展阶段。党的二十大报告明确指出：“当前，世界之变、时代之变、历史之变正以前所未有的方式展开。”面对严峻复杂的外部环境和深刻变化的内部发展条件，习近平总书记强调：“领导干部要胸怀两个大局，一个是中华民族伟大复兴的战略全局，一个是世界百年未有之大变局，这是我们谋划工作的基本出发点。”①

---

① 习近平总书记江西考察并主持召开座谈会微镜头．人民日报，2019－05－23（2）.

当今世界正经历百年未有之大变局，新一轮科技革命和产业变革深入发展，和平与发展仍是时代主题，人类命运共同体理念深入人心；同时国际环境日趋复杂，不稳定性不确定性明显增加，经济全球化遭遇逆流，有的国家大搞单边主义、保护主义，传统国际循环弱化，特别是新冠疫情全球大流行使全球产业链、供应链面临的风险隐患进一步暴露。我国正处于实现中华民族伟大复兴的关键时期，经济已由高速增长阶段转向高质量发展阶段，继续发展具有多方面优势和条件；同时我国发展不平衡不充分问题仍然突出，重点领域关键环节改革任务仍然艰巨，创新能力不适应高质量发展要求，关键核心技术“卡脖子”、重要能源资源供应安全等问题凸显。以习近平同志为核心的党中央统筹国内国际两个大局作出加快构建新发展格局的战略谋划，有效回应我国社会主要矛盾发展变化带来的新特征新要求，科学应对错综复杂的国际环境带来的新矛盾新挑战。

二、塑造我国国际经济合作和竞争新优势的战略抉择

习近平总书记在党的十九届五中全会上强调：“构建新发展格局，是与时俱进提升我国经济发展水平的战略抉择，也是塑造我国国际经济合作和竞争新优势的战略抉择。”① 改革开放以来特别是加入世界贸易组织后的相当长一段时期，我国通过参与国际大循环成为“世界工厂”，有力地促进了经济快速发展。在这一背景下，我国产业政策的主要逻辑是服务“国际大循环”，鼓励将优质商品以具有竞争力的低廉价格出口国外，同时减免出口企业所得税并提供出口退税。这种模式虽然短期内创造了举世瞩目的工业发展奇迹，但也带来巨量的资源消耗和国内环境污染、附加值低、分工锁定、贸易摩擦及争端增多、低水平恶性竞争等突出难题，我国发展受到发达国家与新兴经济体的“两头挤压”。尤其是近年来，随着老龄化问题日渐突出，劳动力增速放缓、工资成本上升等因素使得我国在国际贸易中的传统比较优势逐渐减弱，部分外贸企业向东南亚等地转移。与此同时，为摆脱经济危机困境，美欧发达国家意欲重振制造业，尤其是在高端行业领域实施优惠政策吸引跨国企业回流，使得我国面临“高端回流，中低端分流”的不利局面，过去出口拉动型的经济增长模式难以为继。

从外部来看，经济全球化遭遇逆流，国际经济循环格局发生了深度调整。新冠疫情深刻影响全球产业格局，单边主义和贸易保护主义盛行，国际贸易局势紧张，经济发展的外部环境充满不确定性。在我国发展所具有的要素禀赋发生变化的条件下，在一些国家单边主义、保护主义抬头以及世界经济低迷、全球市场萎缩的现实情况下，加快构建新发展格局，是准确识变、科学应变、主动求变，重塑我国国际经济合作和竞争新优势的战略抉择。必须打破传统国际大循环模式的弊端和受制于人的尴尬地位，将满足人民日益增长的美好生活需要作为发展的出发点和落脚点，充分挖掘内需潜力，打造强大国内市场，促进经济循环畅通无阻，形成对全球要素资源的强大吸引力，推动实现从融入参与发展模式向主动引领发展模式的跃迁，为中国经济增长提供持续动力。

---

① 十九大以来重要文献选编：中．北京：中央文献出版社，2021：782.

三、着眼我国经济中长期发展、开启新征程的战略部署

构建新发展格局，是我国把握发展主动权，开启新征程的先手棋。在全面建成小康社会、实现第一个百年奋斗目标之后，我国乘势而上开启了全面建设社会主义现代化国家新征程，向着第二个百年奋斗目标进军。新征程上，我国发展仍然处于重要战略机遇期，但机遇和挑战都有新的变化发展，危与机并存、危中有机、危可转机。只有加快构建新发展格局，才能夯实我国经济发展的根基、增强发展的安全性稳定性，才能在各种可以预见和难以预见的狂风暴雨、惊涛骇浪中增强我国的生存力、竞争力、发展力、持续力，确保中华民族伟大复兴进程不被迟滞甚至中断，胜利实现全面建成社会主义现代化强国目标。

构建新发展格局，是充分发挥我国自身比较优势的必然要求。通过培育完整内需体系、提高人民生活品质，将在解决国内发展不平衡不充分问题、应对传统国际经济循环弱化挑战的同时，创造发展新空间、提供发展新机遇。对此，我国具有坚实的实践基础。从制度层面看，我国有中国特色社会主义制度优势，能够广泛凝聚共识，调动各方面积极性，将有为政府和有效市场更好结合，集中力量办大事，为构建新发展格局提供了制度保证。从内需潜力看，我国有14亿多人口、4亿多中等收入群体，是全球规模最大、最具发展潜力的消费市场之一，2022年全国社会消费品零售总额达到44万亿元，是世界第二大消费品市场。居民消费优化升级空间广阔，国内市场规模还将持续扩张。从供给能力看，我国储蓄率对比主要国家仍处于较高水平，为扩大有效投资、促进产业优化升级提供了较充裕的资本。

构建新发展格局，是提高我国在全球产业链、供应链、创新链中影响力的有力举措。利用我国经济纵深广阔的优势，提高我国对全球要素资源的吸引力，将充分发挥规模效应和集聚效应，释放巨大而持久的发展动能。我国拥有全球最完整、规模最大的工业体系和完善的配套能力，是全世界唯一拥有联合国产业分类中全部工业门类的国家，500余种主要工业产品中有220多种的产量是世界第一，拥有1.6亿多户市场主体和1.7亿多受过高等教育或拥有各种专业技能的人才。这将有助于进一步发挥我国独特的政治优势、制度优势、发展优势和机遇优势，巩固我国经济稳中向好、长期向好的基本面，充分利用我国经济潜力足、韧性大、活力强、回旋空间大、政策工具多的基本特点，推动实现经济行稳致远、社会安定和谐。

第2节　坚持扩大内需战略基点

大国经济的共同特征是内部可循环，国内供给和国内需求对于经济循环起到主要的支撑作用，同时提供巨大国内市场和供给能力，支撑并带动外循环。依托国内大循环增强内生动力和可靠性，通过国际循环提升发展质量和水平，是大国经济、强国经济发展的普遍规律和我国全面建成社会主义现代化强国的必然抉择和现实路径。习近平总书记

在党的二十大报告中创造性提出“把实施扩大内需战略同深化供给侧结构性改革有机结合起来”，这是基于国内外发展环境变化和新时代新征程党的中心任务作出的战略部署。必须坚持扩大内需这个战略基点，牢牢把握住强大、韧性、可靠的国内大循环这一我国发展的根基和命脉。

一、培育完整的内需体系，更好统筹扩大内需

经济活动是动态循环的过程，需要各种生产要素在生产、分配、流通、消费的各个环节有机衔接，从而实现循环流转。习近平总书记强调：“构建新发展格局，实行高水平对外开放，必须具备强大的国内经济循环体系和稳固的基本盘。”① 我国拥有超大规模市场优势和全球最完整、规模最大的工业体系，发展国内大循环具有坚实的基础和足够的底气。面对国际形势的不稳定性不确定性，只有立足自身，把国内大循环畅通起来，增强国内大循环的内生动力和可靠性，才能在风云变幻的国际环境中持续增强我国发展的安全性稳定性可持续性。

1. 突出消费需求的基础性作用

内需体系不只是消费环节，而是包括分配、流通、消费在内的系统。相应地，培育完整的内需体系是个系统工程，需要以最终消费为中心，使分配和流通环节与之相协同并且相互畅通。内需包括国内的消费需求和投资需求，涉及国民生产总值中的投资率（积累率）和消费率。我国在相当长的时期在国民收入分配中践行的是高积累低消费的政策，经济增长主要靠投资来拉动。消费率常年占国民收入的 30%以下。改革开放以后消费率逐年提高，2011—2019 年我国平均消费率为 53.4%，2022 年最终消费占 GDP 比重为 54.5%，高于资本形成总额所占比重 11.2 个百分点，但是横向比较来看，我国消费率仍较低，发达国家同期最终消费占 GDP 的比重达到 70%～80%，全球最终消费占 GDP 的比重平均达到 78%。这说明我国消费率的提高还有较大的空间。

构建新发展格局需要推进“收入支撑的消费需求”升级。根据马斯洛需求层次理论，当前，我国居民对满足发展和享受需要的消费品和消费服务的需求明显增长。应以提升质量、打造品牌为重点，促进消费向健康、绿色、安全等领域转型，形成消费新模式，培育消费新业态。消费升级可以促进更优质、更广泛的消费品供给，为居民部门提供样式更多、质量更高的消费品选择，尤其是文化教育和信息消费成为热点。消费结构的这种转型必然牵动供给侧结构转型。构建新发展格局意味着需要对消费升级的方向给予支持和引导。

构建新发展格局需要进一步扩大公共消费。公共消费是指由政府财政承担，用于行政管理、科学、国防、文化、教育、环境保护、卫生保健、城乡公用事业及各种生活服务等方面的消费支出。扩大公共消费开支，提高社保、医疗、教育、就业等方面的公共支出，其目的不局限于释放居民消费需求能力，更重要的是通过提升与民生直接相关的公共服务的范围和质量，推进基本公共服务的均等化。扩大公共消费，既体现谁享受谁

---

① 习近平著作选读：第 2 卷．北京：人民出版社，2023：413.

付费的横向公平，也使低收入者能平等享受基本公共服务，更加凸显纵向公平。

满足居民的消费升级及公共消费的需要会牵引“有合理回报的投资需求”。构建新发展格局也包括投资方向适应消费需求增长的调整。从这一意义上说，提高消费率并不是挤出投资需求，而是要进一步完善市场环境，通过政府投资和政策激励有效带动全社会投资，鼓励和吸引更多民间资本参与国家重大工程和补短板项目建设，从而创造更多的就业机会和社会财富。要吸引民间资本的广泛参与，需要做好三个方面的工作：一是明确投资项目是否有市场基础，是否可以真正产出效益；二是明确是否为民间资本投入提供了相对可靠、有利的渠道；三是各类主体是否在政策支持、金融信贷支持、营商环境支持等方面得到了平等待遇。

2. 扩大分配环节对消费需求的支撑作用

在社会再生产过程中，分配是生产与消费之间的重要媒介，扩大消费需求离不开分配的作用。研究分配和消费的关系，要特别重视马克思在《资本论》中所提出的“消费力”的概念，消费力指一定时期内消费者的消费能力。根据马克思的消费力理论，个人消费力是由其收入水平决定的，而社会消费力则取决于社会的分配关系。影响消费力的因素主要是两个方面：一是企业内的收入分配关系，即微观分配关系；二是国民收入在积累和消费之间的分配比例，即宏观分配关系。居民只有有稳定的当前收入，并预期将来收入较快增长，才能想消费、敢消费、能消费。

着力提高低收入者的收入。低收入群体的消费收入弹性是最高的，即低收入群体的边际消费倾向最为强烈。当前，我国通过脱贫攻坚任务消灭了绝对贫困，但相对贫困问题仍将长期存在。提高低收入人群，特别是农民和城市中的失业者的收入是增强社会消费力的重要方面。一方面，要稳定就业，进一步强化就业优先的政策，完善失业保险制度。另一方面，要优化分配，坚持和完善以按劳分配为主体、多种分配方式并存的分配制度。具体而言，既要坚持以按劳分配为主体切实提高初次分配中劳动报酬的比重，建立健全促进工资合理、稳步增长的机制；又要完善要素报酬，建立土地、资本、数据、技术等要素依据使用权、收益权获取报酬的市场化机制，使劳动者也能获得这些非劳动要素的收入和财产性收入。

扩大中等收入群体。党的十九届五中全会提出的 2035 年基本实现现代化的一个重要标准是中等收入群体显著扩大。对扩大消费需求来说，中等收入群体的消费意愿和消费能力相对较强，是中高端消费的主力军，是消费升级的领头羊，是产业升级的推动者。我们所讲的中国市场大，不只是指 14 亿多人口的市场，更是指 4 亿多中等收入群体的市场。因此，扩大中等收入群体规模是构建新发展格局的重要政策目标。

完善再分配调节机制。对扩大消费需求十分重要的是健全多层次的社会保障体系。包括基本住房、养老、基本医疗和失业等方面的社会保障体系是社会稳定器。当前，我国社会保障体系的完善主要涉及几个方面：首先是坚持公平原则，提高社会保障水平；其次是实现城乡、异地社会保障制度接轨；最后，发挥好慈善、捐赠等第三次分配的作用，改善收入和财富分配格局，从而为消费者营造放心消费、敢于消费的制度环境。

3. 提升流通环节对消费需求的市场实现作用

国民经济循环中的消费离不开市场，自给自足的消费无法形成国民经济的循环，最终消费必须通过市场来实现。构建新发展格局所需要的畅通国民经济循环很大程度上是指畅通市场流通。就消费需求来说，消费只有同流通结合才能形成现实的消费需求。流通作为生产和消费的媒介，一端连着生产，一端连着消费，完善的市场机制能够有效调节供给与需求。畅通国民经济循环所需要的消费需求的增长，离不开市场有效发挥作用。因此，构建新发展格局需要大力进行市场建设。

首先，建设现代标准的市场体系。必须克服生产和消费的市场堵点，畅通市场流通，要适应消费需求的层次性发展多层次市场，健全现代流通体系和物流体系，特别要开拓城乡消费市场，提高农民的消费力。其次，发展消费金融。推行信用消费，可以克服短期内消费能力不足的情况，进而实现扩大消费需求的作用，但必须重点关注和防止可能潜伏的债务风险，尤其重视消费领域的信用体系建设。再次，发展流通的新技术新业态新流通模式。利用“互联网＋”、电子商务发展线上流通，促进线上和线下的融合发展，畅通流通渠道，降低企业流通成本。最后，规范市场秩序。强化并优化市场监管机制，规范市场价格形成，建设法治化营商环境和消费环境，在良好的消费预期中扩大内需。

阅读扩展　注重扩大有收入支撑的消费需求

二、深化供给侧改革，加快产业链和创新链深度融合

畅通国民经济循环不仅涉及由最终消费需求带动的循环，还包括从供给出发的产业链循环。构建新发展格局的一个关键是继续深化供给侧结构性改革，持续推动科技创新、制度创新，突破供给约束堵点、卡点、脆弱点，增强产业链供应链的竞争力和安全性，以自主可控、高质量的供给适应满足现有需求，创造引领新的需求。

自 2008 年国际金融危机以来，世界经济低迷，受全球贸易局势恶化、经济增速放缓以及新冠疫情的多重影响，全球贸易额显著下降。近年来一些国家推行保护主义，反全球化政策盛行。特别是中美贸易摩擦导致我国多条高科技产业链受到打压和断供。与此同时，我国发展所具有的要素禀赋发生了重大变化，人口红利和土地红利逐渐消失，而原本处于全球产业链下游的墨西哥、越南等发展中国家由于土地、劳动力更为廉价，已经成为主要发达国家产业转移的新方向。我国的全球产业链面临发达国家上游企业向本国回流、中下游企业向新兴经济体分流的双重压力，我国产业和企业嵌入的全球产业链面临断链的压力。此背景下，我国产业链环节的布局需要进行战略性调整，将部分海外产业链环节转向国内，使其成为国民经济内循环的重要组成部分。这就要求围绕构建新发展格局推进供给侧结构性改革，加快国内产业升级，在国内供给端围绕创新链形成完备的产业链，形成本土产业链和全球产业链的良性循环。

1. 实现科技自立自强，坚决防止被别人“卡脖子”

创新在我国现代化建设全局中居于核心地位。科技历来是大国博弈的主战场，近些年美国对我国科技发展的遏制不断升级。因此，对于我国这样的发展中大国，科技自立自强是必需品而非奢侈品，不仅是发展问题，更是生存问题。在此背景下，我国创新体

系整体效能不高、创新能力不足问题凸显。关键核心技术受制于人，“卡脖子”问题亟待破解。必须加快科技创新和高水平自立自强步伐，加快攻克重要领域“卡脖子”技术。要充分发挥社会主义市场经济条件下的新型举国体制优势，加强基础研究，强化国家战略科技力量，优化创新资源配置，打好关键核心技术攻坚战。要确立和强化企业科技创新主体地位，加强企业主导的产学研深度融合，发展出一大批有持续竞争力的创新型企业。要学会在斗争中求合作，稳住和拓展国际合作，形成具有全球竞争力的开放创新生态。要坚持人才引领驱动，为人才干事创业创造良好环境，让顶尖人才愿意来、留得住、干得好。要加快建设高质量教育体系，守护好奇心，鼓励探究本源，激发创造力，增强实践力，促进教育更好为创新服务。

2. 加快建设现代化产业体系，改变大而不强局面

建设现代化产业体系，实现国民经济各产业有机链接、高效畅通是国内大循环畅通的基础。建设现代化产业体系关键是做到自主可控、安全可靠、竞争力强，利用先进适用技术，增强制造和服务能力，有力支撑高效率社会生产和高水平国民收入。

当前，我国产业链还处于国际分工体系的中低端，总体上大而不强、宽而不深、全而不精；产业基础能力薄弱，基础零部件、基础材料、基础工艺、产业技术基础存在“断链”“脱钩”风险；产业链面临中高端向发达国家回流、中低端向一些发展中国家分流的两头受挤压力；新兴产业培育存在一哄而上、低水平重复建设问题；大企业引领发展与产业系统定义能力还不强，中小企业数量庞大，有活力，但市场竞争力弱、升级能力不足，单项冠军、专精特新企业偏少。

改变我国大而不强局面，必须全面提升产业体系现代化水平。一是巩固提升传统优势产业领先地位，推动先进制造业和现代服务业融合发展，重点提升高端化、智能化、绿色化水平。二是发展壮大战略性新兴产业，做强做大集成电路、工业母机、新能源、生物医药等产业。三是前瞻布局未来产业等新赛道，加快量子计算、空天技术、脑科学与类脑智能等前沿技术和产业发展应用。四是大力发展数字经济，打造具有国际竞争力的数字产业集群，支持平台企业在引领发展、创造就业、国际竞争中大显身手。

3. 加快建设全国统一大市场，防止出现局部小循环

国内大循环是针对全国范围而言的，各地不能各自为政、封闭运行，不能搞省内、市内、县内的自我小循环。唯有建设全国统一的大市场，才能进一步扩大交易范围、拓展市场深度和广度、深化分工体系、提高经济效率，才能有效释放中国作为超大经济体所蕴含的规模经济和范围经济巨大空间。

我国拥有全球最完整、规模最大的工业体系和完善的产业配套能力，具备较强的技术创新能力和强大产业生产能力，工业化、城镇化仍处于深入发展阶段，市场空间和潜力巨大，具备依靠国内产业分工和国内需求驱动经济长期合理增长的条件和能力。然而，一些地方担心纳入大循环会使当地市场被外地企业占领、资源被发达地区掏空、税源流失；一些地方为了实现买本地产品、扶持本地企业，利用多样、层出不穷的行政干预和地方保护手段，差别化监管和执法现象较多；一些地方招商引资乱象频出、恶性“内卷”；跨区域协调联动发展机制欠缺，资源要素全国范围合理高效配置受到制约；乡村的人才、土地、资金等要素持续单向流出，城市资源要素“下乡”还有不少体制机制障碍。出现这些各式各样的自我小循环，看似局部正确、短期可行，但实质上是以低层次自我循环取代高水平全域循环，不仅弱化自身长期发展竞争力，也不利于国家经济发展全局。

未来一个时期，要强化系统观念，明确方向、把握重点、辩证施策，以改革的办法着力破除制约国内经济循环的堵点卡点。一是增强城乡经济联系，畅通城乡要素流动，推动城乡融合发展。推动区域协调发展、区域重大战略、主体功能区战略等深度融合，优化重大生产力布局。二是坚决打破区域封锁和市场分割，加快构建无歧视性的统一的市场准入要求、竞争规则和监管执法体系，激发经营主体活力，使生产、分配、流通、消费各环节，科技、产业、金融各方面畅通循环，促进商品和要素自由流动和高效配置，为增强国内大循环内生动力和可靠性提供统一开放、竞争有序、富有深度和广度的雄厚市场基础。三是进一步夯实国内大循环在国内国际双循环中的主体地位，不断增强对国际循环的吸引力、推动力，开创高质量发展新局面。

第 3 节　以国内大循环为主体、国内国际双循环相互促进

习近平总书记指出：“构建新发展格局是开放的国内国际双循环，不是封闭的国内单循环。”① 改革开放 40 多年来，我国积极参与国际经济大循环发展，既推动国内经济大发展，也为世界经济作出了巨大贡献。以习近平同志为核心的党中央提出加快构建新发展格局，就是要以国内大循环为主体，通过发挥内需潜力，使国内市场和国际市场更好联通，以国内大循环吸引全球资源要素，更好利用国内国际两个市场两种资源，提高在全球配置资源能力，更好争取开放发展中的战略主动。要塑造我国参与国际合作和竞争新优势，重视以国际循环提升国内大循环效率和水平，改善我国生产要素质量和配置水平，持续推动我国产业转型升级，并以此形成对全球要素资源的强大吸引力、在激烈国际竞争中的强大竞争力、在全球资源配置中的强大推动力。

一、打造开放的国内国际双循环，不能搞封闭的国内单循环

加快构建新发展格局就要进一步敞开开放的大门，实现国内国际双循环相互促进。在市场经济条件下，市场规模决定分工深度，分工深度决定生产力水平和收入水平。现代经济区别于前现代经济最根本的特点，就是在不断扩大的市场范围中组织生产、利用资源、交换商品，从而持续深化分工、提高效率。世界近现代史正反两方面的经验反复说明，封闭导致落后，开放带来繁荣。成功实现现代化的国家，无一不是通过发挥比较优势、积极参与国际循环来实现经济持续增长和人均收入水平提升的。当前，我国经济已经深度融入世界经济，同全球很多国家有着紧密的产业和市场关联，为此，更要发挥大国经济优势，使国内大循环和国际循环在更高层次上实现结合和互动，增强国内国际

① 习近平著作选读：第 2 卷．北京：人民出版社，2023：370.

两个市场两种资源的联动效应，为全面建设社会主义现代化国家提供物质支撑。党的二十大报告明确指出，中国坚持经济全球化正确方向，促进国际宏观经济政策协调，共同营造有利于发展的国际环境，共同培育全球发展新动能，反对保护主义，反对“筑墙设垒”“脱钩断链”，反对单边制裁、极限施压。2022年11月，习近平总书记在第五届中国国际进口博览会开幕式上向全世界宣布：“我们要以开放纾发展之困、以开放汇合作之力、以开放聚创新之势、以开放谋共享之福，推动经济全球化不断向前，增强各国发展动能，让发展成果更多更公平惠及各国人民。”①

近年来，我国连续多年对世界经济增长贡献率保持在30%左右，为全球经济开放发展持续注入新动能。中国制造已经深度融入全球产业链供应链，在国际大循环中的地位日益突出。作为世界第一大货物贸易国、140多个国家和地区的主要贸易伙伴和重要出口市场，我国贡献了全球货物和服务贸易进出口额1/4的增量，贡献了全球对外直接投资约1/6的增量，是世界经济增长的重要稳定器和动力源。自2013年共建“一带一路”倡议实施以来，截至2023年6月底，我国已经与152个国家、32个国际组织签署200多份共建“一带一路”合作文件，涵盖投资、贸易、金融、科技、社会、人文、民生等领域。“六廊六路多国多港”互联互通架构基本形成，物流服务网络覆盖亚欧大陆全境。中欧班列通达欧洲25国223个城市和中国90多个城市，截至2024年5月累计开行9万列，运输货物870万标箱，货值超3 800亿美元。2013—2022年，我国“一带一路”沿线国家进出口年均增长8.6%。2013—2022年，我国与“一带一路”沿线国家贸易额从1.04万亿美元扩大到2.07万亿美元，将近翻了一番。截至2022年底，“一带一路”沿线境外经贸合作区累计投资571.3亿美元，为当地创造42.1万个就业岗位，为相关国家的现代化进程和当地人民群众的就业收入作出了重要贡献。“一带一路”沿线国家成为中国企业对外投资首选地，双向投资及合作总体保持稳定增长，贸易畅通不断提升。中国积极与沿线国家开展金融合作，2016—2022年末，亚洲基础设施投资银行在基础设施建设、推动当地经济与社会发展、改善人民生活方面已累计批准202个项目，融资总额超388亿美元，撬动资本近1 300亿美元，资金融通不断扩大。中国与沿线国家在文化、教育、旅游、科技创新和抗疫等方面开展深入交流合作，不断促进民心相通。

我国坚持“引进来”和“走出去”并重，经过多年发展，成为利用外资和境外投资大国。2013—2022年的10年间，我国利用外资金额总量增长了55.3%，年均增长5%，利用外资规模连续多年居发展中国家首位。我国出台了一系列促进高水平投资自由化便利化政策，对外直接投资管理模式由核准制转向备案制，我国投资“走出去”迈出坚实步伐。我国对外投资遍及全球189个国家和地区，涵盖国民经济的18个行业大类，对外合作渠道不断拓宽。2022年，我国对外直接投资流量1 631.2亿美元，居全球第二位。截至2022年末，我国对外直接投资存量达2.75万亿美元，连续6年排名全球前三，对外投资大国地位稳固。

我国实行更加积极主动的对外开放战略，持续打造中国国际服务贸易交易会、中国国际进口博览会等优势互补的全方位对外开放展会平台，在世界经济低迷、国际贸易大

① 习近平．共创开放繁荣的美好未来．人民日报，2022-11-05（2）．

幅萎缩背景下，有效连接我国市场和世界市场，为全球经济循环注入强大动力。自 2013 年以来，我国成为 140 多个国家和地区的主要贸易伙伴，贸易高质量发展迈出新步伐。国民经济和社会发展统计公报数据显示，2013—2022 年，我国货物出口总额占全球比重从 11.1%提升到 15.1%。2022 年，我国克服全球疫情、地区局势等多重因素影响，货物进出口总值为 42.07 万亿元，比 2021 年增长 7.7 个百分点，连续 6 年位居全球第一。2013—2022 年的 10 年间，我国的服务贸易进出口总额年均增长 6.4%，对外贸增长贡献度逐步提高；新型服务贸易发展势头强劲，知识密集型进出口额占服务贸易进出口总额的比重年均增长 9.3%。全面深化服务贸易创新发展试点，有效发挥自由贸易试验区、海南自由贸易港引领作用，提升服务贸易开放水平。贸易数字化、绿色化水平持续提升，跨境电商综合试验区、海外仓等贸易新业态新模式快速发展，为带动外贸增长注入新动能。

二、更好统筹开放和安全，防止陷入消极被动的国际循环

随着国际环境变化和我国经济不断发展壮大，我国在全球经济体系中的角色正在发生深刻变化。在全面建设社会主义现代化国家的新征程上，不可避免要遇到来自外部的各种干扰和阻碍，会遭遇风高浪急甚至惊涛骇浪的考验，参与国际循环的方式必然要进行相应调整。面对新的充满挑战和不确定性的发展环境，我们必须统筹开放和安全，在开放中把握战略主动，塑造积极可控的主动型国际循环，避免陷入单纯依靠外需拉动、过度依赖外部技术和资源、安全风险防控机制缺失的被动型国际循环。

主动型国际循环以强大稳健的国内大循环为基础。我国内需市场强劲、产业完备健全、资源要素保障有力的国内大循环，是我国抵御各类极端情况冲击、参与国际合作和竞争、更好促进国际循环的坚实基础。畅通的国际循环会给国内大循环带来更加丰富的高质量要素资源、更加多元稳定的市场需求，促进市场机制的完善，有利于国内现代化经济体系发育成长。近年来，尽管全球经济贸易受到保护主义和疫情的巨大冲击，但我国经济克服了各种不利因素的影响，采取正确策略，发挥自身优势，实现对外贸易逆势大幅增长，进出口总额年均增长超过 10%，出口年均增长 11.6%，促进了国内经济发展和全球共同繁荣。

坚持经济全球化正确方向，同一切和平进步力量一道推动建设开放型世界经济，维护多元稳定的国际经济格局和经贸关系。在复杂多变的国际发展环境下，我国必须积极参与全球治理体系改革和建设，坚持真正的多边主义，积极参与制定和维护各类国际经贸规则，反对搞针对特定国家的阵营化和排他性小圈子，推动世界贸易组织、亚太经合组织等多边机制更好发挥作用。推动共建“一带一路”高质量发展，巩固加强与发展中国家和周边国家的经贸关系，推动共同繁荣和发展。促进海外市场和供应链体系多元化、稳健化，提高国际循环的韧性和稳定性。加强标准、法律、物流等领域国际循环支撑体系建设，有序推进人民币国际化。

在对外经贸合作中坚定维护自身正当权益，反对各种形式的保护主义、单边主义和霸凌行径。要积极运用国际通行经贸规则和争端解决机制，以法律和经济手段维护包括

在华外资企业在内的中国经营主体的合法权益。着眼总体安全、动态安全，全面提高开放条件下维护国家安全的能力，健全安全审查、反垄断调查等国际通行的制度性安排，科学设定适应安全防护能力的开放水平，稳妥有序推进各项开放措施，提升国际循环稳定性安全性，有效维护国家主权、安全和发展利益。

三、推动高水平对外开放的高质量国际循环，防止低水平数量扩张的低层次国际循环

党的二十大报告指出："坚持高水平对外开放，加快构建以国内大循环为主体、国内国际双循环相互促进的新发展格局。"新时代新征程加快构建新发展格局，需要实施更大范围、更宽领域、更深层次的高水平对外开放，稳步扩大规则、规制、管理、标准等制度型开放，有效提升我国参与国际循环的质量和水平，增强我国在国际大循环中的话语权。

对标高标准国际经贸规则，促进高水平制度型开放。党的二十大报告强调，在持续深化"要素流动型开放"的同时要稳步扩大规则、规制、管理、标准等制度型开放。要主动对照相关要求，深化国内相关领域改革，推动货物贸易优化升级，创新服务贸易发展机制，大力发展数字贸易。加强出口产品品牌、质量、渠道等建设，更大力度开拓国际市场，稳定对外贸易规模，优化贸易结构。要高标准建设贸易强国，培育国际经贸合作新增长点，在更高层次、更大范围深度参与全球产业分工和合作。扩大面向全球的高标准自由贸易区网络，积极推动加入《全面与进步跨太平洋伙伴关系协定》（CPTPP）和《数字经济伙伴关系协定》（DEPA）等高标准经贸协议，全面落实《区域全面经济伙伴关系协定》（RCEP）实施，加快中日韩自由贸易协定的谈判进程，稳步推进亚太自由贸易区建设。

深入推动"一带一路"高质量发展，开辟高水平开放新格局。着力发挥"一带一路"共建机制的牵引作用，加强与国际组织、不同国家之间的宏观经济政策沟通协调，共同应对全球经济发展面临的新问题新挑战，推动形成开放、多元、稳定的世界经济秩序。完善陆、海、天、网"四位一体"互联互通布局，加快实现共建"一带一路"全方位高质量互联互通，为实现国内国际两个市场两种资源联动循环创造条件。加强国际经济合作平台建设，发挥中欧班列、空中丝绸之路和数字丝绸之路等联通作用，着力打造国际陆海贸易投资新通道。深化开展健康、绿色、数字、创新等新领域合作，积极拓展国际经济合作范围、领域和层次，切实为各国发展和全球经济增长培育新动力。

加快建设海南自由贸易港和推动中国（海南）自由贸易试验区升级，打造高水平开放新高地。未来，海南自由贸易港与中国（海南）自由贸易试验区建设将坚持以新型制度型开放为核心，将工作重心聚焦高水平开放主题，特别是在服务业开放、外资准入、投资便利化、边界内措施规制融合试点改革、商务自然人流动、数字贸易等重点与前沿领域，将优化营商环境放在显著位置，优化政府职能，营造公平竞争的市场环境。对于自由贸易试验区，要赋予更大改革自主权，深化首创性、集成化、差别化改革探索，积极复制推广制度创新成果，充分发挥深化改革和扩大开放试验田作用。促进自由贸易试

验区功能从“海关特殊监管区”向“特殊经济功能区”转变，将对外高水平开放、对内供给侧结构性改革、促进自主创新产业集群发展目标叠加互动，推动自由贸易试验区服务和融入国家重大战略。对接国际高标准经贸规则，加大开放压力测试与风险测试，发挥为国家试制度的探路者作用。

有序推进人民币国际化，积极营造市场化、法治化、国际化的高水平开放营商环境。进一步扩大市场准入，合理缩减外资准入负面清单，加大现代服务业领域开放力度。落实好外资企业国民待遇，促进公平竞争，依法保护外商投资和经营权益。有针对性地做好外资企业服务工作，积极回应外资企业关切，解决各类实际问题，为外商来华从事贸易投资洽谈提供最大程度的便利，采取有效措施稳定和留住有外迁压力的企业。积极推动外资标志性项目落地建设，更加注重吸引中小外资企业来华投资。

党中央这些重要论断和部署，充分表明中国致力于推动经济全球化不断向前、增强各国发展动能的鲜明立场，也体现了中国愿为经济全球化作出积极努力的决心，为中国深度参与国际经济合作指明了前进方向。未来，我们要坚定不移维护和推动经济全球化，深化拓展平等、开放、合作的全球经济合作伙伴关系，发挥特色优势，用好机制平台，持续优化合作格局，推动在更大范围、更广领域和更高层次上开展国际经济合作，更好服务构建新发展格局。要加快形成中国参与国际经济合作与竞争新优势，使国内市场和国际市场更好联通，强化国内大循环的主导作用，以国际循环提升国内大循环效率和水平，致力于形成更大范围、更宽领域、更深层次对外开放格局，推动建设开放型世界经济，既从世界汲取发展动力，也让中国发展更好惠及世界。

权威观点　郭丽岩：我国持续扩大内需具备有利条件

复习与思考

一、名词解释

新发展格局　　两个大局　　供给侧改革　　高水平对外开放
一带一路　　自由贸易试验区　　产业链　　供应链

二、简答题

1. 为什么说构建新发展格局的关键在于经济循环的畅通无阻?
2. 简述深化供给侧改革，加快产业链和创新链深度融合的路径?
3. 如何理解构建新发展格局是开放的国内国际双循环，不是封闭的国内单循环?

三、论述题

1. 试述如何理解加快构建新发展格局的战略意义。
2. 试述如何理解构建新发展格局、实行高水平对外开放，必须具备强大的国内经济循环体系和稳固的基本盘。

四、讨论题

结合实际谈谈你对构建以国内大循环为主体、国内国际双循环相互促进的新发展格局的理解。

延伸阅读

中共中央宣传部．习近平新时代中国特色社会主义思想学习纲要：2023 年版．北京：学习出版社，2023.

即测即评

扫描二维码可在线自测并查看答案。

第13章

大力发展数字经济

随着人工智能时代到来，以电子商务、移动支付等为代表的数字经济成为新的经济领域，这是继农业经济、工业经济之后的主要经济形态，是人类经济社会发展的未来，大有可为。习近平总书记强调："加快发展数字经济，促进数字经济和实体经济深度融合，打造具有国际竞争力的数字产业集群。"[①] 我们要站在统筹中华民族伟大复兴战略全局和世界百年未有之大变局的高度，充分发挥海量数据和丰富应用场景优势，促进数字技术和实体经济深度融合，赋能传统产业转型升级，催生新产业新业态新模式，不断做强做优做大我国数字经济，实现高质量发展和高水平安全的良性互动。

第1节　发展数字经济的战略意义

习近平总书记指出，"发展数字经济意义重大，是把握新一轮科技革命和产业变革新机遇的战略选择"。[②] 第四次工业革命将人类带入"数字时代"，互联网、大数据、云计算、人工智能、区块链等技术加速创新，日益融入经济社会发展各领域全过程，数字经济发展速度之快、辐射范围之广、影响程度之深前所未有，正在成为重组要素资源、重塑经济结构、改变全球竞争格局的关键力量。

阅读扩展　数字经济的内涵

① 习近平．高举中国特色社会主义伟大旗帜 为全面建设社会主义现代化国家而团结奋斗：在中国共产党第二十次全国代表大会上的报告．北京：人民出版社，2022：30.

② 习近平著作选读：第2卷．北京：人民出版社，2023：536.

发展数字经济是时代赋予我们的机遇，事关国家发展大局，意义重大、影响深远。

一、发展数字经济有利于构建新发展格局

构建新发展格局的重要任务是增强经济发展动能、畅通经济循环。数字经济是对传统经济形态的超越与发展，是推动新经济提质增效的重要力量。数字经济可以推动各类资源要素快捷流动、各类市场主体加速融合，帮助市场主体重构组织模式，实现跨界发展，打破时空限制，延伸产业链条，畅通国内外经济循环。

（1）发展数字经济能够更好地激发国内市场需求。数字经济的快速发展提供了多元化的应用平台和丰富的消费场景，能够激发消费者的消费潜力，创造增量的消费需求。首先，数字应用的快速渗透促进了服务业的发展，打破了传统消费市场时间和空间上的制约，不仅为消费者提供了多样化的消费选择和购物渠道，还降低了买卖双方的信息不对称程度。其次，数字化技术应用的深化，不仅可以挖掘消费者的消费偏好，为其提供个性化服务，还可以培养消费者网络消费习惯，有利于优化消费结构。一方面，消费者可以通过电商平台表达自己的个性化需求，生产者获得产品订单信息后，根据消费者需求为其量身打造相应的产品，为消费者提供高质量产品服务；另一方面，电商平台也可以通过对消费者的消费历史进行分析，挖掘消费者的潜在需求偏好，并据此进行相关产品推荐，以更好地满足消费者的消费体验。

（2）发展数字经济可以优化资源配置。随着数字技术在经济发展中不断渗透，要素市场和产品市场配置资源的能力都有所增强。一方面，数字化平台推动要素流动机制重塑，加快线上线下资源整合，显著提升要素市场的资源配置效率。数字技术使资源配置更加高效，以 5G、人工智能、大数据、物联网等为代表的新一代信息技术，已快速融入生产、分配、流通、消费各个方面，贯穿产业链、价值链、供应链各个环节，对生产力、生产关系和生产方式产生深刻影响。另一方面，数字技术在企业中的不断普及可以帮助企业及时掌握消费偏好、调整预期偏差，提高企业生产和消费的匹配度，降低供求信息不对称程度，从而避免资源错配和浪费。

（3）发展数字经济能够加快绿色转型。数字经济与绿色产业相融合可以加快绿色转型，助力实现碳达峰与碳中和目标。数字经济可以提高资源利用率，降低碳排放，共享单车、网约车等共享服务有助于培养公众的共享意识，使得绿色低碳出行方式日益普及。数字化技术应用的创新和普及，使跟踪、检测和监管碳排放变得更加容易，有利于促进碳排放权交易和定价。在数字经济时代，新媒体和自媒体成为信息传播的重要渠道，借助这些渠道积极宣传绿色发展的观念和具体做法，能够引导消费者增强节能环保意识，推动绿色消费，助力实现双碳目标。

二、发展数字经济有利于推动建设现代化经济体系

数字经济具有高创新性、强渗透性、广覆盖性，不仅是新的经济增长点，而且是改造提升传统产业的支点，可以成为构建现代化经济体系的重要引擎。当前，数字技术日

益成为创新驱动发展的先导力量，开启了具有全局性、战略性、革命性意义的数字化转型，带动人类社会生产方式变革、生产关系再造、经济结构重组、生活方式巨变。

（1）数据作为新型生产要素，对传统生产方式变革具有重大影响。步入数字经济时代，数据成为新的生产资料和关键生产要素。围绕从数据资源转化到数据要素变现的全过程，数据要素通过充分连接各项经济活动，推动土地、资本、劳动力等传统要素发生深刻变革与优化重组，最终提高资源配置效率和全要素生产率。未来，依托海量的数据资源、丰富的应用场景、完备的工业体系和超大市场规模等独特优势，我国数字经济发展空间十分广阔。

（2）发展数字经济有利于调整产业结构、促进产业升级。数字经济通过产业数字化、数字产业化等方式推动数字经济和实体经济深度融合，注重发展周期短、速度快的新经济新模式新业态，能够形成一定的范围经济和规模经济，从而在消费、投资、制造和外贸等多方面对经济发展产生放大、叠加、倍增的作用。随着数字产业化不断推进，电子信息制造业、电信业、软件和信息技术服务业、互联网行业等高端技术产业对经济增长的贡献越来越大，促使经济增长方式由劳动密集型向技术密集型转变。

（3）数字技术的发展加快了供给侧结构性改革。数字技术消减了由于信息不对称带来的不确定性，二维码等技术的应用使生产经营信息更加透明，消费者需求更加清晰，“人民需要什么我们就造什么”已经成为企业的普遍共识。随着互联网经济蓬勃发展，人民对物美价廉商品和服务的需要将倒逼企业不断迭代升级。声誉机制对市场主体的约束作用更加凸显，口碑、信用成为决定企业存活成长的重要因素。市场主体对长尾市场越来越重视，“长尾人群”的小众需求、个性化需求将不断增强经济大盘的韧性，增强供给结构对需求结构的适配性。

三、数字经济健康发展有利于推动构筑国家竞争新优势

作为建设现代化产业体系的重要组成部分，数字经济发展速度之快、辐射范围之广、影响程度之深前所未有，正在成为重组全球要素资源、重塑全球经济结构、改变全球竞争格局的关键力量。

（1）推动数字经济健康发展有利于我们更好抓住数字技术这一当今世界科技革命和产业变革的先机，抢占未来发展制高点。能否顺应信息革命时代浪潮，抓住数字化发展历史机遇，推动生产力与生产关系升级重构，引领撬动经济社会质量变革、效率变革、动力变革，成为当今时代决定大国兴衰的重要因素。近年来，世界各国都高度重视数字经济的发展，数字经济交流与数据共享不断推进，数字化变革成为很多国家实体经济发展的主要方向，数字经济在经济总量中的比重不断增加，各国都在加快共享数字经济的发展红利。数字经济的发展还突破了国际贸易的时间和空间约束，推动全球贸易由线下走到线上，由实体走向虚拟，大大提升了国际贸易的效率。发展数字经济为我国经济在第四次工业革命中实现“换道超车”提供了机会。

（2）数字经济的蓬勃发展为世界经济发展提供新动能。数字经济正在成为重组全球要素资源、重塑全球经济结构、改变全球竞争格局的关键力量。大数据成为第四次工业

革命的关键生产要素，与其他生产要素有机结合，不仅能够提高生产要素的匹配效率、促进生产要素的顺畅流通、激发生产要素的创新活力，提高全要素生产率，而且有利于促进传统生产方式实现数字化、网络化、智能化变革。数字经济能够催生大量新产业、新业态、新模式，能够不断拓展新的经济增长点，推动各类主体加强互联互通与开放合作，进而推动“你中有我、我中有你”的世界经济健康发展。

（3）推进数字经济国际合作，构建数字命运共同体，让数字文明造福各国人民。作为重组全球要素资源、重塑全球经济结构、改变全球竞争格局的重要力量，数字经济的进一步发展需要建立公平、透明、开放和包容的新型世界经济秩序，共同化解数字经济国际合作中可能面临的制度、规则、安全等多重风险。中国正在积极推进数字经济领域的国际合作，在充分发挥社会主义制度优势、新型举国体制优势、超大规模市场优势的基础上，有能力成为全球数字文明的最大推动者，为推动人类文明进步贡献中国力量。

四、发展数字经济有利于促进共同富裕

数字经济高度契合共同富裕的目标要求，数字经济既能促进持续性、均衡性增长，又能助推共享式、普惠式发展，是在高质量发展中促进共同富裕的重要力量。

（1）数字经济能够加速社会财富的创造与积累，做大共同富裕的“蛋糕”。数字经济的发展赋予生产力新的内涵与活力，能够极大地解放生产力、发展生产力和保护生产力。这主要体现在：一是发挥正外部效应，促进生产力发展。数字经济的发展壮大能够有效助力宏观经济大盘的稳定。二是发挥创新效应，形成可持续的绿色生产力。数字经济有明显的绿色发展特征，有助于经济发展遵循生态发展规律，促进实现协调发展。

（2）数字经济有助于推动社会财富的共享与普惠，进一步实现分好“蛋糕”的目标。数字经济能够促进区域发展协同化、资源共享化、公共服务均等化，为发展成果提供有效的共享机制。一是发挥协同效应，促进区域、城乡均衡发展。二是发挥普惠效应，推动数字红利共享。包容性的数字技术与普惠性的数字平台具有信息和知识的溢出效应，有利于提升劳动者个人发展能力，在人人都有参与机会、人人的发展能力均有所提高的基础之上，提高人们在经济活动中的技能和贡献。

（3）数字经济有助于形成更加公平的收入分配体系。通过发展数字经济，进一步提高劳动者在经济活动中的技能和贡献，凸显数据要素在收入分配体系中的调节作用，夯实按贡献分配的现实基础，加快发展税收征管数字化体系，不断壮大中等收入群体规模，完善低收入群体社会帮扶体系，更好彰显体现效率、促进公平的收入分配原则。数字经济通过发挥信息流动快、准入门槛低、创业成本低以及创新要素精准匹配等优势，能够营造良好创业创新生态，增加就业岗位和形态，鼓励社会个体参与经济发展，提高初次分配效率。网络化、数字化、智慧化的便民服务体系的完善，惠及偏远地区、弱势群体，可以弥补优质公共服务供给不足、分布不平衡等问题，进而保障再次分配的公平。数字化工具丰富了群众寻求帮助的途径，可以提高公益慈善援助的效率，助力第三次分配发挥作用。

第 2 节　我国发展数字经济的显著成效

党的十八大以来，以习近平同志为核心的党中央高度重视发展数字经济，抓住数字经济发展机遇，深入实施网络强国战略和国家大数据战略，印发《“十四五”数字经济发展规划》，有关部门认真落实各项部署，拓展网络经济空间，支持基于互联网的各类创新，推动互联网、大数据、人工智能和实体经济深度融合，建设数字中国、智慧社会，加快推进数字产业化和产业数字化，打造具有国际竞争力的数字产业集群，我国数字经济蓬勃发展。10 多年来，我国数字经济发展取得了举世瞩目的成就，总体规模连续多年位居世界第二，对经济社会发展的引领支撑作用日益凸显。

一、数字基础设施实现跨越式发展

10 多年来，统筹谋划新型基础设施建设布局，加快推动高速泛在、天地一体、云网融合、智能敏捷、绿色低碳、安全可控的智能化综合性数字基础设施建设。

（1）信息通信网络建设规模全球领先。我国深入实施“宽带中国”战略，建成了全球最大的光纤和移动宽带网络，光缆线路长度从 2012 年的 1 479 万千米增加到 2022 年的 5 958 万千米，增长超过 3 倍。截至 2022 年 7 月，我国已许可的5G 中低频段频谱资源共计 770 MHz，许可的中低频段频率资源总量位居世界前列，累计建成开通 5G 基站达 196.8 万个。网络基础设施全面向 IPv6 演进升级，IPv6 活跃用户数达 6.97 亿。深入实施工业互联网创新发展战略，网络、平台、安全体系以及工业互联网标识解析体系基本建成。

（2）信息通信服务能力大幅提升。我国移动通信实现从“3G 突破”到“4G 同步”再到“5G 引领”的跨越，6G 领域的愿景需求研究、关键技术研发、国际交流合作加快。互联网普及率从 2012 年的 42.1%提高到 2022 年的 75.6%，上网人数达 10.67 亿人，移动电话用户总数达 16.83 亿户，其中 5G 移动电话用户达 5.61 亿户，占全球比例超过 60%。相比 2012 年，宽带网络平均下载速率提高 40 倍，移动网络单位流量平均资费降幅超 95%。

（3）算力基础设施达到世界领先水平。全国一体化大数据中心体系基本构建，“东数西算”工程加快实施。截至 2022 年底，我国数据中心机架总规模超过 650 万标准机架，近 5 年年均增速超过 30%，在用数据中心算力总规模超 180 EFLOPS，位居世界第二。建成 153 家国家绿色数据中心，行业内先进绿色中心电能使用效率值降至 1.1 左右，达到世界领先水平。建成一批国家新一代人工智能公共算力开放创新平台，以低成本算力服务支撑中小企业发展需求。

二、数字产业创新能力加快提升

深入实施创新驱动发展战略，推进关键核心技术攻关，加快锻造长板、补齐短板，构建自主可控产业生态。

（1）关键核心技术取得突破。数字技术研发投入逐年上升，量子计算原型机、类脑计算芯片、碳基集成电路等基础前沿领域取得原创性突破，人工智能、区块链、物联网等新兴领域形成一批自主底层软硬件平台和开源社区，关键产品技术创新能力大幅提升，初步形成规模化应用效应。

（2）产业创新活力不断提升。产业创新能力取得突破性进展，2022 年我国数字经济核心产业发明专利授权量达 33.5 万件，占同期全社会发明专利授权量的 41.9%。关键数字技术中人工智能、物联网、量子信息领域发明专利授权量居世界首位。不断发挥金融支持数字经济发展作用，深化股票发行注册制改革，2021—2022 年 6 月，近 150 家数字经济相关企业在主板、科创板、创业板完成首发上市，募集资金近 3 000 亿元。持续扩大数字经济产业中长期贷款投放，截至 2022 年 6 月末，计算机、通信和其他电子设备制造业中长期贷款余额达 1.48 万亿元。

（3）数字产业快速成长。数字经济核心产业规模加快增长，全国软件业务收入从 2012 年的 2.5 万亿元增长到 2022 年的 10.8 万亿元，年均增速达 15.8%。截至 2022 年，我国工业互联网核心产业规模超 1.2 万亿元，大数据产业规模达 1.57 万亿元，并成为全球增速最快的云计算市场之一，2012 年以来年均增速超过 30%。

三、产业数字化转型提档加速

深入推进企业“上云用数赋智”，加快推动工业互联网、数字商务、智慧农业发展，促进传统产业全方位、全链条转型升级。

（1）制造业数字化转型持续深化。信息化和工业化融合不断走深向实，企业数字技术应用水平显著提升。截至 2022 年底，我国工业企业关键工序数控化率达到 58.6%，数字化研发设计工具普及率达到 77%，工业互联网已覆盖 45 个国民经济大类，“5G+工业互联网”建设项目超过 4 000 个，形成一系列新场景、新模式、新业态。全国具备行业、区域影响力的工业互联网平台超过 150 个，重点平台工业设备连接数超过 8 000 万台/套，服务工业企业超过 160 万家，助力制造业降本增效，带动效应不断增强。智能制造工程深入实施，通过智能化改造，110 家智能制造示范工厂的生产效率平均提升 32%，资源综合利用率平均提升 22%，产品研发周期平均缩短 28%，运营成本平均下降 19%。

（2）服务业数字化水平显著提高。全国网络零售市场规模连续 9 年居于世界首位，从 2012 年的 1.31 万亿元增长到 2022 年的 13.79 万亿元，网络购物用户规模达 8.45 亿，占网民整体的 79.2%。近年来，我国电子商务交易额保持快速增长，由 2012 年的 8 万亿元增长至 2022 年的 43.83 万亿元，年均增长近 20%，电子商务从业人员达 6 937.18 万人。电子商务、移动支付规模全球领先，网约车、网上外卖、数字文化、智慧旅游等市场规模不断扩大。

（3）农业数字化转型稳步推进。2022 年，农作物耕种收综合机械化率超过 73%，农机应用北斗终端接近 160 万台/套，全年作业面积达 6 000 万亩以上，产品溯源、智能灌溉、智能温室、精准施肥等智慧农业新模式得到广泛推广，大幅提高了农业生产效率。

四、公共服务数字化深入推进

加快推进数字政府建设，不断提升数字化公共服务水平。

(1)“互联网＋政务服务”取得显著成效。全国一体化政务服务平台基本建成，“一网通办”“异地可办”“跨省通办”广泛实践。全国96.68%的办税缴费事项实现“非接触式”办理，全面数字化电子发票试点稳步推进，电子发票服务平台用户数量突破千万级。联合国电子政务调查报告显示，我国电子政务在线服务指数排名从2012年全球第78位提高到2022年的第43位，是自报告发布以来的最高水平，也是全球增幅最高的国家之一，企业、群众办事更加便捷高效。

(2)数字惠民水平不断提升。全国中小学（含教学点）互联网接入率达100%，住房公积金小程序服务1.64亿缴存人，社会保障卡持卡人数达13.63亿人，电子社保卡领用人数达6.19亿人，全国已审批设置1 700多家互联网医院。在抗击新冠疫情期间，线上教学、互联网诊疗、线上健身等线上服务和无接触配送有力保障了居民需求。

(3)数字城乡建设纵深推进。新型智慧城市建设取得积极进展，城市信息模型平台和运行管理服务平台建设稳步推进，全国国土空间规划数字化监管平台基本建成，数字孪生流域、水网、水利工程加快建设，智慧交通、应急、广电等建设成效显著。数字乡村建设加快推进，促进乡村宜居宜业、农民富裕富足。全国现有行政村全面实现“村村通宽带”，农村通信难问题得到历史性解决。乡村治理数字化助力强村善治，党务、村务、财务“三务”在线公开率超过70%。乡村信息服务体系逐步健全，累计建设运营益农信息设施46.7万个，提供各类服务9.8亿人次。“互联网＋”农产品出村进城带动农民增收，2022年全国农产品网络零售额达5 313亿元。

五、网络安全保障和数字经济治理水平持续提升

在全国人大的指导推动下，加快健全法律法规体系，强化网络安全机制、手段、能力建设，完善数字经济治理体系，提升网络风险防范能力，推动数字经济健康发展。

(1)法律和政策制度体系逐步健全。颁布实施《中华人民共和国网络安全法》《中华人民共和国电子商务法》《中华人民共和国数据安全法》《中华人民共和国个人信息保护法》，修改《中华人民共和国反垄断法》，制定新就业形态劳动者权益保障政策。2022年6月22日召开的中央全面深化改革委员会第二十六次会议审议通过了《关于构建数据基础制度更好发挥数据要素作用的意见》，初步构建了数据基础制度体系的“四梁八柱”。

(2)网络安全防护能力持续增强。建立网络安全监测预警和信息通报工作机制，持续加强网络安全态势感知、监测预警和应急处置能力。完善关键信息基础设施安全保护、数据安全保护和网络安全审查等制度，健全国家网络安全标准体系，完善数据安全和个人信息保护认证体系，确保国家网络安全、数据和个人隐私安全。基本建成国家、省、企业三级联动的工业互联网安全技术监测服务体系。

(3)数字经济治理能力持续提升。建立数字经济部际联席会议等跨部门协调机制，

强化部门间协同监管。提升税收征管、银行保险业监管、通关监管、国资监管、数字经济监测和知识产权保护、反垄断、反不正当竞争、网络交易监管等领域的信息化水平，推动“智慧监管”。有序推进金融科技创新监管工具试点、资本市场金融科技创新试点、网络市场监管与服务示范区等工作，探索新型监管机制。

六、数字经济国际合作行稳致远

我国提出“构建网络空间命运共同体”理念，深入阐释全球互联网发展治理的“四项原则”“五点主张”，得到国际社会积极响应和广泛认同。

（1）积极提出“中国倡议”。提出全球发展倡议，将数字经济作为倡议重点领域，提出并推动达成《全球数据安全倡议》《“一带一路”数字经济国际合作北京倡议》《中国—东盟关于建立数字经济合作伙伴关系的倡议》《中阿数据安全合作倡议》《“中国＋中亚五国”数据安全合作倡议》《金砖国家数字经济伙伴关系框架》等合作倡议，牵头制定《跨境电商标准框架》，共同构建和平、安全、开放、合作、有序的网络空间。截至 2022 年底，我国已与 17 个国家签署“数字丝绸之路”合作谅解备忘录，与 30 个国家签署电子商务合作谅解备忘录，与 18 个国家和地区签署《关于加强数字经济领域投资合作的谅解备忘录》，中国—中东欧国家、中国—中亚五国电子商务合作对话机制建设取得积极进展，中国—东盟信息港、中阿网上丝绸之路建设成效日益显著。

（2）推动共享“中国红利”。主办“一带一路”国际合作高峰论坛、世界互联网大会等国际会议，搭建全球数字经济交流合作平台。累计建设 34 条跨境陆缆和多条国际海缆，推动网络基础设施互联互通。中国电商平台助力全球中小企业开拓中国市场，2021 年我国跨境电商进出口规模达 2.1 万亿元。在非洲 20 多个国家实施“万村通”项目，共享数字经济发展红利。加强人才交流，举办系列研修研讨，实施学历学位项目，积极分享产业创新升级、数字经济等领域实践经验。

（3）积极提供“中国方案”。当前，全球范围的数字经济发展势如潮涌、数字化转型步伐加速，数字经济成为重组全球要素资源、重塑全球经济结构、改变全球竞争格局的关键力量，数字治理成为全球治理的新领域，数据安全风险成为各国面临的共同挑战，迫切需要探讨制定全球数字治理规则。我国发挥自身数字经济规模等优势，深度参与数字经济国际治理，为全球数字治理贡献中国智慧，推进 G20、亚太经合组织机制下数字经济合作，推动构建开放、公平、非歧视的数字营商环境，促进数字创新、数字技能与素养、数字化转型等务实合作，引导包容性规则制定，推动全球数字治理体系朝着更加公正合理的方向迈进。

第 3 节　不断做强做优做大我国数字经济

进入新发展阶段，发展我国数字经济，必须统筹国内国际两个大局、发展安全两件大事，坚持科技自立自强，以数据为关键要素，充分发挥海量数据和丰富应用场景优势，促进数字技术和实体经济深度融合，协同推进数字产业化和产业数字化赋能传统产业转型升级，催生新产业新业态新模式，以加强数字基础设施建设为基础，以完善数字经济治理体系为保障，不断推进我国数字经济做强做优做大。

一、深入实施创新驱动发展战略，推进关键核心技术攻关，持续推进新型基础设施建设

不断做强做优做大我国数字经济，要着力实施创新驱动发展战略，把科技创新摆在数字经济发展的基础位置，掌握关键核心技术，持续推进新型基础设施建设。

（1）集中力量推进关键核心技术攻关，牢牢掌握数字经济发展自主权。以国家战略需求为导向，瞄准全球数字技术基础前沿领域和关键核心技术重大问题，积聚力量进行原创性引领性数字技术攻关。加大集成电路、新型显示、关键软件、人工智能、大数据、云计算等重点领域核心技术创新力度。着力提升基础软硬件、核心电子元器件、关键基础材料和智能制造装备的供给水平，加快锻造长板、补齐短板。打造原创技术策源地，强化原创技术供给，建设新型创新主体，培育创新生态体系。推动数字技术成果转化，以数字技术与各领域融合应用为导向，优化创新成果快速转化机制，打造安全可靠、系统完备的产业发展生态。加强关键核心技术攻关，特别是要善于发挥三个方面的优势，即我国社会主义制度优势、新型举国体制优势、超大规模市场优势，牢牢掌握发展数字经济自主权。

（2）适度超前部署数字基础设施建设，筑牢数字经济发展根基。完善信息通信网络建设，深入实施新型基础设施建设专项，持续推动 5G 网络规模化部署和融合应用，积极培育垂直行业应用场景，建设面向重点区域和重点行业的人工智能基础设施，优化 IPv6 性能和服务能力。加快建设空间信息基础设施，系统推进北斗产业化重大工程，推进构建民商统筹、集约高效的卫星遥感系统，加强民用遥感卫星应用，建设高低轨协同的卫星通信系统，推动卫星互联网加快发展。统筹布局绿色智能的数据与算力基础设施，推进“东数西算”工程，建设完善全国一体化大数据中心体系，加快国家绿色数据中心建设。数据作为新型生产要素，是数字化、网络化、智能化的基础，已快速融入生产、分配、流通、消费和社会服务管理等各环节，深刻改变着生产方式、生活方式和社会治理方式。数据基础制度建设事关国家发展和安全大局。要加快构建数据基础制度，充分发挥我国海量数据规模和丰富应用场景优势，激活数据要素潜能，做强做优做大数字经济，增强经济发展新动能，构筑国家竞争新优势。全面发展融合基础设施，加强工业互联网新型基础设施建设，推动车联网部署应用，加快交通、能源、民生、文化、环境等领域基础设施数字化改造。

（3）大力推动数字产业创新发展，打造具有国际竞争力的产业体系。聚焦人工智能、先进计算等重点领域，培育一批掌握关键核心技术、具有国际竞争力的生态主导型企业。加强面向多元化应用场景的技术融合和产品创新，打好关键核心技术攻坚战，提升产业链关键环节竞争力，保障产业链供应链稳定。不断培育壮大云计算、大数据、区块链、工业软件等数字产业，探索建设中国特色的开源生态。推动数字产业集群化发展，高质

量建设中国软件名城、名园，提升软件产业集聚度，打造世界级数字经济产业集群。充分激发市场活力，支持互联网企业不断加强技术创新，提升核心竞争力，鼓励平台企业依托市场、技术、数据等优势，赋能实体经济，支持平台企业不断提升国际化发展水平。

二、持续推进产业数字化和数字产业化，不断做强做优做大我国数字经济

（1）推动数字经济和实体经济融合发展。推动新一代信息技术与制造业融合发展，实施制造业数字化转型发展行动、工业互联网创新发展战略、智能制造工程，深化“5G+工业互联网”融合发展，推动建设 5G 全连接工厂，加快培育“专精特新”企业和制造业单项冠军企业，建立工业互联网安全分类分级管理制度，完善公共服务体系，丰富解决方案供给，加快提升工业大数据价值。大力发展数字商务，持续推进“数商兴农”，创新发展数字内容，培育新兴文化业态，加快商贸、物流、金融等服务业数字化，促进一二三产业融合发展。

（2）加快深化产业数字化转型，持续推进重点领域数字产业发展，释放数字对经济发展的放大、叠加、倍增作用。加快装备数字化发展，组织专项工程，打造标杆企业，发挥数字协同平台等公共服务平台以及龙头骨干企业的赋能作用，带动中小企业数字化改造，提升“上云用数赋智”水平。组织实施数字化绿色化协同转型发展行动计划，推动数字产业绿色低碳发展，加快数字技术赋能行业绿色化转型。推进“三农”综合信息服务，创新发展智慧农业，提升农业数字化水平。培育转型支撑服务生态，布局数字化转型促进中心，降低数字化转型门槛。

三、不断完善数字经济治理体系，推动数字经济规范健康持续发展

发展数字经济不仅要做强做大，更要通过建立监管机制、健全法律法规、完善体制机制，保证其健康发展。

1. 坚持党的领导，加强组织实施

数字经济事关国家发展大局，要做好我国数字经济发展顶层设计和体制机制建设，加强形势研判，抓住机遇，赢得主动。切实把党的领导贯穿到数字经济发展各方面和全过程，统筹推进数字中国建设重大机制创新、重大战略落地实施。推动各地区各部门强化资源整合和力量协同，将数字化工作摆在更加突出的位置，积极探索适应数字化发展的改革举措，及时总结可复制、可推广的经验做法。建立健全适应数字经济发展的市场监管、宏观调控、政策法规体系，着力营造公平竞争的市场环境，将监管和治理贯穿创新、生产、经营、投资全过程。进一步健全市场准入制度、公平竞争审查制度、公平竞争监管制度，建立全方位、多层次、立体化监管体系，实现事前事中事后全链条全领域监管。要纠正和规范发展过程中损害群众利益、妨碍公平竞争的行为和做法，防止平台垄断和资本无序扩张，依法查处垄断和不正当竞争行为。持续深化对数字经济发展规律的研究，统筹发展和安全，完善制度体系，规范投资审查流程和办法，细化反垄断执法

标准，加强灵活就业和新就业形态劳动者权益保障，增强市场主体活力。支持和引导平台经济规范健康持续发展，完成平台经济专项整改，实施常态化监管，集中推出一批“绿灯”投资案例。完善数字经济统计监测，积极开展数字经济统计核算与分析，完善数字经济统计方法制度，及时反映数字经济发展态势。

2. 持续提升数字公共服务水平，不断满足人民美好生活需要

推动政务信息化共建共用，持续提高“互联网＋政务服务”效能，强化政务数据共享和业务协同，提升政务服务标准化、规范化、便利化水平。深化“互联网＋社会服务”，推进教育教学、体育健身、医疗健康、文化服务等领域数字化，提高公共服务资源数字化供给和网络化服务水平。强化就业、社保、养老、托育、助残等重点民生领域社会服务供需对接，加快完善全国统一的社会保险公共服务平台，提升服务资源配置效率和共享水平。加大适老化智能终端供给，加快推动信息无障碍建设，运用数字技术为弱势群体生活、就业、学习等增加便利。统筹推进智慧城市和数字乡村融合发展，大力推进新型城市基础设施建设，加快智能设施和公共服务向乡村延伸覆盖，推进城乡要素双向自由流动，形成以城带乡、共建共享的数字城乡融合发展格局。

3. 全面加强网络安全和数据安全保护，筑牢数字安全屏障

近年来，伴随着数字经济的快速发展，侵害个人隐私、侵犯知识产权、网络犯罪等时有发生，算法滥用、平台垄断、数据泄露等问题依然突出，网络监听、网络攻击、网络恐怖主义活动等成为全球公害。我国数字经济规模巨大，互联网用户众多，电子商务、移动支付的发展水平和交易规模全球领先，这有可能使我国比其他国家更容易遭遇上述风险的冲击。因此，我们要贯彻国家网络安全、数据安全等法律法规，落实网络安全等级保护、关键信息基础设施安全保护等制度要求，强化网络、数据等安全保障体系建设，健全网络应急事件预警通报和应急处置机制，强化网络安全技术措施同步规划、同步建设、同步使用要求，推动网络安全产业高质量发展，增强网络安全防护能力。建立健全数据安全治理体系，完善数据分类分级保护制度，规范数据全生命周期管理，加强数据跨境流动安全管理，推动数据安全产业发展，加强个人信息保护，提升数据安全保障水平，提升防诈反诈技防水平，完善长效治理机制。强化数字经济安全风险综合研判，防范各类风险叠加可能引发的经济风险、技术风险和社会稳定问题。

权威观点　徐雷：推动数字经济和实体经济融合发展

四、积极参与数字经济国际合作，推动构建网络空间命运共同体

要积极参与数字经济国际合作，主动参与国际组织数字经济议题谈判，开展双多边数字治理合作，维护和完善多边数字经济治理机制，及时提出中国方案，发出中国声音。

（1）加快贸易数字化发展。大力发展跨境电商，继续加强跨境电商综合试验区建设，打造跨境电商产业链和生态圈。以数字化驱动贸易主体转型和贸易方式变革，营造贸易

数字化良好环境。完善数字贸易促进政策，加强制度供给和法律保障。加大服务业开放力度，探索放宽数字经济新业态准入，引进全球服务业跨国公司在华设立运营总部、研发设计中心、采购物流中心、结算中心，积极引进优质外资企业和创业团队，加强国际创新资源"引进来"。依托自由贸易试验区、数字服务出口基地和海南自由贸易港，针对跨境寄递物流、跨境支付和供应链管理等典型场景，构建安全便利的国际互联网数据专用通道和国际化数据信息专用通道。大力发展跨境电商，扎实推进跨境电商综合试验区建设，积极鼓励各业务环节探索创新，培育壮大一批跨境电商龙头企业、海外仓领军企业和优秀产业园区，打造跨境电商产业链和生态圈。

（2）推动"数字丝绸之路"深入发展。加强统筹谋划，高质量推动中国—东盟智慧城市合作、中国—中东欧数字经济合作。围绕多双边经贸合作协定，构建贸易投资开放新格局，拓展与东盟、欧盟的数字经济合作伙伴关系，与非盟和非洲国家研究开展数字经济领域合作。统筹开展境外数字基础设施合作，结合当地需求和条件，与共建"一带一路"国家开展跨境光缆建设合作，保障网络基础设施互联互通。构建基于区块链的可信服务网络和应用支撑平台，为广泛开展数字经济合作提供基础保障。推动数据存储、智能计算等新兴服务能力全球化发展。加大金融、物流、电子商务等领域的合作模式创新，支持我国数字经济企业"走出去"，积极参与国际合作，提升国际化运营能力，高质量开展智慧城市、电子商务、移动支付等领域合作。

（3）积极构建良好国际合作环境。加快建设数字中国，探索走出一条中国特色数字化发展道路，打造开放共赢的数字领域国际合作格局，与世界各国共享数字化发展成果，为全球互联网发展治理贡献中国方案，构建网络空间命运共同体，共同培育全球发展的数字新动能。倡导构建和平、安全、开放、合作、有序的网络空间命运共同体，积极维护网络空间主权，加强网络空间国际合作。加快研究制定符合我国国情的数字经济相关标准和治理规则。依托双边和多边合作机制，开展数字经济标准国际协调和数字经济治理合作。积极借鉴国际规则和经验，围绕数据跨境流动、市场准入、反垄断、数字人民币、数据隐私保护等重大问题探索建立治理规则。深化政府间数字经济政策交流对话，建立多边数字经济合作伙伴关系，主动参与国际组织数字经济议题谈判，拓展前沿领域合作。构建商事协调、法律顾问、知识产权等专业化中介服务机制和公共服务平台，防范各类涉外经贸法律风险，为出海企业保驾护航。

到 2025 年，数字经济迈向全面扩展期，数字化创新引领发展能力大幅提升，智能化水平明显增强，数字技术与实体经济深度融合取得显著成效，具有国际竞争力的数字产业集群初步形成，数字经济治理体系更加完善，我国数字经济竞争力和影响力稳步提升。展望 2035 年，数字经济迈向繁荣成熟期，力争形成统一公平、竞争有序、成熟完备的数字经济现代市场体系，数字经济发展基础、产业体系发展水平位居世界前列。

复习与思考

一、名词解释

数字经济　　新业态　　数字商务　　普惠式发展　　数字丝绸之路

二、简答题

1. 简述发展数字经济的重大意义。
2. 我国发展数字经济的显著成效有哪些?

三、论述题

1. 如何做强做优做大我国数字经济?
2. 如何推动数字经济和实体经济融合发展?

四、讨论题

如何积极参与数字经济国际合作?

延伸阅读

1. 中国信息通信研究院．数字经济概论．北京：人民邮电出版社，2022.
2. 徐翔．数字经济时代．北京：人民出版社，2021.
3. 李晓雨，杨欣．一本书读懂数字经济．北京：清华大学出版社，2021.

即测即评

扫描二维码可在线自测并查看答案。

第 14 章

中国式现代化的成功推进和拓展

实现现代化，是人类文明发展与进步的显著标志，是近代以来世界各国孜孜以求的目标。中国式现代化是中国共产党领导全国各族人民在长期探索和实践中历经千辛万苦、付出巨大代价取得的重大成果，我们必须倍加珍惜、始终坚持、不断拓展和深化。

第 1 节　中国式现代化道路的探索历程

党的二十大报告明确指出，中国式现代化是中国共产党领导的社会主义现代化。中国式现代化道路作为中国式现代化的实践形态，指的是中国共产党领导的社会主义现代化道路。方向决定道路，道路决定命运，中国式现代化之所以能够得以成功推进和拓展，离不开中国式现代化道路的强大保障和引领作用。然而，中国式现代化道路的成功开辟并非一朝一夕，而是随着党对中国式现代化道路的探索进程经历了一个“酝酿—萌芽—初步形成—成功开辟”的长期的历史过程。

一、中国式现代化道路的酝酿期

从历史上看，中国式现代化虽然形成于中国共产党成为执政党并领导确立了我国社会主义制度后，但其思想发端可追溯至近代。近代以来，清政府长期推行闭关锁国政策，自绝于世界潮流，错失工业化发展良机，致使中国逐步落后于世界现代化潮流。封闭带来落后，落后就要挨打。鸦片战争失败后，中国开始沦为半殖民地半封建社会。从此，如何摆脱政治无权、经济破败、文化难继的被动落后窘况，实现现代化和民族复兴就成为中国历史发展的重要目标和愿景。

为了实现现代化，鸦片战争后，中国社会各阶级都曾进行了艰苦卓绝的探索，提出了多种现代化方案。这其中，既有地主阶级兴起的以学习西方先进技术为内容、以“师夷长技以制夷”为目标的洋务运动，也有农民阶级掀起的旨在“救亡图存”、反映农民社会理想的太平天国运动和义和团运动，又有民族资产阶级推动的以学习西方先进制度为宗旨、以推行君主立宪制为手段的维新变法，以及以革命为杠杆、实施民主共和制的辛亥革命，但均以失败告终，未能找到实现现代化的正确出路。中国先进分子认识到，中国各阶级现代化方案失利的根本性原因在于中国思想文化落后，遂掀起以学习西方先进文化为导向，以改造中国思想文化土壤为目标的新文化运动，力求以思想现代化为支点撬动我国现代化进程。尽管各种思潮竞相涌现并粉墨登场，但终因无法开出解决中国式现代化难题的“良方”而被社会抛弃。中国先进分子因未能找到民族复兴有效出路而一筹莫展时，俄国十月革命一声炮响给中国送来了马克思列宁主义“这一放之四海而皆准的普遍真理”，为探索中国式现代化道路带来了思想的曙光，也推动了中国式现代化的探索方向由学习西方转向学习俄国。从此，中国先进分子在中国式现代化探索上由被动转向主动，不仅成立了中国共产党，使得民族复兴事业有了“主心骨”，为中国式现代化道路的开辟奠定了坚实的组织基础，而且找到了工人阶级这一能够实现我国现代化历史重任的阶级力量，开始了以马克思主义现代化革命理论武装工人头脑的历史进程。中国共产党成立后，就将马克思主义现代化发展方向与不同历史时期中国社会发展实际相结合，坚守马克思主义现代化原则，科学规划我国现代化发展目标及其实现路径，开启了我国阶段性的现代化建设任务与递进性的发展目标协同推进的历史征程。正是在党领导人民追逐现代化目标的实践征途中，中国式现代化道路得以成功开辟。

新民主主义革命时期，工业化开始成为现代化的代名词。中国共产党认为，发展工业化就是在发展现代化。这一时期，基于对物质文化落后这一社会实际的充分考察，中国共产党充分认识到中国落后以及遭受欺凌的根本原因在于“没有新式工业”，认为要打败日本侵略者、实现民族独立，就要消灭工业上的落后，于是提出了“中国的工业化”重要主张，将实现工业化作为实现民族独立、人民解放的历史任务和实现现代化的重要立足点。为了推进中国的工业化进程，在党的七大上，中国共产党就将“在若干年内逐步地建立重工业和轻工业，使中国由农业国变为工业国”作为党推进现代化发展的重要目标，还提出“为着中国的工业化和农业近代化而斗争”的历史任务，形成了工业化与农业现代化并举的现代化发展思路。党的七届二中全会又重申了党的使命是“使中国稳步地由农业国转变为工业国，把中国建设成一个伟大的社会主义国家”，确定了新中国现代化建设的基本目标，鲜明地反映了党追求并着力实现现代化的发展战略。

二、中国式现代化道路的萌芽期

新中国成立后，党实现了由领导人民为夺取政权而奋斗的党向执掌国家政权并谋求长期执政的党的转变。为了实现现代化，党立足于我国一穷二白的基本国情和发展实际，提出“过渡时期总路线”，在“逐步实现国家的社会主义工业化”的同时，推动农业、手工业和资本主义工商业的社会主义改造，走一条通过社会主义实现现代化的发展之路。1954 年，在起草国家宪法时，毛泽东明确提出要“建设一个伟大的社会主义国家”的总目标，以及实现“社会主义工业化”和“农业社会主义化、机械化”总任务；第一届全国人民代表大会第一次会议上，毛泽东又提出了用几个五年计划“将我们现在这样一个经济上文化上落后的国家，建设成为一个工业化的具有高度现代文化程度的伟大的国家”的现代化建设目标；第一届全国人民代表大会第一次明确提出要实现工业、农业、交通运输业和国防的四个现代化的任务，并将其作为党推进现代化的突破口和切入点。1956年，党的八大将“使中国具有强大的现代化的工业、现代化的农业、现代化的交通运输业和现代化的国防”写入《党章》；在党的八届二中全会上，毛泽东又提出了在“以重工业为中心，优先发展重工业”前提下实行“工业与农业同时并举，逐步建立现代化的工业和现代化的农业”的现代化发展战略。1957 年，毛泽东在《关于正确处理人民内部矛盾的问题》一文中提出了“将我国建设成为一个具有现代工业、现代农业、现代国防和现代科学文化的社会主义国家”的目标。1964 年底，在第三届全国人民代表大会第一次会议上，周恩来根据毛泽东等中央领导人的提议，明确了“四个现代化”的规范表述，并提出了实现这一目标的“两步走”战略：第一步，建立一个独立的、比较完整的工业体系和国民经济体系；第二步，全面实现农业、工业、国防和科学技术的现代化，使我国经济走在世界的前列。这给我国的现代化建设确立了明确的方向和规划。1975 年，周恩来在第四届全国人民代表大会第一次会议上发出“在本世纪内，全面实现农业、工业、国防和科学技术的现代化，使我国国民经济走在世界的前列”的号召，重申从第三个五年计划开始，我国的现代化建设可分两个阶段进行。正是在党的“四个现代化”建设路线的科学规划和总体统筹下，我国独立自主、自力更生，建成独立完整的国民经济体系和工业化体系，为在复杂严峻的国内外形势下取得现代化建设的伟大成就奠定了坚实的物质基础，同时也推动了中国式现代化道路的初步形成。

三、中国式现代化道路的初步形成期

党的十一届三中全会后，以邓小平为核心的党中央坚持解放思想，在深刻反思我国现代化建设出现曲折的根本原因的基础上，不仅重新确立了实事求是思想路线，明确提出“把马克思主义的普遍真理同我国的具体实际结合起来，走自己的道路，建设有中国特色的社会主义”，而且作出了把党和国家的工作重心转移到经济建设上来、实行改革开放的伟大决策，并提出了“中国式的现代化”命题。1979 年底，邓小平在会见日本首相大平正芳时指出，“我们要实现的四个现代化，是中国式的四个现代化……是‘小康之家’”[①]。自此，我国将“小康”作为现代化建设阶段性目标，在坚持“走自己的路”和物质文明、精神文明“两手抓、两手都要硬”的基础上，形成了实现社会主义现代化的“三步走”战略。第一步，从 1981 年到 1990 年第一个 10 年实现国民生产总值比 1980 年翻一番，解决人民的温饱问题；第二步，从 1991 年到 20 世纪末第二个 10 年，国民生产总值再增长一倍，人民生活达到小康水平；第三步，到 21 世纪中叶人民生活比较富裕，基本实现现代化。这为新时期我国现代化发展指明了方向，也给出了“时间表”和“路

① 邓小平文选：第 3 卷．北京：人民出版社，1994：237.

线图”，标志着中国式现代化开始初步形成。

党的十三届四中全会后，以江泽民为代表的中国共产党人又立足于世纪之交我国现代化建设“前两步”目标已经实现、我国社会进入“总体小康”的具体实际，提出了“新三步走”战略。第一步，在新世纪第一个 10 年实现国民生产总值比 2000 年翻一番；第二步，再经过 10 年的努力，到建党一百年时，使国民经济更加发展，各项制度更加完善；第三步，到世纪中叶建国一百年时，基本实现现代化，建成富强民主文明的社会主义国家。这为我国现代化建设发展指明了方向，提出了新的要求。在此基础上，党还将我国现代化建设目标由物质文明、精神文明“两位一体”拓展为物质文明、精神文明、政治文明“三位一体”，提出了“两个一百年”奋斗目标，即“到建党一百年时，使国民经济更加发展，各项制度更加完善；到世纪中叶建国一百年时，基本实现现代化，建成富强民主文明的社会主义国家”，为中国式现代化道路的成功开辟擘画了清晰的战略图。

党的十六大后，以胡锦涛为代表的中国共产党人又沿着党的现代化思路和战略，立足于我国现代化新成就新起点，提出了全面建设小康社会的宏伟目标，实现了总体小康到全面小康，由全面建设小康社会到全面建成小康社会的战略转换，将现代化建设目标由“三位一体”拓展为增加了社会文明的“四位一体”，并进一步明确了“两个一百年”奋斗目标，即“到建党一百年时建成惠及十几亿人口的更高水平的小康社会；到新中国成立一百年时基本实现现代化，建成社会主义现代化国家”，极大地推动了我国现代化建设实践进程。实践也一再表明，党立足于我国现代化建设实际，坚持马克思主义现代化发展方向的探索是成功的，也是正确的。这些探索不仅为党领导中国革命走向胜利，实现民族独立和独立自主提供了坚实的物质保障，还创造了人类现代化史上的“中国奇迹”和“中国模式”，为我国新时代的现代化建设积累了宝贵经验。可以说，实现现代化不仅是党一贯的价值追求和奋斗目标，也是驱动党领导人民勇于克服各种困难和艰难险阻，勇往直前，实现我国由站起来、富起来走向强起来的精神动力。

四、中国式现代化道路的成功开辟期

党的十八大后，中国特色社会主义事业进入新时代。一方面，百年未有之大变局正在加速演变，和平与发展仍然是时代主题，但是不稳定性不确定性更加突出，国际金融危机深层次影响持续发酵，世界经济增长乏力，贫富差距日益严重，地区热点问题此起彼伏，恐怖主义、网络安全、重大传染性疾病、气候变化等非传统安全威胁持续蔓延，治理赤字、信任赤字、安全赤字、和平赤字等问题愈发严重；另一方面，我国在取得现代化事业历史性成就，日益走进世界舞台中央的同时，我国改革进入“攻坚期”“深水区”，各种可以预见和难以预见的困难和风险挑战不断增多，如何在克服资本主义的现代化弊病，坚持社会主义现代化原则与方向的基础上，完成本国特色现代化发展目标就成为新时代中国式现代化发展的一个全新的历史课题。基于此，以习近平同志为核心的党中央在继承党的现代化事业的基础上，秉持马克思主义现代化理论原则，科学统筹两个大局，开启了全面建设社会主义现代化国家的新征程，提出了“在全面建成小康社会的基础上，分两步走在本世纪中叶建成富强民主文明和谐美丽的社会主义现代化强国”目标及其“两步走”战略，即从 2020 年到 2035 年，在全面建成小康社会的基础上，再奋斗 15 年，基本实现社会主义现代化；从 2035 年到本世纪中叶，在基本实现现代化的基础上，再奋斗 15 年，把我国建成富强民主文明和谐美丽的社会主义现代化强国，为我国现代化发展擘画了宏伟蓝图。

实践证明，在几代中国共产党人领导下，尤其是新时代以来，我国的现代化既没有走资本主义现代化那种以资本为中心，秉持资本逻辑，为少数人服务，重物质轻精神，人与自然相对抗，坚持丛林法则、零和博弈和冷战思维且充满暴力、野蛮和掠夺色彩的“歪路”，也没有走历史上苏联现代化那种封闭僵化、机械教条、丧失活力的“老路”以及改旗易帜的“邪路”，更没有走其他发展中国家或是以自身独立换取发展、或是为了独立丢失发展机会的“不归路”，而是坚持以史为鉴的历史态度，对人类现代化史上出现的各类“歧路”引以为戒，坚持解放思想、实事求是的思想路线，坚定立足我国客观实际，坚持以人民为中心，把握中国式现代化在人口规模巨大、全体人民共同富裕、物质文明和精神文明相协调、人与自然和谐共生、走和平发展道路方面的中国特色，成功开辟了中国式现代化道路。中国式现代化道路的成功开辟，不仅有效推进了中国式现代化建设进程，创造了现代化发展的东方奇迹，还走出了一条不同于资本主义现代化道路且能够取得成功的民族化发展之路，用自身的实践证明了“现代化不等于西方化”“西方化也并非唯一化”。中国式现代化在行动、道义、真理、价值和制度等维度实现了对资本主义现代化道路全面超越的同时，也为那些谋求自身独立、加快自身发展的发展中国家走向现代化提供了“全新选择”和中国方案，对世界发展作出了重要贡献。

阅读扩展　中国式现代化的发展逻辑

第 2 节　中国式现代化的科学内涵

2021 年 7 月，习近平总书记在庆祝中国共产党成立 100 周年大会上指出，“我们坚持和发展中国特色社会主义，推动物质文明、政治文明、精神文明、社会文明、生态文明协调发展，创造了中国式现代化新道路，创造了人类文明新形态”①。在党的十九届六中全会提出“中国式现代化道路”的基础上，党的二十大报告不仅进一步明确提出了“中国式现代化”的命题，而且将“团结带领全国各族人民全面建成社会主义现代化强国、实现第二个百年奋斗目标，以中国式现代化全面推进中华民族伟大复兴”确立为党的中心任务，并深刻阐发了中国式现代化的科学内涵。

① 习近平著作选读：第 2 卷．北京：人民出版社，2023：483.

一、中国式现代化是中国共产党领导的现代化

党的领导直接关系中国式现代化的根本方向、前途命运和最终成败。坚持中国共产党的领导，既是中国式现代化区别于资本主义现代化的根源所在，也是中国式现代化的根本特征、本质要求和重大原则。在推进中国式现代化的进程中，中国共产党始终发挥着总揽全局、协调各方的领导核心作用。正是由于坚持中国共产党的领导，我们才能始终确保社会主义现代化建设的正确方向，科学统筹各方有效资源，做到全国一盘棋，集中力量办大事，实现“发展为了人民、发展依靠人民、发展成果由人民共享”的发展要求。

1. 党的领导决定中国式现代化的根本性质

党的领导是中国式现代化得以产生的根本性原因，也是最鲜明底色、最本质特征和最大政治优势。中国式现代化之所以是社会主义现代化而非别的什么现代化，归根结底是由党的性质宗旨、初心使命、信仰信念、政策主张决定的。首先，党始终高举中国特色社会主义伟大旗帜，坚定科学社会主义基本原则，同时又不断赋予其鲜明的中国特色和丰富的时代内涵，坚定不移地走中国特色社会主义道路，确保中国式现代化沿着正确的轨道顺利推进；其次，党坚持将马克思主义这一代表无产阶级和广大劳动群众根本利益的科学世界观与方法论作为根本指导思想，不断追求和笃行真理，深化对共产党执政规律、社会主义建设规律、人类社会发展规律的认识，不断开辟马克思主义中国化时代化新境界，用发展着的马克思主义指导新的实践，能够为中国式现代化发展提供科学行动指南；再次，党坚持和完善中国特色社会主义制度，不断推进国家治理体系和治理能力现代化，形成包括中国特色社会主义根本制度、基本制度、重要制度等在内的一整套高效、完整的制度体系，能够为中国式现代化稳步前行提供坚强制度保证；最后，党坚持和发展中国特色社会主义文化，积极推动社会主义精神文明发展和社会主义核心价值观建设，激发全民族文化创新创造活力，能够为中国式现代化提供强大的精神力量和智力支持。

2. 党的领导确保中国式现代化锚定奋斗目标行稳致远

中国式现代化作为一个长期复杂的社会系统工程，要朝着怎样的方向行进、实现怎样的目标、推行怎样的方略都离不开党的统筹、策划与引领。党既是中国式现代化的开创引领者、谋篇布局者，又是组织筹划者和保障推进者。正是因为坚持党的领导不动摇，我们才有效规避了西方国家因政党的更迭而出现的政策前后不一和朝令夕改乱象，确保了中国式现代化锚定奋斗目标行稳致远以及我国现代化奋斗历程完整延续与接力推进，中国式现代化取得了举世瞩目、彪炳史册的辉煌业绩，中国用几十年走过了西方发达国家几百年的工业化进程。自成立以来，党就始终坚守“为人民谋幸福、为民族谋复兴”的初心使命，坚持远大理想和阶段性目标的统一，不仅将远大理想依据不同历史时期我国社会发展实际分解为若干指向一致、相互贯通、互为承接的阶段性目标，还坚守一以贯之，通过坚定目标、接力奋斗，完成各阶段性目标实现远大理想。尤其是新中国成立

以来，从“四个现代化”到“中国式的现代化”再到“中国式现代化”，从改革开放之初以发展物质文明和精神文明为内容的“两位一体”目标到党的十一届三中全会后以物质文明、精神文明、政治文明为内容的“三位一体”目标，到党的十六大后以物质文明、精神文明、政治文明、社会文明为内容的“四位一体”目标，再到党的十八大后以物质文明、精神文明、政治文明、社会文明、生态文明为内容的“五位一体”目标的历史演进，都深刻反映出党的奋斗目标一以贯之，一代一代地接力推进。

3. 党的领导激发建设中国式现代化的强劲动力

改革开放作为党领导下的伟大社会工程，旨在在坚持社会主义基本制度的前提下，通过对内改革、对外开放，破除影响社会主义制度先进性、阻碍社会生产力发展的若干要素、环节和体制机制，促进社会生产力发展。改革开放既是一场系统而深刻的社会革命，是中国社会发展的强大动力，也是决定当代中国命运的关键一招，直接关系中国式现代化的成败。改革开放以后，我们党积极发扬历史主动精神，坚持自信自立，不断变革生产关系和生产力之间、上层建筑和经济基础之间不相适应的要素，不断推进经济、政治、文化、社会和生态各领域体制改革，形成和发展符合当代中国国情、充满生机活力的体制机制，从而通过激活社会主义制度的内在优势促进生产力发展，推进中国式现代化发展。党的十八大以来，在我国现代化发展面对前所未有的风险挑战的形势下，党更是以巨大的政治勇气统筹“五位一体”总体布局、“四个全面”战略布局，全面深化改革，推进全方位对外开放，坚持以化解矛盾和突出问题为导向，敢于突进深水区，敢于啃硬骨头，敢于涉险滩，敢于直面新矛盾新挑战，勇于冲破思想观念束缚和利益固化藩篱，坚决破除各方面体制机制弊端，实现了改革由局部探索、破冰突围到系统集成、全面深化，许多领域实现了历史性变革、系统性重塑、整体性重构的跨越，为中国式现代化注入不竭动力源泉。

4. 党的领导凝聚建设中国式现代化的磅礴力量

中国式现代化是亿万人民自己的事业。人民作为中国式现代化的主体，既是中国式现代化的实践主体，也是中国式现代化历史的创造者。只有紧紧依靠人民，尊重人民创造精神，汇集全体人民的智慧和力量，才能找到推动中国式现代化不断向前发展的坚实力量。我们党坚持“一切依靠群众、一切为了群众、从群众中来、到群众中去”的群众路线，既充分尊重人民群众的历史主体地位，保障人民群众的正当利益和合法权益，又注重发扬群众的历史主动精神。无论是想问题、作决策，还是办事情、谋发展，都坚持以“把准人民脉搏、回应人民关切、体现人民愿望、增进人民福祉”为出发点，既要求使党的理论和路线方针政策反映人民利益和愿望，又强调始终以得到人民群众的衷心拥护为落脚点。进入新时代，党聚焦我国社会新的主要矛盾，坚持把人民对美好生活的向往作为奋斗目标，秉持以人民为中心，着力保障和改善民生、解决人民急难愁盼问题，让中国式现代化建设成果更多更公平地惠及全体人民。同时，党还积极发展全过程人民民主，通过拓展民主渠道，丰富民主形式，扩大人民有序政治参与，确保人民依法通过各种途径和形式管理国家事务、管理经济和文化事业、管理社会事务，使人民以主人翁精神满怀热忱地投身我国现代化建设。此外，党还以中国式现代化的美好愿景激励人、鼓舞人、感召人，有效促进政党关系、民族关系、宗教关系、阶层关系、海内外同胞关系和谐，推动海内外中华儿女团结奋斗，从而凝聚起全面建设社会主义现代化国家的磅礴伟力。

历史雄辩地证明，正是在中国共产党的领导下，中国式现代化既没有走封闭僵化的老路和改旗易帜的邪路，也没有走一些发展中国家靠牺牲本国利益换取自身发展的歧路，更没有走全盘西化、照搬照抄西方模式的死路；既没有简单套用马克思主义经典作家设想的模板，也没有成为其他国家社会主义实践的再版，更没有成为国外现代化发展的翻版，而是在将马克思主义基本原理同中国具体实际相结合、同中华优秀传统文化相结合的基础上，创造了中国式现代化道路、理论、制度和文化。在党的领导下，我们在现代化进程中取得了一系列举世瞩目的历史性成就，创造了人类文明新形态，为那些既希望加快发展又希望保持自身独立性的国家和民族提供了全新选择，为解决人类问题贡献了中国智慧和中国方案。

二、中国式现代化的中国特色与本质要求

1. 中国式现代化的中国特色

中国式现代化孕育于中国基本国情的基础之上，反映了在中国共产党领导下这样一个经济文化落后、人口众多且未经历工业化完整发展阶段的东方国家通过社会主义道路赶超世界先进、实现现代化的特殊性要求，其本身也是人类现代化的一种具体形式，具有鲜明的中国特色。

第一，中国式现代化是人口规模巨大的现代化。人口规模不同，现代化的任务就不同，其艰巨性、复杂性就不同，发展途径和推进方式也必然具有自己的特点。现在，全球进入现代化的国家有 20 多个，总人口 10 亿左右。未来我国 14 亿多人口整体迈进现代化社会，规模超过现有发达国家人口的总和，将极大地改变现代化的世界版图。作为拥有超大规模人口的国家，我国的现代化是人类历史上规模最大的现代化，也是难度最大的现代化。应当看到，庞大的人口数量既能提供充足的人力资源和超大规模市场，也给我国的现代化进程不可回避地带来系列难题和挑战，艰巨性和复杂性必然前所未有。不仅解决 14 亿多人的吃饭问题是个巨大的挑战，而且就业、分配、教育、医疗、住房、养老、托幼等问题也是巨大的挑战。人口规模庞大也决定了中国的现代化发展途径和推进方式必然具有自己的特点，从而使得人口规模巨大成了中国式现代化的一个鲜明特色。

第二，中国式现代化是全体人民共同富裕的现代化。共同富裕是中国特色社会主义的本质要求，也是区别于西方现代化的显著标志。中国式现代化坚持以人民为中心，强调发展为了人民、发展依靠人民、发展成果由人民共享，不仅坚持把实现人民对美好生活的向往作为出发点和落脚点，还着力维护和促进社会公平正义，促进全体人民共同富裕，防止两极分化。实现共同富裕不仅是中国式现代化的鲜明品格，也是中国式现代化发展的本质要求、目标追求和评判依据。实现共同富裕，在主体上，指的是全体人民，而非一部分人，更非少数人；在内容上，指向的是人的全面发展，既包含物质富裕，也包含精神富裕；在目标上，不同于“一部分富裕，而另一部分人贫穷”的现代化，更非

“一部分人富裕建立在剥削另一部分人基础上”的现代化，而是倡导维护社会公平正义、消除两极分化；在进程上，既是中国式现代化的目标所向，指向未来，又是我国当下现代化发展的行动要求。中国式现代化在促进生产力发展的同时使全体人民共享现代化成果，在满足人民群众对美好生活的需要的基础上实现“物的全面丰富”和“人的全面发展”，真正提升全体人民的获得感、安全感和幸福感。反观西方资本主义现代化，尊崇个人主义、“唯我独尊”的价值观，倡导以资本逻辑为中心，以两极分化为“基因”，走的是以“少数人富裕而大多数人贫穷”“少数人的富裕建立在绝大多数人贫困基础上”“少数人财富积累与多数人贫困积累同步增长”为特点的现代化道路。显然，中国式现代化更符合广大劳动群众的利益，更能反映“人实现自身解放”的发展规律和要求，更具有真理和道义的力量。

第三，中国式现代化是物质文明和精神文明相协调的现代化。物质贫困不是社会主义，精神贫乏也不是社会主义。资本主义现代化进程中，普遍存在人们物质富裕与道德沦陷、精神空虚、价值观紊乱并存，物质文明与精神文明相悖离相脱节的社会问题。因为无法遏制资本贪婪的本性，无法解决物质主义膨胀、精神贫乏等痼疾，而将现代化局限于物质和技术“单向度发展”，是一种人被迫“异化发展”的“畸形”现代化。中国式现代化不仅强调物质的生产，也强调精神的创造，并将两者相协调作为鲜明特色和实践要求，主张在提升人民物质生活质量的同时，不断满足和丰富人民对美好精神生活的需要，实现物的全面丰富与人的全面发展相协调。中国式现代化倡导两种文明相辅相成、互为支撑、均衡发展、共同提升，“两手抓，两手都要硬”，从多维度立体化视角促进“人的全方位解放”，不仅能有效规避资本主义现代化“重物质轻精神”以及“物质主义膨胀而精神生活贫瘠”的“二律背反”陷阱，而且要比资本主义现代化更符合人自我解放的价值追求，更具有道义和情感优势，这是资本主义现代化所无法企及的。

第四，中国式现代化是人与自然和谐共生的现代化。马克思主义认为，人与自然是生命共同体，无止境地向自然索取甚至破坏自然必然会遭到大自然的报复。倡导“天人合一”的生态观，尊重自然、顺应自然、保护自然，促进人与自然和谐共生，是中国式现代化的鲜明特点。中国式现代化着眼于实现中华民族永续发展，坚持可持续发展理念，坚持“节约优先、保护优先、自然恢复”为主的方针，坚定不移走生产发展、生活富裕、生态良好的文明发展道路，建设美丽中国。党的十八大以来，以习近平同志为核心的党中央坚持弘扬“生态兴则文明兴，生态衰则文明衰”“保护生态环境就是保护生产力、改善生态环境就是发展生产力”的发展理念，提出构建人与自然生命共同体，还将生态理念创新、生态行动推进与生态政策制度建构相统一，坚持经济社会发展与环境保护协调发展，不断满足人民日益增长的优美生态环境需要。习近平总书记提出“绿水青山就是金山银山”的生态发展观，反复强调“既要绿水青山，又要金山银山”“宁要绿水青山，不要金山银山”“绿水青山就是金山银山”的发展理念，从而使中国式现代化跳出了资本主义现代化以物为中心、将人与自然相对立、以过度消耗资源和牺牲生态环境为代价换取一时经济增长的怪圈，更能促进社会的可持续发展和人的永续发展，实现了对资本主义现代化道路的超越。

第五，中国式现代化是走和平发展道路的现代化。“高举和平、发展、合作、共赢旗帜，在坚定维护世界和平与发展中谋求自身发展，又以自身发展更好维护世界和平与发展”①，是中国式现代化的突出特征。多数西方国家走过的是一条通过战争、殖民、掠夺等方式损人利己，奉行资本逐利逻辑，长于对外扩张掠夺，不惜牺牲他国利益换取自我发展的现代化道路。与此形成鲜明对照的是，中国式现代化秉承独立自主、自力更生的基本立足点，依靠全体人民的辛勤劳动和创新创造发展壮大自己，通过激发内生动力与和平利用外部资源相结合的方式来实现国家发展，倡导和平发展、平等互利、合作共赢，不称霸、不扩张、不结盟，既不“输出”中国模式，不损害他国核心利益，也不干涉别国内政，不干预各民族国家独立自主选择，并且为广大发展中国家提供力所能及的支持和帮助。因此，中国式现代化顺应当今时代“求和平、谋发展、促合作、图共赢”的时代潮流，比资本主义现代化道路更能得到国际社会的支持和认同。面对当今世界百年未有之大变局以及全球性难题对人类生存与发展的严峻挑战，中国式现代化道路主张“坚定站在历史正确的一边，站在人类文明进步的一边”，打破“冷战思维”“零和博弈”的惯性逻辑，倡导各国和平发展，实现命运与共、同舟共济，在尊重文明的多元、多样、对等、平等基础上增进交流互鉴，求同存异，塑造“和而不同”“美美与共”“天下大同”“普惠包容”的国际社会新秩序，建设持久和平、普遍安全、共同繁荣、开放包容、清洁美丽的新世界，积极推进构建人类命运共同体和全球伙伴关系建设，得到了世界人民的欢迎和拥护。

2. 中国式现代化的本质要求

本质要求是对事物本质规律及其发展要求的深层次揭示。只有正确把握本质要求，才能科学准确把握事物发展的客观要求及其发展趋势。党的二十大报告明确指出，中国式现代化的本质要求是：坚持中国共产党领导，坚持中国特色社会主义，实现高质量发展，发展全过程人民民主，丰富人民精神世界，实现全体人民共同富裕，促进人与自然和谐共生，推动构建人类命运共同体，创造人类文明新形态。这一对中国式现代化本质要求的高度概括和精准揭示不仅为正确认识和科学把握中国式现代化的本质提供了方向，也从实践维度为推动中国式现代化发展指明了方向。

从其本质要求可以看出，中国式现代化深深植根于中华优秀传统文化，体现了科学社会主义的先进本质，借鉴吸收了一切人类优秀文明成果，代表了人类文明进步的发展方向，展现了不同于西方现代化模式的新图景，是一种全新的人类文明形态。随着现代化建设的步步推进，人们在未来各方面多元化的需求将会得到更好满足，在人的全面发展、社会全面进步上将会取得更大成就，中国式现代化也将为人类文明进步作出更大贡献。中国式现代化，打破了“现代化＝西方化”的迷思，展现了现代化的另一幅图景，拓展了发展中国家走向现代化的路径选择，其蕴含的独特世界观、价值观、历史观、文明观、民主观、生态观等及其伟大实践，是对世界现代化理论和实践的重大创新，为广大发展中国家独立自主迈向现代化树立了典范、提供了全新选择。

---

① 习近平．高举中国特色社会主义伟大旗帜 为全面建设社会主义现代化国家而团结奋斗：在中国共产党第二十次全国代表大会上的报告．北京：人民出版社，2022：23.

第 3 节　推进中国式现代化必须正确处理好的重大关系

习近平总书记强调，推进中国式现代化是一个系统工程，需要统筹兼顾、系统谋划、整体推进，正确处理好顶层设计与实践探索、战略与策略、守正与创新、效率与公平、活力与秩序、自立自强与对外开放等一系列重大关系。进行顶层设计，需要深刻洞察世界发展大势，准确把握人民群众的共同愿望，深入探索经济社会发展规律，使制定的规划和政策体系体现时代性、把握规律性、富于创造性，做到远近结合、上下贯通、内容协调。

（1）顶层设计与实践探索的关系。顶层设计指向宏观导向和战略安排，实践探索则突出实践性，侧重于对宏观战略的实践检验。只有既坚持做好顶层设计，指明发展的战略性和前瞻性，增强行动的自觉性和主动性，又做好实践探索，在实践中不断检验和调试发展要求和具体目标，才能增强中国式现代化的发展动力。一方面，既要增强战略的前瞻性，准确把握事物发展的必然趋势，敏锐洞悉前进道路上可能出现的机遇和挑战，以科学的战略预见未来、引领未来，又要增强战略的全局性，谋划战略目标、制定战略举措、作出战略部署，还要着眼于解决事关党和国家事业兴衰成败、牵一发而动全身的重大问题。另一方面，要大胆实践。推进中国式现代化是一个探索性事业，还有许多未知领域，需要我们在实践中去大胆探索，通过改革创新来推动事业发展，决不能刻舟求剑、守株待兔，要以强烈的主动精神去实践、去探索，推动顶层设计的落地生根。

（2）战略与策略的关系。战略是关系根本、全局和长远的规划，策略则是化解问题的具体性举措，是微观层面的战略。战略的实现离不开策略的实践，策略的实践也不能离开战略的方向性引领。只有在战略的统领下，形成化解问题的具体策略，使战略与策略有机统一、相辅相成，才能有效推进实践的开展。推进中国式现代化也要如此。要实现中国式现代化的宏伟目标就必须科学统筹战略和策略的有效运用：一方面，增强战略的稳定性，战略一经形成，就要长期坚持、一抓到底、善作善成，不能随意改变；另一方面，把战略的稳定性和策略的灵活性有机结合起来，灵活机动、随机应变、临机决断，在因地制宜、因势而动、顺势而为中把握战略主动。

权威观点　陈雨露：在质的有效提升和量的合理增长中推动高质量发展

（3）守正与创新的关系。守正与创新的关系本质上是继承和发展的关系。要处理好这对关系，不仅要求守好中国式现代化的本和源、根和魂，毫不动摇坚持中国式现代化的中国特色、本质要求、重大原则，确保中国式现代化的正确方向，还要把创新摆在国家发展全局的突出位置，顺应时代发展要求，着眼于解决重大理论和实践问题，积极识变应变求变，大力推进改革创新，不断塑造发展新动能新优势，充分激发全社会创造活力。只有既坚持守正，又推动创新，实现在守正基础上创新，在创新的实践中守正，实现两者的相互贯通、相互融合，才是有效推动中国式现代化发展的题中之义。

（4）效率与公平的关系。实现效率与公平相协同是有效推进中国式现代化的重要举措。效率意在提升生产力总量，是“做蛋糕”，公平则是关注生产结果的公平正义，是“分蛋糕”。没有效率的支撑，公平就难以真正得到保障；没有公平，效率就无法实现或维系；只有正确处理两者之间的关系，在提升效率时注重公平的激励和引导作用，在促进公平时充分发挥效率的保障和支撑作用，中国式现代化才能行稳致远。推进中国式现代化既要创造比资本主义更高的效率，又要有效地维护社会公平，更好实现效率与公平相兼顾、相促进、相统一，使“做蛋糕”和“分蛋糕”相得益彰、良性互动。

（5）活力与秩序的关系。习近平总书记指出，“社会治理是一门科学，管得太死，一潭死水不行；管得太松，波涛汹涌也不行。”① 活力和秩序两者相辅相成、辩证统一。活力意味着社会有生机和动力，秩序意味着社会有序、安定和谐。社会活力的实现离不开安定有序的社会秩序，同时其自身的彰显也会促进社会秩序的稳固。只有实现社会有序与社会活力的统一协调，寓活力于秩序之上，融秩序于活力之中，既充分激发广大群众的积极性、主动性和创造性，彰显社会主义制度及各类体制机制的内在活力，又着力确保人民安居乐业、社会安定有序、国家和谐稳定，中国式现代化才能快步前进、平稳发展。推进中国式现代化发展既要充分释放社会各环节各方面的内在活力，激发人的现代化发展潜力，又要统筹发展和安全，贯彻总体国家安全观，健全国家安全体系，增强维护国家安全能力，坚定维护国家政权安全、制度安全、意识形态安全和重点领域安全。

（6）自立自强与对外开放的关系。处理自立自强和对外开放的关系，本质上是处理独立自主、依靠自己与有效运用外来力量与资源之间的关系。推进中国式现代化发展要坚持两者的统一：既要坚持独立自主、自立自强，坚持把国家和民族发展放在自己力量的基点上，坚持把我国发展进步的命运牢牢掌握在自己手中，也要不断扩大高水平对外开放，深度参与全球产业分工和合作，用好国内国际两种资源，拓展中国式现代化的发展空间。只有在自主中谋求发展、在开放中坚持自主，在独立自主的基础上借鉴吸收一切人类优秀文明成果，做到不忘本来、吸收外来，走好自己的路、办好自己的事，才能实现在中国与世界各国良性互动、互利共赢中推进中国式现代化事业。

复习与思考

一、名词解释

现代化　　中国式现代化　　高质量发展　　守正创新　　自立自强

二、简答题

1. 中国式现代化的鲜明特色表现在哪些方面？
2. 简述中国式现代化的本质要求。
3. 推进中国式现代化应当处理好哪些重大关系？

三、论述题

1. 如何理解中国式现代化是中国共产党领导的现代化？
2. 为什么说推进中国式现代化是一个系统工程？

① 中共中央文献研究室．习近平关于社会主义社会建设论述摘编．北京：中央文献出版社，2017：125.

四、讨论题

如何推进中国式现代化建设？

延伸阅读

1. 洪银兴．中国式现代化论纲．南京：江苏人民出版社，2023.
2. 王军旗，等．中国式现代化十三讲．银川：宁夏人民出版社，2023.

即测即评

扫描二维码可在线自测并查看答案。

第 15 章

我国未来发展的战略安排和总体目标

目标就是方向，目标就是动力。党的二十大报告站在新历史方位，把握新的时代特点，明确提出了新时代新征程中国共产党的使命任务，系统阐释了我国未来发展的战略安排和总体目标，为全面建设社会主义现代化国家、全面推进中华民族伟大复兴指明了前进方向。

第 1 节　两步走的战略安排

习近平总书记指出："战略问题是一个政党、一个国家的根本性问题。战略上判断得准确，战略上谋划得科学，战略上赢得主动，党和人民事业就大有希望。"① 从改革开放和社会主义现代化建设新时期的实践经验来看，善于"科学划分发展阶段，以相互联系和不断递进的发展阶段推进党和国家事业，是我们党非常管用的和有效的治国理政经验"②。

在革命、建设、改革时期，我们党曾带领人民对中国式现代化建设进行了艰辛探索。我国从 1953 年开始制定第一个五年计划，第一个五年计划的开始时间为 1953 年，结束时间为 1957 年。从 2006 年"十一五"开始，"五年计划"改名为"五年规划"，凸显我国更加注重发挥市场对资源配置的决定性作用。党的十九大报告站在新的更高的历史起点上，对实现第二个百年奋斗目标作出分两个阶段推进的战略安排。这个战略安排，把基本实现现代化的时间比原先提前了 15 年，首次提出"社会主义现代化强国"概念，战略目标上增加了"美丽"这一代表生态文明的内容，使现代化内容更加全面，并与"五位一体"总体布局相对应。

---

① 习近平谈治国理政：第 4 卷．北京：外文出版社，2022：31.

② 本书编写组．党的十九大报告学习辅导百问．北京：党建读物出版社，2017：69.

全面建成小康社会到全面建成社会主义现代化强国，是一个时间跨度比较长的时期。为了更有利于明确前进方向、精准奋斗目标、凝聚全社会力量、统一全社会意志和行动，需要根据第二个百年奋斗目标的总体要求，划分若干个不断推进的发展阶段，分步实施、压茬推进，积小胜为大胜。在全面建成小康社会、实现第一个百年奋斗目标的基础上，党的二十大报告指出：“全面建成社会主义现代化强国，总的战略安排是分两步走：从二〇二〇年到二〇三五年基本实现社会主义现代化；从二〇三五年到本世纪中叶把我国建成富强民主文明和谐美丽的社会主义现代化强国。”全面建成社会主义现代化强国两步走战略安排，将不断实现人民对美好生活的向往和深刻改变世界现代化的格局。

两步走的现代化战略安排，既体现了我们党在社会主义现代化建设战略目标上的一贯性、整体性，又符合实践发展的连续性、阶段性和时代性。一方面，全面建成小康社会、实现第一个百年奋斗目标，为开启全面建设社会主义现代化国家新征程奠定了坚实基础。党的十八大以来，我们党在认识上不断深化，创立了习近平新时代中国特色社会主义思想，实现了马克思主义中国化时代化新的飞跃，为中国式现代化提供了根本遵循；不断实现理论和实践上的创新突破，成功推进和拓展了中国式现代化；进一步深化对中国式现代化的内涵和本质的认识，概括形成中国式现代化的中国特色、本质要求和重大原则，初步构建了中国式现代化的理论体系，使中国式现代化更加清晰、更加科学、更加可感可行；在战略上不断完善，深入实施科教兴国战略、人才强国战略、乡村振兴战略等一系列重大战略，为中国式现代化提供坚实战略支撑；在实践上不断丰富，推进了一系列变革性实践、实现了一系列突破性进展、取得了一系列标志性成果，推动党和国家事业取得历史性成就、发生历史性变革，特别是消除了绝对贫困问题，全面建成小康社会，为中国式现代化提供了更为完善的制度保证、更为坚实的物质基础、更为主动的精神力量。另一方面，我国正面临着新的发展机遇和挑战。党的二十大在谋划未来目标任务和行动纲领时，深刻分析了我国发展面临的新的历史特点：一是党已经走过创造辉煌的一百年，正团结带领人民承前启后、继往开来，在新的历史条件下继续夺取中国特色社会主义伟大胜利，我国发展面临新的战略机遇；二是党团结带领人民实现了第一个百年奋斗目标，迈上了全面建设社会主义现代化国家、实现第二个百年奋斗目标新征程，我国发展面临新的战略任务；三是中华民族伟大复兴取得历史性成就，既进入了不可逆转的历史进程，也进入了乘势而上、确保中华民族伟大复兴不被迟滞甚至打断的关键时期，我国发展面临新的战略阶段；四是中国特色社会主义新时代已经走过第一个 10 年，必须继续开创中国特色社会主义事业新局面，我国发展面临新的战略要求；五是百年未有之大变局和世纪疫情相互交织，世界进入新的动荡变革期，世界和平与发展面临严峻挑战，外部环境更加不稳定不确定，我国发展面临新的战略环境。综合分析各方面情况，我国现代化建设进入“战略机遇和风险挑战并存、不确定难预料因素增多的时期”①。我们必须增强忧患意识，做好应对重大风险的

阅读扩展　新时代我国经济发展的伟大成就

① 习近平．高举中国特色社会主义伟大旗帜 为全面建设社会主义现代化国家而团结奋斗：在中国共产党第二十次全国代表大会上的报告．北京：人民出版社，2022：26.

充分准备。

第 2 节 未来五年的主要目标任务

习近平总书记在二十大报告中指出，“未来五年是全面建设社会主义现代化国家开局起步的关键时期。”① 报告从八个方面明确了未来五年的主要目标任务：一是经济高质量发展取得新突破，科技自立自强能力显著提升，构建新发展格局和建设现代化经济体系取得重大进展；二是改革开放迈出新步伐，国家治理体系和治理能力现代化深入推进，社会主义市场经济体制更加完善，更高水平开放型经济新体制基本形成；三是全过程人民民主制度化、规范化、程序化水平进一步提高，中国特色社会主义法治体系更加完善；四是人民精神文化生活更加丰富，中华民族凝聚力和中华文化影响力不断增强；五是居民收入增长和经济增长基本同步，劳动报酬提高与劳动生产率提高基本同步，基本公共服务均等化水平明显提升，多层次社会保障体系更加健全；六是城乡人居环境明显改善，美丽中国建设成效显著；七是国家安全更为巩固，建军一百年奋斗目标如期实现，平安中国建设扎实推进；八是中国国际地位和影响进一步提高，在全球治理中发挥更大作用。完成未来五年的目标任务对于实现第二个百年奋斗目标至关重要。

习近平总书记在省部级主要领导干部学习贯彻党的十九届六中全会精神专题研讨班上的讲话中指出：“一百年来，党总是能够在重大历史关头从战略上认识、分析、判断面临的重大历史课题，制定正确的政治战略策略，这是党战胜无数风险挑战、不断从胜利走向胜利的有力保证。”② 党的二十大报告紧紧抓住解决不平衡不充分的发展问题，着眼补短板、强弱项、固底板、扬优势，作出一系列战略部署，提出一系列创新举措。

一、在社会主义“五位一体”方面的重大部署

在经济建设上，要完整、准确、全面贯彻新发展理念，加快构建新发展格局，着力推动高质量发展，构建高水平社会主义市场经济体制，建设现代化产业体系，全面推进乡村振兴，促进区域协调发展，推进高水平对外开放，推动经济实现质的有效提升和量的合理增长。在政治建设上，要发展全过程人民民主，加强人民当家作主制度保障，全面发展协商民主，积极发展基层民主，巩固和发展最广泛的爱国统一战线。在文化建设上，要推进文化自信自强，建设社会主义文化强国，建设具有强大凝聚力和引领力的社会主义意识形态，广泛践行社会主义核心价值观，提高全社会文明程度，繁荣发展文化事业和文化产业，增强中华文明传播力影响力，铸就社会主义文化新辉煌。在社会建设上，要坚持在发展中保障和改善民生，扎实推进共同富裕，完善分配制度，实施就业优

---

① 习近平．高举中国特色社会主义伟大旗帜 为全面建设社会主义现代化国家而团结奋斗：在中国共产党第二十次全国代表大会上的报告．北京：人民出版社，2022：25.

② 习近平谈治国理政：第 4 卷，外文出版社，2022：31.

先战略，健全社会保障体系，推进健康中国建设，不断实现人民对美好生活的向往。在生态文明建设上，要推进美丽中国建设，加快发展方式绿色转型，深入推进环境污染防治，提升生态系统多样性、稳定性、持续性，积极稳妥推进碳达峰碳中和，促进人与自然和谐共生。

二、在教育科技人才、法治建设、国家安全等方面的重大部署

党的二十大报告在党和国家事业发展布局中，更加突出了教育科技人才、法治建设、国家安全这三个重要方面，单列部分作出部署。这样的安排体现了党对中国式现代化规律性认识的深化，体现了抓关键、补短板、防风险的考虑。在教育科技人才上，要坚持教育优先发展、科技自立自强、人才引领驱动，加快建设教育强国、科技强国、人才强国，办好人民满意的教育，完善科技创新体系，加快实施创新驱动发展战略，深入实施人才强国战略，不断塑造发展新动能新优势。在法治建设上，要坚持全面依法治国，坚持走中国特色社会主义法治道路，建设中国特色社会主义法治体系、建设社会主义法治国家，完善以宪法为核心的中国特色社会主义法律体系，扎实推进依法行政，严格公正司法，加快建设法治社会，推进法治中国建设。在国家安全上，要坚定不移贯彻总体国家安全观，健全国家安全体系，增强维护国家安全能力，提高公共安全治理水平，完善社会治理体系，坚决维护国家安全和社会稳定。

三、在国防、港澳台、外交等方面的重大部署

在国防和军队建设上，要贯彻新时代强军思想，贯彻新时代军事战略方针，坚持党对人民军队的绝对领导，全面加强军队党的建设，全面加强练兵备战，全面加强军事治理，巩固提高一体化国家战略体系和能力，如期实现建军一百年奋斗目标，加快把人民军队建成世界一流军队。在港澳台工作上，要坚持和完善“一国两制”制度体系，落实中央全面管治权，落实“爱国者治港”“爱国者治澳”原则，落实特别行政区维护国家安全的法律制度和执行机制，支持香港、澳门发展经济、改善民生、破解经济社会发展中的深层次矛盾和问题，发展壮大爱国爱港爱澳力量；坚持贯彻新时代党解决台湾问题的总体方略，牢牢把握两岸关系主导权和主动权，坚持一个中国原则和“九二共识”，团结广大台湾同胞共同推动两岸关系和平发展、推进祖国和平统一进程，坚定反“独”促统。在外交工作上，要始终坚持维护世界和平、促进共同发展的外交政策宗旨，致力于推动构建人类命运共同体，坚定奉行独立自主的和平外交政策，坚持在和平共处五项原则基础上同各国发展友好合作，坚持对外开放的基本国策，积极参与全球治理体系改革和建设，弘扬全人类共同价值。

四、在全面从严治党等方面的重大部署

全面建设社会主义现代化国家、全面推进中华民族伟大复兴，关键在党。党的十八

大以来，习近平总书记多次强调，我们党是世界上最大的马克思主义执政党，大就要有大的样子，大也有大的难处。“我们党作为世界上最大的马克思主义执政党，要始终赢得人民拥护、巩固长期执政地位，必须时刻保持解决大党独有难题的清醒和坚定。经过党的十八大以来全面从严治党，我们解决了党内许多突出问题，但党面临的执政考验、改革开放考验、市场经济考验、外部环境考验将长期存在，精神懈怠危险、能力不足危险、脱离群众危险、消极腐败危险将长期存在。全党必须牢记，全面从严治党永远在路上，党的自我革命永远在路上，决不能有松劲歇脚、疲劳厌战的情绪，必须持之以恒推进全面从严治党，深入推进新时代党的建设新的伟大工程，以党的自我革命引领社会革命。”[①] 实践一再告诫我们，管党治党一刻也不能放松，必须常抓不懈、紧抓不放。我们要落实新时代党的建设总要求，健全全面从严治党体系，坚持和加强党中央集中统一领导，坚持不懈用习近平新时代中国特色社会主义思想凝心铸魂，完善党的自我革命制度规范体系，建设堪当民族复兴重任的高素质干部队伍，增强党组织政治功能和组织功能，坚持以严的基调强化正风肃纪，坚决打赢反腐败斗争攻坚战持久战，全面推进党的自我净化、自我完善、自我革新、自我提高，使我们党坚守初心使命，始终成为中国特色社会主义事业的坚强领导核心。

第 3 节 基本实现社会主义现代化的总体目标

综合考虑我国未来发展的基础条件和各种风险挑战，党的二十大从八个方面进一步描绘了到 2035 年我国发展的总体目标。

第一，经济实力、科技实力、综合国力大幅跃升，人均国内生产总值迈上新的大台阶，达到中等发达国家水平。我国已进入高质量发展阶段，具备了更为坚实的物质基础、更为完善的制度保证，实现中华民族伟大复兴进入了不可逆转的历史进程，经济快速发展和社会长期稳定“两大奇迹”将不断刷新。实现人均国内生产总值达到中等发达国家水平，意味着我国将成功跨越中等收入阶段，并在高收入阶段继续向前迈进一大步。届时，我国经济实力、科技实力、综合国力将大幅跃升，社会生产力、国际竞争力、国际影响力将再迈上新的大台阶。

第二，实现高水平科技自立自强，进入创新型国家前列。国家创新体系效能全面提升，国家战略科技力量和高水平人才队伍居世界前列，基础研究和原始创新能力不断增强，在关键共性技术、前沿引领技术、现代工程技术、颠覆性技术创新等方面取得重大突破，实现关键核心技术自主可控，更多科技前沿领域实现并跑和领跑。全社会研发经费投入强度、基础研究经费投入占研发经费投入比重达到主要发达国家水平。我国全球创新指数排名进入世界前列，科技进步贡献率大幅提升。

第三，建成现代化经济体系，形成新发展格局，基本实现新型工业化、信息化、城

① 习近平．高举中国特色社会主义伟大旗帜 为全面建设社会主义现代化国家而团结奋斗：在中国共产党第二十次全国代表大会上的报告．北京：人民出版社，2022：63－64.

镇化、农业现代化。转变发展方式取得决定性进展，经济质量效益和核心竞争力显著提高。形成以国内大循环为主体、国内国际双循环相互促进的新发展格局，生产、分配、流通、消费更多依托国内市场，参与国际经济合作和竞争新优势明显增强，国民经济实现良性循环。由制造大国迈入制造强国，产业链供应链基本安全可控、韧性显著增强，实现产业基础高级化、产业链现代化。数字经济与实体经济深度整合，公共服务、社会治理等领域数字化、智能化水平大幅提升。以城市群为主体、大中小城市和小城镇协调发展的城镇化格局基本形成，常住人口城镇化率、户籍人口城镇化率大幅提高，以人为核心的新型城镇化格局基本实现，城市品质明显提升。乡村振兴取得决定性进展，农业综合生产能力明显提高，国家粮食安全和重要农产品有效供给得到更好保障，现代化产业体系基本形成。

第四，基本实现国家治理体系和治理能力现代化，全过程人民民主制度更加健全，基本建成法治国家、法治政府、法治社会。中国特色社会主义根本制度、基本制度、重要制度更加完善。社会主义民主政治建设进一步发展，全过程人民民主更加广泛、更加充分、更加健全，人民当家作主制度体系更加完善。依法治国得到全面落实，形成完备的法律规范体系、高效的法治实施体系、严密的法治监督体系、有力的法治保障体系，形成科学立法、严格执法、公正司法、全民守法的良好格局。

第五，建成教育强国、科技强国、人才强国、文化强国、体育强国、健康中国，国家文化软实力显著增强。建成服务全民终身学习的现代化教育体系，劳动年龄人口平均受教育年限进一步提高，普及有质量的学前教育，职业教育服务能力显著提升，高等教育竞争力明显提升，总体实现教育现代化，建成更多世界主要科学中心和创新高地，一大批国家科研机构、研究型大学和科技领军企业进入世界前列，形成具有全球竞争力的开放创新生态。在世界第一人才大国基础上，人才结构更加优化，人才质量显著提升，各类高层次人才更多涌现，成为世界重要人才中心。文化事业进一步繁荣，现代文化产业体系基本形成，国民思想道德素质、科学文化素质明显提高。体育综合实力和国际影响力居世界前列。人均预期寿命超过 80 岁，人口长期均衡、可持续发展。中华文化影响力、中华民族凝聚力显著增强。

第六，人民生活更加幸福美好，居民人均可支配收入再上新台阶，中等收入群体比重明显提高，基本公共服务实现均等化，农村基本具备现代生活条件，社会保持长期稳定，人的全面发展、全体人民共同富裕取得更为明显的实质性进展。人民生活水平和质量显著提升，拥有更好的教育、更稳定的工作、更满意的收入、更可靠的社会保障、更高水平的医疗服务、更舒适的居住条件、更优美的环境、更丰富的精神文化生活。低收入群体规模显著减小，基本形成以中等收入群体为主体的橄榄形社会结构。公共服务体系健全完善，实现基本公共服务覆盖全民、兜住底线、均等享有。农村基础设施和公共服务明显改善，基本建成具备现代化生产生活条件的宜居宜业和美乡村。改革发展成果更多更公平惠及全体人民，城乡区域发展差距和居民生活水平差距明显缩小，人的全面发展能力持续提升，人民获得感、幸福感、安全感更加充实、更有保障、更可持续。

第七，广泛形成绿色生产生活方式，碳排放达峰后稳中有降，生态环境根本好转，美丽中国目标基本实现。清洁低碳、安全高效的能源体系和绿色低碳循环发展的经济体系基本建立，各类主要资源利用效率、主要污染物排放强度、碳排放强度接近发达国家平均水平，碳排放总量力争在 2030 年前实现达峰后稳中有降。大气、水、土壤等环境状况明显改观。生态安全屏障体系基本建立，森林、草原、荒漠、河湖、湿地、海洋等自然生态系统状况实现根本好转，形成生产空间安全高效、生活空间舒适宜居、生态空间山青水碧的国土开发格局。

第八，国家安全体系和能力全面加强，基本实现国防和军队现代化。平安中国建设达到更高水平，国家安全法治体系、战略体系、政策体系、人才体系和运行机制更加健全，粮食安全、能源安全、重要产业链供应链安全和公共安全保障能力全面提高。坚持富国和强军相统一，军事理论、军队组织形态、军事人员、武器装备现代化全面推进，国防和军队建设达到世界先进水平。

权威观点　张雷声：做好新时代经济工作的战略抓手

第 4 节　建成社会主义现代化强国的奋斗目标

中国共产党一百多年来团结带领中国人民所进行的一切奋斗，就是为了把我国建设成为现代化强国，实现中华民族伟大复兴。党的二十大报告提出："在基本实现现代化的基础上，我们要继续奋斗，到本世纪中叶，把我国建设成为综合国力和国际影响力领先的社会主义现代化强国。"届时，我国物质文明、政治文明、精神文明、社会文明、生态文明将全面提升，实现国家治理体系和治理能力现代化，成为综合国力和国际影响力领先的国家，全体人民共同富裕基本实现，我国人民将享有更加安康幸福的生活，中华民族将以更加昂扬的姿态屹立于世界民族之林。

（1）经济建设的标志性成果。"全面形成高质量发展模式和高水平的现代化经济体系，经济总量稳居世界第一，国家创新能力、社会生产力水平和核心竞争力名列世界前茅，成为全球主要科学中心、创新高地和重大科技成果主要输出地。"①

（2）政治建设的标志性成果。"全面实现国家治理体系和治理能力现代化，中国特色社会主义制度更加巩固、优越性充分发挥，全面建成法治国家、法治政府、法治社会，充分实现全过程人民民主，社会主义民主政治更加成熟完善。"②

（3）文化建设的标志性成果。"在全社会形成与社会主义现代化强国相适应的理想信念、价值理念、道德观念和精神风貌，全民族文化创新创造活力充分释放，公民文明素质和社会文明程度显著提高，中国精神、中国价值、中国力量在全球更加彰显。"③

（4）社会建设的标志性成果。"全体人民共同富裕基本实现，全社会实现高质量的充分就业，收入分配的公平程度排在世界前列，城乡居民将普遍拥有较高的收入、富裕的生活、健全的基本公共服务，社会充满活力而又规范有序。"④

---

① 本书编写组．党的二十大报告辅导读本．北京：人民出版社，2022：225.
② 同①.
③ 同①.
④ 同①.

（5）生态文明建设的标志性成果。“美丽中国全面建成，天蓝、地绿、水净、山青的优美生态环境成为普遍形态，实现人与自然和谐共生的现代化，成为全球生态环境保护领先的国家。”①

我国将全面建成的社会主义现代化强国，既具备世界主要现代化强国的一般特点，也具有体现中国特色社会主义本质要求和我国国情的鲜明特征，还具有反映中华文明对人类文明进步作出更大贡献的世界情怀。全面建成的社会主义现代化强国，经济社会全面进步、国家“硬实力”和“软实力”全面提升，人民物质富足、精神富有，将充分彰显中国共产党矢志不移为中国人民谋幸福、为中华民族谋复兴的初心使命。全面建成的社会主义现代化强国，不仅更好造福中国人民，而且更好造福世界人民，将充分彰显中国共产党胸怀天下、立己达人，为世界谋大同、为人类创未来的不懈追求和责任担当。

复习与思考

一、名词解释

战略安排　　总体目标　　基本公共服务均等化

全过程人民民主　　共同富裕

二、简答题

1. 我国全面建成社会主义现代化强国总的战略安排是什么？
2. 我国基本实现社会主义现代化面临哪些制约因素？
3. 如何把我国建成社会主义现代化强国？

三、论述题

试述完成“两步走”战略安排的有效路径。

四、讨论题

讨论当代大学生在实现中华民族伟大复兴历史进程中所扮演的角色。

延伸阅读

1. 本书编写组．党的二十大报告辅导读本．北京：人民出版社，2022.
2. 王军旗．推进基层治理现代化建设．天津：天津大学出版社，2023.

即测即评

扫描二维码可在线自测并查看答案。

① 本书编写组．党的二十大报告辅导读本．北京：人民出版社，2022：225.

第 16 章

推动高质量发展

中国特色社会主义进入了新时代，我国经济发展也进入了新时代。党的十八大以来，以习近平同志为核心的党中央科学把握我国发展大势，坚持以高质量发展为主题、以供给侧结构性改革为主线，全面贯彻新发展理念，加快构建新发展格局，引领我国经济迈上更高质量、更有效率、更加公平、更可持续、更为安全的发展之路，我国经济实力实现历史性跃升，发展平衡性、协调性、可持续性明显增强。踏上全面建设社会主义现代化国家的新征程，必须牢牢把握高质量发展这个首要任务，以新发展理念引领高质量发展，着力解决发展不平衡不充分问题，推动实现质的有效提升和量的合理增长，为全面建成社会主义现代化强国奠定坚实的物质技术基础。

第 1 节　全面建设社会主义现代化国家的首要任务

新时代中国经济发展的重要特征是，由高速增长转向高质量发展、从量的扩张转向质的提升。党的二十大报告明确指出："高质量发展是全面建设社会主义现代化国家的首要任务。"推动高质量发展，是保持经济持续健康发展的必然要求，是适应我国社会主要矛盾变化、全面建设社会主义现代化国家的必然要求，是遵循经济规律发展的必然要求。

一、保持经济持续健康发展的必然要求

经济发展的内在逻辑要求以高质量发展取代粗放型经济发展方式。改革开放特别是加入世界贸易组织后，我国形成了市场和资源"两头在外"、"世界工厂"的发展模式。这一时期，我国抓住经济全球化机遇、快速提升经济实力、改善人民生活。但现在再按照过去那种粗放型经济发展方式来做，不仅国内的资源环境条件不支持，国际条件也不

支持，难以持续。中国经济既“做不到”也“受不了”像过去那样高速增长。我国正处于转变经济发展方式的关键阶段，我国发展不平衡不充分问题仍然突出，劳动力成本上升，资源环境约束增大，经济循环不畅问题十分突出，必须推动高质量发展，以适应科技新变化、人民新需要，形成优质高效多样化的供给体系，提供更多优质产品和服务。这样，供求才能在新的水平上实现均衡，为我国经济持续健康发展提供源源不断的内生动力。

统筹安全与发展、推动经济建设行稳致远必须走高质量发展之路。高质量发展是以安全为前提的发展。当前，我国面临的外部环境日趋复杂，世界并不太平，逆全球化思潮抬头，局部冲突和动荡频发，全球粮食安全、能源安全、资源安全、产业链供应链安全等问题更加凸显，推动世界百年未有之大变局加速演进。同时，世界新一轮科技革命和产业革命方兴未艾、多点突破，其主要特点是重大颠覆性技术不断涌现，科技成果转化速度加快，产业组织形式和产业链条更具垄断性。世界主要国家纷纷出台新的创新战略，加大投入，加强人才、专利、标准等战略性创新资源的争夺。外部冲击倒逼我国必须加快自主创新步伐，走高质量发展之路。作为发展中的大国，应对好各种风险挑战、维护国家安全的任务依然紧迫。只有统筹发展和安全，推动高质量发展，才能实现重要产业、基础设施、战略资源、重大科技等关键领域安全可控，才能防范和化解重大风险，守住安全底线，确保我国现代化事业不会错失机遇、不会被打断进程。

当前和今后一个时期，虽然我国发展仍然处于重要战略机遇期，但机遇和挑战都有新的发展变化。就机遇而言，我国经济稳中向好、长期向好的基本面没有变，潜力足、韧性大、活力强、回旋空间大、政策工具多的基本特点没有变，我国发展具有的多方面优势和条件没有变；就挑战而言，我国发展不平衡不充分问题仍然突出，面临的外部环境日趋复杂。可以说，机遇和挑战之大前所未有，总体上机遇大于挑战。只要坚定必胜信念，保持战略定力，坚定不移推动高质量发展，我们就能够积极应对外部环境变化带来的冲击挑战，不断增强经济竞争力、创新力、抗风险能力，增强国家综合实力和抵御风险能力，实现经济行稳致远、社会和谐安定。

二、适应我国社会主要矛盾变化、全面建设社会主义现代化国家的必然要求

高质量发展是适应我国社会主要矛盾变化的必然要求。改革开放后，我们牢牢把握住人民日益增长的物质文化需要同落后的社会生产之间的矛盾这一社会主要矛盾不动摇，沿着中国特色社会主义道路接续奋斗，我国社会生产力发展水平、人民生活水平实现了大幅提升，实现了从生产力相对落后的状况到经济总量跃居世界第二的历史性突破，实现了人民生活从温饱不足到全面建成小康社会的历史性跨越。与此同时，人民美好生活需要日益广泛，不仅对物质文化生活提出了更高要求，而且在民主、法治、公平、正义、安全、环境等方面的要求日益增长。基于此，党的十九大作出了“我国社会主要矛盾已经转化为人民日益增长的美好生活需要和不平衡不充分的发展之间的矛盾”的重大判断。发展不平衡不充分，已经成为满足人民日益增长的美好生活需要的主要制约因素，发展中的矛盾和问题集中体现在发展质量上。这就要求我们必须把发展质量问题摆在更为突

出的位置，着力提升发展质量和效益。只有通过高质量发展，才能进一步完善产业体系，不断推动生产组织方式网络化、智能化，提高企业创新力、需求捕捉力、品牌影响力、核心竞争力，不断提高产品和服务质量，更好地满足人民群众个性化、多样化、不断升级的需求，更好地推动人全面发展、社会全面进步。

高质量发展也是全面建设社会主义现代化国家的必然要求。党的二十大报告提出："从现在起，中国共产党的中心任务就是团结带领全国各族人民全面建成社会主义现代化强国、实现第二个百年奋斗目标，以中国式现代化全面推进中华民族伟大复兴。"没有坚实的物质技术基础，建成富强民主文明和谐美丽的社会主义现代化强国宏伟目标的实现就无从谈起。从主要国家的现代化历程看，持续推进工业化进程、保持经济持续增长是实现现代化的前提和基础。我国是一个发展中大国，仍处于社会主义初级阶段，经济实力、科技实力、人力资本水平、产业基础能力和现代化程度等同世界先进水平相比还有较大差距，推进高质量发展还有许多卡点瓶颈。只有经济总量规模继续扩大，发展质量效益进一步提高，我国的社会事业发展、文化事业繁荣、生态环境美好、国际地位提升、安全能力增强等各方面建设的物质条件才能不断得到夯实，才能全面建成社会主义现代化强国。

三、遵循经济规律发展的必然要求

事物发展的规律是客观的，不以人的意志为转移，既不能任意修改规律，也不能凭空创造规律，只能正确地认识规律，科学地把握规律，顺势而为，按照规律办事。经济社会发展也有其内在的客观规律。有关研究表明，20 世纪 60 年代以来，全球 100 多个中等收入经济体中只有十几个成功成为高收入经济体。那些取得成功的经济体，都是在经历高速增长阶段后，实现了经济发展从量的扩张转向质的提高。那些徘徊不前甚至倒退的经济体，则没有实现这种根本性转变，往往在经历一段时间的高速增长之后便陷入经济增长的停滞期，既无法在工资方面与低收入经济体竞争，又无法在尖端技术和现代服务业方面与富裕经济体竞争。可见，经济发展是一个螺旋式上升的过程，上升不是线性的，量积累到一定阶段，必须转向质的提升。

我国经济发展也要遵循由量变到质变的规律。改革开放后一段时期内，我国抓住经济全球化重要机遇，发挥劳动力等要素的低成本优势，充分利用国际分工机会，形成市场和资源"两头在外"的发展模式，参与国际经济大循环，带动了经济高速增长。党的十八大后，我国经济发展出现增长速度换挡期、结构调整阵痛期和前期刺激政策消化期"三期叠加"的基本特征，经济发展进入新常态。新常态下，我国的经济增长速度从高速增长转向中高速增长，经济发展方式从规模速度型粗放增长转向质量效率型集约增长，经济结构从增量扩能为主转向调整存量、做优增量并存的深度调整，经济发展动力从传统增长点转向新的增长点。认识新常态、适应新常态、引领新常态，要求加快构建新发展格局，使发展转向更多依赖创新驱动，不断提高供给质量和水平，推动高质量发展。因此，党的十九大报告作出了"我国经济已由高速增长阶段转向高质量发展阶段"的战略判断。可见，推动高质量发展是遵循经济规律发展的必然要求。只有通过高质量发展，才能推动我国经济向形态更高级、分工更复杂、结构更合理阶段演化，实现投资有回报、企业有利润、员工有收入、政府有税收，实现生产、流通、分配、消费循环通畅，实现国民经济重大比例关系和空间布局更加合理，实现经济发展比较平衡、不出现大的起落，逐步进入高收入经济体行列。

阅读扩展　实现高质量发展是我国经济社会发展历史、实践和理论的统一

第 2 节　坚持以推动高质量发展为主题

党的二十大报告对全面建设社会主义现代化国家战略布局进行了科学谋划，强调“我们要坚持以推动高质量发展为主题”，这是在深入分析我国发展新的历史条件和阶段、全面认识和把握我国现代化建设实践历程以及各国现代化建设一般规律的基础上，作出的一个具有全局性、长远性、根本性的战略决策。习近平总书记指出：“高质量发展，就是能够很好满足人民日益增长的美好生活需要的发展，是体现新发展理念的发展，是创新成为第一动力、协调成为内生特点、绿色成为普遍形态、开放成为必由之路、共享成为根本目的的发展。”[①] 坚持以推动高质量发展为主题，必须深刻把握其本质内涵，把推动高质量发展的要求贯彻到经济社会发展的全过程各领域。

一、高质量发展是能够很好满足人民日益增长的美好生活需要的发展

高质量发展是以人民为中心的发展，满足人民需要是社会主义生产的根本目的，也是推动高质量发展的根本力量。习近平总书记强调：“人民幸福安康是推动高质量发展的最终目的。”这一重要论述站在新时代坚持和发展中国特色社会主义、建设社会主义现代化国家、建设长期执政的马克思主义政党的政治和战略高度，把人民幸福安康和推动高质量发展联系起来，深刻地揭示了高质量发展的本质内涵。

发展的最终目的是造福人民，满足人民日益增长的美好生活需要。中国特色社会主义进入新时代，我国社会主要矛盾已经转化为人民日益增长的美好生活需要和不平衡不充分的发展之间的矛盾。我国稳定解决了十几亿人的温饱问题，短缺经济和供给不足的状况已经发生根本性改变，完成了脱贫攻坚、全面建成小康社会的历史任务，我国社会生产力水平总体上显著提高，社会生产能力在很多方面进入世界前列，人民美好生活需要日益广泛，不仅对物质文化生活提出了更高要求，而且在民主、法治、公平、正义、安全、环境等方面的要求日益增长，呈现个性化、多样化、不断升级的基本特征。当前，经济运行的主要矛盾从总需求不足转变为供给结构不适应需求结构的变化，矛盾的主要方面转到供给侧，也就是发展质量上，“有没有”的问题基本解决，“好不好”的问题更加突出。必须把发展的重心转到解决“好不好”的问题上，通过高质量发展，实现产业

① 习近平著作选读：第 2 卷，北京：人民出版社，2023：67.

体系更加完整，生产组织方式更加网络化、智能化，企业创新力、需求捕捉力、品牌影响力、核心竞争力不断增强，产品和服务质量不断提高，更好地满足人民群众个性化、多样化、不断升级的美好生活需要。必须把促进全体人民共同富裕作为为人民谋幸福的着力点，坚持在发展中保障和改善民生，解决好人民最关心最直接最现实的利益问题，切实把高质量发展成果转化为高品质生活，不断增强人民群众的获得感、幸福感、安全感，推动人全面发展、社会全面进步，努力促进全体人民共同富裕取得更为明显的实质性进展，让现代化建设成果更多更公平惠及全体人民。

二、高质量发展是体现新发展理念的发展

新发展理念和高质量发展是内在统一的，高质量发展就是体现新发展理念的发展。当前，我国已开启全面建设社会主义现代化国家新征程，正在向第二个百年奋斗目标进军，国际国内发展环境日趋复杂，不稳定性不确定性明显增大。只有完整、准确、全面贯彻新发展理念，才能应对发展中的风险挑战，有效推动高质量发展。

新发展理念是习近平新时代中国特色社会主义思想的重要内容，为高质量发展提供了思想引领。高质量发展是创新成为第一动力的发展。加快实现高水平科技自立自强是推动高质量发展的必由之路。以创新发展理念引领高质量发展，必须深入实施科教兴国战略、人才强国战略、创新驱动发展战略，着力提升科技自立自强能力，不断开辟发展新领域新赛道、塑造发展新动能新优势。高质量发展是协调成为内生特点的发展。我国正处于由中等收入国家向高收入国家迈进的阶段，国际经验表明，这个阶段是各种矛盾集中爆发的阶段，发展不协调、存在诸多短板也是难免的。以协调发展理念引领高质量发展，必须找出发展上的短板，在补齐短板上多用力，通过补齐短板挖掘发展潜力、增强发展后劲。高质量发展是绿色成为普遍形态的发展。中国式现代化是人与自然和谐共生的现代化。建设生态文明、推动绿色低碳循环发展，不仅可以满足人民日益增长的优美生态环境需要，而且可以推动实现更高质量、更有效率、更加公平、更可持续、更为安全的发展。以绿色发展理念引领高质量发展，必须牢牢把握生态环境保护和经济发展的辩证统一关系，走出一条生产发展、生活富裕、生态良好的文明发展道路。高质量发展是开放成为必由之路的发展。要发展壮大，必须主动顺应经济全球化潮流，充分运用人类社会创造的先进科学技术成果和有益管理经验。以开放发展理念引领高质量发展，必须坚持对外开放的基本国策，奉行互利共赢的开放战略，深化人文交流，完善对外开放区域布局、对外贸易布局、投资布局，形成对外开放新体制，发展更高层次的开放型经济，以扩大开放带动创新、推动改革、促进发展。高质量发展是共享成为根本目的的发展。共享是中国特色社会主义的本质要求，是发展的出发点和落脚点，也是社会主义优越性之所在。以共享发展理念引领高质量发展，必须从人民需要出发谋发展、促发展，坚持在整个发展过程中注重民生、保障民生、改善民生，通过发展维护和实现人民利益，满足人民日益增长的美好生活需要，使人民群众在共建共享发展中有更多获得感。贯彻新发展理念是关系我国发展全局的一场深刻变革，只有始终以创新、协调、绿色、开放、共享的内在统一来把握发展、衡量发展、推动发展，才能形成共促高质量发展的合力。

三、高质量发展关系我国社会主义现代化建设全局

高质量发展是“十四五”乃至更长时期我国经济社会发展的主题，关系我国社会主义现代化建设全局。习近平总书记指出：“高质量发展不只是一个经济要求，而是对经济社会发展方方面面的总要求；不是只对经济发达地区的要求，而是所有地区发展都必须贯彻的要求；不是一时一事的要求，而是必须长期坚持的要求。”① 各地区各部门要充分认识高质量发展对全面建设社会主义现代化国家的重大意义，坚定不移把思想和行动统一到以习近平同志为核心的党中央决策部署上来，牢记“国之大者”、提高政治站位、勇于担当作为，切实把推动高质量发展的要求贯彻到经济社会发展的全过程各领域。

高质量发展是对经济社会发展方方面面的总要求。高质量发展是一场关系发展全局的深刻变革。从国际看，当今世界正经历百年未有之大变局，我国发展的外部环境日趋复杂。防范化解各类风险隐患，积极应对外部环境变化带来的冲击挑战，关键在于办好自己的事，只有提高国家整体发展质量和国际竞争力，增强国家综合实力和抵御风险能力，才能有效维护国家安全。从国内看，随着中国特色社会主义进入新时代，我国社会主要矛盾已经转化为人民日益增长的美好生活需要和不平衡不充分的发展之间的矛盾。人民日益增长的美好生活需要不仅包括对物质文化生活的更高要求，而且包括人民在民主、法治、公平、正义、安全、环境等方面日益增长的新要求。与之对应，发展的重点也由物质生产拓展到经济、政治、社会、文化、生态等各领域。必须坚持以人民为中心的发展思想，把发展质量和效益摆到更加突出的位置，解决好人民群众普遍关心的就业、教育、医疗、居住、社保、环境、安全等突出问题，让人民群众有实实在在、全面立体的获得感。

高质量发展是所有地区都必须贯彻的要求。我国是全球第二大经济体，也是世界上最大的发展中国家，国内各地区之间的发展基础、资源禀赋、比较优势各不相同。推动高质量发展，不能简单要求各地区在经济社会发展上达到同一水平，而是要承认客观差异，通过健全区域战略统筹、市场一体化发展、区域合作互助、区际利益补偿等机制，更好促进发达地区和欠发达地区共同发展。不论是在发达地区还是欠发达地区，只有综合考虑所在地区的资源禀赋、区位条件、劳动力数量及质量、资本实力、技术水平、产业基础等各方面的因素，因地制宜、扬长补短，才能走出适合本地区实际的高质量发展之路。发达地区拥有先进的产业结构水平和现代产业体系，应着眼于打造创新发展、对外开放新优势，更高层次参与国际经济合作和竞争，充分发挥对欠发达地区的引领带动作用。欠发达地区要抓住高质量发展的新机遇，发挥后发优势，加快实施创新驱动战略，在质量变革、效率变革、动力变革上下足功夫，推动产业转型升级，努力走出一条经济发展与生态环境保护并重的可持续发展新路。总之，要发挥各地区比较优势，促进各类要素在地区间合理流动、高效集聚，加快构建高质量发展的动力系统，形成优势互补、高质量发展的区域经济布局。

---

① 习近平．论把握新发展阶段、贯彻新发展理念、构建新发展格局．北京：中央文献出版社，2021：533.

高质量发展是必须长期坚持的要求。我国正处于实现中华民族伟大复兴的关键时期，在机遇和挑战并存的情况下，必须具有强大持久的战略定力，才能把准航向、行稳致远。当今世界正经历百年未有之大变局，国际环境日趋复杂，不稳定性不确定性明显增大，必须做好随时应对各种复杂困难局面的准备。我国仍处于并将长期处于社会主义初级阶段的基本国情没有变，发展不平衡不充分问题依然突出，创新能力还不适应高质量发展要求，农业基础还不稳固，城乡区域发展和收入分配差距较大，生态环保任重道远，民生保障存在短板，社会治理还有弱项。破解这些问题，绝非旦夕之功。因此，高质量发展作为经济社会发展的新的更高要求，绝不是权宜之计，更不是轻轻松松就能实现的，必须保持战略定力，长期坚持高质量发展这一主题，久久为功、持之以恒，在全面建设社会主义现代化国家的征程上砥砺奋进。

第 3 节　强化推动高质量发展的战略支撑

面向未来，高质量发展是建设社会主义现代化国家、实现第二个百年奋斗目标必须紧紧把握、长期坚持的根本要求。党的二十大对加快构建新发展格局、着力推动高质量发展作出了战略部署，要深化供给侧结构性改革、推进高水平科技自立自强、实施国家重大发展战略，切实解决好发展不平衡不充分的问题，强化推动高质量发展的战略支撑。

一、深化供给侧结构性改革

深化供给侧结构性改革、推动经济高质量发展，是以习近平同志为核心的党中央深刻洞察国内国际形势变化，科学把握经济发展规律，作出的具有开创性、全局性、长远性的重大决策部署。供给侧结构性改革的根本目的是提高社会生产力水平，落实好以人民为中心的发展思想。推进供给侧结构性改革，是我国调整经济结构、转变经济发展方式的治本良方，是培育增长新动力、形成先发新优势、实现创新引领高质量发展的必然要求。

供给侧结构性改革是高质量发展的主线。供给侧管理和需求侧管理是调控宏观经济的两个基本手段。需求侧管理，重在解决总量性问题，注重短期调控，主要通过调节税收、财政支出、货币信贷等来刺激或抑制需求，进而推动经济增长；供给侧管理，重在解决结构性问题，注重激发经济增长动力，主要通过优化要素配置和调整生产结构来提高供给体系质量和效率，进而推动经济增长。从供给侧看，高质量发展应该实现产业体系比较完整，生产组织方式网络化智能化，企业创新力、需求捕捉力、品牌影响力、核心竞争力强，产品和服务质量高。从需求侧看，高质量发展应该不断满足人民群众个性化、多样化、不断升级的需求，这种需求又引领供给体系和结构的变化，供给变化又不断催生新的需求。从投入产出看，高质量发展应该不断提高劳动效率、资本效率、土地效率、资源效率、环境效率，不断提升科技进步贡献率，不断提高全要素生产率。从分配看，高质量发展应该实现投资有回报、企业有利润、员工有收入、政府有税收，并且充分反映各自按市场评价的贡献。从宏观经济循环看，高质量发展应该实现生产、流通、分配、消费循环通畅，国民经济重大比例关系和空间布局比较合理，经济发展比较平稳，不出现大的起落。

供给侧结构性改革也是高质量发展的抓手。当前和今后一个时期，我国经济发展虽然有周期性、总量性问题，面临的问题供给侧和需求侧两侧都有，但矛盾的主要方面在供给侧。概括起来，主要表现为“三大失衡”，即实体经济结构性供需失衡、金融和实体经济失衡、房地产和实体经济失衡。事实证明，我国不是需求不足，或没有需求，而是需求变了，供给的产品却没有变，质量、服务跟不上。有效供给能力不足带来大量“需求外溢”，消费能力严重外流。在这种情况下，如果只是简单采取扩大需求的办法，不仅不能解决结构性失衡，反而会加剧产能过剩、抬高杠杆率和企业成本。必须把改善供给结构、提高供给质量作为高质量发展的重要抓手，从供给侧结构性改革上想办法、定政策，提高供给结构的适应性和灵活性，使供给体系更好适应需求结构变化，实现由低水平供需平衡向高水平供需平衡跃升。

供给侧结构性改革是一场关系全局、关系长远的攻坚战。要把推进供给侧结构性改革作为当前和今后一个时期经济发展和经济工作的主线，按照党的二十大报告指出的“把实施扩大内需战略同深化供给侧结构性改革有机结合起来”的战略方针，转变发展方式，培育创新动力，为经济高质量发展打造新引擎、构建新支撑。深化供给侧结构性改革，重在畅通国内大循环，重在突破供给约束堵点、卡点、脆弱点，重在打通生产、分配、流通、消费各环节。必须坚持“巩固、增强、提升、畅通”八字方针，加大“破、立、降”力度，坚持去产能、去库存、去杠杆、降成本、补短板。增强微观主体活力，加快完善中国特色现代企业制度，建立公平开放透明的市场规则和市场化法治化国际化营商环境，加快建设世界一流企业。提升产业链供应链现代化水平，坚持自主可控、安全高效，分行业做好供应链战略设计和精准施策，推动全产业链优化升级。畅通国民经济循环，依托强大国内市场，打破行业垄断和地方保护，形成国民经济良性循环。推进供给侧结构性改革是一场硬仗，要以锐意进取、敢于担当的精神状态，脚踏实地、真抓实干的工作作风，打赢供给侧结构性改革这场关系全局、关系长远的攻坚战。

权威观点　崔友平：从供需两侧入手扎实稳住经济

二、推进高水平科技自立自强

科技是第一生产力、第一竞争力，是全面建设社会主义现代化国家的基础性、战略性支撑。科技自立自强是国家强盛之基、安全之要，中国要强盛、要复兴，就一定要推进高水平科技自立自强，增强自主创新能力，建设世界科技强国。

高水平科技自立自强是推动高质量发展的必由之路。当前，全球科技创新进入空前密集活跃的时期，新一轮科技革命和产业变革突飞猛进，科技创新成为国际战略博弈的主要战场，围绕科技制高点的竞争空前激烈。党的十八大以来，以习近平同志为核心的党中央全面分析国际科技创新竞争态势，牢牢把握建设世界科技强国的战略目标，提出创新是引领发展的第一动力，坚持把创新摆在国家发展全局的突出位置。党的十九大确立了到 2035 年跻身创新型国家前列的战略目标，党的十九届五中全会提出了坚持创新在我国现代化建设全局中的核心地位，把科技自立自强作为国家发展的战略支撑，党的二十大进一步提出“坚持面向世界科技前沿、面向经济主战场、面向国家重大需求、面向人民生命健康，加快实现高水平科技自立自强”的战略要求。经过多年努力，我国科技事业发展取得巨大成就，科技创新能力显著提升。同时也要看到，我国科技发展水平特别是关键核心技术创新能力同国际先进水平相比还有很大差距，关键核心技术受制于人的局面没有得到根本性改变，实现高水平科技自立自强任重道远。必须按照党的二十大提出的坚持“四个面向”的战略要求，大力实施创新驱动发展战略，加快推进高水平科技自立自强。

加强基础研究。加强基础研究，是高水平科技自立自强的迫切要求，是从未知到已知、从不确定性到确定性的必然选择，是建设世界科技强国的必由之路。党和国家历来重视基础研究工作。新中国成立后特别是改革开放以来，我国基础研究取得了重大成就。当前，新一轮科技革命和产业变革突飞猛进，学科交叉融合不断发展，科学研究范式发生深刻变革，科学技术和经济社会发展加速渗透融合，基础研究转化周期明显缩短，国际科技竞争向基础前沿前移。必须瞄准世界科技前沿，抓住大趋势，下好“先手棋”，强化基础研究前瞻性、战略性、系统性布局，实现前瞻性基础研究、引领性原创成果重大突破。夯实世界科技强国建设的根基，有组织推进战略导向的体系化基础研究、前沿导向的探索性基础研究、市场导向的应用性基础研究，促进创新链和产业链精准对接，把科技成果充分应用到现代化事业中。

打好关键核心技术攻坚战。关键核心技术是国之重器，对推动我国经济高质量发展、保障国家安全具有十分重要的意义。实践反复告诉我们，关键核心技术是要不来、买不来、讨不来的。只有把关键核心技术掌握在自己手中，才能从根本上保障国家经济安全、国防安全和其他安全。必须切实提高我国关键核心技术创新能力，把科技发展主动权牢牢掌握在自己手里，为我国发展提供有力科技保障。要充分发挥社会主义市场经济的独特作用，充分发挥我国社会主义制度优势，充分发挥科学家和企业家的创新主体作用，形成关键核心技术攻坚体制。改革重大科技项目立项和组织管理方式，实行“揭榜挂帅”“赛马”等制度。要以关键共性技术、前沿引领技术、现代工程技术、颠覆性技术创新为突破口，集聚力量进行原创性引领性科技攻关，敢于走前人没走过的路，努力实现关键核心技术自主可控。要增强责任感和危机感，丢掉幻想，正视现实，统筹推进补齐短板和锻造长板，针对产业薄弱环节，实施好关键核心技术攻关工程，尽快解决一批“卡脖子”问题，在产业优势领域精耕细作，搞出更多独门绝技，加速科技成果向现实生产力转化，提升产业链水平，增强产业链供应链自主可控能力。

强化国家战略科技力量。世界科技强国竞争，比拼的是国家战略科技力量。实现高水平科技自立自强，必须有一支能打硬仗、打大仗、打胜仗的战略科技力量，形成代表国家水平、被国际同行认可、在国际上拥有话语权的科技创新实力。当前，我国已初步建成中国特色国家创新体系，但还存在整体效能不高、解决重大科技问题的“硬实力”不强、科技创新资源配置不够合理等诸多问题。破解这些突出问题，亟须以强化国家战略科技力量为抓手，实现国家创新体系深度重构。必须以国家战略需求为导向、以国家战略任务为牵引，统筹布局强化国家战略科技力量，破除限制科技创新水平提升的体制机制障碍，重塑我国科技创新资源配置格局，提高科技创新资源配置效率，大幅增强我国科技创新体系支撑高质量发展的能力。

三、实施国家重大发展战略

要在迅速变化的时代中赢得发展的主动权，必须以更广阔的视野、更长远的眼光来思考和把握国家高质量发展面临的一系列重大战略问题。党的十八大以来，以习近平同志为核心的党中央针对关系经济全局、事关长远发展的问题作出了系统谋划和战略部署，实施了乡村振兴、区域协调发展、新型城镇化等一系列重大发展战略，对我国经济发展变革产生了深远影响。要紧紧围绕解决发展不平衡不充分的突出问题，深入实施国家重大发展战略，在整体推进中实现重点突破，以重点突破带动我国发展质量整体提升。

全面实施乡村振兴战略。农业强国是社会主义现代化强国的根基，推进农业现代化是实现高质量发展的必然要求。党的十八大以来，我国把脱贫攻坚作为全面建成小康社会的标志性工程，打赢了人类历史上规模空前、力度最大、惠及人口最多的脱贫攻坚战，近 1 亿农村贫困人口实现脱贫，历史性地解决了绝对贫困问题，启动实施乡村振兴战略，推动农业农村取得历史性成就、发生历史性变革。农业综合生产能力上了大台阶，粮食产量连续 8 年稳定在 1.3 万亿斤以上。城乡居民人均可支配收入比由 2.88∶1 降低到 2.45∶1[①]，农村民生显著改善，乡村面貌焕然一新。当前，与快速推进的工业化、城镇化相比，农业农村发展步伐还跟不上，城乡发展不平衡、乡村发展不充分仍是社会主要矛盾的集中体现。实施乡村振兴战略，是关系全面建设社会主义现代化国家的全局性、历史性任务。新时代新征程，必须做好全面推进乡村振兴这篇大文章，补上“三农”短板，夯实“三农”基础，促进农业全面升级、农村全面进步、农民全面发展，全面推进乡村振兴。要完善政策体系、工作体系、制度体系，实现巩固拓展脱贫攻坚成果同乡村振兴有效衔接，接续推动脱贫摘帽地区乡村全面振兴，加快农业农村现代化步伐，促进农业高质高效、乡村宜居宜业、农民富裕富足。

促进区域协调发展。我国幅员辽阔、人口众多，各地区自然资源禀赋差别之大在世界上是少有的，区域发展不平衡的问题由来已久。同时，现代化建设进程必然伴随着城乡区域结构的深刻调整和国土空间格局的巨大变化，这是释放巨大需求、创造巨大供给的过程。党的十八大以来，我国区域发展形势持续向好，但区域经济发展分化态势依然明显，长三角、珠三角等地区已初步走上高质量发展轨道，一些北方省份增长放缓，全国经济重心进一步南移；发展动力极化现象日益突出，经济和人口向大城市及城市群集聚的趋势比较明显；部分区域发展面临较大困难，东北地区、西北地区发展相对滞后，一些城市特别是资源枯竭型城市、传统工矿区城市发展活力不足；等等。促进区域协调发展，是实现经济高质量发展的必然要求。党的二十大报告明确强调“促进区域协调发

① 国家统计局．中华人民共和国 2022 年国民经济和社会发展统计公报．人民日报，2023-03-01 (9).

展”，总的思路是：按照客观经济规律调整完善区域政策体系，发挥各地区比较优势，促进各类要素合理流动和高效集聚，增强创新发展动力，加快构建高质量发展的动力系统，增强中心城市和城市群等经济发展优势区域的经济和人口承载能力，增强其他地区在保障粮食安全、生态安全、边疆安全等方面的功能，形成主体功能明显、优势互补、高质量发展的区域经济布局。

推进以人为核心的新型城镇化。城镇化是现代化的必由之路，推进城镇化是解决农业、农村、农民问题的重要途径，是推动区域协调发展的有力支撑，是扩大内需和促进产业升级的重要抓手。党的十八大以来，我国坚持以人为核心的新型城镇化理念，明确提出以人为核心、以提高质量为导向的新型城镇化战略，推进人类历史上最大规模的城镇化进程，顺利实现1亿非户籍人口在城市落户目标，2022年末常住人口城镇化率达到65.22%，达到中等收入国家平均水平；我国2012—2022年城镇居民可支配收入从24 565元增长到49 283元，增幅约100.6%[1]；城镇化空间格局迅速从中心城市一城独大“摊大饼”模式，走向中心城市带动中小城市联动发展的区域协同模式；城镇发展活力不断释放，服务功能持续完善，人居环境更加优美，城市发展质量稳步提升。在取得了举世瞩目成就的同时，我国在城镇化进程中也积累了一些矛盾和问题：有些进城务工人员和其他常住人口还没有完全融入城市，有些城市资源环境承载能力减弱，城市社会治理体制和水平滞后，等等。当前，我国城镇化进入以提升质量为主的转型发展新阶段，城市发展面临的挑战与机遇并存，亟须转变城市发展方式。必须按照党的二十大报告提出的“坚持人民城市人民建、人民城市为人民，提高城市规划、建设、治理水平”的要求，坚持以人为本、四化同步、优化布局、生态文明、文化传承，推进以人为核心的新型城镇化，提高农业转移人口市民化质量，构建大中小城市协调发展格局，打造高品质生活空间，不断提升人民群众的获得感、幸福感、安全感。

权威观点　国家统计局党组：加快推动经济高质量发展

《复习与思考》

一、名词解释

高质量发展　　　供给侧结构性改革　　　乡村振兴战略

二、简答题

1. 高质量发展和新发展理念的关系是什么？
2. 为什么说高质量发展关系我国社会主义现代化建设全局？

三、论述题

1. 高质量发展为什么是全面建设社会主义现代化国家的首要任务？
2. 如何理解高质量发展的本质内涵？

---

① 国家统计局．中华人民共和国2022年国民经济和社会发展统计公报．人民日报，2023-03-01（9）．

四、讨论题

1. 如何理解高水平科技自立自强是推动高质量发展的必由之路？
2. 如何认识推进供给侧结构性改革是高质量发展的必然要求？

延伸阅读

1. 任初轩．如何推动高质量发展．北京：人民日报出版社，2023.

2. 王东京．高质量发展的选择：王东京经济讲座18题．北京：中国财政经济出版社，2023.

3. 贾康．高质量发展：迈上现代化新征程的中国．北京：中共中央党校出版社，2021.

即测即评

扫描二维码可在线自测并查看答案。

第5篇

我国市场经济微观基础与宏观调控

微观是宏观的基础，宏观是微观的环境。发展社会主义市场经济，要正确处理好微观基础与宏观调控的关系，努力做到微观政策要活、宏观政策要稳。本篇从第 17 章到第 21 章，考察社会主义市场经济的微观主体、周期波动和宏观调控，重点是分析现代企业制度、国有企业改革和改革开放以来中国宏观调控政策的运用，旨在为构建高水平社会主义市场经济体制提供现实依据。

第 17 章

企业与企业行为

企业行为即企业市场行为，指企业在市场上为实现既定的目标而采取的适应市场环境要求、不断调整战略和策略的行动组合。企业目标是企业行为的目的和动力，市场环境主要指企业所在产业的市场结构。企业行为受到市场结构状态和特征的制约，反过来也会影响和改变市场结构的状态和特征，从而影响其目标的实现。本章主要在研究企业市场主体地位的同时，研究不同市场结构背景下的企业行为。

第 1 节　企业及其市场主体地位

一、企业的特征和性质

随着社会化生产和商品经济的发展，产生了企业这种经济组织形式。在自给自足的自然经济时期，以家庭为单位从事生产经营活动的经济组织不能称为企业。在资本主义社会初期，以手工劳动为基础进行生产经营的作坊，也不能称为企业。只有当机器大工业出现后，资本家雇用大批工人，使用机器设备进行社会化生产，从事以获取利润为目的的生产经营活动的经济单位才构成企业。

企业是依法设立的营利性生产经营组织。企业的产生至少有三种理论解释：一是分工协作的要求。企业是适应劳动分工日益复杂的客观要求而产生的，企业在分工的基础上进行联合劳动，可产生协作生产力，大大提高劳动效率。二是可以降低交易费用。在企业外部，价格变动指挥生产，由一系列市场上的交易来调节。在企业内部，这种市场交易被取消，复杂的市场结构连同交换活动被企业家协调取代。当企业内部组织成本等于市场交易成本时，企业的扩展程度达到它的实际停业点，也就是企业的边界。三是合约改进。企业的出现并不是用企业的方式替代市场的方式组织劳动分工，而是用劳动市场代替中间市场。企业的出现之所以能降低交易费用，是因为企业本身也是一种合约形式，一种由产品生产者和企业创造人共同选择的，可以降低交易费用的合约形式。

企业是从事商品生产、商品流通或服务性活动的经济组织，是自主经营、自负盈亏，并具有法人资格的商品生产者和经营者。其基本特征包括：（1）它是有独立或相对独立的财产关系的经济组织。（2）它是以盈利为目的的自主经营、独立核算、自负盈亏的商品生产者和经营者。（3）它是具有法人资格的独立或相对独立的经济实体。（4）它是以一定企业制度为基础的现代化经济的基本单位或经济细胞。

社会主义企业是以生产资料公有制为基础的，从事商品生产、商品流通或服务性活动的经济组织，是自主经营、独立核算、自负盈亏的经济实体，是商品经济的基本单位和社会主义国民经济的细胞。社会主义企业活动在生产、流通等领域，包括各种公司、工厂、商店、农场、养殖场和其他生产、流通的经营单位。社会主义企业包括全民所有制企业、集体所有制企业和各种形式的联合企业。由于所有制的差别，它们的地位、作用也有所不同。

社会主义企业作为商品生产者和经营者，具有二重属性。它既是生产力的组织，同时又体现一定的生产关系。从生产力的角度看，社会主义企业与资本主义企业并没有本质的区别。从生产关系的角度考察，社会主义企业的性质主要表现在：第一，以生产资料公有制为基础，生产资料和劳动产品归全民所有，在一定程度上实现了劳动者和生产资料的直接结合，消灭了剥削。第二，企业的生产经营活动受社会主义经济规律支配，在国家统一计划的指导和管理下，有计划地发展各种商品生产，创造社会财富，以满足人民日益增长的物质和文化生活的需要。第三，劳动者之间确立了互助合作关系。每个职工，既是劳动者，又是国家和企业的主人。他们在生产资料的占有关系上处于平等的地位。第四，劳动者所创造的社会产品，不再被少数剥削者凭借生产资料私有权无偿占有，而是归劳动者共同所有，并兼顾国家、企业和个人三者利益进行分配；个人消费品实行按劳分配。职工与职工之间、企业与企业之间，虽然存在着劳动收入和经济利益的差别，但不允许人剥削人的现象存在。第五，实行职工群众当家作主的民主管理制度。

二、企业的地位

企业是商品生产者和经营者，是社会主义市场经济运行的微观基础。在社会主义阶段，一方面由于存在社会分工，国有企业之间彼此需要交换产品；另一方面由于劳动还是个人谋生的手段，劳动者的劳动还存在重大差别，劳动者在生产经营活动中必然关心他们自己的物质利益，要求把他们提供的劳动同他们的物质利益联系起来。但是，国家所有制范围内的劳动者，由于还受旧社会分工的束缚，相对固定地从事某一种生产劳动，并与所在企业特定的生产资料存在相对既定的联系，劳动者个人物质利益的要求只能通过所在企业来实现。这就决定了每个劳动者通过劳动取得的物质利益的多少，不仅同他们个人提供的劳动有关，而且同所在企业联合劳动的结果和生产经营状况密切相关，因而每个企业都具有相对独立的经济利益。国有企业之间的经济联系不能无偿调拨，必须通过等价交换的商品买卖来实现。所以，国有企业是社会主义商品生产者和经营者。

在传统的计划经济体制下，国家行政机构直接计划和指挥企业的经济活动，代替企业从事经营，企业则是行政机构的附属物。这种“政企合一”的经济体制，使企业丧失了经营管理的自主权和相对独立的经济利益，从而丧失了相对独立的商品生产者和经营者的地位。对原有体制进行“政企分开”的改革，其目的就在于恢复国有企业相对独立的商品生产者和经营者的地位。

社会主义经济是市场经济，企业作为商品生产者和经营者，必然是社会主义市场经济运行的微观基础。这是因为：

（1）企业是社会主义市场经济的细胞，各个企业的生产经营活动互相交错、互相联系，构成商品经济总体的运行，企业的生产经营活动规定和制约着商品经济的运行。例如，各个企业的产值和新创造价值，决定着国民经济的总产值和国民收入；企业的微观经济效益决定着整个国民经济的宏观经济效益；企业的资产转移和投资方向与结构，最终制约着国民经济的产业结构和地区结构的形式；等等。

（2）企业的经营机制是建立和完善市场经济运行机制的基础。实践表明，有什么样的企业经营机制，就需要建立与之相适应的宏观经济运行机制。在高度集中的管理体制下，企业经营机制是一种供给制、半供给制的机制，与此相适应，就需要实行指令性计划为主的行政控制和宏观运行机制，这种机制虽然缺乏效率，但与企业经营机制是相适应的。在经济体制改革中，只有在明确了企业必须是自主经营、自负盈亏的商品生产者和经营者之后，才能提出以市场调节为主体的市场经济运行机制。

（3）企业是市场的主体，是宏观调控的对象，只有形成了健全的企业经营机制和完善的市场机制，企业对变化能做出正确、灵敏的反应，计划与市场相结合的调节机制才能充分发挥作用，这时才能真正确立社会主义市场经济体制。

权威观点　胡鞍钢：国有企业改革三年行动实现高质量圆满收官

第 2 节　企业的生产行为

企业的生产行为，是指企业对生产过程中的投入和产出的调整和选择。对于自主经营的企业来说，生产行为涉及生产要素最佳组合的选择、短期最佳产量决定和长期最佳规模决策三个基本方面。

一、企业生产要素最佳组合的选择

企业要生产任何产品，都要根据特定的技术水平要求，将各种生产要素组合起来。生产要素最佳组合，就是在产量一定时，能够使各种生产要素的成本最小，或者在成本一定的条件下，可以使产量最大的组合。

根据技术水平的不同，可以将生产要素的组合方式分为两种基本类型：第一类是固定比例组合，即生产某种产品所需各种要素的组合比例是不变的，各种生产要素不能相互替代；第二类是可变比例组合，即生产某种产品所需的各种要素的组合比例是可变的，各种生产要素可以按某种方式相互替代。

在固定比例组合方式下，破坏既定的比例，任意增减一种生产要素的数量，不仅不能使产量增加，反而会造成生产要素的闲置和浪费，增加生产成本。因此，企业必须严格地按照既定的比例，将自己所拥有的资金合理地分配在各种生产要素的购买上。如果某个企业拥有100单位的资金，生产某种产品需要使用A和B两种生产要素，这两种要素的固定比例为2∶1，二者的价格分别为10单位和5单位。那么，对于这个企业，只有用80单位的资金购买8单位的生产要素A，而用20单位的资金购买4单位的生产要素B，才是合理的。如果这个企业用90单位的资金购买了9单位的A，那么剩下的10单位资金就只能购买2单位的B。但是，在2∶1的固定比例组合下，9单位的A必须与4.5单位的B组合。如果企业因资金所限不能追加购买2.5单位的B，就只能将4单位的A与2单位的B组合起来。这样不仅造成了5单位的A的闲置或浪费，而且必然使产量比要素合理组合时低。除了要素的固定比例组合之外，要素的价格也是影响企业资金在不同要素购买上的分配的重要因素。当生产要素的价格发生变化时，企业应当对资金分配做出相应的调整。

在可变比例组合方式下，不同生产要素可以相互替代，企业能够改变要素的组合比例。在这种情况下，决定要素组合成本最小的首要因素是要素的价格。显然，企业要想使生产成本降低，就应当尽可能地用价格较低的生产要素替代价格较高的生产要素，即提高要素组合中价格较低的生产要素所占的比重。同时，在确定成本最低的要素组合时，企业还应当考虑要素的技术替代率。所谓技术替代率是指两种可以互相替代的生产要素的边际产量之比。而生产要素的边际产量，则是指每增加一单位某种生产要素的投入所带来的产品增量。在其他生产要素的投入量不变或减少的情况下，不断增加某一种生产要素所带来的产品增量即边际产量是递减的。企业在用一种生产要素替代另一种生产要素时，需要将两种生产要素的边际产量加以比较，以便弄清为了生产既定数量的产品，在增加某种生产要素投入量的同时，需要相应地减少多少其他的生产要素。企业在实行生产要素替代，选择成本最小的要素组合时，应当根据不同要素的技术替代率和这些要素的价格比例，弄清某种要素的增加和其他要素的相应减少对生产成本的影响。而能够使生产成本最小（或在成本既定时能使产量最大）的要素比例组合必须满足的条件，是任意两种生产要素的技术替代率等于这两种要素的价格比例。

假设一个企业用A、B两种要素生产一种产品，那么这个条件可以用以下公式表示：

$$\frac{\text{A 的边际产量}}{\text{B 的边际产量}}=\frac{\text{A 的价格}}{\text{B 的价格}}$$

为什么在这个条件下企业的生产成本最小？对上式稍加调整，可以较容易地明白其中的道理：

$$\frac{\text{A 的边际产量}}{\text{A 的价格}}=\frac{\text{B 的边际产量}}{\text{B 的价格}}$$

这意味着企业的每一单位成本无论用来购买 A 还是 B，获得的边际产量都相等。如果上式的右端大于左端，那么企业的每一单位成本用来购买 B 获得的边际产量就大于用来购买 A 所获得的边际产量，显然，这时企业用 B 来替代 A 能够使成本下降。相反，如上式的左端大于右端，那么企业的每一单位成本用来购买 A 获得的边际产量就大于用来购买 B 获得的边际产量，显然，这时企业用 A 来替代 B 能够使成本下降。而在上式两端相等的条件下，用 A 替代 B 或用 B 替代 A，都不可能再使成本减少。因此，只有满足任意两种生产要素的技术替代率等于这两种生产要素的价格比例这个条件的要素比例组合，才能够使成本最低。

一个行为合理的企业，必须不断关注各种生产要素价格水平变动引起的价格比例变动，根据以上说明的行为规则，确定生产成本在不同要素间的合理分配，选择成本最低的要素组合。应当指出的是，以上关于生产要素最佳组合的讨论，是以企业在其资金（成本）拥有量允许的范围内，可以按市场价格买到所需生产要素为前提的。换言之，上面的分析假定生产要素价格能够灵活地随供求变动，企业仅仅受价格信号约束，而不受任何数量信号约束（市场数量信号和计划配额）。在存在数量信号约束的情况下，上述企业合理行为就缺少必要前提。一般来说，数量信号约束下的企业生产要素组合效率，要比要素价格能够随供求灵敏变动条件下低。

二、短期最佳产量决定

短期是指企业来不及变更所拥有的固定投入的时期，企业的短期最佳产量决定，就是在固定投入一定的条件下确定能使企业利润最大的产量水平。利润是收益与成本之间的差额，能够使企业利润最大的产量水平也就是能使这个差额最大的产量水平。而能够使这个差额最大的条件，就是边际成本等于边际收益。这正是企业短期最佳产量决定的规则。

只要企业新增一单位产量所得到的新增收益（边际收益）大于生产该单位产量所引起的成本，那么，随着产量的扩大，企业总收益与总成本之间的差额也会扩大，因而企业应当将其产量扩大到使增加最后一单位产量所引起的成本增量正好等于它所带来的收益增量的水平。超过这个水平，新增收益将小于新增成本，企业的全部利润不仅不会增加，反而会减少。这里需要指出的是，边际成本等于边际收益只是企业决定其短期最佳产量的必要条件，并不表明企业是否有利润。在边际成本等于边际收益的情况下，企业也可能没有利润甚至亏损。产品价格大于平均成本，才是判定企业是否有利润的条件。只有具备这一条件，企业才能根据边际成本等于边际收益的原则来确定短期最佳产量。

企业短期最佳产量的决定，是以不存在任何形式的数量约束为条件的。无论是产品需求方面的数量配额，还是生产要素供给方面的数量配额，都有可能使企业的实际产量偏离根据边际成本等于边际收益原则确定的最佳产量。如果存在产品需求方面的数量约束，企业就不可能将产量扩大到仅有价格约束时的最佳水平，而只能根据数量约束决定实际产量。如果存在生产要素供给方面的数量约束，企业能够得到的生产要素数量少于根据边际成本等于边际收益原则决定的实现最佳产量所需的数量，那么它也只能生产低于最佳水平的产量。在产品需求和生产要素供给两个方面的数量配额同时存在的情况下，企业只能将两方面数量约束所决定的较小的产量，定为自己的实际产量。存在数量约束时的企业利润，必然低于不存在这种约束时的水平。

在数量约束是在市场上自动形成的即表现为市场约束的情况下，企业能够在有限的需求或供给中占有多大份额，往往取决于它在产品销售或要素购买上是否较其他企业占先。一个企业越是占先，就越是可以使自己的产量接近边际成本等于边际收益时的最佳水平。这就是所谓市场按"排序先后"实行数量配额的规则。在这一规则支配下，每个企业都力求占先。但要占先，往往需要支出较大的交易成本，如广告、通信和交通费用。这也会使企业的利润水平下降。在数量约束是通过国家下达计划的形式存在时，亦即采用计划数量配额的形式时，配额的实行一般采取按比例分配或保重点的方式。

三、长期最佳规模决策

企业的长期最佳规模，指在长期能够通过变更固定投入的数量而达到的使利润最大的规模。在长期运营中，企业规模的扩大意味着固定投入的增多，因而固定投入不再是一个常数。由于一切投入都是可变的，在长期没有必要区分固定成本和非固定成本。确定企业长期最佳规模，必须研究其内部的规模经济问题，即研究企业因规模改变所引起的平均成本的变动。

生产规模扩大在企业内引起成本降低、收益增加的现象，称为企业的内部经济。其主要表现是：企业规模扩大后，分工可以更加精细，能够提高劳动生产率，降低平均成本；可以减少管理人员在职工总数中所占比例，减少一般管理费用，降低生产成本；可以购置大型设备，并通过充分利用提高生产效率，降低平均成本；可以充分利用企业副产品，或增加产品种类，增加收益，降低平均成本；可以得到大批量采购和销售的便利，减少流通费用，从而降低成本。

生产规模扩大引起成本上升、收益减少的现象，称为企业的内部不经济。其主要表现是：企业规模扩大后，管理效率降低，从而使生产效率下降，成本上升；企业内的组织成本增加，如需要增设管理机构，增加内部联系费用和管理费用，从而使成本上升；人员增加，人际关系复杂，摩擦增多，有可能使生产效率降低，成本上升；需要增设或扩大供销机构，引起流通费用增加。

企业长期生产规模变动时，内部经济与内部不经济是同时发生的。如果内部经济大于内部不经济，那么扩大规模是合理的，因为这种变动会使平均成本下降；如果内部经济小于内部不经济，那么扩大规模是不合理的，因为这会使平均成本上升。对于企业来说，最佳的选择是实行全面的分析对比，将规模扩大到使平均成本达到其最低点时的水平。除了降低平均成本，企业在决定长期最佳规模时，还要考虑市场对其产品的长期需求状况。在长期，企业往往在对未来市场需求做出科学预测后，才能确定其发展规模。

第 3 节　垄断企业的行为

一、垄断的含义与类型

垄断是指某一个独占市场或在市场上占绝对控制地位的单位控制或管制着商品的供给和价格，消费者对供给形成和价格决定几乎没有影响力。垄断经济是一种扼杀消费者主权的经济。垄断的分类方式多种多样，主要有以下几种。

1. 从交易主体看，垄断可以分为买方垄断和卖方垄断

买方垄断表现为少数买者对需求的控制，并通过控制需求影响价格。这种垄断主要存在于军工、特种技术产业以及大宗粮食交易市场，买者主要是政府。由于政府控制的主要是需求和价格，包括工业企业和农民在内的生产者不仅不能影响价格，而且供给也是由政府指令来决定的，政府以外的其他买者在价格决定中只不过是服从于作为大宗买者的政府。

卖方垄断表现为少数卖者对供给的控制，并通过控制供给影响价格。这种垄断不仅存在于计划经济条件下，而且存在于社会主义市场经济条件下的电力、公用事业、医疗、保险、金融等领域，由于这些领域没有卖者之间的竞争，消费者没有选择的余地，从而对价格决定几乎没有影响。

此外，现实中还存在一定数量的买卖双边垄断，这种垄断的基本特征是买、卖双方均由少数构成，市场参与受到限制。当然，比较普遍的是卖方垄断。

2. 从控制主体的数量看，垄断包括独家垄断、双边垄断、二元垄断和寡头垄断

有很多卖方而只有一个买方的市场状况叫作买方独家垄断，有很多买方而只有一个卖方的市场状况叫作卖方独家垄断。买方独家垄断现象目前在中国较少，较多的是卖方独家垄断。无论是买方独家垄断还是卖方独家垄断，双方都没有同业竞争，由于交易的另一方存在竞争，垄断者在价格和数量决定上就处于绝对优势地位。

只有一个买方和只有一个卖方的市场状况叫作双边垄断。在这种状况下，买方要求的价格和数量与卖方要求的价格和数量存在一个差额，前者倾向于价格低一些而数量多一些，后方倾向于价格高一些而数量少一些。消除这个差额的办法是双方协商，直接讨价还价。在双边垄断下，买方和买方都没有同业竞争，对价格和数量的控制不具有独家垄断那样的优势。

有很多买方而只有两个卖方的市场状况叫作二元垄断。在这种市场状况下，不仅存在买方竞争，而且存在一定程度的卖方竞争。作为卖方的两个企业生产同样的产品，有同样的成本曲线，面对同样的顾客，为了使自己的利润最大化，它们可能强化竞争，用价格和服务优势争夺顾客。当然，二元的卖方有时也会联手，通过强化垄断得到更多的垄断利益。但是不管怎样，由于垄断者是二元的而不是一元的，一定程度的竞争就会存在。所以，在这种市场状况下存在垄断竞争。

有少数卖方而有大量买方的市场状况叫作寡头垄断。上面讲的二元垄断是寡头垄断的基本形式之一，此外，虽然卖方多于两个，但如果这些少数卖方以联合的形式对供给和价格实行控制，那么这种市场状况就属于寡头垄断。

目前，全国供电、供水、煤气等公用事业以及全国的铁路和邮电等产业是比较典型的独家垄断，而全国的石油、汽车、航运等产业表现为少数大企业的寡头垄断。

3. 从控制的范围看，垄断可以分为块块垄断和条条垄断

块块垄断又叫区域垄断，是指各地之间、各省之间、各市之间、各县之间甚至各乡之间表现出市场分割和切块，区域外的市场主体进入困难，外部供给资源不能流入，或者外部流入资源的成本要比内部供给资源的成本高。条条垄断是指自上而下的政府行政部门、行业主管或行业协会对市场进行控制，其特征是行业控制外的市场主体进入困难，不仅市场主体的行业选择缺乏自由，因为行政性门槛很高，新进入的主体付不起高昂的行业寻租，而且未列入行业控制范围的同行业市场主体也会受到更多的限制。无论是块块垄断，还是条条垄断，共同的特征是拒绝发展统一市场和相互竞争，实行地方和行业保护主义，以维护垄断利益。

行政性垄断与行政权力相联系，有时甚至就是政府垄断，这种垄断的突出特征是垄断主体凌驾于市场规则之上，价格决定完全脱离市场供求规律的调节。经济性垄断主要采取企业垄断形式，它在一定程度上考虑市场供求规律的调节作用，而且垄断主体通常不是一家而是多家，即使是二元经营的企业，在数量和价格决定方面，也还是存在一定程度的市场竞争，但是由于市场参与者很少，这种垄断下的竞争程度是很低的。

二、垄断造成的结果

（1）造成社会福利损失。垄断者的行为目的是从垄断价格与竞争价格的差额中获取超额利润或垄断利润。为了使垄断利润最大化，垄断者通常会限制产量，控制产品的市场供给数量。由于产品的供求缺口扩大，需求大于供给，价格保持在一个相对高的水平，实际的垄断利润也就会保持在一个较高的水平。这种垄断行为的结果是，社会有效供给水平下降，总社会福利受到损失。如图 11－1 所示，由于垄断者控制了供给，垄断下的实际供给少于竞争下的潜在供给，从而造成社会福利总量减少。

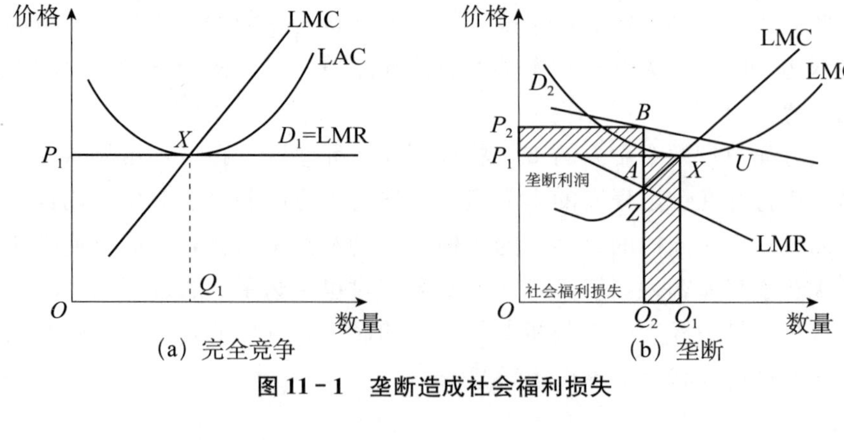

图 11－1　垄断造成社会福利损失

垄断者通常根据边际成本等于边际收益来决定产量，根据需求来定价。所以，图 11-1（b）中的点 Z 就是垄断价格和垄断产量的均衡位置，此时价格为 P_2，产量为 Q_2。因为完全竞争时的价格决定原则是价格等于边际成本，所以竞争价格为 P_1。竞争产量为 Q_1，因而竞争均衡位置在点 X。既然垄断时的价格为 Q_2，那么容易看出，P_2P_1AB 就是垄断者的垄断利润。AXQ_1Q_2 是由完全竞争创造出的额外社会价值，或者说，是垄断造成的额外社会福利损失。从这个意义上可以说，垄断对社会福利的增长和分配存在负效应。

（2）推动通货膨胀。垄断的另一个效应是推动价格上涨。这是因为，一方面，为了保持比较高的垄断利润水平，垄断者会直接控制价格，借结构性价格改革之机提高价格。由于行业主管与该类企业有利益联系，他们在审议价格是否合理并向政府申报价格改革时，会维持企业的叫价。另一方面，由于没有同类供给者与之竞争，垄断企业又会控制供给的增长，如石油输出国组织（OPEC）以限产、控制石油供给来控制石油价格从而保护自己的利益。垄断企业控制供给增长，使本来就短缺的产品更为短缺，产品供给缺口扩大，价格上涨压力更大。所以说，垄断特别是部门垄断，是短缺和通货膨胀加剧的重要成因之一。

（3）降低资源配置效率。在竞争条件下，企业为了获得更多的顾客，不但不能提价，反而要降价，利用低价从竞争对手那里争夺顾客。企业在市场的降价压力下要盈利，就必须想方设法降低产品成本，使企业的生产经营费用保持最低。这意味着企业要以尽可能低的资源消耗满足市场需求，结果会实现资源配置的优化，可见，充分的市场竞争是市场效率的基本保证。对于垄断企业来说，其利润最大化目标可以通过控制供给和价格来实现，从而导致降低成本的动力不足，也无须更多地考虑如何提高管理效率、提高生产力和增加销售量。在现实中，垄断者没有因竞争带来的降低成本的压力，产品的实际成本会很高，而垄断者为了保持高额垄断利润，又会通过控制价格将成本转嫁给顾客。可见，垄断排斥效率、引致浪费，会降低资源配置效率。

（4）抑制创新。完全竞争市场的基本特征是，企业每时每刻都面临优胜劣汰的压力，为了形成和保持竞争优势，要不断地进行技术创新、制度创新和管理创新。垄断企业由于可以通过其垄断地位轻松地获得垄断利润，加之创新具有高成本和高风险的特点，因而缺乏创新的动力。其中，市场垄断对企业技术创新的抑制作用尤为突出，垄断企业不仅自身缺乏技术创新的动力，而且会通过购买技术专利但置之不用、通过垄断地位打压其他企业的技术创新活动等手段来维护企业的垄断地位。这是市场失灵中垄断效应的一个重要表现。

三、抑制垄断的途径

（1）严格执行《中华人民共和国反垄断法》（简称《反垄断法》），实行限价。要保护市场竞争，抑制垄断，首要的途径是制定和实施反垄断法，通过立法来规范、监督生产经营者行为。在我国，垄断的形成很大程度上有行政的原因，各地搞地方保护主义，实行区域分割，将资源实行地方垄断，限制自由流动。对于这种垄断，采用行政办法难以奏效，可行办法是用反垄断法来约束地方政府行为。2008 年 8 月《反垄断法》的施行，在这方面向前迈出了一大步。在反企业垄断方面，比较重要的是通过实施《中华人民共和国价格法》等法律和法规，对垄断价格进行控制和调节。由于垄断者通常是实行垄断高价，以达到获取超额利润的目的，所以反垄断的重点是限制高价行为。在通货紧缩时期，垄断者也有可能实行低价倾销，但是，一般来说，这种低价行为总会或多或少地包含竞争，政府通过政策措施（包括非常时期采用冻结物价的措施）限制这种低价行为时，应当适可而止，而且应当尽可能避免采用行政手段。

（2）减少进入障碍。中国目前的企业垄断基本上是由原来国家垄断衍生出来的，原来由国家独家经营的一些产业，在"放权让利"后，变成了少数或单个企业的垄断，各种制度性障碍限制了新企业的进入，经营企业太少而限制了竞争的形成。如果清除新企业进入障碍，变独家经营为多家经营，就可以变垄断为竞争。这里，最重要的是清除新企业进入的所有制障碍。某些原来只允许国有企业经营的领域，可以放宽准入条件。在这方面，不仅要进行工商注册改革，降低进入某一产业、行业的注册成本，而且要缩小政府对进入某一产业、行业的行政审批范围和权限，简化审批程序。对于有的产业、行业，可以完全取消行政审批。可见，今后一段时期内的反垄断，要和转变政府职能结合起来，要和改革政府行政体制结合起来。

（3）加快建立竞争机制。从完善公平竞争制度入手统一市场规则，规范不当市场竞争和市场干预，破除行政垄断和市场垄断，破除地方保护和区域壁垒，破除违反全国统一大市场建设的规定和做法，促进各类企业公平竞争。严格落实"全国一张清单"管理模式，无论是国有企业、民营企业、外资企业，还是大、中、小、微企业和个体工商户，都一视同仁；依法保护各类市场主体的产权和知识产权；健全社会信用体系，激励守信，惩戒失信，打击假冒伪劣产品，维护企业信誉；塑造公平竞争制度，清除对企业不合理的制度束缚，使企业致力于技术创新、产品创新、管理创新等；统一市场监管规则，营造稳定透明可预期的营商环境，坚持依法行政、公平公正监管，为各类企业经营发展营造良好环境。

阅读扩展　相对优势地位与市场支配地位的差异性

第 4 节　企业的并购行为

一、企业并购的特征及类型

企业并购是指在市场经济条件下，企业接管、接收并吞并一家或几家企业而产生的集中的规模扩张的经济过程。接管、接收及吞并都是以优势企业的规模扩张、产品链延长而劣势企业失去法人资格或归属主体变更为特征。具体来说，企业并购具有以下性质与特点：

（1）生产要素在企业间整体流动。如果只是某一项生产要素的个别流动，则只构成企业间资产的买卖，而且只有企业的全部或主要生产要素，包括土地、设备、厂房、资金（在储原材料和在制品、库存成品等）发生整体流动，才构成企业实体的主体更替，才是并购。

（2）全部产权（或基本、主要的产权部分）在企业间有偿转移。企业并购的关键在于全部资产商品化，发生产权的实质性转移。如果没有发生主要产权的转让，即使发生要素的全体流动，也只是产权归属内部的企业行政性合并或组织调整，并不是并购。只有全部或基本、主要的产权归属发生实质性变动，才构成企业并购。

（3）生产和技术上专业化改组。企业并购不仅在于资本集中的扩张，更重要的是企业实质性的资产优化和生产要素组合优化，追求企业生产、技术、经营实力更加强大。

（4）并购双方重新组成一个新的有机体。并购双方不是经营上的联合，而是资产上的一体化。上述三点的存在就使得并购企业和被并购企业融合为一个新的实体，双方均已不是原来的生产组织状态，而是形成了休戚与共的命运共同体。

按照不同角度划分，并购具有不同的形式。从企业市场关系的变化角度划分为横向并购（横向一体化）、纵向并购（纵向一体化）和混合并购；从并购的出资方式角度划分为购买式并购、承担债务式并购、吸收股份式并购、控股式并购和杠杆式（举债式）并购；从并购方使用的手段角度划分为协议并购、要约并购；从并购企业的行为角度划分为善意并购、恶意并购等。

二、企业并购的动力机制①

（1）经营协同效应。协同效应就是“1+1>2”的效应，即并购后企业的总效益大于两个独立企业效益的算术之和。经营协同效应的实质，就在于并购给企业生产经营活动在效率方面带来的变化及效率提高所产生的效益。并购后能产生协同效应，使企业的生产规模扩大，生产要素重新得到优化配置，促进企业生产效率的提高。

（2）突破进入壁垒。形成企业进入壁垒的原因主要有：一是由规模经济造成的进入壁垒。已有的企业在市场中已形成大批量生产规模，具有一定的垄断性，其他企业要进入这个行业是十分困难的。二是资本需求所造成的壁垒。新企业进入市场要花费比老企业更多的费用，如开业费、广告费、推销费、技术专利购买费等，这些条件也限制新企业的进入。三是法律制度造成的壁垒。在某些行业，企业开业必须申领营业执照、产品经营许可证等，这些都可以形成企业进入市场的壁垒。当新企业试图进入新的生产领域时，它可以通过投资新建方式来创办新的企业，但可能遭遇上述进入壁垒的限制。企业通过并购的方式突破上述限制，就可实现跨行业经营目的。

（3）强化市场控制力。不断强化的企业市场控制力，可以使企业获得某种形式的垄断，这种垄断既能带来垄断利润，又能保持一定的竞争优势。企业并购能够减少竞争者的数量，改变产业内市场结构，使产业相对集中。产业由一家或几家控制时，能够降低竞争的激烈程度，使产业内所有的企业保持较高利润率。

（4）降低不确定性和节约交易费用。企业对经营者来说是在不断变化的，企业与企

---

① 臧旭恒．产业经济学．3 版．北京：经济科学出版社，2005：164－167.

业之间的交易关系——交易对象、时间、数量、方式及责任也在不断调整，这一切增大了企业交易风险，即增加了交易费用。不确定性越强，企业交易条件变化的可能性越高，风险也就越大，交易费用也就越高。企业间并购后，可降低不确定性，节约交易费用，虽然这并不能完全消除不确定性和经营风险，但可通过外部交易条件的调整，部分地变不确定性为确定性，从而降低不确定性所带来的成本。

（5）经营者功利驱动。许多企业经营者作出并购决策，不仅仅是为了企业发展和利润增加，也受功利驱动。并购是企业规模扩张最迅速、最有效的手段，而经营者的薪水或其他利益与经营规模有内在的联系，因而并购成为对经营者极富诱惑力的个人升迁途径，经营者通过并购也可以向社会彰显自己的经营业绩和管理能力，获得更高的职业声望。

三、我国企业并购应注意的几个问题

在我国传统计划经济体制下，由于不存在企业并购机制，企业之间要素不能流动，产业结构僵化和单一，企业结构松散，产业集中度低，企业难以获得规模经营的好处。为了进一步完善我国社会主义市场经济体制，我国借鉴国外企业并购和产权交易的经验，建立和完善我国企业间的并购机制，并使企业间并购行为规范化和制度化。通过企业间的吞并与重组，推动我国企业组织结构的调整和优化，增强企业的市场竞争力。但是，在企业并购过程，必须注意以下几个问题：

（1）必须明确企业并购的范围和对象。在市场经济条件下，任何企业，不管其所有制性质、经营范围如何，只要具备一定的经济实力、技术实力都可成为并购主体。而被并购企业也同样不受所有制性质、隶属关系的约束。具体来说，被并购企业一般具有经济效益低、产品缺乏竞争力、企业管理混乱等特点。并购企业和被并购企业是一个过程的两个方面，它们既是对应统一的，又是相互转化的。并购企业在吞并其他企业后，如果不加强管理和技术创新，也会沦为并购目标。

（2）必须加大企业并购的市场化力度。目前，我国国有资产管理不够完善，在企业并购过程中存在国有资产流失、政府“拉郎配”的情况，存在企业并购没有产生规模效益，并购企业被拖垮的现象。这些是企业的产权主体不明确、产权转让市场不规范等原因造成。因此，必须建立和完善产权转让市场，促使企业并购行为规范化，推动产权转让市场化，减少行政的直接干预，发挥市场机制在资产评估和优化组合上的重要作用。

（3）企业并购形式应多样化。企业并购的形式是多种多样的，企业应根据自身特点和被并购对象的状况进行选择。

（4）加强对被并购企业资产的科学评估与核定。在企业并购过程中，对被并购企业资产进行科学评估是关键环节，评估范围应该包括各种有形资产和无形资产，资产评估必须坚持公平性、科学性、可行性原则，要求评估机构保持中立，坚持公开、公正、科学，确保有关各方的利益不受损害，特别是保护国有资产的安全。

复习与思考

一、名词解释

企业行为　　企业的生产行为　　垄断　　企业并购　　交易费用

二、简答题

1. 为什么说企业是社会主义市场经济运行的微观基础？
2. 企业并购的特点表现在哪些方面？
3. 如何理解企业并购的动力机制？

三、论述题

我国企业并购应注意哪些问题？

四、讨论题

讨论抑制垄断的有效途径。

延伸阅读

1. 石奇．产业经济学．5 版．北京：中国人民大学出版社，2022.
2. 宿恺，袁峰．企业管理学．北京：机械工业出版社，2019.

即测即评

扫描二维码可在线自测并查看答案。

第 18 章

现代企业制度

建立现代企业制度，标志着国有企业改革由放权让利的外围改革进入了内部制度创新的阶段。本章从现代企业制度的概念入手，从企业制度演变的线索中分析现代企业制度的内涵、特征及其形式，以及治理结构和运行机制。

第 1 节　现代企业制度的内涵

一、现代企业制度的概念

1. 国外学术界的观点

现代企业制度，是一个世界性、历史性的概念。在现代市场经济国家，存在三种基本的企业制度：业主制（proprietorship，也称为 single proprietorship，即个体业主制）、合伙制（partnership）和公司制（corporation，也可以译为法人制）。[①] 其中，业主制企业和合伙制企业已经存在了几千年，而公司制企业则产生在 16、17 世纪之交，迄今只有几百年的历史。我们所说的西方现代企业制度是相对于近代公司制企业制度而言的，是在 16、17 世纪初近代企业制度基础上产生的现代企业法人制度。经济学家钱德勒对美国现代企业法人制度形成的历史进行了细致的分析，他指出："现代公司源于 19 世纪 80 年代开始的大规模生产和大规模销售的结合。在公司从事多方面的经营活动的情况下，企业经营管理只能交由专业经营人员来负责，于是，公司制企业就从旧时的'企业主企业'（entrepreneurial enterprises）演变为现代的'经理人员企业'（managerial enterprises）

① 吴敬琏．现代企业与企业改革．天津：天津人民出版社，1994：78.

了。"[①] 据此，我国经济学界认为，国外学术界所说的现代企业制度就是指建立在近代公司制企业制度基础上的现代法人公司制企业制度，而且把钱得勒看作西方现代企业制度概念的最早提出者。

2. 我国学术界的不同观点

自从党的十四届三中全会明确提出建立现代企业制度的任务以来，我国学术界对此展开了热烈的讨论。从现代企业制度的概念来说主要有以下几种代表性的观点：第一种观点认为，现代企业制度就是现代公司制度。它是在 16 世纪末 17 世纪初诞生的西欧特许贸易公司的基础上，经过数百年的发展逐步形成的。第二种观点认为，现代企业制度是与现代市场经济相适应的企业组织形式或企业制度。具体说来，它是适应社会化大生产和现代市场经济发展要求的产权明晰、权责明确、政企分开、组织管理科学的企业制度。第三种观点认为，现代企业制度就是法人企业制度，在这种企业制度下的企业是自主经营、自负盈亏的法人实体。第四种观点认为，现代企业制度是一个时空概念。它首先是一个时间概念，是指处于现阶段的公司制，同时又是一个空间概念，是指世界范围内符合国际惯例的现代企业制度。第五种观点认为，我国所要建立的现代企业制度是适应社会主义市场经济要求的企业制度。它是以社会主义市场经济为环境的产权明晰、责任明确、政企分开、管理科学的一种企业制度。在这种企业制度下，企业自主经营、自负盈亏，面向市场，按市场要求组织生产和从事经营，以追求市场效益最大化为主要目标。

3. 现代企业制度概念的界定

现代企业制度从其本质含义来说，是指企业的内部制度。企业的内部制度有许多，如生产制度、管理制度、用工制度、工资分配制度等。我们所讲的"现代企业制度"，不是对企业现代化程度的要求。一些企业从设备上来看可能是 20 世纪八九十年代的机器设备；从管理的手段来看，实行了部分的现代化微机管理；从工厂管理来看，可能是现代技术装备的管理，但该企业的内部制度不一定是现代企业制度。现代企业制度也不是对企业效益水平的要求，效益好的企业可以搞现代企业制度，效益不好的企业也可以搞现代企业制度。其实，有些企业经营状况不景气，效益不好，资不抵债，那就申请破产，企业能生能死能破产，这正是现代企业制度的内在要求。对现代企业制度概念的准确理解要着眼于企业体制，要从企业体制中的产权关系、企业运行机制、管理方式、政企关系等多层次去把握和理解。对现代企业制度概念的界定必须立足于以下几个方面：(1) 现代企业制度是适应社会化大生产和现代市场经济客观要求的，社会化大生产和现代市场经济是现代企业制度赖以存在的外部经济环境。(2) 从其参照系来讲，它是相对于近代公司制企业制度而言，并在其基础上发展而来的企业制度。(3) 从其内在机制来看，它是产权关系、企业运行机制、管理体制、政企关系等多层次、多侧面的有机统一。

据此，我们可以这样来界定现代企业制度的概念：现代企业制度就是适应社会化大生产和现代市场经济发展要求的产权明晰、权责明确、政企分开、管理科学、法制约束、

① 钱德勒．看得见的手：美国企业的管理革命．北京：商务印书馆，1987：1－6.

相互制衡的企业制度。

二、现代企业制度的体系框架

现代企业制度是一个完整的制度体系，涵盖产权、经营、管理和运行等各个方面，能够充分适应外部环境、市场经济要求以及满足利益相关者诉求，并且应当层次分明、相互配合，共同服务于企业组织的使命与任务。

1. 现代企业产权制度

产权是法定主体对财产所拥有各项权能的总和，可以分解为所有权、使用权、分配权、收益权、处分权和监督权等。公司财产权能以公司法人为中介进行两次分离，第一次是法律意义上的分离，即出资人与公司法人的分离，原始所有权与法人财产权相分离，使企业组织具有受法律保护的独立法人地位成为可能；第二次分离是经济意义上的分离，即公司法人产权内部的分离，所有权与经营权相分离，使得企业组织进行有效率的资源配置成为可能。

现代企业产权制度是建立在一定生产资料所有制基础之上，对财产占有、使用、收益和处置过程中所形成的各类产权的法律地位、行为权利、责任义务及相互关系加以规范约束的制度安排。在现代企业制度体系中，现代企业产权制度是根本前提，既是企业组织形成、存在和进化的起点，也是现代企业制度体系中其他方面制度的基本支撑。没有现代企业产权制度，现代企业制度就会变成空中楼阁。

2. 现代企业组织制度

组织是指依据既定目标，对组织成员的行为活动进行合理的分工和安排，形成明确清晰的权责结构；对组织资源能力进行合理的配置和使用，形成上下贯通的组织结构。现代企业需要有一套完整规范的组织制度，使得企业组织能够运行有效、运转畅通。现代企业组织制度是在企业所有权和经营权相分离的背景下，派生出来的公司决策权、执行权和监督权等权能相互协调运转的制度规则，及在此基础上形成的股东会、党委会、董事会、监事会和经理层的组织机构框架。

股东会作为权力机构，出资人或股东是公司的最终所有者，股东会所形成的决议是最终决议，具有法律效力。党委会是中国特色现代国有企业制度的重要组成部分，发挥把方向、管大局、保落实的作用。董事会作为公司的常设机构，是股东会的执行机构，也是公司的重大经营决策机构，其主要职责是执行股东会的决议，制定公司的大政方针、战略决策、投资方向、分配方案等。监事会作为公司的监督机构，其主要职能是对董事会和经理人员履职行权活动进行监督，审核公司的财务和经营状况，提请召开临时股东会等。经理层组成企业的管理机构，包括公司的总经理、副总经理和部门经理等，对董事会负责，负责公司日常的经营管理活动，依照公司章程和董事会决议行使职权。

因此，股东会、党委会、董事会、监事会及经理层，需要形成有效制衡、协调运转的现代企业组织制度，既赋予经营者充分的经营自主权，又切实保障所有者的权利权益，并能充分激发和调动各类主体的积极性和创造性。

3. 现代企业管理制度

管理是科学性与艺术性的统一，现代企业需要现代化的企业管理。现代企业管理制度是经营管理各个方面的制度规定和综合安排，是现代企业制度的重要保障，是更好实现企业定位与功能、完成自身宗旨和使命的必然选择；是应对内外部复杂环境变化、提升市场竞争力和抗风险能力的重要抓手；是加快转变经济发展方式、不断提升发展质量和效益的重要举措；是实现做强做优做大、培育世界一流企业的重要步骤。

现代企业管理制度的科学性需要以市场为导向，准确把握内部条件和外部环境，有机结合发展战略与具体战术，通过一系列制度规定科学组织产供销、高效配置人财物。现代企业管理制度的艺术性要求企业善于从时间积累与空间拓展中实现成长，善于通过内部管理与外部市场良性互动获得平衡，善于通过专长塑造与能力培养获得增长。

现代企业管理制度应当围绕战略规划管理、投资决策管理、全面预算管理、全面风险管理、科技创新管理、人力资源管理、产权管理、法律管理、采购管理、安全生产管理、管理信息化、社会责任管理、党建管理和反腐倡廉管理等，全面、完整、系统约束和规范企业的经营管理活动，实现管理方式的制度化、集约化、精细化、数字化和流程化。

4. 现代企业运行制度

现代企业运行制度是企业存在、成长和发展的内在机能及其运行机理，是引导、规范、激励和约束企业生产经营活动的方式，是企业内部各主体、各要素、各环节、各层面相互关联、相互制约、相互作用、相互影响的制度性安排。企业的生产经营活动是连续不断的运动过程，运动过程中需要充分进行自我组织、自我调节、自我适应，以保持最佳协调关系、实现最佳运行状态、获得最高运行效率。

现代企业运行制度是着眼点和落脚点，是现代企业制度得以真正落地的支撑，更是现代企业制度功能与作用实现的内在需要。现代企业运行制度主要包括决策、产出、激励、约束和发展五个基本方面，每一个方面都需要对运作的主体、运作的对象、运作的方式以及运作的结果等方面做出明确规定和安排。①

第 2 节　企业制度的发展历程

企业制度是企业财产的组织形式和管理方式的综合，它随着经济的发展而不断演进。从法律意义上来讲，企业制度的核心问题是企业的法律地位与法律形式，企业的法律形式是通过出资者的形式与责任来界定的。企业制度的演变经历了三个阶段，即个体业主制企业制度阶段、合伙制企业制度阶段和现代企业制度阶段。其中，业主制和合伙制经过了几千年的发展，直到 19 世纪才发展为现代企业制度。现代企业制度是在现代市场经济条件下，以规范和完善的公司法人制度为主，以有限责任制度为核心，以股份有限公

① 杜国功．完善中国特色现代企业制度的思考．经济参考报，2020－03－02（7）.

司为重点，产权明晰、权责明确、政企分开、管理科学的一种新型的企业制度。

一、个体业主制企业制度阶段

个体业主制企业制度是最早产生而且最为原始的企业制度形式。当手工业从农业中分离出来之后，就产生了这种企业制度形式。这种企业制度就是马克思所描述的工场手工业的企业制度。个体业主制企业制度是简单的企业制度形式，个体业主制企业只有一个产权所有者，企业财产属于业主所有，并由业主直接经营管理。业主享有该企业的全部经营所得，同时对它的债务负有无限责任。如果经营失败，出现资不抵债的情况，业主要用自己的家产来抵偿。个体业主制企业一般规模很小，结构简单，几乎没有任何内部管理机构。

个体业主制企业制度的优点是：开业和歇业的程序十分简单易行；产权能够较为自由地转让；经营灵活，决策迅速；经营者与产权联系紧密、直接，因而精打细算、勤俭持家。其缺点是：由于受个人财力和取得贷款的能力的限制，企业规模一般比较小。如果企业主无意经营或者死亡，该企业的业务就要中断，企业经营的稳定性连续性较差。因此，这种类型的企业通常在零售商业、自由职业、个体农业等领域中存在，典型代表是小作坊、小商店、家庭农场、开业律师和医师等。企业内部分工简单，管理活动少且简单，一般由业主进行直接管理即可。当个体业主制企业需要扩大规模时，业主需要与其他业主合伙。因此，在企业扩大规模的动机推动之下，在个体业主制企业制度的基础上，逐渐演化出了合伙制企业制度。

二、合伙制企业制度阶段

合伙制企业制度是在社会化大生产和商品经济进一步发展的情况下，由个体业主制转化而来的一种企业制度形式。个体业主制企业规模小、生产能力弱，为抵御社会化大生产和商品经济的冲击进一步扩大为合伙制企业。合伙制企业是在两个或两个以上业主个人财产的基础上经营的。合伙人分享企业所得，共同对企业债务承担责任。合伙制企业制度的优点是：（1）合伙制企业规模比个体业主制企业大。由于可以由众多合伙人共筹资金，因而合伙制企业规模较个体业主制企业大幅扩大。（2）企业信用以个人信用为基础。合伙人共同对企业盈亏负无限责任，意味着他们以自己的身家性命来为企业担保，因而有助于增强经营者的责任心，提高企业的信誉。由于合伙人一般具有血缘关系或是亲朋好友，相互信任程度高，企业信誉度高，因而合伙制企业被称作“人合企业”，是“认人而不认钱”的企业。

合伙制企业制度有两个突出的缺点：（1）合伙制企业是依据合伙人之间的协议建立的，当原有的合伙人出现退出或死亡的情况，以及新的合伙人被接纳，都必须重新谈判建立一个全新的合伙关系，其谈判程序和法律程序都很复杂。集资者限于少数合伙人，也限制了筹集资金的能力。（2）由于所有的合伙人都有权代表企业从事经济活动，重大决策都需要得到所有合伙人同意，因而很容易造成决策上的延误和差错。每个合伙人都对合伙制企业的债务负无限责任，而不以他投入的那部分资产为限。当企业经营失败时，如果其他合伙人无力赔偿他们应当承担的那一部分亏损，合伙人还负有无限连带责任，有义务用自己的财产予以补足，直到清偿全部欠款为止，这就使并不能对企业的经营活动单独行使完全控制权的合伙人面临巨大的风险。

三、现代企业制度阶段

随着社会化大生产和市场经济的发展，尤其是现代工商业的进一步发展，公司规模不断扩大，业务日益复杂化。同时，随着股东人数增多，股权愈来愈分散，高层经理人员由支薪的雇员担任的情况变得愈来愈普遍。这些高层经理人员往往不是公司的股东，只是由于自己有较高的经营管理能力而被代表股东权益的董事会所聘用。第一次世界大战后越来越多的大公司的高层管理人员转变为支薪雇员。

钱德勒在《看得见的手：美国企业的管理革命》一书中，以铁路企业为例，对美国现代企业制度形成的历史进行了细致的分析。据钱德勒的研究，美国现代企业制度的成长过程可以从两方面把握：一是企业规模的扩张过程；二是资本所有权与管理权的分离过程。与传统企业相比，铁路企业几乎一开始就是所有权与管理权相分离的企业。钱德勒对现代企业制度给出了一个被学术界普遍接受的定义：“由一组支薪的高、中层经理人员所管理的多单位企业，可以恰当的被称为现代企业。”企业规模的扩张及其与之伴随的技术和管理过程的复杂化，导致专职经理人员作用进一步增强。因此，吴敬琏教授分析指出：“在过去的企业主企业或家族企业中，企业主本人与其亲密伙伴或家族成员在企业的高层管理中居于支配地位。但是，在现代企业制度中，除非这些人本身受过专业训练，否则就很难在高阶层管理中发挥作用。这就是说，真正决定他们在高阶层管理中地位的已不再是他们所掌握的股份，而是他们自己的管理能力。这一点导致了家族资本主义的衰落，因为财产殷实和收入丰富并不能保证富豪家族的每一代成员都有胜任高层管理的能力。”① 可以说，现代企业制度的出现是20世纪大工业和大商业兴起的重要组织基础，是在现代大工业与大流通相结合的基础上而产生的一种现代企业制度形式。

第3节 现代企业制度的产生和特征

一、现代企业制度的产生

现代企业制度就是现代公司制度，这一制度形式随着现代市场经济和现代社会化大生产的发展而形成和发展。

1. 公司制度的起源

现代公司制度是19世纪末以后，随着公司制发展并取得法律地位以后才形成的。因

① 吴敬琏．现代企业与企业改革．天津：天津人民出版社，1994：183－184.

此，要全面准确地理解现代企业制度，就必须对现代公司制度的历史进行考察。总体来看，公司制度的发展经历了以下几个阶段：

（1）萌芽阶段。随着美洲新大陆的发现和新航路的开辟，西欧各国政府为了加速资本的原始积累和对外殖民扩张，支持成立了各种从事对外贸易的“特许贸易公司”，这些“特许贸易公司”是公司制的萌芽。15 世纪，地中海沿岸城市的航海贸易发展迅速，当贸易所要求的资本规模超过了家庭所能承担的范围时，就需要创造一种新的企业组织形式。1492 年哥伦布“发现新大陆”和 1497 年葡萄牙航海家达·伽马绕过好望角航行到印度，开辟了远洋贸易大发展的新世纪。对外贸易的发展迫切需要组建一些大型贸易企业。于是，西欧各国在重商主义政策的支持下，建立了一批特许贸易公司。1554—1680 年期间，英国就建立了 49 家这样的公司。其中最为著名的是 1600 年获得英国女王伊丽莎白特许建立的东印度公司。荷兰也建立了特许贸易公司，王室把它们看作国有企业，用其收入支付殖民战争费用。法国在 1599—1789 年间也建立了 70 多家这样的公司。

由于当时西欧各国盛行重商主义，政府不承认贸易自由，建立贸易公司必须取得皇家的特许，这些贸易公司都是以承担某些义务换取皇家“特许状”才得以成立的，所以叫作“特许贸易公司”。这些公司拥有垄断特权，或垄断经营某一行业，或垄断海外特定地区的殖民活动。比如，英国东印度公司就拥有在印度进行贸易的垄断权，英国政府禁止其他公司与印度直接或间接进行贸易，违者受罚。

1555 年，英国成立了获得皇家特许的“莫斯科公司”，1577 年又成立了“西班牙公司”，1581 年成立了“土耳其公司”，1600 年成立了著名的“东印度公司”，这些公司都是通过入股的形式来组建的。[①] 继英国之后，法国、瑞典、丹麦、普鲁士等国也相继成立了特许贸易公司。

特许贸易公司的基本特征是：第一，资本靠募集股金建立，具有法人地位，由董事会领导下的经理人员来经营等。以荷兰东印度公司为例，该公司在组建时，资本总额为 650 万盾，共 2 153 股，56.9%的股份为阿姆斯特丹商会拥有，其余面向全国招募；公司设立股东会作为最高权力机构；另选 17 人组成经理会作为行政机构，主持日常事务。第二，公司所得按股份分红。有的人认为，由于荷兰东印度公司具有股东的有限责任制度、公司法人治理机构、发行股票和允许股票转让、公司生命永久化等特点，因而被看作公司制的起源。第三，靠政府（皇家）的政治权力而建立。用向政府提供贷款或其他服务换取贸易垄断权，拥有其股票也被看作一种特权。因此，这种公司还不能被认为是近代意义上的公司。第四，特许贸易公司的管理机构采取股东会、董事会等组织形式，这些公司在分配时常常连股本一起退还，愿意合作者需重新加入，而且股份不能转让，股份还不具备可转让性，对股东和公司也缺乏相应的规范性。

（2）确立阶段。由于特许贸易公司这种企业组织形式在融通资金、扩大企业规模方面具有优点，许多国家开始仿效特许贸易公司的组织形式在国内建立公司。到 19 世纪初期，西欧出现了一批“特许专营公司”。这些公司和特许贸易公司的组织形式类似，但营业方向不同，不是从事航海贸易，而是从事建筑、桥梁、运河、铁路，供应煤气、水、

---

① 金建．中国股份制经济概论．广州：华南理工大学出版社，1993：8－9.

电力，经营市内交通、电话等等。但同特许贸易公司一样，这些公司也是以某些政府的权力作为基础的，比如运河公司和铁路公司有权征用土地、银行有特权发行银行券等。

特许专营公司与特许贸易公司相比，其经营方向发生了转变，这些新的经营方向有：一是从对外贸易领域扩展到了金融领域。1694 年成立的英格兰银行就采取公司制形式，通过发行银行券吸收社会资金，然后向工商企业进行贷款。二是从金融领域又扩展到基础工业和交通运输领域，英美等国采用公司制的方式建立和发展了本国的基础工业和交通运输业。1844—1868 年，英国设立了 11 105 家公司，其中铁路公司有 1 791 家，矿山公司 1 654 家，煤气公司 1 035 家。美国在 1828—1860 年成立了 31 家大铁路公司。三是 19 世纪 50 年代以后，公司制形式又从基础工业、交通运输领域扩展到了制造业领域。1862—1886 年，英国在制造业领域成立了 25 000 家公司，平均每年成立 1 041 家。

在特许专营公司普遍化的过程中，各国为了规范这些公司的运行，相继颁布了一些法律，英国在詹姆斯一世（1566—1625）在位时期确认了上述贸易公司的法人地位。这就是说，把它们同在合伙人个人财产基础上营运的合伙制企业区别开来，承认公司具有和自然人相同的民事权利能力和民事行为能力。于是，这种取得法人地位的公司沿用了中世纪法人团体的名称 corporation。1807 年法国颁行的《法国商法典》对公司制作了规定，此后荷兰、德国相继制定了有关股份公司的法律。1802 年，英国伦敦证券交易所获得政府正式批准，公司制及股票的交易也逐渐法律化、制度化，股票的永不抽回性、变现性和可转让性才成为现实，而且通过这些法律的颁布，公司制取得了法律地位，这标志着公司制度的正式确立。

（3）成熟阶段。19 世纪 80 年代，美国企业在信用制度高度发展的基础上，在横向一体化和纵向一体化的兼并与经营中，形成了一大批把大规模生产和大规模销售结合起来的大公司。

企业规模的扩张及与之伴随的技术和管理过程的复杂化，导致了所有权与控制权的分离。分离的过程就是经理人员资本主义的兴起和企业主资本主义衰落的过程。在过去的企业主企业或家族企业中，企业主本人与其亲密伙伴或家族成员在企业的高层管理中居于支配地位。但是，除非这些人本身受过职业训练，否则他们很难在高层管理中发挥作用。事实上，在美国大型生产企业中，曾有两代以上的家族参与企业管理决策的只有少数几家企业。到 1963 年，在美国 200 家最大的非金融企业中，由某一个家族或集团控制的只有 31 家，其中以多数股份实现控制的只有 5 家。甚至像杜邦公司这样长期被公认为杰出的家族企业，杜邦家族也不再作出重要的经营决策。支薪经理人员在高层管理中占支配地位的企业，被钱德勒称为经理人员企业。这种企业形式从 19 世纪 50 年代的铁路企业中萌生，到 20 世纪 50 年代，在美国经济的主要部门中成了工商企业的标准形式。

总体来看，第二次世界大战以后公司制度成熟的标志是：在企业中出现了所有权与控制权的分离，形成职业经理人员阶层；经营方式多样化，在经济生活的多个领域都采用公司制作为企业的组织形式；在组织体制方面，在少数股东控制的企业中，股东、董事和经理三位一体的现象很常见；在企业的经营发展中，开始了大规模生产和大规模销售的结合，使企业的规模日益扩大。

从公司制度的萌芽、确立到成熟的全过程来看，其产生的原因和条件是社会化大生产以及与此相适应的经济发展。这主要表现在：

第一，社会化大生产基础上的市场经济使得只有将分散的、单个的资本聚集起来才能适应生产规模扩大的要求。在小商品生产条件下，生产规模很小，所需资金少，单靠个人就可解决资金问题。在少数情况下，由于资金不足，产生了一些资金合伙经营形式。但是，当商品生产进入大机器生产阶段，生产力迅速提高，生产规模迅速扩张，这就需要巨额资金，而巨额资金难以从单个人和少数人那里获得。如果靠个别资本积累，像铁路建设、轮船制造、矿山开采、新兴工业部门建立等事业难以完成。股份经济的突出优势，就是能迅速地将社会闲散资金转化为巨额资本，适应生产规模扩大而产生的资金需求，因而公司制度是适应社会化大生产的要求产生和发展起来的。

第二，社会化大生产基础上的市场经济要求所有权和经营权分离，公司制度就最好地适应了这一要求。在社会化大生产基础上的市场经济条件下，企业内部的分工与协作越来越精细，企业规模越来越庞大，机器设备越来越现代化。这就使得经营管理职能也愈来愈精细、愈来愈专业化、愈来愈协作化。同时，市场变化越来越复杂，竞争越来越激烈。这就要求企业经营管理者必须具有各种专业知识和能力。显然，掌握企业所有权的股东并不都能具备这种专业知识和能力，而且股票的频繁转让使得股东的变换频繁，股东人数也日益众多，因而股东实际上难以经营管理企业。因此，在股份经济中，资本家分化为两个阶层：股东阶层和经理阶层。股东不直接参与企业经营管理活动，只是根据自己的股份领取股息和红利。经营管理活动由经理阶层负责，经理阶层由于掌握科学的经营管理知识和具有经营管理能力，使得企业管理科学化、理性化，从而比股东创造出更丰厚的利润。

2. 现代公司制度的发展

20世纪30年代以后，与垄断资本主义和国家干预经济相联系，公司制度得到了长足的发展，进入了新的发展阶段，尤其是第二次世界大战以后，公司制度得到进一步发展，成为占主导地位的企业组织形式，进入了现代企业制度阶段。其发展主要表现在：

（1）在公司设立方面，建立了严格的法定原则、设立方式和设立条件。在现代市场经济中，为了保证经营活动正常、有序地进行，资本主义国家在股份公司进入市场，从事市场活动和退出市场的整个过程中，都制定了一整套完善的规则。这些规则具有三个特点：第一，越来越反映出市场经济的本质要求，越来越强调权利与义务相统一的原则；第二，内容越来越细密，越来越严格，规则实施逐步形成了一种社会化管理和监督网络；第三，股票市场规则更加完善，促进企业不断完善经营管理，将企业不自觉地置于社会动力机制的体系之中。

股份公司设立原则到现在经历了四个阶段：即特许主义原则阶段、核准主义原则阶段、一般准则主义原则阶段、严格准则主义原则阶段。当代股份公司设立原则是严格准则主义原则。严格准则主义原则与一般准则主义原则一样，都无须经过国家行政机关的许可和审核批准，只需申请并登记即可。但是，严格准则主义原则要比一般准则主义原则严格得多。严格准则主义原则对股份公司设立条件和责任作了更严格的规定；对公司的组织与会计作了严格规定，以强化对股份公司的监督与处罚。

（2）在公司上市方面，建立了公开制度。在现代公司制度阶段，公司要上市就必须做到企业内容公开，而且这种公开是以法律的强制性为保证的。企业内容公开的原则，主要体现在三个方面：一是完整原则，公司必须完整地向社会提供重要信息和正确信息；二是迅速原则，企业内容的任何变动，都必须迅速公之于众；三是公平原则，企业的信息必须能被所有投资者利用，并且要为所有投资者所理解，既不能把企业的信息先提供给少数人，也不能在提供信息时使用引起歧义的语言或一般公众不容易理解的术语。股份有限公司内容公开的渠道主要是一级和二级市场。在一级市场上，公司要向投资者公开其公司章程、招股章程等记载有关公司事业内容的各种文件，并向证券管理机构注册。在二级市场上，企业必须定期公布其营业状况，主要包括流动资产和负债、公司的资产结构、公司的资产损益状况和公司利润分配情况等，以使股东或投资者据此决定是售卖还是购买股票以及买卖价格。企业内容公开制度能把上市股份有限公司置于整个社会的监督之下，大大地提高企业运行的透明度。它给投资者提供必要的信息，使其能够作出合理抉择，既提高企业经营的透明度，确保股东权益的实现，又确保公平竞争法则，使企业与企业之间、企业与股东之间、股东与股东之间在竞买和竞卖时站在一个公平的起点上。

（3）在公司的组织制度方面，存在三大趋势：

第一个趋势是现代股份公司的股东及股东会的权力削弱。股东的主要权力，如议决权、收益权、剩余资产分配权，特别是其中有关企业经营管理活动的公司重要事宜表决权，已被极大地削弱。这是现代股份经济的内在本质要求。首先，股东购买股票的动机已经发生变化，股东只关心利益分配和股票价格，对公司经营事务和议决权的行使不太关心。其次，在实行授权资本制的国家里，公司章程规定的资本总额不必由股东全部认足，而只需认购法定比例部分，其余部分由董事会根据经营需要随时进行增资。这就在一定上程度上剥夺了股东对公司资本变动的决策权。再次，非股东董事制度的推行，使经营者对投资者的财产依附关系减弱了。在许多企业中，董事和监事的选任都由董事长提名，在股东会上的投票也只是形式上履行手续。同时，经理阶层作为具有广泛知识和经营才能的社会阶层，已取得股东的信任，股东能放心让他们经营企业，而无须自己参与经营业务。最后，股票分期化和国际化，特别是委托投票的实施，使许多股东不愿或不能参加股东会，而委托公司经理进行投票。由于公司经理一般由董事会任命，有的经理本身就是董事，因此他们的直接投票自然而然地体现董事会意志。

第二个趋势是董事会权力日益扩大。《美国标准公司法》第 35 条就规定：“除本法令或公司章程另有规定外，公司的一切权力都应由董事会行使或由董事会授权行使，公司的一切业务活动和事务都应在董事会指示下进行。”在实行授权资本制的国家中，公司的增资数量及方式，都是由董事会决定的。

第三个趋势是经理阶层登上企业领导舞台。传统股份经济下，扮演企业领导角色的主要还是少数控股的股东，虽然经理阶层已渐渐开始形成，但并未扮演企业领导角色。在现代股份经济下，经理阶层已作为独立于股东之外的力量登上了企业领导舞台。

现代股份经济同时具有驱使经理阶层兢兢业业经营和开拓创新的动力机制。这些驱动力量源于现代股份公司的组织特征和经理阶层的个人社会价值观。现代股份公司的组织特征是，真正最关心企业命运的不是持股者而是经营者，企业的失败是企业经营者的耻辱，是其事业的失败。在高度发达的股份经济中，一个高级职员因经营无方被解雇，往往不会被其他公司聘用，即使被聘用薪酬也要打折扣。经营者个人社会价值观的实现，并不完全取决于获取多少物质利益，而更多在于荣誉感、支配欲、社会地位等非物质利益的满足。为了实现非物质利益的满足，经营者会尽己所能去经营企业。

（4）股权大量分散，法人资本进一步增加，个人持股率逐步降低。在当代的公司制度中，单个股东掌握一个公司 51%以上的股份已经极其罕见，为了分散社会风险，广泛吸收社会闲散资金，在公司的规模越来越大的同时，股权也越来越分散。同时，法人持股率越来越高，个人持股率不断降低，一些法人企业以公司或团体法人的身份占有其他企业的股份。第二次世界大战以后，部分法人股份在不断上升，个人股份相对地在不断降低。从日本来看，1949 年个人持股率为 69.1%，1969 年降到 23.9%，法人持股率则由 1949 年的 15.5%上升到 1969 年的 66.2%。而且，法人持股增长在大银行、大保险公司等金融机构更为突出。

（5）公司经营的国际化趋势加强。公司经营的国际化包括三层含义：各国的股份公司、股份银行、投资信托公司、证券公司等机构的经营范围超越了一国的国界；股票的发行和销售超越了一国国界，在国际股票市场上交易；各国的证券交易所、股票市场已超出一国范围。

生产集中形成垄断，垄断从国内垄断走向国际垄断，是现代公司国际化的基础。在自由资本主义阶段，生产规模还不算大，股票交易量很小，因此谈不上股份经济国际化。随着生产集中和垄断发展，产生了大量过剩资本，于是超大型跨国公司应运而生。到 2022 年，世界 500 强企业总收入金额 37.8 万亿美元，净利润达到 3.1 万亿美元。占据榜首的沃尔玛营收达到 5 727.54 亿美元，连续 9 年蝉联第一的宝座。位居第二的山姆会员店，营收也达到惊人的 4 698.22 亿美元。

二、现代企业制度的特征

关于现代企业制度的特征，学术界有不同的看法，主要有六种代表性的观点：

第一种观点认为，现代企业制度有十大特征：（1）企业作为法人，拥有对国家授予其经营管理的财产，拥有法人所有权；（2）企业完全独立，彻底割断与政府的行政隶属关系；（3）企业以利润为生产经营目的；（4）企业完全自主经营；（5）企业完全自负盈亏；（6）企业有自主用工权；（7）企业自主分配；（8）企业实行股东会—监事会—董事会—总经理的法人治理结构；（9）企业实行破产制度；（10）企业采取公司制度或其他符合市场经济要求的制度形式。

第二种观点认为，现代企业制度的明显特征是：（1）产权边界非常明晰；（2）企业以其全部法人财产，依法自主经营、自负盈亏、照章纳税、承担资产保值增值的责任；（3）财产所有者按投资额享有所有权收益；（4）企业按市场需要组织生产经营；（5）建立起一套科学的领导体制和组织管理制度，形成激励与约束相结合的经营机制。

第三种观点认为，现代企业制度主要是企业经营的有限责任制度，主要有三个特征：（1）经济活动以企业利益的高度独立性与排他性为基础，实行企业法人财产制度；（2）出资者并不必然是经营者，建立企业财产信托制度；（3）企业经营活动有风险，具备科学的管理制度、监督制度和约束制度。

第四种观点认为，现代企业制度就是法人企业制度，与非法人企业制度相比，法人企业制度有四个特征：（1）企业的法人地位；（2）股东的有限责任；（3）董事会的信托责任；（4）企业内部的法人治理结构。

第五种观点认为，现代企业制度，确切地说是指当前遍及全球以股份有限公司和有限责任公司为主要形式的比较规范的公司制度，公司制度有许多特征，但基本的还是公司法人制度。

第六种观点认为，确立企业法人财产权是现代企业制度的明显特征。

我们认为，现代企业制度的特征应该是在市场经济这个大环境中，在企业制度创新这个大背景下，与传统国有企业制度相比较而表现出来的特征。据此，现代企业的特征主要表现在：

（1）企业产权关系明晰，资产具有增值性。在传统的国有企业制度下，企业产权关系是模糊的和虚置的，产权集中而且僵化，不具有增值性，由此导致了国有资产运营效率低下。现代企业制度是建立在社会化大生产和现代市场经济基础之上的，现代企业制度中的产权关系是明晰的而且产权具有增值性。首先，产权边界是明确的，企业拥有法人所有权，国家拥有终极所有权。其次，各种产权主体的责、权、利关系是明确的。国家以终极所有者的身份享受资产收益权，企业依法拥有法人财产权，自主经营、自负盈亏。最后，现代企业制度下的企业产权具有流动性和增值性，企业的产权在不断的运动中实现保值增值，进一步提高国有资产的运营效率。

（2）企业自主，面向市场。在传统的国有企业制度下，企业是国家行政部门或企业上级主管部门的行政隶属物。企业的生产经营活动主要是对国家计划负责，因而企业既没有生产自主权，也没有自主的劳动用工权，更没有自主的分配权。虽然在放权让利的改革阶段，企业被赋予了一定程度的自主权，但国家与企业之间的关系没有真正理顺，企业所得到的权力是有限的，这种权力不是企业应该真正享有的，而是给予的，企业的主体地位没有真正得到改善。在现代企业制度下，通过明晰产权关系，通过政企分开，企业的主体地位才真正地得到了体现。在现代企业制度下，企业享有生产经营全过程的经营自主权，不仅有简单再生产的自主权，而且有扩大再生产的自主权；不仅有自主的劳动用工权，而且有自主的分配权。企业彻底割断了与政府部门的行政隶属关系，企业的市场主体地位得到了真正的彰显，企业完全面向市场，自主经营、自负盈亏、自我积累、自我约束、自我发展。

（3）企业以市场为导向，以利润为目标。在传统的国有企业制度下，企业生产经营是以政府高度集中的指令性计划为目标，企业生产过程中不是对市场负责，而是对政府计划负责。在放权让利的改革阶段，企业拥有了一定程度的自主权，但是企业的生产经营目标具有二重性，企业既要对政府的计划负责，又要对市场负责。在二重经营目标之下，企业的运行处于左顾右盼的状况和步履蹒跚的境地，企业难以集中精力面对市场，组织好生产经营活动。在现代企业制度下，企业的市场主体地位得到了充分保障，企业在生产经营活动中，其经营目标是一元的，主要是以市场为导向，以利润为目标组织生产经营活动。

（4）具有法人治理结构。在传统的国有企业制度下，国家是一个大工厂，企业是一个小车间，企业是国家大工厂中的一个分子。企业的厂长（经理）是行政干部，是国家计划的传达者，企业中的工人是计划的具体执行者。他们之间的关系是行政隶属关系，企业管理者主要采用行政手段管钱、管物、管人。在现代企业制度下，企业采取适应市场经济客观要求的公司制度，在公司制度内部采用法人治理的制衡结构。代表出资者的董事会、代表企业实行监督的监事会、代表股民的股东会，三者互相监督、互相制衡。而且厂长（经理）没有行政级别，是企业的生产经营者。

（5）企业经营风险社会化，出资者承担有限责任。在传统的国有企业制度下，企业在经营过程中执行或完成国家计划，是在国家的保护与扶植下运行的，因而不具有任何风险，而且企业的经营者对企业的亏损与盈利事实上不负任何直接责任。在现代企业制度下，企业生产经营活动以市场为导向，以利润最大化为目标，企业要参与激烈的市场竞争，所以企业的生产经营活动具有风险性。企业如果长期亏损，以至于资不抵债，就要依法破产。企业的经营者和出资者都要承担风险责任，而且出资者只以自己的出资额对企业运营风险承担有限责任。

三、现代企业制度的形式

从世界各国现代企业制度的形式来看，主要是“2＋1”形式，即有限责任公司和股份有限公司，外加股份合作制企业。

1. 有限责任公司

有限责任公司又叫有限公司，是指不通过公开募股，而由两个以上的股东集资组成，股东以其出资额对公司承担有限责任，公司以其全部法人财产对其债务承担有限责任的法人企业。

有限责任公司的基本特征：一是股东人数具有严格限制。有限责任公司股东人数较少，各国公司法对股东人数规定有最高限额，而且各国法律规定的最高限额各不相同，如日本和美国某些州的公司法规定这类公司股东人数不得超过 30 人，英国和法国规定不得超过 50 人。二是有限责任公司的资本无须划分为等额的股份，也不发行股票，股东确定入股金额并交付股金后，由公司出具股单，股单只能作为股东在公司中拥有权益的凭证，而不能自由买卖。股东在出让股权时，一般要取得其他股东的同意。三是有限责任公司的董事和高层经理人员往往具有股东身份，大股东亲自经营企业，所有权与控制权分离程度不如股份有限公司那样高。四是有限责任公司成立、歇业、解散的程序比较简单，管理机构也较简单，同时公司账目无须向公众公开披露。

由于有限责任公司所具有的上述特点，许多中小规模的企业往往采取这种企业制度形式，既享受政府税收优惠，也享受这一制度带来的其他好处，还能保持少数出资人的封闭式经营，因而在一些西方国家，有限责任公司的数目大大超过股份有限公司。

2. 股份有限公司

股份有限公司是由一定数量的股东组织发起，全部注册资本划分为等额的有价证券——股票来募集资本，公司以其全部法人财产对债务承担有限责任的企业制度形式。

股份有限公司的基本特征：一是股份有限公司的股东必须达到法定人数，如法国、日本的法律规定最低股东人数为7人，德国法律规定为5人。股东可以是自然人，也可以是法人。二是股份有限公司是典型的资合公司。股份有限公司的总资本是由若干等额的股份所组成的，这是股份有限公司区别于其他企业形式或商业团体的一个重要标志。股份有限公司可以通过向社会发行股票而筹集资本，人们可以通过认购股票而取得相应的股权。股东不能要求退股，但可以通过买卖股票而随时让渡股份。三是股东责任的有限性。股东不论出资额大小，只以认购的股份为限对公司的债务承担有限责任。四是股份有限公司必须向社会公众公开披露公司的财务状况。为了保护投资者利益，各国公司法一般都规定，股份有限公司必须在每个财务年度终了时公布公司的年度报告，包括董事会的年度报告、公司利润表和资产负债表。五是公司实行所有权与经营权的分离。股东不直接参与企业的经营管理，只是通过股东会表达自己的意愿。

股份有限公司较之其他企业形式有着更独特的优越之处，因而对社会经济的发展起到了重要的作用。这主要表现在：股份有限公司是筹集大规模资本的有效组织形式，为广大公众提供了简便、灵活的投资场所；为企业提供了筹资渠道，使某些需要巨额资本的企业得以建立和发展；有利于分散投资的风险，特别是在企业规模很大、风险也很大的条件下，它可以使每个投资者承担较小的风险；有利于资本产权的社会化和公众化，把大企业的经营置于社会的监督之下。因此，有的国家规定，享受政府政策优惠的企业必须公众化，如韩国取得综合商社资格的必要条件之一就是必须公众化。股份有限公司具有的以上优点，使它成为现代市场经济中大型企业的主要组织形式。

当然，股份有限公司也有其缺点：开设和歇业的法定程序较为复杂；所有权与控制权的分离程度高，由此产生了出资者与经理人员之间复杂的委托-代理关系；经营情况必须向公众披露，难于保守经营机密；公司股权结构的稳定性差，内部管理复杂，股东购买股票是为了获得股息、分红以及从股票升值中取得收益，并不关心企业的长远发展，市场一旦发生变化，就可能抛售股票，从而使公司陷入困境。

伴随着股份有限公司的发展，企业制度本身也表现出一些更为鲜明的特点。除了股权分散化、经理人员的地位与作用提高以外，还有一个引人注目的特点是近几十年来自然人持股比例下降，法人持股比例上升。这种情况在日本最为突出。20世纪50年代以后，日本法人持股的比例大幅度上升，由1950年的15%以上上升到1980年的60%以上。法人持股比例上升的结果是，早期资本主义股份有限公司中以自然人持股为主的格局逐渐演变为以法人持股为主的格局。法人持股为主，更加增强了经理阶层在经济和社会中的地位与作用。

3. 股份合作制企业

股份合作制是在合作的经济成分中，借鉴股份制的运作方式，在不同所有制之间实行资金、设备、技术、场地、劳动力等生产要素的参股而形成的一种新型的合作经济组织形式。股份合作制是兼容股份制和合作经济的主要特征和优点的企业组织制度和财产制度。它是以合作经济组织或个人为主要股东，将各自所拥有的资金、设备、技术等生产要素折合成为一定的股份，按制定的章程投资入股，实行合股经营、合作劳动的经济组织形式。其特征是：（1）产权明晰。以股份的形式确立了各类经济组织或个人投资者所拥有的入股财产最终所有权。（2）投资主体多元化。它允许资金、技术、设备、土地等生产要素的参股，形成了投资主体的多元化。（3）按劳分配与按生产要素分配相结合。实行谁投资谁受益的按资分配，同时投资者作为劳动者又可获得劳动报酬。

第 4 节　现代企业制度的治理结构

现代企业制度最大的特征是法人治理，通过“三会一层”，在现代企业内部形成了既相互激励又相互约束的治理结构。

一、公司法人及公司治理结构

公司的概念是与法律紧密联系在一起的，公司作为一个法律概念，在法律上有明确的规定。只有按照《中华人民共和国公司法》（简称《公司法》）的规定、程序组织起来的企业，才能称为公司。

1. 法人的基本特征

法人是自然人的对称，是具有民事权利能力和民事行为能力，依法独立享有民事权利和承担民事义务的组织。也就是说，法人是具有民事权利义务主体资格的组织。作为法人，公司首先必须具有法人所必须具备的基本特征，即组织特征、财产特征和人身特征。

（1）组织特征。组织特征的核心是公司必须依法成立，即公司必须依照《公司法》或其他有关法律法规成立。具体包括两层含义：一是实体意义上的依法成立，也就是要依照国家法律允许的形式、内容、经营范围和经营方式成立公司，超出法定的范围或不属于法定的公司组织形式均为非法公司；二是在程序意义上的依法成立，在公司的组建、成立、合并、分立、变更章程、解散等一系列问题上，都应该依照有关法律规定办理，凡不合法定程序自称公司的，或欺骗国家有关部门而登记成立的公司均为非法公司。

（2）财产特征。财产特征就是公司必须拥有自己能够独立支配和管理的财产，要满足法定资金数额。这是公司作为法人存在和进行活动的物质基础，是公司享受经济权利和承担经济义务的前提条件。因此，各国的公司法对不同类型公司的资金数额都有相应的规定。

（3）人身特征。人身特征是指公司是一种“人格化”的经济组织，它是经济法律关系权利与义务的直接承担者。公司的“人格化”，是指法律赋予公司类似自然人的人身特征，包括：公司可以有自己独立的名称；对自己的名称拥有专利权、发明权、商标权和获得荣誉权；可以以自己的名义参与经济法律关系，以自己的名义从事生产和经营，与他人签订合同，既有一定的经济权利，又承担相应的经济责任。

2. 公司治理结构

现代企业内部具有相互制衡、相互约束的机制，现代企业的内部制衡是通过其内部治理结构来实现的。现代企业中的制衡结构即是其治理结构，由所有者代表、法人产权代表、经营者之间的相互制衡而构成。由于公司治理的主要问题是维护投资者的正当权益，保护以股东为主体的各种利益相关者的利益，因此，公司治理应当以健全的董事会制度为前提，以董事会为核心，以股东为主体。现代企业治理结构的框架包含以下方面：

（1）所有者代表。所有者代表是现代企业财产的终极所有者，对企业财产拥有最后处置权，其权力包括：确定自己的代理人、确定剩余资产的分配、变更公司章程、审批资产变更方案。所有者集团是法人治理结构的核心，其作用的发挥是企业健康发展的根本保证，在企业内部制衡中起着决定作用。

（2）法人产权代表。一般来讲，法人产权代表集团是所有者集团选举出来的具有经营管理才能的专家集团，由他们形成了一个知识、专业互补的集体，代表全体所有者的共同利益。其权力有：①按照所有者集团的最高决策，负责制定和审定企业的重大经营计划和战略性决策。由专家集团行使这一权力，可以避免具体的经营活动受到某些所有者自身特殊利益的干扰，有利于最大限度地避免决策失误。②检查这些决策的贯彻执行情况，实行有效控制。法人产权代表集团并不是具体执行者，但有权对执行者的执行情况进行检查与督促，以各种手段保证其决策得到贯彻执行。③排除一切外来的对企业财产的分割、侵蚀，以及对生产经营活动的干预，包括政府、社会对企业的行政干预，也包括所有者集团中的某些人以个人名义的干预，还包括所有者集团超出章程的不符合程序的干预。因此，法人产权代表集团在这里成为全体所有者根本利益的维护者，从而保证生产运营资产的安全性和效益性。④制定各种管理原则，这是企业基础管理的重要内容。由法人产权代表集团制定管理原则，使整个企业的生产经营活动得以有序化，使一切管理活动有所遵循。⑤挑选和委任执行决策的人选。用竞争方式，以被挑选者的知识、经验、经营管理才能、既往经营业绩等为标准，挑选和招聘决策的执行者；法人产权代表集团制订并实施对被招聘者的报酬、奖惩方案，促使其创造性地执行决策。⑥当个别所有者与企业或者管理部门发生矛盾时，法人产权代表集团进行有效协调，这也是一种制衡作用。

（3）经营者。法人产权代表集团的战略性决策和经营目标，最后要由一定的执行机构负责实施，这种实施机构由高层经理人员组成，负责具体的日常生产经营业务。现代社会化大生产中的细密分工，要求时间、空间、数量上的协调，以保证生产活动正常进行。在企业高层经理人员集团中，实行总经理负责制，以杜绝政出多门、议而难决、互相推诿的现象。高层经理人员只有正确地行使被赋予的权力，履行承诺，达到规定的目标，才能实现自身利益的最大化，否则，随时可能被解聘。

高层经理人员是在总经理的直接领导下在企业内部制衡中发挥作用，其权力有：①拥有对公司事务的经营管理权。有权行使对企业法人资产的实际占有、使用、支配权，有权处理公司的日常经营事务。②高层经理人员通过委托授权关系或目标管理的方式，制约、控制部门经理，部门经理以类似方式制约基层人员。③高层经理人员在进行经营管理的过程中，只服从所有者集团的最高决议、法人产权代表集团的战略决策，只能在授权的范围内行使职权。最高经理人员以签订合同的方式承担责任和义务，其个人收益与企业的经营效益正相关。

二、法人治理结构中的“三会一层”

“三会一层”是指公司的组织机构，全称为法人治理结构。“三会”是指股东会、董事会、监事会，“一层”是指公司执行机构，具体是指经理或总经理等。

我国公司的组织形式主要分为有限责任公司和股份有限公司，这两种公司形式都有“三会一层”这种法人治理结构。

1. 股东会

股东会由公司股东组成，所体现的是所有者对公司的最终所有权，是公司的最高权力机构。股东会行使下列职权：一是选举和更换董事、监事，决定有关董事、监事的报酬事项；二是审议批准董事会的报告；三是审议批准监事会的报告；四是审议批准公司的利润分配方案和弥补亏损方案；五是对公司增加或者减少注册资本作出决议；六是对发行公司债券作出决议；七是对公司合并、分立、解散、清算或者变更公司形式作出决议；八是修改公司章程；九是公司章程规定的其他职权。股东会可以授权董事会对发行公司债券作出决议。

2. 董事会

董事会由公司股东会选举产生，对公司的发展目标和重大经营活动作出决策，维护出资人的权益，是公司的决策机构。董事会行使下列职权：召集股东会会议，并向股东会报告工作；执行股东会的决议；决定公司的经营计划和投资方案；制订公司的利润分配方案和弥补亏损方案；制订公司增加或者减少注册资本以及发行公司债券的方案；制订公司合并、分立、解散或者变更公司形式的方案；决定公司内部管理机构的设置；决定聘任或者解聘公司经理及其报酬事项，并根据经理的提名决定聘任或者解聘公司副经理、财务负责人及其报酬事项；制定公司的基本管理制度；公司章程规定或者股东会授予的其他职权。公司章程对董事会职权的限制不得对抗善意相对人。

3. 监事会

监事会是公司的监督机构，对公司的财务和董事、经营者的行为发挥监督作用。监事会行使下列职权：检查公司财务；对董事、高级管理人员执行职务的行为进行监督，对违反法律、行政法规、公司章程或者股东会决议的董事、高级管理人员提出解任的建议；当董事、高级管理人员的行为损害公司的利益时，要求董事、高级管理人员予以纠正；提议召开临时股东会会议，在董事会不履行《公司法》规定的召集和主持股东会会议职责时召集和主持股东会会议；向股东会会议提出提案；依照《公司法》第 189 条的规定，对董事、高级管理人员提起诉讼；公司章程规定的其他职权。

4. 经理层

经理层是公司的经营者、执行者，是公司的执行机构，包括总经理、副总经理、财务负责人等高级管理人员。这些高级管理人员由董事会聘任或者任命，总经理无权解聘其他高级管理人员。公司总经理以下的部门中层以及非高级管理人员由总经理选聘，董事会董事可以兼任公司执行层的职位，但是监事会监事不能兼任董事会成员或者执行层成员。

第 5 节　现代企业制度的运行机制

从现代企业制度的运行情况来看，其运行机制包括十个方面。

一、生产资料社会化运行机制

同社会化大生产与现代市场经济的发展要求相适应，现代企业制度下的生产资料社会化运行的程度进一步提高，集中表现在生产资料分散化程度提高，生产资料所有权分化为终极所有权与企业法人所有权两个方面。生产资料社会化运行机制反映了现代企业制度与近代企业制度在生产资料组织管理方面的重大区别。

二、经营架空机制

经营架空机制是指由于经营者的介入架空了所有者的一种机制，其特征是：经营者介入使出资者与企业资产相分离，出资者只在证券形态上占有企业财产，而在实物形态上不占有财产，无权直接支配企业的实物财产；企业的所有权与经营权相分离，股东财产与公司财产相分离，经营权由董事会聘用经理负责；企业决策者被分为出资者与经营者两部分，这就改变了不懂经营管理的所有者直接办企业的局面，使人尽其才，从而促进了社会财富的不断增长。

三、利益分配机制

在现代企业制度下，随着利益分配市场化，形成了利益分配的社会化，在此基础上形成了现代企业制度特有的利益分配机制。这种利益分配机制的特征如下：第一，对经营管理者形成了有效激励；第二，在全体员工之间结成了一个“命运共同体”，有利于充分调动全体员工的工作积极性；第三，在全体社会成员之间形成了利益制衡机制，这种机制使企业出资者、法人代表、经营管理者、职工共同努力，从而推动企业不断发展。

四、风险分散机制

风险分散机制是指企业将自己的失败、亏损、破产等带来的损失分散给社会各个方面的一种机制。在现代企业制度下，由于投资多元化的政策，企业的投资者众多，股权高度分散，企业的风险也由众多的股民承担。在现代市场体系下，破产企业可以把部分风险转嫁给银行和与其有经营往来的企业。股民可以通过股市来抛售股票，以规避风险。

五、宏观调控机制

随着生产社会化与现代市场经济的发展，企业生产经营活动的调节社会化。现代企业制度不断发展和完善，成为政府实施宏观调控的重要基础。

六、经营管理机制

现代企业制度经营管理机制的主要内容可以概括为“三公”“六婆”“八种制度”。“三公”，即在现代企业制度下的经营活动中要坚持公开、公正、公平的原则。“六婆”，即现代企业制度下的经营管理要服从六个方面的管理和监督，具体说就是通过股东会、董事会、监事会的决议，通过审计事务所、律师事务所、会计师事务所的监督来规范企业的运行。“八种制度”，即现代企业制度要遵循八个方面的规章制度，在这些制度的约束下运行，这八种制度是：公司设立制度、资本制度、分配制度、会计制度、组织制度、持股制度、上市制度、监督制度。

七、运行动力机制

现代企业制度的运行动力机制，就是通过激发企业内部的利益动机而形成的企业运行所需要的动力机制。这种动力机制包括三个方面：一是企业为追求利润的最大化而形成的驱动力；二是企业全体员工为追求工资收入最大化而形成的驱动力；三是企业最终所有者为追求投资回报的最大化而形成的驱动力。

八、运行约束机制

现代企业制度下的运行约束机制包括两个方面的内容：一是企业内部行为的约束，具体可以概括为企业的预算约束、审计约束、财务约束、纪律约束等，其目的是克服企业的短期行为、增收节支、最大化盈利，以实现国有资产的保值和增值，促进企业发展；二是企业外部行为的约束，具体概括为市场约束（供给约束与需求约束）、合同约束、法律约束、经济惯例约束等。

九、运行决策机制

运行决策机制是指企业在享有充分的法人财产权的情况下，对生产、经营等经济活动作出分析和决断的机制。这种机制包括决策主体的确立、决策组织和决策方式等。在现代企业制度下，企业可以自主地行使生产经营权，是企业决策主体。现代企业制度的最高决策机构是企业董事会。董事会的决策活动要受包括企业职工代表在内的各方面人士组成的监事会的监督。现代企业制度实现了决策的民主化与决策的科学化。

十、创新机制

阅读扩展　陈嘉白：新时代中国特色公司治理结构的显著特点

现代企业制度的创新机制是现代企业在生产经营和资本经营过程中将各种经济要素进行新组合的机制。由于对各种生产要素进行新组合，不可避免地会引起有关方面的变革，因而从广义的角度分析，企业创新机制也包括为形成新的组合而引起或促进变革的机制。现代企业制度创新机制包括制度创新、技术创新、市场创新和管理创新等方面的内容。

复习与思考

一、名词解释

现代企业制度　　现代企业产权制度　　股份有限公司

经营架空机制　　运行约束机制

二、简答题

1. 如何理解现代企业制度的体系框架？
2. 股份有限公司独特的优势是什么？
3. 现代企业制度的特征有哪些？

三、论述题

试述现代企业制度的运行机制。

四、讨论题

如何推动现代企业高质量发展？

延伸阅读

1. 吴敬琏．中国经济改革进程．2 版．北京：中国大百科全书出版社，2023.

2. 毕革新，王继承，许春燕．公司治理视角下的党组织与中国特色国有企业监督体制机制研究．北京：中国发展出版社，2019.

即测即评

扫描二维码可在线自测并查看答案。

第19章

国有企业改革

国有企业是国民经济的支柱和命脉，国有企业改革是中国经济体制改革的中心环节。党和政府历来十分重视国有企业改革问题，改革开放40多年来，伴随着社会主义市场经济的快速发展，国有企业改革不断迈出新步伐，取得了有目共睹的巨大成就，也面临着需要进一步化解的矛盾和问题。

第1节　国有企业改革的原因和历程

我国的国有企业改革是解放生产力、建设社会主义市场经济的客观需要，是国有企业在体制、机制以及管理制度等方面为适应社会主义市场经济体制而进行的必要调整。新中国成立后特别是改革开放40多年来，国有企业在改革中不断优化体制机制和治理方式，走过了一段复杂而艰巨的发展历程。

一、我国进行国有企业改革的主要原因

新中国成立后，早在20世纪50年代后半期，党的八届三中全会就开始以“体制下放”为中心进行改革。20世纪70年代，我国进行了以“企业下放”为中心的经济体制改革。这些改革是在高度集中的计划经济管理体制和模式下进行的积极探索。[①]

严格地讲，触动经济体制的真正意义上的国有企业改革，开始于改革开放之后。1984年，我国经济改革的重心从农村转向城市中的企业特别是国营大中型企业。党的十二届三中全会通过的《中共中央关于经济体制改革的决定》明确指出，我国“在经济体

① 章迪诚．中国国有企业改革简史．北京：中国工人出版社，2020：40-48.

制上形成了一种同社会生产力发展要求不相适应的僵化的模式。这种模式的主要弊端是：政企职责不分，条块分割，国家对企业统得过多过死，忽视商品生产、价值规律和市场的作用，分配中平均主义严重。这就造成了企业缺乏应有的自主权，企业吃国家'大锅饭'、职工吃企业'大锅饭'的局面，严重压抑了企业和广大职工群众的积极性、主动性、创造性，使本来应该生机盎然的社会主义经济在很大程度上失去了活力"[①]。这种高度集中的僵化模式，使企业缺乏活力、职工缺乏积极性，严重阻碍了生产力的发展。因此，必须对这种僵化的体制进行改革，"要发展生产力，经济体制改革是必由之路"[②]。对此，1984年10月10日邓小平同志在接见联邦德国总理科尔时作了较为详细的解释："一九七八年开的是十一届三中全会，过几天我们要开十二届三中全会，这将是一次很有特色的全会。前一次三中全会重点在农村改革，这一次三中全会则要转到城市改革，包括工业、商业和其他行业的改革，可以说是全面的改革。无论是农村改革还是城市改革，其基本内容和基本经验都是开放，对内把经济搞活，对外更加开放。"[③] 根据邓小平同志的这一思想，《中共中央关于经济体制改革的决定》指出："具有中国特色的社会主义，首先应该是企业有充分活力的社会主义。而现行经济体制的种种弊端，恰恰集中表现为企业缺乏应有的活力。所以，增强企业活力，特别是增强全民所有制的大、中型企业的活力，是以城市为重点的整个经济体制改革的中心环节。"[④]

综上可以看出，我国的国有企业改革是解放和发展生产力的必然要求，是适应生产力发展要求和改革开放新形势的必然结果，《中共中央关于经济体制改革的决定》和邓小平同志的讲话为改革开放之初的国有企业改革提供了重要依据和遵循。

具体说，我国进行国有企业改革的深层原因可以归纳为以下几个方面：

第一，为了政企分开，搞活国有企业。旧体制的弊端之一，就是政企职责不分，国家对企业统得过多过死。表现在：一是企业行政化，把企业纳入行政序列，企业有行政级别，企业领导人依此享受经济与政治待遇；二是企业与政府功能错位，政府管企业的事，企业干政府的事；三是政府管得多、统得死，企业生产什么、生产多少、怎样生产都由政府说了算。在这种体制下，企业只是政府部门的附属物，不具有独立的法人资格，不是真正意义上的企业。针对这种情况，要按照政企分开的原则对企业进行改革，一方面把企业改革为无上级、无级别的市场主体，确认法人地位；另一方面规范政府行为，下放权力，减少政府对企业的干预，调动企业生产经营的积极性。通过政企职责分开的改革，最终使企业成为名副其实的生产经营单位和市场竞争主体。

第二，为了减轻国有企业负担，提高经济效益。在旧体制下，国有企业办社会，既要管职工的吃喝拉撒，又要管职工的生老病死；既要承担上缴税金利润的经济职能，又要承担安排职工就业、引导国民经济发展的社会职能；既要自办各种社会化服务组织体系，又要设立党政工团等社会组织机构。因此，国有企业既像企业，又像机关；既像经济组织，又像社会组织。结果是机构臃肿，人浮于事，负担过重，效益太差。因此，在

① 中共中央文献研究室．改革开放三十年重要文献选编：上．北京：中央文献出版社，2008：346.

② 邓小平文选：第3卷．北京：人民出版社，1993：138.

③ 同②81－82.

④ 同①348.

企业改革中，要通过建立健全社会保障制度，对企业办社会功能实行剥离等政策，减轻国有企业的负担，使其能集中精力搞好生产经营活动，提高企业经济效益。

第三，为了明晰产权关系，提高职工对企业资产的关切度。国有企业产权关系模糊，资产的保值与职工利益未直接挂钩，因而名义上职工人人都是所有者，但人人又都不关心国有资产，从而导致国有资产使用效率低，社会资源浪费。通过国有企业改革，要明晰产权关系，建立责权利相结合的激励机制，提高职工对企业资产的关切度，提高国有资产的使用效率。

第四，为了克服平均主义，调动职工积极性。在传统体制下，国有企业存在两个"大锅饭"：一是职工吃企业的"大锅饭"；二是企业吃国家的"大锅饭"。企业无破产之忧，职工无失业之虑，干多干少一个样，干与不干一个样，严重挫伤了职工的积极性。通过改革要打破铁饭碗，端掉大锅饭，克服分配中的平均主义，建立和健全按劳分配制度，真正实行多劳多得的分配原则，鼓励一部分经营效益好的企业与一部分贡献大的职工先富起来，以便调动职工生产经营的积极性，促进生产力的发展。

第五，为了转换企业经营机制，开展公平竞争，促进企业素质的提高。在旧体制下，国有企业忽视商品经济、价值规律和市场调节的作用，生产经营活动完全由国家包办，国家计划包罗万象。由于不是面向市场开展生产经营活动，缺乏竞争机制，因而不存在风险，国有企业办一个活一个，甚至"长生不老"。不能"劣汰"就不会有"优胜"，企业素质普遍低，设备老化，产品单一，不能很好地满足人民群众的生活需要。在企业改革中，要转换企业经营机制，让企业面向市场开展生产经营活动，减少政府的"父爱主义"，坚持公平、公正、公开的竞争原则，在竞争中实现优胜劣汰，淘汰扭亏无望的企业，提高企业的整体素质。

第六，为了建立现代企业制度，完善市场经济体制。改革开放初期我国面临着由计划经济体制向市场经济体制的转变，经济体制改革的目标是建立完善的社会主义市场经济体制。完善的经济体制包括宏观体制、中观体制与微观体制三个部分。在现代市场经济条件下，微观体制是指现代企业制度。因此，建立现代企业制度是完善社会主义市场经济体制的重要组成部分。通过对国有企业进行改革，逐步理顺产权关系，建立规范的管理制度，构建社会主义市场经济的微观基础，完善社会主义经济体制。

第七，为了克服条块分割的局面，对内加强联合，对外扩大开放。由于受计划经济体制的制约，国有企业在管理机制上条块分割，地区之间各自为政，部门之间相互封锁，重复建设、重复生产，企业数量多、规模小、质量差。通过改革，一方面在国内打破条块分割的局面，加强企业之间的横向联合；另一方面对外扩大开放，引进国外的资金、技术、管理等生产要素。进而通过资产重组，建立跨部门、跨地区、跨所有制、跨国的"四跨式"企业集团，提高国有企业的整体质量。

以上七点揭示了我国进行国有企业改革的原因，彰显了党和政府推动经济体制改革的必要性和重要性。

二、国有企业改革的基本历程

纵观改革开放 40 多年的历史，中国国有企业改革经历了持续推进的过程。关于国有企业改革的历史脉络，由于划分角度和依据的不同，目前理论界学术界的认识不完全统一，仁者见仁、智者见智，主要有以下三种代表性的观点。这些不同观点，深化了对国有企业改革的历史认识和规律认识。

（1）第一种观点是三阶段论。这种观点认为，我国国有企业改革经历了三个阶段。

第一阶段：国有企业改革探索期（1978—1993年）。经历的标志性过程和实践有扩权让利（1978—1981年）—经济责任制阶段（1981—1983年）—两步利改税（1983—1987年）—承包经营责任制（1987—1993年）。

第二阶段：国有企业改革突破期（1993—2002年），经历的标志性过程和实践有现代企业试点阶段（1993—1998年）—现代企业制度建立和战略性改组阶段（1998—2002年）。

第三阶段：现代企业制度完善期（2002年至今），经历的标志性过程和实践有股份制和现代产权制度建立阶段（2002—2003年）—现代公司治理结构形成和完善阶段（2003—2008年）—深化改革和发展阶段（2008年至今）。也有专家认为，国有企业改革先后经历了放权让利、制度创新和国资发展三个阶段，目前取得了良好成效，但也步入了艰难前行的“深水区”。

（2）第二种观点是四阶段论。这种观点以国有企业改革成效和改革政策为依据，划分国有企业改革的历史脉络，把握国有企业改革的阶段性特征。①

第一阶段：国有企业改革的放权让利阶段（1978—1992年）。国有企业改革的成效是：从国营生产单位到放权让利、承包经营，从承包经营到转换经营机制，从国营生产单位到全民所有制工业企业，企业与政府主管部门之间权责利关系得以理清和明确。国有企业改革的主要政策有：1979年7月《关于扩大国营工业企业经营管理自主权的若干规定》、1984年10月《中共中央关于经济体制改革的决定》、1987年9月《中华人民共和国价格管理条例》、1988年2月《全民所有制工业企业承包经营责任制暂行条例》、1988年4月《中华人民共和国全民所有制工业企业法》、1992年7月《全民所有制工业企业转换经营机制条例》。

第二阶段：国有企业改革的企业制度创新阶段（1993—2002年）。国有企业改革的成效是：从转换经营机制到建立现代企业制度，由全民所有制工业企业到国有企业，产权制度改革成为国有企业改革的焦点。国有企业改革的主要文件和政策有：1993年11月《中共中央关于建立社会主义市场经济体制若干问题的决定》、1999年9月《中共中央关于国有企业改革和发展若干重大问题的决定》。

第三阶段：国有企业改革的资产管理体制改革阶段（2003—2012年）。国有企业改革的成效是：从现代企业制度到建立现代产权制度，企业组织形态发生深刻变革。管资产与管人、管事相结合，权利、责任、义务相统一的新型国有资产管理体制建立。国有企业改革的主要文件和政策有：2003年10月《中共中央关于完善社会主义市场经济体制若干问题的决定》、2005年2月《国务院关于鼓励支持和引导个体私营等非公有制经济发展的若干意见》。

---

① 孙海云．国有企业改革发展研究：认知、路径与实践．北京：人民出版社，2022：60－61.

第四阶段：国有企业改革的分类深化改革阶段（2013 年至今）。国有企业改革的成效是：全面深化国有企业改革迎来新时代，开启新征程。以管资本为主的国有资产监管体系加快形成，分离改革扎实推进、混合所有制改革稳步前进、市场化经营机制加快形成。国有企业改革的主要文件有：2013 年 11 月党的十八届三中全会通过的《中共中央关于全面深化改革若干重大问题的决定》、2015 年 8 月出台的《中共中央、国务院关于深化国有企业改革的指导意见》、2017 年 4 月颁布的《国务院办公厅关于转发国务院国资委以管资本为主推进职能转变方案的通知》、2017 年 10 月党的十九大报告、2018 年 7 月出台的《国务院关于推进国有资本投资、运营公司改革试点的实施意见》、2020 年 5 月通过的《中共中央、国务院关于新时代加快完善社会主义市场经济体制的意见》、2020 年 6 月通过的《国企改革三年行动方案（2020—2022 年）》、2022 年 10 月党的二十大报告、2023 年 6 月印发的《国有企业改革深化提升行动方案（2023—2025 年）》。

要指出的是，对于以上四个阶段的认识与名称界定，不同学者提出了不同观点，比如董敬怡认为，国有企业改革的四阶段是：国有企业改革的初步探索阶段（1978—1992 年）、国有企业改革的制度创新阶段（1993—2002 年）、国有企业改革的纵深推进阶段（2003—2012 年）、国有企业改革的深化完善阶段（2013 年至今）。① 章迪诚认为国有企业改革的四阶段是：国有企业的制度改进时期（1978—1992 年）、国有企业的制度创新和结构调整时期（1993—2002 年）、国有企业的制度完善时期（2003—2012 年）、中国特色国有企业制度创建时期（2013 年至今）。②

（3）第三种观点是五阶段论。这种观点认为，我国国有企业改革经历了五个阶段。

第一阶段：放权让利（1978—1984 年）。改革开放初期的国有企业改革以利润留成为中心，通过承认国有企业的独立主体地位，提高了生产积极性，减少了代理问题。但企业经营自主权依然有限，改革没有突破“计划经济为主，市场调节为辅”的整体框架。留利改革全国推行后，国有企业整体业绩有所改善。

第二阶段：两权分离（1985—1992 年）。承包经营责任制是 20 世纪 80 年代中国国有企业改革最显著的特征，试图在公有制基础上实现所有权和经营权的分离，一定程度上改善了国有企业的经营业绩，但资金利润率、利税率等指标下行趋势未能扭转。

第三阶段：产权改革（1993—2002 年）。前两轮国有企业改革后，“所有者缺位”被公认为国有企业存在的主要问题。20 世纪 90 年代国家提出要建立“产权清晰、权责明确、政企分开、管理科学”的现代企业制度。通过公司制改革、“抓大放小”战略以及“三年脱困”工作的实施，改革在成功应对外部冲击的同时提高了国有企业的经营效率。但是由于监管体制不够完善，国有资产流失的问题没有得到彻底解决。

第四阶段：国资监管（2003—2012 年）。以建立新的国有资产监管体制为核心，以大型国有企业为重点。通过成立国务院国有资产监督管理委员会（简称“国资委”），明确了国有资产监管的责任主体，进一步强化了监管力度。在此基础上推进的股份制改革、健全董事会制度、央企兼并重组等一系列改革措施，有效促进了国有经济的壮大和对国

① 董敬怡．大战略：深化国有企业改革研究．北京：中国言实出版社，2015：29－59.

② 章迪诚．中国国有企业改革简史．北京：中国工人出版社，2020：51.

有资产的保护。

第五阶段：分类深化（2013 年至今）。党的十八大以来，中国经济进入新常态，国有企业改革也迎来了历史上最为全面彻底的深化改革时期。改革首次对国有企业的功能进行界定和分类，并围绕《关于深化国有企业改革的指导意见》形成“$1+N$”政策体系，最后通过“三年行动”全面贯彻落实各重点领域的改革举措。改革期间，国有企业的经营情况明显改善，并为国家的发展与安全作出巨大贡献。党的二十大以来党和国家启动“国企改革深化提升行动”，备受业内和各界关注和期待。

综上，以上关于国有企业改革历程的“三阶段论”“四阶段论”“五阶段论”，其区别主要在于认识角度和划分依据。这些划分没有严格的对错之分，为深入认识国有企业的改革历史提供了多样化的视角。比较而言，“三阶段论”划分更为宏观；“五阶段论”划分相对较细；“四阶段论”划分较为清晰合理，目前接受度、认可度较高。

第 2 节 国有企业改革的成效和意义

改革开放以来，国有企业改革不仅使国有企业基本建立起现代企业制度，而且大大增强了国有企业的活力，提高了国有企业的经济效益，国有企业在国民经济中的主体地位和主导作用进一步增强。

一、国有企业改革的显著成效

改革开放以来，我国国有企业改革走过了一条极不平凡的道路。无论是国有企业本身的发展变化，还是国有企业对党和国家以及对社会主义市场经济发展的贡献，都取得了有目共睹的巨大成就。

1. 国有企业本身的发展变化

（1）在所有制结构方面，突破了“一大、二公、三纯、四统”的单一公有制模式，打破了国有企业一统天下的局面，形成了多种经济成分并存的竞争局面。这既为国有企业的生存发展带来了压力，又为其发展提供了动力。在产权结构方面，国有企业股份制改革吸收了非国有股，从而使其产权结构向多元化方向发展。股东会、董事会、监事会的相继引入，使国有企业开始形成比较规范的公司治理结构，使管理向科学化方向发展。

（2）在企业收入分配方面，国有企业产权结构的变化和多种分配方式的实行，改变了单一的按劳分配结构，职工收入开始多元化。国有企业职工，除劳动收入外，还有资本收入（如内部持股的回报）、金融资产收入（如银行存款利息和国债收入），以及其他财产性收入。

（3）在企业经营机制方面，由于市场机制作用的扩大，国有企业面向市场开展生产经营活动。国有企业作为独立经济主体进入市场，成为市场竞争主体，实现了经营机制的转变，市场经济优胜劣汰的法则对国有企业发展发挥着积极的作用。

（4）在政企关系方面，政府从微观经济活动中退出，对企业的干预减少。竞争行业的企业向着无上级、无级别的方向发展，成为独立的法人实体，自主经营、自负盈亏。

（5）在企业管理方面，在社会主义市场经济的框架内和轨道上，国有企业的管理制度得到了创新，内部管理水平提高。现代企业家队伍与现代企业文化在国有企业内部形成。

阅读扩展　谢素娟：国企改革三年行动取得的成效

（6）在企业效益和企业影响力、竞争力等方面，经过 40 多年的持续改革，国有企业的经济效益、企业利润、企业影响力、竞争力和企业自主创新能力都得到了显著提升。

2. 国有企业对党和国家以及对社会主义市场经济发展的贡献

（1）激活了社会主义市场经济微观主体，促进了社会主义市场经济体制的完善。经过 40 多年的持续改革，国有企业运行质量和竞争力不断提高，对经济社会发展的影响力显著提高。经过国有资产监管机构的引入改革，由以管企业为主向以管资本为主转变，董事会依法行使重大决策、选人用人、薪酬分配等权利，政府部门和机构不得干涉，这些改革促进了社会主义企业运行机制的市场化、法治化发展。通过股份制改革，推动国有企业改制上市，发展混合所有制经济，不断完善作为独立市场主体公平参与市场竞争的环境，有效推进了社会主义市场经济的发展和完善。

（2）推进了工业化进程和产业结构演变，促进了我国国有经济布局的战略性调整，增强了国民经济的整体实力。改革开放 40 多年来，我国工业化进程的演进和产业结构升级，如我国的移动通信产业、新能源新材料产业等都是以国有企业为支柱发展起来的。大型国有企业产业结构、产品结构、企业结构、治理结构的改革优化，促进了我国国民经济快速发展，我国国有经济布局不断优化，国民经济实力不断增强。国有企业改革，提高了产业集中度，减少了同质化竞争，提升了专业化水平。以国企改革三年行动为例，一大批重大战略性重组和专业化整合成功实施，以市场化方式推进 4 组 7 家中央企业战略性重组，新组建和接收中国星网、中国稀土集团等 8 家央企，推动电力、检验检测、医疗等领域 30 余个中央企业专业化整合项目，全国省属国有企业 116 组 347 家实施重组，开展专业整合 2 150 次。[①] 总之，改革过程中国有资本更多向关系国家安全和国民经济命脉的行业领域，向那些技术先进、结构合理、机制灵活、核心竞争力强的大公司大企业集团集中，向有市场竞争力的优势行业集中，国有经济布局更加优化，国有资本配置效率明显提升，国有企业战略支撑作用明显，从而极大增强了国有经济的竞争力、创新力、控制力、影响力和抗风险能力。

（3）推动我国经济社会创新发展、高质量发展，为建设现代化经济体系、增强我国经济实力和经济安全、彰显社会主义制度优势作出了突出贡献。改革开放 40 余年来，国有企业改革发展为我国经济社会发展、科技进步、国防建设、民生改善、国家经济安全等作出了突出贡献。我国的基础设施建设、能源资源保障、国防军工和战略性新兴产业大多主要集中在国有企业。国有企业在载人航天、探月工程、深海探测、高速铁路、特

---

① 翁杰明．国企改革三年行动推动国资国企领域发生深刻变革．学习时报，2023－02－10（A1）．

高压输变电、移动通信等领域取得了一批具有世界先进水平的重大科技创新成果。我国国有企业主导着关系国家安全和国民经济命脉的关键领域的发展，国有企业改革发展成为引领创新驱动发展战略、构建新发展格局、推动高质量发展的关键力量。目前我国的科技创新投入仍然以中大型国有工业企业为主，其研发投入占比最大，同时国有企业特别是央企在国家科技奖励中获奖最多。据统计，2012—2021年，央企累计投入研发经费6.2万亿元，年均增速超过10%；2021年央企荣获国家技术发明奖和国家科技进步奖占同类奖总数的49%。[①] 国企改革三年行动中，央企涉及国家安全和国计民生领域营业收入占总体比重超过70%。国企改革三年行动的深入实施，推动国有企业发展方式发生深刻转变，助推科技创新取得重大突破，我国经济高质量发展迈出更为坚实的步伐。

二、国有企业改革的重大意义

国有企业的地位作用决定了国有企业改革的重要性和重大性。我国是社会主义国家，国有企业是公有制经济的重要载体和实现形式。我国的国有企业不仅具有企业的一般性质，更具有社会主义基本经济制度的本质规定性；既要实现提供公共产品、弥补市场缺陷等社会目标，又要追求发展战略性民族产业、落实国家产业政策、实现国有资产保值增值、增加企业利润、增加国家财政税收等经济目标。我国国有企业的产生、发展、改革及其功能发挥，是我国国有企业多重属性的体现，不仅体现了社会主义公有制的理论逻辑，也符合社会主义的制度逻辑，还符合作为现代企业的市场经济主体的发展逻辑。国有企业是国民经济的支柱和命脉，是我国经济社会发展的“顶梁柱”，是确保经济安全的“压舱石”，是国家综合国力、影响力、竞争力的关键和象征。“国有企业是中国特色社会主义的重要物质基础和政治基础，是党执政兴国的重要支柱和依靠力量。”[②] 既然国有企业在党的执政和我国经济发展中具有如此至关重要的地位作用，那么适应形势任务发展要求，推动国有企业改革就是党和政府的重要责任，其重大意义不言而喻。综上，国有企业改革发展具有与国有企业自身属性地位相适应的公有制理论逻辑、社会主义制度逻辑、市场经济发展逻辑。

深化国有企业改革是增强中国特色社会主义制度优势的必然要求。国有企业是中国特色社会主义安全、稳定、发展的坚实基础和可靠保障，是中国特色社会主义制度优势和优越性的集中体现。国有企业是壮大国家综合实力、保障人民共同利益的重要力量。深化国有企业改革的直接目的是增强国有企业的活力与效率、竞争力和影响力，根本目的是更好发挥国有企业在国民经济发展中的主导作用和在中国特色社会主义制度中的支柱作用。从国有企业改革的实践看，深化国有企业改革是推动中国特色社会主义经济制度自我完善和发展、彰显中国特色社会主义制度优势和优越性的内在要求和重大举措。

深化国有企业改革是推动我国经济高质量发展的重大战略举措。我国国有企业大多

---

① 周蒙蒙．科技创新是引领国有企业高质量发展的第一动力．现代国企研究，2022（10）：33.

② 依靠改革应对变局开拓新局 扭住关键鼓励探索突出实效．人民日报，2020-07-01（1）.

是党和政府掌握的关系国计民生的重要领域和关键领域，是我国先进生产力的代表，是国家综合实力和国际竞争力的象征和载体，行业产业影响力强。深化国有企业改革，有利于促进国民经济转型，有助于发挥国有企业在把握、适应、引领经济新常态、推进供给侧改革等方面的重要带动作用，有助于提高我国国民经济整体运行的效率和质量。新发展阶段深化国有企业改革，推动国有经济、国有资本、国有企业优化布局、调整结构、战略重组，有助于推动我国经济整体朝质量更高、效益更好、结构更优方向发展，推动我国经济保持中高速增长、向中高端水平迈进。我国国有企业在载人航天、探月工程、深海探测、高速铁路、商用飞机、特高压输变电、移动通信、船舶制造等领域拥有雄厚的科研、技术、人才的优势和积累，实施国家重大创新工程基础好、实力强。我国国有企业承担了一批重大基础设施、公共服务工程、国防科技工业项目，是国民经济发展的国之重器和实力担当。能源、交通、通信、重大基础设施、重大公共服务等基础领域的国有企业，处于产业链、价值链上游。深化基础领域国有企业改革，依据“有所为、有所不为”原则，以经营效率为核心标准，建立现代企业制度，对于提高整个国民经济高质量运行与发展水平具有基础性、支撑性的推动作用、引领作用。

深化国有企业改革是巩固党的执政基础和国家安全的重要支撑。国有企业是保增长、保民生、保稳定、保安全的重要支柱，对保证经济社会安全平稳发展、应对全球经济危机、疫情灾害等具有“压舱石”的作用。国有企业作为我国全面深化改革的中坚力量，发挥着引导全面深化改革的“先行者”的重要作用，发挥着积极贯彻落实党中央政策的“排头兵”的重要作用。国有企业在国家能源、资源、粮食、电力、通信、医药、卫生等领域的布局和发展，关系国家经济安全和战略安全。国有企业的改革发展，不仅事关经济效益、社会效益，而且具有安全效益。国有企业改革既是国之所“需”也是国之所“安”的改革。国有企业在抗击新冠疫情的大战大考中充分彰显“顶梁柱”作用，在落实国家重大战略、服务构建新发展格局中充分发挥主力军作用，在承担急难险重任务、保障和改善民生中充分体现姓党为民的政治本色①，在维护国家经济安全方面的关键作用得到彰显发挥。

国有企业改革具有经济的、政治的、社会的重大意义。国有企业改革的经济意义主要体现在：国有企业改革助推、带动我国经济体制机制创新、技术创新、管理创新，有效增强国有企业的竞争力、影响力、抗风险能力，对国民经济整体运行效率的提升具有明显的支撑作用。国有企业改革的政治意义主要体现在：国有企业改革肩负着实现社会主义现代化的重任，是实现“两个一百年”奋斗目标的重要支撑，关系着社会主义制度优越性的实现，关系着共产党执政和国家政权的安全。国有企业改革的社会意义主要体现在：国有企业提供大量就业岗位，承担更多社会责任，是推动经济社会发展的重要保障；国有企业改革发展对促进社会和谐起着重要作用，为构建创新型社会奠定了坚实的人才基础，为培育践行社会主义核心价值体系作出了不可替代的贡献。

总之，深化国有企业改革是搞好国有企业的关键一招。历史和实践表明，深化国有企业改革是国有企业增强活力、提高效率、做强做优做大的必由之路。

---

① 国务院国资委党委．国企改革三年行动的经验总结与未来展望．人民论坛，2023（5）：6-9.

第3节 国有企业改革的基本经验

改革开放40多年来，党和国家在国有企业改革进程中积累了丰富的经验。这些经验是实践的智慧、规律的体现。深入总结改革开放40多年国有企业改革发展的经验，有助于为新时代新发展阶段深化国有企业改革提供有益的经验借鉴。

一、坚持党对国有企业改革的领导

这是我国国有企业改革的首要经验，也是国有企业改革深入推进、取得成功的根本保证。坚持党的领导、加强党的建设，是中国特色国有企业制度的特质和独特优势。新中国成立以来，党中央在我国社会主义经济建设、中国经济体制改革的整个过程中都强调加强和改进党的领导。党的十八大以来，党中央明确“中国特色社会主义最本质的特征是中国共产党领导，中国特色社会主义制度的最大优势是中国共产党领导，党是最高政治领导力量”①。在国有企业改革实践中，党中央深刻认识到：要加强和完善党对国有企业的领导，加强和改进国有企业党的建设；党对国有企业的领导是政治领导、思想领导、组织领导的有机统一；党组织在国有企业中发挥领导核心和政治核心的作用，这种作用可以概括为“把方向、管大局、保落实”。党组织在国有企业改革发展中的职责作用可以概括为：一是把关国有企业发展战略；二是参与企业改革发展、重大经营管理事项的决策并给予监督；三是坚持党管干部、党管人才原则，参与企业选人用人的任命和管理；四是开展对企业人员的思想教育；五是监督企业内部各治理机构职权的行使；六是健全企业内部党的建设制度体系，注重党员日常教育。历史和实践表明，坚持党对国有企业的领导，有助于为国有企业改革发展提供坚强有力的政治保证、组织保证、人才支撑。坚持把党的领导贯穿国有企业改革全过程各方面，推动企业党的建设与企业改革发展深度融合，坚决防止以深化改革为名弱化党的领导，坚决反对借口同国际接轨把党的领导和党建工作同生产经营对立起来，坚决反对弱化甚至否定党的领导和党建工作的错误做法，为做强做优做大国有企业提供坚强的政治保证。

二、坚持社会主义市场经济改革的方向

这是我国国有企业改革的基本经验和重要经验，也是国有企业改革始终必须坚持和遵循的基本规律。改革开放40多年来的实践证明，社会主义市场经济改革方向是我国国有企业改革发展的正确方向，坚持社会主义市场经济改革方向是国有企业改革胜利推进的正确路径。长期以来，关于国有企业改革存在着两种错误观点：第一种观点认为，国有企业具有效率低下的“天然属性”，只有走私有化和完全市场化的道路，国有企业改革

---

① 本书编写组．中共中央关于党的百年奋斗重大成就和历史经验的决议．北京：人民出版社，2021：24.

才有希望和出路；第二种观点刚好相反，认为不能用经济效益等市场化标准来评价国有企业，因为国有企业承担着大量的社会责任，是政府职能的延伸。这两种观点，在认识的思维方法上都具有很大的片面性，也不符合国有企业改革发展的事实。我国国有企业改革是社会主义市场经济改革的重要组成部分，国有企业改革必须坚持党领导下的社会主义市场经济改革方向，这是我国国有企业数十年发展实践的探索积累和经验总结。2015 年颁布的《关于深化国有企业改革的指导意见》明确了“坚持社会主义市场经济改革方向”的基本原则，提出“形成更加符合我国基本经济制度和社会主义市场经济发展要求的国有资产管理体制、现代企业制度、市场化经营机制”，进一步指明了国有企业改革的方向，这是从我国社会主义市场经济和国有企业改革实践出发得出的规律性经验。国有企业改革坚持社会主义市场经济改革的方向，就是坚持公有制主体地位不动摇、坚持国有经济主导作用不动摇、坚持党对国有企业的领导不动摇；坚持党的建设与国有企业改革同步筹划，就是坚持要以解放和发展生产力为中心，遵循市场经济规律和现代企业发展规律，同时发挥好“有效”市场与“有为”政府的作用，不断强化企业独立市场主体地位，构建中国特色现代国有企业制度。

三、坚持做强做优做大国有企业和国有资本

这是我国国有企业改革的重要经验，也是新时代新发展阶段深化国有企业改革的重大责任和应当具有的战略定力、改革自信。不管改革之路如何漫长而艰辛、面临多大的阻力和困难，必须坚持理直气壮做强做优做大国有企业和国有资本，这既是经验之总结，也是责任之所系。在国有企业改革的实践中，我们党愈加深刻认识到，只有改革才能做强做优做大国有企业和国有资本；只有国有企业、国有资本做强做优做大，才能充分发挥国有企业、国有资本在党的执政和社会主义市场经济发展方面的独特地位和重要作用。党的十八大报告指出：“深化国有企业改革，完善各类国有资产管理体制，推动国有资本更多投向关系国家安全和国民经济命脉的重要行业和关键领域，不断增强国有经济活力、控制力、影响力。”党的十九大报告提出：“要完善各类国有资产管理体制，改革国有资本授权经营体制，加快国有经济布局优化、结构调整、战略性重组，促进国有资产保值增值，推动国有资本做强做优做大，有效防止国有资产流失。”党的二十大报告指出：“深化国资国企改革，加快国有经济布局优化和结构调整，推动国有资本和国有企业做强做优做大，提升企业核心竞争力。”新时代新征程，我们必须坚持理直气壮做强做优做大国有企业和国有资本，以强烈的战略定力和改革自信，继续深化国有企业改革，兼顾物质形态的国有企业发展和价值形态的国有资本增值，不断增强国有企业和国有资本的竞争力、创新力、控制力、影响力和抗风险能力，不断提升国有企业核心竞争力和增强国有企业核心功能。

权威观点　郝鹏：坚持做强做优做大国有企业

四、坚持以正确的方法思维推进国有企业改革

这是国有企业改革的重要经验之一，也是继续顺利推进国有企业改革的重要条件。我国国有企业改革任务艰巨、意义重大，只有坚持正确的改革方法，才能确保国有企业改革发展的正确推进和事半功倍。纵观我国国有企业改革的不同阶段、历史进程和伟大实践，我国国有企业改革取得了巨大成功，探索形成了诸多行之有效的改革方法。我国国有企业改革坚持辩证唯物主义和历史唯物主义的根本方法，探索形成了以下改革方法：一是系统观念和系统思维的方法；二是试点与推广相结合的方法；三是顶层设计与摸着石头过河相结合的方法；四是渐进改革与重点突破相结合的方法；五是目标牵引与问题导向相结合的方法；六是党的领导与制度规范相结合的方法；等等。以系统观念和系统思维的方法为例，国有企业改革过程中，需要前瞻性思考把握深化国有企业改革的机遇和挑战；加强全局性谋划，持续完善国资国企改革政策体系；需要加强整体性推进，处理好深化国资国企改革目标与过程等一系列关系。以渐进改革与重点突破相结合的方法为例，我国国有企业改革遵循“放权让利—两权分离—产权改革—国资监管—分类深化之路”，循序渐进、步步深入，没有走西方激进改革的路子；与此同时，在渐进改革过程中，注意抓住改革过程中的重点问题进行突破，在重点问题、重大改革中又采取试点的方法、攻坚的方法、牵牛鼻子的方法，由点到线再到面，探索形成了符合中国国情的国有企业改革的办法与路子。

五、坚持批判借鉴、创造性吸收国有企业改革的相关经验

我国国有企业改革是在改革开放的时代背景和经济全球化的国际环境下展开和推进的。由于中国市场经济起步较晚、市场配套设施不健全、国内法律体系不完善等，加之没有成熟的理论作指导，我国国有企业改革是在摸索、学习、总结、借鉴的过程中走过来的。西方资本主义国家在市场经济和现代企业发展方面积累了较为成熟的经验，我国地方国有企业的改革发展也积累了相当丰富的经验，这些都是我国国有企业改革发展的有益经验借鉴。在借鉴国外先进经验方面，我国国有企业改革三年行动注意学习借鉴国外关于建立健全董事会、建立职业经理人的现代企业制度和员工持股、管理人持股的激励机制等先进经验。在总结、借鉴国内地方国有企业改革经验方面，我国东南沿海地区在国有企业改革、民营经济发展方面取得了丰硕成果，上海、广东、浙江、江苏等地的地方国有企业改革为中央国有企业改革提供了可资借鉴的有益经验。比如上海市的国有企业改革，以管资本为重点，注重优化国有资本布局结构，推动企业国有资产监管迈上新台阶，出台《上海市国有资产监督管理委员会关于进一步推动本市国资布局结构优化调整的实施意见》《关于进一步加快培育上海国有跨国公司的实施意见》《国有资本运营平台投资决策委员会工作规则》《关于推进本市国有企业积极发展混合所有制经济的若干意见（试行）》，这些规定和办法都为中央国有企业改革探索积累了实践上、制度上的有益经验。

第 4 节　国有企业改革面临的矛盾问题与改革方向

我国国有企业改革在取得有目共睹的长足进步和巨大成就的同时，还面临着诸多需要破解的矛盾问题。新时代新发展阶段，我国国有企业改革必须坚持问题导向，以改革的办法、创新的精神，破解矛盾问题，为构建高水平社会主义市场经济体制、推动高质量发展、构建新发展格局作出应有的更大贡献。

一、国有企业改革面临的矛盾问题

当前我国国有企业改革面临着较为复杂的矛盾问题，这些矛盾问题成因复杂、表现多样、相互交织，需要客观分析、理性总结。

1. 国有企业管理成本较高，人力资源管理难度较大

改革初期，我国国有企业曾实行职工子女接班制，这种相对稳定的人力资源结构，具有职工思想觉悟较高、人际摩擦少、人员流失程度低等优点，但也带来了改革阻力和难度较大、人力资源管理成本较高、论资排辈现象严重等问题。国有企业实行公开招聘制度后，极大推动了国有企业人力资源管理的科学化、制度化和规范化步伐，对于提高国有企业职工整体素质和企业效益意义非凡。调查发现，在执行国有企业公开招聘制度过程中，笔试环节确实坚持德才兼备的用人标准，贯彻公开、平等、竞争、择优的原则，但面试环节仍存在着“内部人控制”问题，导致个别条件不过硬、有关系的应聘者进入国有企业，严重影响了招聘制度的实施，也对国有企业人力资源管理带来了一定的难度。

2. 国有企业自主创新能力和核心竞争力相对较弱

党的十八大以来，以习近平同志为核心的党中央把创新摆在国家发展全局的核心位置，作出了一系列重大决策部署，极大提高了企业自主创新能力和核心竞争力。但与世界一流现代企业相比，我国国有企业特别是地方国有企业在科技创新、核心技术、高端科技人才、研发团队实力、研发投入、自主创新能力、企业自主知识产权等方面，存在一定差距。根据中国企业联合会发布的《2019 中国大企业发展趋势问题与建议》，全球顶尖精密仪器前 25 强基本上被外国企业垄断，工业机器人三大核心技术基本掌握在日本企业手中。在高端机床、火箭、大飞机、发动机等尖端领域，生产零件的设备 95%依赖进口。全球总共有约 130 种关键核心材料，其中 32%我国不能生产，另有 52%依赖进口。①

3. 国有企业经营机制尚未完全理顺

企业经营机制包括决策机制、动力机制、约束机制。国有企业的决策机制受传统的

---

① 王绛．国有企业要防治“大企业病”．经济观察报，2019-11-30.

政策制度影响，存在行政化色彩；国有企业的动力机制和约束机制，由于政府政策的支持有待加强、企业独立的市场主体地位尚未完全确立，未能充分发挥作用。国有企业内部存在出资人、经营者、生产者三类不同的利益主体，国有企业运行中形成了全民委托人-政府代理人、政府委托人-政府官员代理人、政府委托人-企业经营代理人等多层级的委托-代理关系，这种多层级的委托-代理关系，使国有企业的经营管理具有关系复杂、效率低下的弊端。

改革开放 40 多年来，不同时期我国国有企业改革的主攻方向，比如国有企业产权制度改革、现代企业制度改革、混合所有制改革等，都是为了破解上述矛盾问题。当前，伴随着国有企业改革的深入推进，我国国有企业仍然面临着来自历史的和现实的、国内的和国外的、客观的和主观的、体制的和机制的、观念的和利益的、政策的和技术的、传统的和创新的等方面的矛盾问题。这些矛盾问题只有通过改革创新的办法和举措，在构建高水平社会主义市场经济体制、推动高质量发展、构建新发展格局的大棋盘、大逻辑的创新实践中得以逐渐突破和解决。

二、深化国有企业改革的方向

党的二十大报告关于国有企业改革的重要精神和大会后召开的全国国有企业改革深化提升行动动员部署会议，特别是新出台的《国有企业改革深化提升行动方案（2023—2025 年）》，为新时代新征程深化国有企业改革进行了战略部署，明确了主攻方向。

党的二十大报告指出："深化国资国企改革，加快国有经济布局优化和结构调整，推动国有资本和国有企业做强做优做大，提升企业核心竞争力"，"完善中国特色现代企业制度，弘扬企业家精神，加快建设世界一流企业"，"推进国有企业、金融企业在完善公司治理中加强党的领导，加强混合所有制企业、非公有制企业党建工作，理顺行业协会、学会、商会党建工作管理体制"。上述要求明确了未来时期深化国有企业改革的主题、方向、重点、使命任务、标准、途径等内容。一是要注意把握"一个主题"和"中心任务"。把握"一个主题"即把握党的二十大的主题"全面建设社会主义现代化国家、全面推进中华民族伟大复兴"，把握"中心任务"即把握新时代新征程党的中心任务"团结带领全国各族人民全面建成社会主义现代化强国、实现第二个百年奋斗目标，以中国式现代化全面推进中华民族伟大复兴"。"一个主题"和"中心任务"决定了全面深化国有企业改革的大逻辑、大方向、大目标，既为全面深化国资国企改革提供了背景与条件，也提出了使命和要求。"一个主题"和"中心任务"要求全面深化国资国企改革不能为了改革而改革，改革是手段而不是目的，改革的目的是完善和发展中国特色社会主义、全面建成社会主义现代化国家。党的二十大报告关于国资国企改革的战略部署与全面建设社会主义现代化的主题、使命任务高度统一，彰显了当前和未来时期国有企业改革要聚焦和围绕"一个主题"和"中心任务"的理论特色、实践特色、时代特色。二是要注意把握"两个坐标系"。这"两个坐标系"是"构建高水平社会主义市场经济体制"和"加快构建新发展格局，着力推进高质量发展"。这"两个坐标系"相互关联、内在统一，分别标定了当前和未来时期全面深化国有企业改革的"体制机制坐标""目标任务坐标"，表明深化国有企业改革是在“体制”与“制度”下的行动，既要坚持和完善社会主义基本经济制度，又要推动构建高水平社会主义市场经济体制，还要聚焦服务加快构建新发展格局、着力推进高质量发展的首要任务和目标任务。三是要注意把握“八个变化趋势”。“八个变化趋势”是：在改革口径上，国资国企改革进入深化阶段，把“国资”改革放在前面；在改革理论上，实现国有资本和国有企业做强做优做大的统一平衡；在改革活力上，完善中国特色现代企业制度成为激发国有企业活力的重要基础；在改革途径上，加快国有经济布局优化、结构调整成为重要任务；在改革目标上，以提升核心竞争力和增强核心功能作为衡量国有企业做强做优做大的标准；在改革短板上，大力弘扬企业家精神，以期国资国企改革的弱项得到强化；在改革阶段上，世界一流企业由“培育”转入“加快建设”阶段；在改革领导与保障上，国有企业、金融企业、混合所有制企业党建将继续加强。

三、深化国有企业改革的行动方案

我国国有企业改革是在党的领导下有组织、有计划、有步骤地持续推进的系统工程。理解把握当前和未来时期我国国有企业改革发展的理论和实践，需要深刻理解我国国有企业改革的指导文件和行动方案。新时代我国国有企业改革是在 2013 年 11 月《中共中央关于全面深化改革若干重大问题的决定》、2015 年 8 月《中共中央、国务院关于深化国有企业改革的指导意见》、2020 年 6 月《国有企业改革三年行动方案（2020—2022 年）》的指导下进行的。当前和未来一个时期，我国国有企业改革在完成三年行动的基础上，将按照党的二十大战略部署和《国有企业改革深化提升行动方案（2023—2025 年）》有领导、有组织、有计划地持续推进。

《国有企业改革深化提升行动方案（2023—2025 年）》（以下简称《方案》）贯彻习近平总书记关于国有企业改革发展和党的建设等重要论述精神，落实党的二十大报告关于国有企业改革的战略部署，是在新时代新征程的特定世情、国情背景下提出的。一是国际环境严峻复杂，世界经济走势不容乐观。二是连续三年的疫情使得国计民生、社会服务的功能越来越突出。三是经济风险增加，使得现代化产业体系与经济安全越发突出。四是经济低迷的形势对科技自立自强、统筹各种所有制共同发展提出新的要求。五是党的二十大“全面建设社会主义现代化国家”主题的确定对国有企业改革目标的确定起决定性作用。

在此背景下，《方案》强调，以服务国家战略为导向，以提高核心竞争力和增强核心功能为重点，扎实推进国有企业改革深化提升行动，坚定不移做强做优做大国有企业，切实发挥国有经济主导作用，为构建新发展格局、推动高质量发展、推进中国式现代化作出更大贡献。[①] 以服务国家战略为导向，表明新一轮国有企业改革的总要求和首要功能是为国家服务，即国家需要什么，国资央企就要坚定地往什么方向发力；以服务国家战略为导向，点明了新一轮国有企业改革“服务国之所需”的核心功能和价值追求，意味

① 新华社．围绕国之所需聚焦重点攻坚扎实推进国有企业改革深化提升行动．人民日报，2023－07－19（4）．

着国有企业的属性由经济属性转变为融经济属性、社会属性、政治属性为一体的国家战略属性，意味着国有企业改革的思维由“大企业思维”转变为“国家思维”。以提高核心竞争力和增强核心功能为重点，这是新一轮国有企业改革的重点。提高核心竞争力就是要提高国有企业高水平的人力资本、领先业内的核心技术、不竭的创新动力、突出的管理能力、稳固的营销网络、良好的品牌形象、有魅力的顾客服务、产生强大影响力的企业文化等竞争力。增强核心功能就是要增强国有企业提供公共产品和服务、扎实推动共同富裕、强化原始创新能力、主导国民经济命脉、保障经济社会安全的功能。以提高核心竞争力和增强核心功能为重点，意味着国有企业改革要以提升核心竞争力作为存在发展的物质基础和条件，以增强核心功能作为存在发展的价值和意义；意味着要对标世界一流企业，在科技、效率、人才、品牌等方面下功夫，持续提高创新能力和价值创造能力。坚定不移做强做优做大国有企业，这是新一轮国有企业改革发展的总目标，既客观理性表明国有企业改革发展与世界一流企业相比还存在较大差距，也表明党和政府推进国有企业改革的目标方向和坚定态度；表明既要坚定不移地做大，更要意志坚定地做强做优，而且要把做强做优放在前列，将做强做优做大三者有机统一起来；表明国有企业改革要担当起更好服务实现高水平科技自立自强、更好服务建设现代化产业体系、更好服务保障国家战略安全的使命责任。总之，新一轮国有企业改革方案具有“主题转变性、使命决定性、政策延续性、结果导向性、改革聚焦性”的特征①，体现了新时代新征程我们党关于国有企业改革思想上的最新认识成果。

复习与思考

一、名词解释

条块分割　“三阶段论”　核心竞争力　两个坐标系　改革目标

二、简答题

1. 国有企业改革的重大意义何在？
2. 简述国有企业改革的历程和经验。

三、论述题

试述新时代新征程深化国有企业改革的方向。

四、讨论题

讨论推动国有企业高质量发展的对策。

延伸阅读

1. 国务院国资委改革办．改革样本：国企改革“双百行动”案例集．北京：机械工业出版社，2020.

---

① 李锦．新一轮国企改革背景、内涵、特征与前景分析：全国国有企业改革深化提升行动动员部署会精神解读．企业家日报，2023-08-15(3).

2. 国务院国资委研究中心．中央企业改革发展研究Ⅱ．北京：中国经济出版社，2022.

即测即评

扫描二维码可在线自测并查看答案。

第 20 章

经济波动中的通货膨胀与失业

现代市场经济的运行呈现出周期性波动的特征，社会主义市场经济也不例外。在宏观经济学中，有关经济周期的内容十分丰富，主要包括经济周期的分类、成因、表现形式和应对政策等。研究社会主义市场经济的周期性波动，应当在借鉴这些理论成果的基础上，结合中国的实践经验，重点关注与经济周期相伴而生的通货膨胀和失业问题。

第 1 节　经济的周期性波动

从宏观层面来看，国民经济总是在波动中趋于增长的，而这种波动是周期性的。宏观经济的周期性波动，表现为经济增长率、供需关系、物价水平等一系列指标的周期性波动。经济波动是市场机制在资源配置中发挥决定性作用的表现，但过于频繁和剧烈的经济波动，会造成资源的巨大浪费，给社会带来巨大的阵痛。因此，需要政府进行适度干预，通过宏观调控，减缓经济波动，努力实现平衡供需总量、稳定经济增长、保障充分就业，以及稳定物价和平衡国际收支等目标。

一、经济周期的内涵与阶段

经济周期一般是指经济活动沿着经济发展的总体趋势所经历的有规律的扩张和收缩，通常表现为国民收入、经济增长率、物价水平和失业率等宏观经济指标的周期性变化。理解这一范畴需要把握三点：第一，经济周期的中心是国民收入的波动，这种波动引起失业率、物价水平、利率、对外贸易等的波动。第二，经济周期是经济运行中不可避免的波动。第三，每个经济周期并不完全相同，但每个周期都是繁荣与萧条的交替。

经济周期可以分为两个阶段：扩张阶段与收缩阶段。收缩阶段的振幅可能是收敛性的、发散性的或稳定性的。更细一些，可把经济周期分为四个阶段：繁荣、衰退、萧条、复苏。其中，繁荣与萧条是两个主要阶段，衰退与复苏是两个过渡性阶段。

在图 20－1 中，纵轴 Y 代表国民收入，横轴 t 代表时间（年份），向右上方倾斜的直线 N 代表经济增长趋势。经济增长的实际轨迹是一条波动的曲线。其中，A 为顶峰，A—B 为衰退，B—C 为萧条，C 为谷底，C—D 为复苏，D—E 为繁荣，E 为顶峰，A—E 即为一个周期。A—C 为衰退与萧条即收缩阶段，C—E 为复苏和繁荣即扩张阶段，收缩阶段总的经济趋势是下降，扩张阶段总的经济趋势是上升。

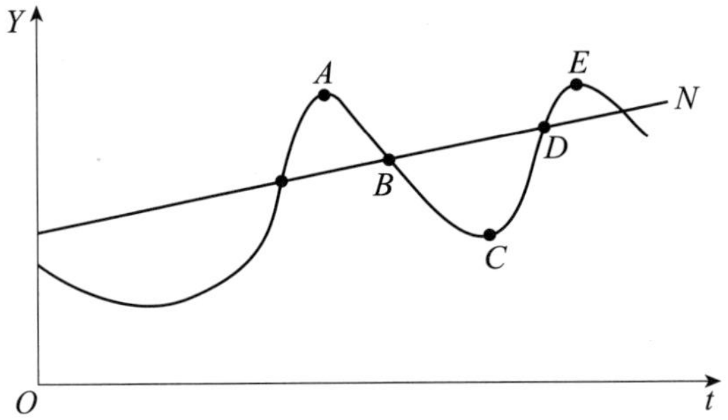

图 20－1　经济周期的四个阶段

图 20－1 表明，经济增长不是一个线性过程，而是一个非线性过程；经济增长率虽有起伏波动，但是经济总量一般来说是逐步扩大的，经济增长趋势是向上的。

经济周期四个阶段的特点如下：

（1）繁荣阶段。经济增长率高于正常水平，具体特征为：生产不断增加，投资增加，信用扩张，物价上升，失业率急剧下降，公众对未来预期乐观。繁荣的最高点称为顶峰，在该点，就业与产量水平达到最高，但股票与商品的价格开始下跌，存货水平高。这是繁荣的极盛时期，也预示着繁荣即将结束。

（2）衰退阶段。这是从繁荣到萧条的过渡性阶段，其特征是生产过剩，产量缩减，投资减少，信用收缩，价格下跌，失业者增加，企业破产率上升。

（3）萧条阶段。经济增长率低于正常水平，具体特征为：生产停滞，投资减少，信用收缩，价格水平下跌，失业者众多，企业破产率很高，公众对未来预期悲观。萧条的最低点是谷底，这时就业与产量跌至最低，但股票与商品的价格开始回升，存货逐渐减少。这是萧条的最严重时期，也是转向复苏的开始。

（4）复苏阶段。这是从萧条到繁荣的过渡性阶段，其特征是生产持续恢复，投资开始增长，市场逐渐活跃，信用扩大，物价开始回升，资本周转加快，就业人数增加；但主要指标仍未达到正常水平。

根据经济统计资料和经济周期不同阶段的特点，就可以确定经济正处于周期的哪一个阶段，以便采用相应的调控政策。

二、经济周期的分类

根据时间长短，可以把经济周期分为短周期、中周期、中长周期、长周期四种类型。

1. 基钦周期：短周期

1923年，美国经济学家基钦在《经济因素中的周期与趋势》一文中研究了1890—1922年英国与美国的物价、银行结算、利率等指标，认为经济周期实际上有主要周期与次要周期两种。主要周期即中周期，次要周期为3～4年的短周期，又称基钦周期。汉森根据统计资料计算出美国1807—1937年间共有37个基钦周期，其平均长度为3.51年。

2. 朱格拉周期：中周期

1861年，法国经济学家朱格拉在《论法国、英国和美国的商业危机及其发生周期》一书中提出，中周期的三个连续阶段（繁荣、危机、清算）反复出现形成周期现象。他对较长时期的工业经济周期进行了研究，并根据生产、就业人数、物价等指标，确定平均每一个经济周期为9～10年。美国经济学家汉森把这种周期称为“主要经济周期”，并根据统计资料计算出美国1795—1937年间共有17个这样的周期，其平均长度为8.35年。

3. 康德拉季耶夫周期：长周期

1925年，俄国经济学家康德拉季耶夫在《经济生活中的长波》中，研究了美国、英国、法国和其他一些国家长期的时间序列资料，认为资本主义社会有一种为期50～60年、平均长度54年左右的长周期波动，又称康德拉季耶夫周期。康德拉季耶夫根据对美国、英国、法国100多年内批发物价指数、利率、工资率、对外贸易量、煤铁产量与消耗量等的变动，认为18世纪末以来，资本主义经济经历了3个长周期：第一个长周期为1789—1849年，共60年；第二个长周期为1849—1896年，共47年；第三个周期从1896年起，1920年以后进入下降时期。研究长周期的理论被称为“长波理论”。

4. 库兹涅茨周期：另一种长周期

1930年，美国经济学家库兹涅茨在《生产和价格的长期运动》中提出，存在一种平均长度为20年左右的经济周期，这也是一种长周期，被称为库兹涅茨周期或建筑业周期。这种周期与人口增长所引起的建筑业增长和衰退相关，是由建筑业的周期性变动引起的。

5. 熊彼特周期：一种综合

美籍奥地利政治经济学家熊彼特在1939年出版的《经济周期》一书中，对基钦周期、朱格拉周期和康德拉季耶夫周期进行了综合分析。熊彼特认为，每一个长周期包括6个中周期，每一个中周期包括3个短周期，短周期约为40个月，中周期为9～10年，长周期为48～60年。他以历史上的重大创新为依据，划分了资本主义经济的3个长周期：第一个长周期从18世纪80年代到1842年，是“产业革命时期”；第二个长周期为1842—1897年，是“蒸汽和钢铁时期”；第三个长周期从1897年开始，是“电气、化学和汽车时期”。在每个长周期中仍有中等创新所引起的波动，这就形成了若干中周期。在每个中周期中还有小创新所引起的波动，这就形成了若干短周期。

第2节　通货膨胀和通货紧缩

通货膨胀与通货紧缩是伴随经济周期性波动而出现的经济现象，是影响国民经济持续健康发展的重要因素。现代市场经济国家都毫无例外地把抑制通货膨胀、消除通货紧缩作为宏观调控的重要目标。本节主要分析通货膨胀与通货紧缩的内涵、危害及成因，并简述治理通货膨胀与通货紧缩的政策措施。

一、通货膨胀

1. 通货膨胀的内涵和衡量

通货膨胀是指物价水平普遍而持续的上升，它是由货币贬值引起的。这一概念包括三层含义：第一，通货膨胀是一种货币现象，其本质是流通中的货币量超过了客观需要的货币量，从而导致货币贬值，物价上涨；第二，通货膨胀不是一种商品或一个地区的某些商品的价格上升，而是物价总水平的上升；第三，通货膨胀不是一时或偶然的物价水平的上升，而是物价总水平在较长时间内持续不断的上升。

通常用价格指数衡量通货膨胀。价格指数是反映一定时期内价格水平变动程度的经济指标。在宏观经济学中，衡量通货膨胀的价格指数一般有三种：

（1）消费者价格指数（consumer price index，CPI）。CPI 又称居民消费价格指数，是反映一定时期内城乡居民所购买的生活消费品价格和服务项目价格变动趋势的相对数，通过城市居民消费价格指数和农民消费价格指数综合计算得出。该指数的变化直接反映城乡居民消费支出的变动情况，是制定宏观经济政策的重要依据。

我国国家统计局发布的 CPI，通常涵盖全国城乡居民生活消费的食品烟酒、衣着、居住（房租）、生活用品及服务、交通和通信、教育文化和娱乐、医疗保健、其他用品和服务 8 大类、262 个基本分类的商品与服务价格。计算 CPI 时，要特别注意每一种样本商品的权重。如果两种商品的价格变化幅度相同，但赋予的权重不同，则对 CPI 的影响也不同。

CPI 的计算公式是：

$$\text{CPI}=\frac{\text{一组固定商品按当期价格计算的价值}}{\text{一组固定商品按基期价格计算的价值}}\times 100\%$$

通常用 CPI 的变化来表示通货膨胀率。

（2）生产者价格指数（producer price index，PPI）。PPI 是衡量工业企业产品出厂价格变动趋势和变动程度的指数，是反映某一时期生产领域价格变动情况的重要经济指标。由于企业最终把它们的费用以更高的消费价格的形式转移给消费者，因而通常认为，PPI 的变动对预测消费价格指数的变动是有用的。

（3）国内生产总值（GDP）折算指数。是指名义 GDP（用生产商品和服务的当期价格计算得出）和实际 GDP（用基期价格计算得出）的比率。其计算公式为：

$$\text{GDP 折算指数}=\frac{\text{名义 GDP}}{\text{实际 GDP}}\times 100\%$$

2. 通货膨胀的成因

按照通货膨胀的成因，可以将其分为以下四种：

（1）需求拉动的通货膨胀。是指总需求超过总供给能力所引发的通货膨胀。由于总需求超过了总供给，即“太多的货币追逐太少的商品”，致使物价普遍而持续地上涨，形成了通货膨胀。凯恩斯认为，当经济中实现了充分就业时，表明资源已得到充分利用，此时如果总需求继续增加，闲置的机器设备已全部投入使用，过度的需求只会引起物价上涨，产出无法相应增加。事实上，即使未实现充分就业，总需求在短期内过快增长，超过了总供给的增长，也会引发通货膨胀。

（2）成本推进的通货膨胀。是指由于工资等生产要素价格的上升所引发的通货膨胀。有的经济学家认为，通货膨胀的根源在成本或供给方面。如果生产要素价格普遍上涨，生产者便力图提高物价，于是就引发了物价水平普遍而持续的上升，这就是成本推进的通货膨胀。

成本推进的通货膨胀，又可根据其具体成因划分为以下几种：

一是工资成本推进的通货膨胀。工资作为成本的主要组成部分，它的提高会使生产成本增加，从而使产品价格上升。通常情况下，工资增长率超过劳动生产率增长率，会导致生产成本增加，最终引起物价上涨，形成通货膨胀。这种通货膨胀一旦开始，便会形成“工资—物价螺旋式上升”，工资与物价不断相互推动，最终形成严重通货膨胀。

二是利润推进的通货膨胀。正如工资是劳动要素的报酬一样，资本家的利润就是企业家才能这种生产要素的报酬，也是一种生产成本。垄断企业利用垄断优势操纵产品价格，将利润抬高到正常利润之上，从而使商品价格以快于成本增加的幅度上升。尤其是当工资增加时，垄断厂商以此为由大幅度提高产品价格，追求更大利润，从而使物价水平普遍而持续地上升，形成利润推进的通货膨胀。

三是进口成本推进的通货膨胀。当进口的重要原材料和燃料（特别是石油）价格提高时，国内产品价格就会随之上涨，这样引发的通货膨胀就是进口成本推进的通货膨胀。

（3）供求混合推进的通货膨胀。现实中的通货膨胀，既不是单纯由需求引起的，也不是单纯由供给引起的，而是需求拉动和成本推进交织在一起引起的。一方面，通货膨胀可能是从过度需求开始的。过度需求的出现会使物价提高，而物价提高又会使工资提高，即生产成本提高，从而引起物价的更大幅度提高，形成通货膨胀。另一方面，通货膨胀也可能是从成本提高开始的，即成本增加引起物价上涨。如果没有总需求的相应增加，工资的上升最终会减少生产，增加失业，从而使成本推进的通货膨胀停止。只有在成本推进的同时又有总需求的增加，通货膨胀才能持续下去。

（4）结构性通货膨胀。即使整个经济中的总需求和总供给处于平衡状态，但由于经济结构的变动，也会引起一般物价水平的持续上涨，这就是结构性通货膨胀。结构性通货膨胀分为两种情况：由个别关键性商品的供求比例失调引起的通货膨胀和由经济部门发展不平衡引起的通货膨胀。

前一种情况是指在社会总需求与总供给并没有显著变化的条件下，个别关键性商品（如石油、粮食、金属材料等）供不应求引起价格上涨，从而增加了成本，促使商品价格普遍上涨，引发通货膨胀。在后一种情况下，国民经济各部门可分为劳动生产率增长较快的扩展部门和劳动生产率出现停滞甚至下降的衰退部门，为了追求公平，各部门的工人要求在工资报酬方面一视同仁。当扩展部门的劳动生产率提高以后，工人的工资率相应地上升。这时，衰退部门的工人也要求提高工资，并以罢工相威胁。衰退部门的企业不得不提高工人工资。这就使整个社会的工资增长率超过劳动生产率增长率，从而引起了通货膨胀。

3. 通货膨胀的经济效应

一般来说，通货膨胀的经济效应主要有两个：产出效应和分配效应。

（1）产出效应。通货膨胀的产出效应是指其对经济产出水平的影响。通货膨胀对产出水平的影响包括以下三种情况：

①需求拉动的通货膨胀促进产出水平的提高。需求拉动的温和的通货膨胀对产出和就业有刺激作用。如果社会总需求增加，供给难以及时增长，就会造成一定程度的需求拉动的通货膨胀，产品价格会比工资上涨得早，使企业利润增加，从而刺激生产，达到增加就业岗位、提高产出水平的效果。

②成本推进的通货膨胀导致失业率上升。在原总需求水平下，如果经济实现了充分就业，此时发生成本推进的通货膨胀，物价上涨，则代表原需求水平的货币的购买力下降，实际需求就会减少，实际产出就会下降，从而导致失业率上升。

③恶性通货膨胀会导致经济崩溃。通货膨胀通过以下作用对经济产出造成消极影响：第一，通货膨胀降低储蓄率。在通货膨胀背景下，人们为了避免自己的储蓄和收入贬值，就会增加即期消费，减少储蓄，甚至会出现挤兑现象和抢购风潮。第二，通货膨胀影响企业投资。通货膨胀导致生活成本上升，劳动者要求提高工资，企业的经营成本上升，增加投资的积极性就会减弱。第三，恶性通货膨胀可能导致经济崩溃。爆发恶性通货膨胀时，社会公众对经济前景丧失信心，货币丧失信用，不能执行它作为交换手段和贮藏手段的职能。此时，商品买卖、经济合同的签订和履行、企业经济核算以及银行的结算和信贷活动等都无法正常进行。

（2）分配效应。通货膨胀的分配效应是指其对社会收入分配的影响。这种影响总是对一部分人有利，而对另一部分人有损。具体分析，有下列几种情况：

①通货膨胀有利于货币收入相对灵活的人，不利于货币收入相对固定的人。收入相对灵活的人往往会“跑赢”物价和生活成本上涨，特别是那些获得利润收入的企业主，他们能从通货膨胀中直接获利。而货币收入相对固定的人，包括领救济金和退休金的人、白领阶层、公共雇员以及靠福利和其他转移支付维持生活的人，其收入相对固定，随着物价上涨，收入的购买力下降，成为通货膨胀的受害者。

②通货膨胀有利于债务人而不利于债权人。具体来说，通货膨胀有损于债权人的利益而使债务人获利，但其前提是借贷双方没有预料到通货膨胀。另外，如果借贷利率高于通货膨胀率，并且高出的一部分等于社会投资的平均利润率，这个效应也不会产生。

③通货膨胀对储蓄者不利。随着物价上涨，存款的实际价值或购买力会下降。那些拥有闲置货币和银行存款的人利益受损。同样，保险金、养老金等货币收入，在出现通货膨胀时其实际价值也会下降。

4. 通货膨胀的治理

通货膨胀的负面效应是显著的，它不仅降低了货币收入的购买力，损害了债权人的利益，而且使价格信号失真、市场秩序混乱，甚至导致经济崩溃。因此，治理通货膨胀是政府宏观经济政策的重要目标。在现实经济中，各类通货膨胀都直接表现为社会总需求超过社会总供给。因此，抑制总需求和刺激总供给是治理通货膨胀的主要措施。

（1）实行紧缩性货币政策。紧缩性货币政策主要是指减少货币供应量和提高实际利率。减少货币供应量有两种选择：一是减少中央银行基础货币投放，包括通过公开市场业务出售政府债券，减少对商业银行的再贴现贷款和其他贷款等；二是降低货币乘数，包括提高法定准备金率等手段。提高实际利率的一个手段是提高中央银行对商业银行的再贴现率，提高对商业银行的抵押贷款和信用贷款的利率。运用紧缩性货币政策控制需求进而控制通货膨胀，可以避免一次性通货膨胀演变为连续性通货膨胀。但这种政策对于缓解成本推进的通货膨胀是无效的。

（2）实行紧缩性财政政策。紧缩性财政政策主要是指缩减政府财政支出和增加税收。政府的财政赤字和社会总需求增长过快是造成通货膨胀的重要原因。因此，要通过缩减政府支出，减少财政赤字，从而减少总需求。同时，还要适当增加政府税收，以减少消费和投资。

（3）实行紧缩性收入政策。当紧缩性财政政策和货币政策对于抑制通货膨胀的作用不明显时，就需要实行紧缩性收入政策。紧缩性收入政策就是国家采取控制工资和物价的办法，抑制社会总需求，防止物价过快上涨。具体来讲，有以下措施：

第一，以自愿为基础的工资-物价指导政策。即政府利用“权威性劝说”或施加压力，引导企业和工人自觉控制工资和产品价格。政府也可以根据生产率增长情况制定“工资-物价指导线”来影响价格。

第二，以税收和其他奖励措施为基础的收入政策。即对工资和价格提高较慢的企业、行业少征税，或给予政府贷款和政府订货等奖励；对工资和价格提高较快的企业、行业多征税，或采取减少政府贷款和政府订货等惩罚性措施。这样就可以缓解结构性因素所导致的通货膨胀。

第三，实行工资-价格管制。由政府强行控制工资和价格，直至冻结工资和物价。这是特殊时期采取的一种特殊手段，也是最猛烈的一种收入政策，其负面影响也最大。

（4）刺激社会总供给增长。增加生产和供给才是治理通货膨胀的根本措施。要增加生产和供给，一方面，必须通过减税等措施提高人们储蓄与投资的积极性；另一方面，政府必须出台相应的财政政策和货币政策，借以稳定物价，保证储蓄与投资的实际收益，增强人们的乐观预期。

二、通货紧缩

通货紧缩是与通货膨胀相对应的一个概念，是指物价水平普遍而持续的下降，它往往与有效需求不足和经济衰退紧密联系在一起。

1. 通货紧缩的含义

通货紧缩作为与通货膨胀相反的经济现象，是指商品和服务价格的持续下降，它是经济衰退的货币表现。通货紧缩通常有三个特征：一是物价持续下降，货币供应量持续减少；二是有效需求严重不足，失业率居高不下；三是经济出现衰退，增长率大幅下降，甚至出现负增长。

通货紧缩通常是在经济衰退的背景下出现的，但这两个概念的含义并不相同。通货紧缩是指价格水平普遍而持续的下降，经济衰退则是指连续两个季度以上的经济负增长。经济衰退必然引起通货紧缩，但是出现通货紧缩并不一定出现经济衰退。

通货紧缩并不是针对货币供给的绝对量和增长速度而言的，它是针对名义货币供给量增速相对于实际货币需求量增速而言的。只要名义货币供给量增长率赶不上实际货币需求量增长率，即表明经济发生了通货紧缩。按照英国《经济学家》的研究结果，如果一个国家的通货膨胀率在1%以下，就说明该国出现了通货紧缩的趋势。

通货膨胀和通货紧缩对经济的影响存在巨大差异。通货膨胀直接使纸币贬值，如果居民的收入没有变化，生活水平就会下降，造成社会经济生活秩序混乱，不利于经济的发展。通货紧缩导致物价下降，在一定程度上对居民生活有好处，但从长远看会严重影响投资者的信心和居民的消费心理，导致恶性的价格竞争，对经济的长期发展和人民的长远利益不利。

2. 通货紧缩的成因

关于通货紧缩的成因，经济学界主要有两种观点，一种是生产过剩论，另一种是有效需求不足论。

生产过剩论主要从供给的角度解释通货紧缩，认为诸如全球化进程加快、技术进步、高投资率等，使生产力有了巨大提高，造成了全球性的产能过剩，从而导致通货膨胀率下降，甚至出现了通货紧缩。

生产过剩论的观点受到了美国经济学家克鲁格曼的抨击。克鲁格曼认为，总供给的增加固然会使商品价格下降，但这种价格变化对经济增长是有利的。然而，除美国以外，发达国家年均经济增长率也降到了 20 世纪 30 年代以来的最低点，并且有进一步恶化的趋势。此外，仅凭生产过剩这一点，还不能解释许多国家如日本、中国等为什么难以通过增加基础货币投放、扩大财政支出等手段刺激总需求，从而保持价格稳定。①

在批评生产过剩论的基础上，克鲁格曼提出了有效需求不足论，以此解释通货紧缩的成因。他认为，通货紧缩的出现是由于某些因素限制了总需求的增加。有效需求不足在不同的国家和不同的时期有不同的社会背景。克鲁格曼以日本为例，从人口学的角度解释了有效需求不足的根源。一方面，日本由于人口出生率逐渐降低，而人均寿命又明显延长，因此老龄化问题日趋严重。加之社会保障制度不够完备，日本民众倾向于增加储蓄，从而导致消费需求不足。另一方面，人口增长缓慢和大量向外移民，使日本劳动力人口迅速减少，从而导致企业预期利润降低，投资意愿下降。克鲁格曼断言，人口老龄化问题将长期制约日本乃至整个欧洲的社会总需求。20 世纪 90 年代，日本经济泡沫破裂，企业投资减少，公众收入降低，又加剧了社会总需求不足的矛盾，酿成了日本的通货紧缩。

当爆发经济危机或经济走向衰退时，居民可支配收入减少以及对经济前景的预期恶

① 柳永明．克鲁格曼通货紧缩理论评述．经济学动态，1999（9）：63－66.

化，居民的消费能力必然会减弱，抑制消费意愿，使得市场总需求水平下降。长此以往，将会出现商品大量过剩，从而倒逼供给企业下调商品价格，形成通货紧缩。无论是 1929—1933 年盛行于西方发达国家的通货紧缩，还是 1997 年东南亚金融危机和 2008 年美国次贷危机引发的通货紧缩，都直接表现为物价水平整体下降，其成因是预期恶化和流通中的货币大幅度减少，以及由此导致的有效需求不足。当经济持续衰退，所有的消费者和企业都产生了悲观预期，消费需求就会减少，企业的投资意愿也会下降，人们不会轻易把手里的资金花出去。这样，货币流通速度变慢，资金普遍紧张，总需求进一步下降，通货紧缩趋势得到强化，经济陷入衰退。

3. 通货紧缩的治理

各国通货紧缩的成因既有相同之处，又有不同之处。在长期同通货膨胀作斗争中，各国都积累了比较丰富的经验，但对于治理通货紧缩，还没有找到比较一致的有效工具。在借鉴克鲁格曼理论合理因素的基础上，结合我国通货紧缩的实际情况，总结出一些治理措施。

（1）实行“通货非膨胀”的货币政策。“通货非膨胀”，是指扩大货币发行量而避免通货膨胀。经济学家在研究通货膨胀与经济增长的关系时，针对通货膨胀有利论与通货膨胀有害论的分歧，提出了折中方案——最优通货膨胀理论。按照这种理论，当通货膨胀低于一定点时，价格水平的上升能够促进经济增长；当通货膨胀超过一定点时，价格水平的上升将阻碍经济增长。只有当通货膨胀处于这一点时，经济增长率达到最大值。美国经济学家刘易斯认为，在经济衰退期增加货币供给量，将会直接刺激消费品和投资品的增加，这是通货膨胀的刺激效应。通货膨胀的目的如果是创造迅速有所收获的生产能力，将带来消费品流通量的增加，从而把价格控制在可接受的水平上，其负面影响将被人均实际消费的提高所抵消。“通货非膨胀”政策，既有别于“适度从紧”政策，也有别于“适度通胀”政策。在通货紧缩的条件下，适度扩大货币发行量，有利于扩大内需的宏观政策发挥作用。

（2）优化财政赤字结构。西方公共财政理论把政府财政赤字分为结构性赤字和周期性赤字。结构性赤字是主动选择的结果，取决于政府可选择的财政政策；周期性赤字是被动的，取决于缓解经济的周期性波动的客观需要。在经济衰退时期，大幅增加周期性赤字，同时控制结构性预算支出，对于释放居民的消费潜力具有重要的意义。

（3）改进汇率机制，实行有管理的浮动汇率制度。在浮动汇率制度下，汇率由外汇市场的供求关系决定，而在固定汇率制度下，汇率由政府根据其政策目标确定。所以，固定汇率制度下的汇率，不能准确反映外汇市场的供求状况。一国本币汇率被高估，将会阻碍本国经济的发展，并引起通货紧缩。因此，为了治理通货紧缩，一国应该实行以外汇市场供求为基础的浮动汇率制度，由外汇市场的供求关系确定汇率，防止本币估值过高引发通货紧缩。

（4）深化供给侧结构性改革。充分发挥创新第一动力作用，持续推动科技创新、制度创新，着力突破供给约束堵点，以自主可控、优质有效的供给满足和创造需求。一是在对外依赖度高、短期难以有外部替代来源，可能出现断供断链的领域，要加快补短板。二是在有需求但未得到有效满足的领域，如优质品牌商品，育幼养老、健康文化等高品质、多样化生活性服务业，研发设计、会计审计等高端生产性服务业，绿色生态产品等，要深化改革扩大开放，尽快优化供给结构。三是适应新一轮科技革命和产业变革大趋势，推动新产业、新技术、新产品、新业态发展，以新供给创造新需求，形成经济发展不竭动力。①

第3节　就业与失业

就业与失业是市场经济运行过程中经常遇到的一对矛盾，也是各国政府宏观调控的重要目标。从微观角度看，劳动者关心的是找一份社会地位高、收入丰厚并且符合个人兴趣的工作，失业对其而言是难以忍受的。从宏观角度看，政府要促进经济持续较快发展，为劳动者创造更多的就业岗位，还要制定各项有利于促进就业的经济政策，尽量减少失业。

一、就业

1. 就业及其影响因素

就业是民生之本。就业是指在一定年龄段内人们从事一定社会劳动并取得劳动报酬或赚取利润的活动。简单地讲，就业就是劳动者有一份工作。美国劳工统计局把就业者分为两种类型：一种是工作中的劳动者，就是正在工作岗位上从事工作的劳动者；另一种是非工作劳动者，就是在职中的请假、休假以及临时无工作的劳动者。

我国官方统计部门在宏观统计中把就业人员分为八类：（1）全部职工，包括在党政机关、社团、事业单位中工作，并取得劳动报酬的全部人员；（2）再就业的离退休人员；（3）私营企业主；（4）个体户；（5）私营和个体从业人员；（6）乡镇企业从业人员；（7）农业从业人员；（8）其他从业人员（包括宗教职业者、现役军人等）。

在一定时期内，一个国家或地区的就业总量主要取决于三个因素：一是经济规模和发展速度。经济规模越大，就业岗位就越多；经济增长速度越快，能够创造的新增就业岗位就越多。二是经济结构。由于不同产业、部门和行业的就业吸纳能力不同，因此，经济结构直接影响就业结构和规模。第三产业的就业吸纳能力明显强于第二产业，劳动密集型行业的就业吸纳能力明显强于资本密集型和知识密集型行业。所以，一个经济体中第三产业所占比重越高、劳动密集型行业所占比重越高，就业规模就越大。三是人口规模和结构。在人口结构一定的情况下，就业规模与人口规模成正比；在人口规模一定的情况下，劳动年龄人口所占比重越大，就业规模就越大。

2. 就业结构和就业效率

研究就业结构，一般从三个角度入手：一是就业的产业结构，即就业总量在第一、

---

① 刘鹤．把实施扩大内需战略同深化供给侧结构性改革有机结合起来．人民日报，2022-11-04（6）．

二、三产业之间的分布，这种分布比例是衡量一个国家或地区就业结构现代化水平的重要标尺。在一个国家或地区的就业整体情况中，第一产业所占的份额越大、第三产业所占的份额越小，意味着该国或地区就业结构的现代化程度越低；相反，第一产业所占比例越小、第三产业所占比例越大，则该国或地区就业结构的现代化程度越高。二是就业的地区结构，即就业总量在不同地区之间的分布，其目的在于了解劳动力在地区之间的流动情况。三是就业的所有制结构，即就业总量在不同所有制单位的分布。此外，还有就业的性别结构等。从国际惯例看，人们比较关注就业的产业结构。

除了考察就业结构外，探讨就业效率也是非常重要的。衡量就业效率的基本指标是劳动生产率，它是指一定时期的劳动投入与经济产出之比。在经济产出一定的条件下，劳动投入越大，劳动生产率越低；劳动投入越小，劳动生产率越高。劳动生产率与劳动投入成反比，与经济产出成正比。

推动就业效率提高的原因，除了市场和体制方面的原因，更重要的是就业人员受教育程度。一般来讲，就业人员受教育程度越高，就业效率就越高，反之则越低。这一点在知识经济社会表现得更为明显。

二、失业及其成因

1. 失业的内涵

按照《现代经济学词典》的解释，失业是指所有未曾受雇，以及正在调往新工作岗位或未能按当时通行的实际工资率找到工作的人。我国通常采用的失业定义为：在统计抽样调查的时期内，有劳动能力的劳动者在一定年龄范围内（16 岁以上及男 60 岁以下、女 55 岁以下）愿意接受现代工资水平与条件积极要求就业，但实际工作时数少于法定工作时数一半的人。这一定义强调了时间因素，打破了城乡界限，与我国的退休制度相一致。

各国对工作年龄的认定标准有所不同。在美国，工作年龄的范围是 16～65 岁，失业人员包括：（1）首次求职者，这部分人是新加入劳动队伍的第一次寻找工作或因患病和劳教等需要重新加入劳动者队伍寻找工作达 4 周以上者；（2）自愿离职者，这部分人是曾属于就业人口，为了寻找条件更好、收入更高的工作而自愿离职，在找工作期间作为失业登记注册的人；（3）再次就业者，这部分人是曾有工作经历，被暂时辞退等待重返工作岗位而连续 7 天未得到工资者；（4）被解雇者，这部分人是曾属于就业人口而被企业解雇、无法返回原工作岗位者。

在我国，在法律规定的工作年龄范围内的人口统称为劳动适龄人口。凡在规定年龄范围之外，已退休、失去工作能力、在校学习或由于某种原因不愿意工作或不积极寻找工作的人均不计入失业人数，也不计入劳动者人数。

2. 失业的成因

对于形成失业的直接原因，经济学家有三种解释：供需失衡论、结构性失业论和技术替代论。供需失衡论认为，劳动力供给的增长超过经济发展对于劳动力需求的增长导致了失业。失业的重要成因在于劳动力供给的增长如移民的大量涌入，使劳动力供给的增加大大超过了劳动岗位的增加。结构性失业论认为，劳动力供给结构不合理会造成失业，即劳动力供给结构不符合经济发展对劳动力需求结构的要求，导致需要高素质劳动力的岗位空缺和低技能劳动力过剩同时并存。技术替代论认为，技术进步是失业的罪魁祸首，失业是由技术进步引起的，技术进步使生产过程的劳动使用量大大减少，消灭了许多传统的岗位，导致失业率上升。

这些理论均有一定道理，比较符合人们的感性认识。但是，如果透过现象看本质，这些论点往往经不起推敲，也不够全面。复旦大学袁志刚教授认为，从本质上说劳动力人口是经济增长的重要因素，劳动力供给增长过快并不一定带来失业，它不是失业的充分条件，甚至不是失业的必要条件；劳动力供给的质量不能适应产业结构的调整，问题的关键在于如何对劳动力的跨产业转移进行再培训，而再培训需要一定的时间，在此期间出现的自愿失业和职业搜寻不是大规模失业存在的根本原因；技术进步对就业所带来的影响是错综复杂的，从直接效应看它确实消灭了传统工作岗位，从补偿效应看它又开辟了许多前所未有的工作岗位。因此，一个国家技术进步显著的时期往往是失业率最低的时期。

实际上，我国的失业问题不是单一因素造成的，而是许多因素共同作用的结果。

（1）计划经济体制向市场经济体制过渡的转轨性失业。在高度集中的计划经济体制下，企业的产、供、销和人、财、物由国家统一调配，考核企业经营好坏的重要经济指标，除了产量和利润外，更重要的是计划就业指标。企业领导者为了完成这一指标不惜牺牲效益，甚至为了个人升迁与企业行政级别的提高，具有强烈的“就业指标饥渴”，这就使传统的国有企业承担了本该由政府承担的失业救济职能，结果是企业员工日益增多，隐性失业问题越来越严重。

随着社会主义市场经济体制的建立和完善，国有企业逐渐摆脱了就业指标的约束，追求利润最大化成为其主要目标，对劳动力的需求取决于劳动力成本和劳动边际生产率的比较。企业为了降低劳动力成本，实现劳动边际生产率与工资相符，相继采取了劳动合同制、优化组合等措施，最终由市场配置劳动力要素。其结果是将那些劳动边际生产率远低于劳动力价格的隐性失业者“滤出”企业，进入市场重新进行配置，从而使隐性失业逐步显性化。

（2）现代工业部门与传统农业部门不对称所导致的二元性失业。刘易斯在 1954 年发表的《劳动无限供给下的经济发展》一文中提出了二元经济模型，用来描述发展中国家现代工业部门和传统农业部门发展不对称问题。在二元经济社会里，现代工业部门经营的目的是获取最大利润，其雇用工人的标准是看劳动力的边际产品价值是否大于通行的工资水平。传统农业部门是低层次的家庭平面垦殖，农民的收入水平远远低于现代工业部门的工资水平。如果劳动者在两个部门之间可以自由流动，并奉行等量劳动获取等量报酬的原则，则会驱动低收入的农民大量向现代工业部门转移，其结果是形成了大量的城市失业人口。

我国是一个发展中国家，劳动力的城乡结构是二元经济在就业结构上的反映。在传统的计划经济体制下，我国采取行政性手段，利用严格的户籍管理制度把农民束缚在土地上，劳动力在城乡的转移处于停滞状态。随着社会主义市场经济体制的逐步建立，大量农民涌入城市就业，为城市建设作出重要贡献①，也使城镇劳动者失业人数增加。

（3）产业结构调整导致的结构性失业。发达国家走过的路程表明，当一个国家的经济处于高速发展阶段时，必然伴随着产业结构的快速调整，夕阳产业不断被淘汰，朝阳产业雨后春笋般涌现出来，这就要求劳动力的供应能够及时做出调整，否则就会出现“失业”与“空位”并存的现象：一方面，社会新兴产业突然崛起，适应该产业的劳动力严重紧缺，存在许多无人做的工作“空位”；另一方面，传统产业由于存量资本的调整对劳动力的需求大幅下降，造成了许多人无工作的“失业”。

从我国的实际情况看，截至2022年末，全国就业人员73 351万人，其中城镇就业人员45 931万人。全国就业人员中，第一产业就业人员占26.1%；第二产业就业人员占27.6%；第三产业就业人员占46.3%。第三产业从业人员就业占比从2014年的40.6%，上升到2022年的46.3%，近8年上升5.7%，第三产业已成为吸纳就业的主力军。但与发达国家相比，我国第三产业仍然比较落后。2019年，英国第三产业就业人数占就业总人数的比重为81%。2020年，美国和日本第三产业就业人数占就业总人数的比重分别为76%、71%。这说明，我国第三产业的发展还有很大的空间。从总体上讲，劳动力供大于求的往往是农业、纺织业这些传统的第一、二产业，而劳动力供不应求的是金融、服务、电子等新兴的第三产业。在产业结构调整过程中，一部分国有企业的职工下岗、失业在所难免，再加上结构改革中“去产能”的影响，也会造成一部分人失业。

（4）经济周期循环波动引起的周期性失业。周期性失业就是由经济周期性波动而引起的失业。自改革开放以来，我国宏观经济基本上每隔4～5年出现一个波动周期。在高速增长阶段，国家放松银根，投资需求和消费需求膨胀，企业生产任务充足，就业人数普遍增加；在经济紧缩阶段，国家紧缩银根，有效需求不足，市场销售疲软，导致企业产品大量积压，压缩生产、减员增效就成为企业的首要选择。从目前情况看，经济新常态下增长率下降，中美贸易摩擦导致外需锐减，产能过剩、需求不足的局面十分严峻。由于国民经济在谷底运行，失业人口的增加已成为事实。

（5）劳动力市场不完善导致的功能性失业。目前，我国劳动力市场虽然有所发展，但远远不能适应市场经济发展的需要，具体表现为：供求信息不对称；劳动力流动不畅；市场区域分割；职介机构不足；就业服务体系不够完善；市场配置效率较低。在劳动力市场不完善的情况下，国有企业已成为劳动力市场的一个盲区，约30%的富余人员仍滞留在企业。面对供过于求的劳动力市场，许多国有企业的中年职工“扎根企业”，因为离开企业就意味着长期失业，故通过各种关系实施就业的内部人控制，规避失业风险，就成为这些人的理性选择。因此，劳动力市场在调节机制上存在的功能性障碍，也是导致“有岗位无人做”“有人无岗位”现象同时出现的重要因素。

---

① 国家统计局公布的数据显示，2022年末，我国城镇常住人口92 071万人，占总人口比重为65.22%，城镇化成就显著。

第 4 节　促进我国高质量充分就业的体制机制

一、失业的二重性

1. 失业既是市场经济的必然产物，又是市场经济高效运行的必要条件

在市场经济条件下，失业是一个必然存在的社会现象。

首先，市场经济是通过价格信号来实现资源配置的，劳动者需要花一定的时间发现和确认适宜的工作以及劳动力价格，还需付出搜寻成本，因此在整个社会范围内总有一部分人在离开自己原来岗位后的一段时间内找不到新的工作。

其次，市场需求的瞬息万变要求企业的生产结构和社会的产业结构随之不断调整，这就必然导致传统产业的萎缩和朝阳产业的兴起，原有劳动力质量难以适应变化了的新形势，加之劳动力供求双方的信息不对称，造成了岗位短缺与失业并存的现象。

最后，失业可以刺激劳动者的工作积极性和学习主动性。在一个社会中，一部分人失业，就会促使在职人员产生职业危机感，从而努力工作。同时，为了保证在激烈的求职竞争中立于不败之地，人们也会勤奋学习，不断提高自身的知识水平和业务技能，这必然有利于整个社会劳动者素质的全面提高，推动社会的全面进步。

基于以上原因，尽管各国政府千方百计降低失业率，但是，让失业率降为零，不仅会强化劳动者的懒惰行为，降低就业效率，而且不利于经济社会的发展，因而一定程度的合理的失业，是现代市场经济所必需的劳动储备和刺激。

2. 失业会使社会和个人都付出高昂的代价

对于劳动者个人来说，失业是一种痛苦，是一个巨大的牺牲。失业意味着不能取得劳动报酬，失业者的经济地位和社会地位可能随之下降，这会对他们的身心造成损害。对社会来说，失业规模过大，不仅会浪费经济资源，而且会对社会造成沉重的负担。失业率过高会带来严重的社会问题，甚至危及社会的稳定和经济的发展。因此，无论从失业者个人及其家庭的角度看，还是从社会和政府的角度看，降低失业率、实现充分就业都是一项十分重要的工作，它是市场经济条件下政府宏观调控的基本目标。

二、实施就业优先战略

民生福祉，就业为本。党的二十大报告提出“实施就业优先战略”，并强调“强化就业优先政策，健全就业促进机制，促进高质量充分就业”。这是党中央牢牢把握我国发展的阶段性特征，根据新形势新任务明确的目标要求。充分就业，就要千方百计创造更多就业机会，扩大就业容量。充分就业又要求是高质量的，就是要增强就业的适配性稳定性，稳步增加劳动者工资性收入，维护劳动者权益，提供更加可靠的社会保障。围绕这一目标要求，习近平总书记在党的二十大报告中对实施就业优先战略的重点任务进行了新的重大部署。

1. 强化就业优先政策，健全就业促进机制

强化就业优先政策，健全就业促进机制，就是要突出经济发展的就业导向，立足我国特殊的资源禀赋，充分发挥人力资源丰富的巨大优势，推动形成高质量发展与就业扩容提质互促共进的良性循环。要坚持目标导向优先，把就业作为经济发展的优先目标，优先发展吸纳就业能力强的行业、产业、企业，促进制造业高质量就业，扩大服务业就业，拓展农业就业空间，支持中小微企业和个体工商户持续稳定发展增加就业，促进数字经济领域就业创业，不断培育就业新的增长极。要坚持宏观政策支持优先，强化财政、货币、投资、消费、产业、区域等政策支持就业的导向，实现与就业政策协同联动。要健全就业影响评估机制，制定实施宏观政策时将对就业量的带动和质的提高作为重要考量，提升重大政策规划、重大工程项目、重大生产力布局对就业的促进作用。要健全监测预警机制，完善就业失业统计监测调查体系，加快构建系统完备、立体化的就业失业监测网络，完善就业统计指标体系和调查统计方法，推进大数据在就业统计监测领域的应用，为宏观决策和制定政策措施提供有力支持。要健全就业目标考核机制，建立促进高质量充分就业的评价体系，纳入经济高质量发展考核体系，充分调动各方面的积极性。

2. 健全就业公共服务体系，进一步提升就业效率

健全就业公共服务体系，就是要着力打造覆盖全民、贯穿全程、辐射全域、便捷高效的全方位就业公共服务体系，提升劳动力市场匹配效率。要完善公共就业服务制度，健全户籍地、常住地、参保地、就业地公共就业服务供给机制，推动公共就业服务向农村延伸，缩小公共就业服务水平和质量在不同区域之间的差距。要加强公共就业服务体系建设，完善街道（乡镇）、社区（村）服务平台，构建覆盖城乡的公共就业服务网络，合理配置公共就业服务机构人员，加强专业化职业化建设。要增强公共就业服务能力，加强公共就业服务标准体系建设，推进信息服务智慧化。构建精准识别、精细分类、专业指导的公共就业服务模式。同时，加快人力资源服务业高质量发展，提高人力资源市场规范化水平，提供更多市场化就业服务供给。

3. 完善重点群体就业支持体系，加强困难群体就业兜底帮扶

完善重点群体就业支持体系，加强困难群体就业兜底帮扶，就是要聚焦高校毕业生等重点群体，坚持市场化社会化就业与政府帮扶相结合，促进多渠道就业创业。要持续做好高校毕业生等青年就业工作，拓宽高校毕业生市场化社会化就业渠道，强化高校毕业生就业服务，加大对离校未就业、困难毕业生帮扶力度，帮助毕业生更好择业、更快就业。为城镇青年创造多样化就业机会，增强城镇青年职业发展能力。要推进农村劳动力转移就业，稳定和扩大农村劳动力外出就业规模，促进农村劳动力就地就近就业，加快农业转移人口市民化，发展带动就业效果好的劳务品牌，稳定脱贫人口就业。要加强退役军人就业保障，改革完善退役军人安置制度，支持退役军人自主就业。要加强困难群体就业兜底帮扶，健全就业援助制度，完善就业困难人员认定办法，对零就业家庭人员、残疾人等困难群体提供“一人一档”“一人一策”精细化服务，扩大公益性岗位托底安置。落实残疾人按比例就业制度。同时，统筹做好下岗失业人员、去产能职工等再就业工作。

4. 统筹城乡就业政策体系，破除妨碍劳动力、人才流动的体制和政策弊端

统筹城乡就业政策体系，破除妨碍劳动力、人才流动的体制和政策弊端，消除影响平等就业的不合理限制和就业歧视，使人人都有通过勤奋劳动实现自身发展的机会，促进劳动者合理有序流动，健全城乡劳动者平等参与市场竞争的就业机制。推进城乡就业服务均等化，推动就业创业政策咨询、就业失业登记、职业介绍等覆盖全体城乡劳动者，实行农民工在就业地平等享受就业服务政策，营造城乡一体化公平就业环境。畅通劳动者社会性流动渠道。深化劳动力要素市场化配置改革，同步推进户籍制度、用人制度、档案服务改革，加快破除妨碍劳动者市场化配置和自由流动的障碍，形成合理、公正、畅通、有序的社会性流动格局。努力消除就业歧视。逐步消除性别、户籍、身份等各类影响平等就业的不合理限制或就业歧视，增强劳动力市场包容性。保障妇女在就业创业、技能培训、劳动报酬、职业健康与安全等方面的权益。

5. 健全终身职业技能培训制度，推动解决结构性就业矛盾

健全终身职业技能培训制度，推动解决结构性就业矛盾，就是要加快提升劳动者技能素质，更好适应市场需求和经济社会高质量发展需要。健全终身职业技能培训制度，完善职业技能培训政策体系，开展常态化大规模多层次职业技能培训，稳步扩大针对不同群体的培训规模，支持企业开展职工在岗培训，突出技能人才培训、急需紧缺人才培训、转岗转业培训、储备技能培训、通用职业素质培训。完善职业技能竞赛体系。要多元化推进职业技能培训供给，构建以公共实训基地、职业院校、技工院校、职业技能培训机构和行业企业为主的多元培训载体，充分发挥企业职业技能培训主体作用和院校培训资源优势，健全职业技能培训共建共享机制。要提升职业技能培训质量，引导培训资源向市场急需、企业生产必需等领域集中，规范开展订单式培训，健全培训监督评价考核机制，增强培训针对性和实效性。要完善技能人才培养、使用、评价和激励机制，推进职业资格制度改革，完善职业技能等级制度，推行社会化职业技能等级认定，畅通技能人才职业发展通道，完善技能人才薪酬、表彰等激励政策。要提高劳动者职业素养。大力弘扬劳模精神劳动精神工匠精神，营造劳动光荣的社会风尚和精益求精的敬业风气。加强职业道德教育，引导劳动者树立正确的人生观价值观就业观，培养敬业精神和工作责任意识。

6. 完善促进创业带动就业的保障制度，支持和规范发展新就业形态

完善促进创业带动就业的保障制度，支持和规范发展新就业形态，就是要营造有利于创新创业创造的良好发展环境，激发市场活力和社会创造力，培育接续有力的就业新动能，放大就业倍增效应。要不断优化创业环境，深化创业领域“放管服”改革，实施全国统一的市场准入负面清单制度，提升企业开办标准化规范化便利化水平，持续优化营商环境。要加强创业政策支持，加大对初创实体支持力度，进一步降低创业成本，提升初创企业持续发展能力。提供场地支持、租金减免、税收优惠、创业补贴等政策扶持。加强培训学习、创业实践、咨询指导、跟踪帮扶，打造全生态、专业化、多层次的创业服务体系。要激发劳动者创业积极性主动性，培育农村创业创新带头人，支持大学生创业，支持留学人员回国创业，鼓励引导有创业意愿和创业能力的农民工、大学生、退役军人等人员返乡入乡创业。要支持和规范发展新就业形态，加快发展数字经济，催生更多新产业新业态新商业模式，培育多元化多层次就业需求，带动更多劳动者依托平台就业创业。打造就业容量大的数字产业集群，推进传统线下业态数字化转型赋能，创造更多数字经济领域就业机会。健全职业分类动态调整机制，持续开发新职业，发布新职业标准。

7. 健全劳动法律法规，健全劳动关系协商协调机制，完善劳动者权益保障制度

健全劳动法律法规，健全劳动关系协商协调机制，完善劳动者权益保障制度，加强灵活就业和新就业形态劳动者权益保障，就是要优化劳动者就业环境，提升劳动者收入和权益保障水平。要完善政府、工会、企业共同参与的协商协调机制，健全劳动法律法规体系，完善劳动关系工作体制，深入推进和谐劳动关系创建活动，构建规范有序、公正合理、互利共赢、和谐稳定的中国特色和谐劳动关系。要改善劳动者就业条件，健全工资决定、合理增长和支付保障机制，完善最低工资标准调整机制，增加劳动者特别是一线劳动者劳动报酬。要维护劳动者合法权益，加强劳动争议调处，强化劳动保障监察执法，加强对劳动密集型企业、中小微企业用工指导，依法查处招聘过程中的虚假、欺诈现象，强化劳务派遣用工监管，督促企业落实工时、休息休假等劳动标准，完善欠薪治理长效机制。要加强劳动者社会保障，持续推进全民参保计划，稳步提高社会保险统筹层次和待遇水平。完善全国统一的社会保险公共服务平台，优化社会保险关系转移接续。要加强灵活就业和新就业形态劳动者权益保障。加快落实维护新就业形态劳动者劳动权益保障的政策措施，建立完善适应灵活就业和新就业形态的劳动权益保障制度，提高灵活就业人员和新就业形态劳动者社会保障水平。规范平台企业用工，明确平台企业劳动保护责任。①

复习与思考

一、名词解释

经济周期	通货膨胀	价格指数	消费者价格指数
通货紧缩	经济衰退	就业	失业

二、简答题

1. 经济周期各个阶段的特点是什么？
2. 通货膨胀的成因有哪些？
3. 如何治理通货紧缩？
4. 我国失业的主要成因是什么？

三、论述题

试述在社会主义市场经济条件下如何实施就业优先战略。

四、讨论题

讨论当代大学生如何避免毕业即失业。

---

① 张纪南．实施就业优先战略（认真学习宣传贯彻党的二十大精神）．人民日报，2022-12-30（9）．

延伸阅读

1. 保罗·萨缪尔森，威廉·诺德豪斯．萨缪尔森谈失业与通货膨胀．北京：商务印书馆，2012.

2. 曾湘泉．劳动经济学．3版．上海：复旦大学出版社，2019.

即测即评

扫描二维码可在线自测并查看答案。

第21章

经济全球化和区域经济一体化

经济全球化和区域经济一体化已成为当今世界经济发展的两大基本趋势。二者使世界经济在趋于融合的同时，又不断地以一些地区为核心进行聚合，对世界经济的发展产生了多方面的影响。

第1节　经济全球化

一、经济全球化的内涵

对于经济全球化的理解，学者的观点并不统一。经济合作与发展组织（OECD）前首席经济学家奥斯特雷认为，经济全球化主要是指生产要素在全球范围内的广泛流动，实现资源最佳配置的过程。国际货币基金组织（IMF）对经济全球化的定义是："跨国商品及服务贸易与国际资本流动规模和形式的增加，以及技术的广泛迅速传播使世界各国经济的相互依赖性增强。"德国学者卡尔·巴奎指出，对经济全球化的理解是以贸易联系的紧密程度为基准的。根据这个理解，世界出口率越高，跨国贸易额在世界生产中的比重越大，世界经济就越强烈地表现出全球化趋势。

中国社会科学院研究员裘元伦则将经济全球化理论归为三类，即制度论、网络论和传统论。制度论是从制度的角度观察当今的经济全球化；网络论是指经济全球化既是一种状态，又是一种过程，这个过程是网络化的增长；传统论主要是借助国际贸易等一系列重要的经济活动来界定经济全球化的概念和判断其进程。

尽管上述观点对经济全球化现象的表述存在一定差异，但它们的共同点是强调世界各国间经济联系越来越密切这一客观事实。基于此，可以对经济全球化作这样的表述：经济全球化是指随着社会生产力的发展，商品和生产要素跨国界自由流动，资源在全球范围内优化组合。世界各国（地区）的经济更加紧密地联系在一起，成为一个不可分割的有机整体。它的实质是一个以发达国家为主导、以跨国公司的发展为主要途径的世界范围内的产业结构调整过程。

二、经济全球化的成因

第一，生产力的加速发展是经济全球化的根本原因。生产力的加速发展推动市场经济的容量不断扩大和程度不断加深，使生产要素在世界范围内更加自由地流动、更为合理地配置和更为高效地利用，进而要求生产关系及上层建筑在越来越广的范围内进行深刻调整，并提供制度保证，最终形成经济全球化。

第二，市场经济的空前发展是经济全球化的前提。冷战结束后，国际关系已从以军事、政治斗争为主，转向以经济、科技为核心的综合国力的竞争为主。苏联和东欧国家纷纷实行经济转轨，转向市场经济，市场的封闭状况被打破；新型经济合作组织如金砖国家的迅速兴起以及亚洲、非洲和拉美等新兴经济体的迅速崛起，推动了世界统一大市场的融合与发展，对经济全球化起到了巨大的推动作用。

第三，信息技术革命为经济全球化创造了技术条件。20 世纪 90 年代以来，以信息技术革命为中心的高科技迅猛发展。现代信息技术的应用使科技知识作为一种具有极强渗透力的要素，极大地促进了所有经济部门和产业的变革。信息技术革命的突破成为经济全球化的直接推动力。

第四，跨国公司的蓬勃发展是经济全球化的助推器。作为经济全球化的主要行为主体和载体的跨国公司，其活动越来越呈现生产国际化、经营多元化、交易内部化和决策全球化的特点，它将资本、技术和管理合成一体的“组合资源”推广到世界各地，形成全球性生产、交换、分配和消费。

第五，世界多边贸易体制的形成是经济全球化的重要保证。第二次世界大战后，支撑世界贸易扩大的多边贸易制度框架是关税与贸易总协定（GATT）。关税与贸易总协定的宗旨是推进自由贸易、取消差别待遇。1995 年成立的世界贸易组织（WTO）继承和深化了这一原则，并将之扩大到农产品、服装、服务业以及相关的投资和知识产权领域。关税与贸易总协定和世界贸易组织推动的贸易自由化，有利于各国经济活动的全球扩张，为经济全球化提供了制度保证。

第六，各国政府、区域性和国际性组织是经济全球化的协调者。由于经济全球化是世界经济逐渐融合的一个过程，因此它必然要求各国政府、区域性和国际性组织在生产关系方面对这一过程做出相应的调整，对这一过程提供制度性的保证。在世界经贸联系不断加深的条件下，正是由于各国政府、区域性和国际性组织运用其法律约束力及行政管理能力，才促进了经济全球化的发展。

三、经济全球化的基本特征

1. 国际分工发展为全球性的专业化协作生产

第二次世界大战后，生产国际化的规模程度越来越高，使世界分工由过去以资源禀赋、产品为基础的分工或按部门实行的专业化分工，发展到以现代工艺技术和生产要素为基础的专业化分工，分工协作的范围不断扩大到世界各国及地区，使有关国家或地区融入世界性大生产的网络。与此同时，国界概念逐渐模糊，各个国家或地区都是商品生产链条中的一个环节，你中有我，我中有你，各个国家或地区生产出来的许多商品日益成为“世界性的商品”。正如马克思所预言的，“分工的规模已使脱离了本国基地的大工业完全依赖于世界市场、国际交换和国际分工”①。

2. 国际贸易使各国市场间的联系日益紧密

随着社会化大生产的不断发展，市场发展问题成为世界各国必须解决的重要问题，而贸易国际化和自由化是解决这一问题的必由之路。经过国际经济组织和各经济主体几十年的艰苦努力，国际贸易障碍逐步消除，贸易国际化和自由化程度大大提高，规模迅速扩大，品种和范围不断扩展。目前，发达国家许多企业生产的商品和提供的服务中有一半以上是为了满足别国居民消费需要。不仅如此，随着国际贸易手段日益先进，商品和服务标准以及合同样式、贸易制度将逐步统一和规范。在当今世界，任何一国的经济发展都必须超越国界的限制，参与国际分工协作和世界市场竞争角逐，这已经成为一国经济发展的必要前提。同时，各国经济增长与发展对国际贸易的依存度大大提高，使其国内经济容易受到全球经济的影响，因此，各国在制定和实施经济政策时必须充分考虑到世界经济的大环境。

3. 资本加速流动剧烈地影响和改变着世界各国经济

近年来，由于世界各国加速开放资本市场以及网络技术的快速发展，国际资本流动的速度越来越快，流动的规模越来越大。无论是发达国家还是发展中国家，都比过去更加重视吸收外国投资和对外投资。与此同时，外资在证券市场上的投资发展较快，加上各种投资基金和养老保险基金的迅速成长，国际资本市场上形成了巨额游资，进一步加大了资本的流动性。资本流动性加强有力地推进了金融自由化，金融自由化的结果表现为：一是减少了对外资金融机构进入和退出的限制，降低了不同金融业务的“隔离墙”；二是促进了金融行业的整合，银行间、银行与其他金融机构间进行的大规模兼并、收购活动方兴未艾；三是金融市场逐步走向全球化。目前在世界范围内几个主要的证券、期货、外汇等市场中，市场主体、交易对象、交易制度与规则等方面的国别界限越来越模糊，而各国资本市场又以现代通信和网络技术相联系，在时空上相互接续，在价格上相互联动，逐步迈向统一的世界大市场，这势必导致各国政府控制本国金融市场的能力大大减弱。国际资本的高速流动很容易引起一个国家或地区甚至是全球性金融危机与动荡，从而对世界经济产生广泛而深远的影响。

4. 基本生产要素劳动力进入快速流动期

在人类经济发展史上，劳动力流动从来没有出现完全停滞的状态。近现代还出现了两次劳动力大规模、大范围迁徙的现象：一是17世纪欧、亚、非洲大量劳动力不断流向美国；二是第二次世界大战后北非、西亚大量劳动力流入西欧各国。直到20世纪70年

① 马克思恩格斯选集：第1卷．2版．北京：人民出版社，1995：166.

代，西方资本主义国家经济普遍步入“滞胀”时期，对劳动力的需求自然放缓，这些国家才采取了限制移民的措施。进入20世纪90年代，世界经济表现出持续稳定增长的态势，大规模的劳动力流动再次出现。这次流动具有比较明显的“阶梯性”，一些经济发展梯度低的国家和地区向梯度高的国家和地区输出劳工，而专业人才、管理人员和技术工人又从高梯度国家和地区流向低梯度国家和地区。同时，经济发展使复合型人才的需求急剧增加，这些人才在世界各国的经济增长与发展中的作用将会更加明显。

5. 可持续发展逐步成为世界各国经济发展的首要战略

随着经济全球化的趋势越来越快，世界各国面临的全球性经济问题越来越多，诸如资源利用、环境污染、能源危机、人口爆炸、粮食问题等。面对这些问题，有关国际组织和各国政府纷纷提出可持续发展战略，很快得到国际社会的一致认同，中国也提出了坚持走可持续发展道路的战略。2015年10月，在党的十八届五中全会上，习近平总书记首次提出创新、协调、绿色、开放、共享的五大发展理念，并强调：“必须坚持节约资源和保护环境的基本国策，坚定走生产发展、生活富裕、生态良好的文明发展道路，加快建成资源节约型、环境友好型社会，推进美丽中国建设，为全球生态安全作出新贡献。”① 可持续发展战略日益成为世界各国经济发展的首要战略。

四、经济全球化对当代世界经济的重大影响

1. 经济全球化使各国经济的相互依存度进一步提高

随着经济全球化的深入发展，世界各国都将越来越多的产品投入世界市场，并将开拓世界市场作为促进本国经济发展的重要途径。一方面，发达国家间在经济领域的相互渗透异常突出；另一方面，发展中国家与发达国家之间在经济领域的合作也日益增强。目前，不仅发达国家之间在资金、技术和市场上高度融合，而且发达国家与发展中国家间的经济利益也形成了相互渗透、相互依存的局面。

2. 经济全球化推进了各国产业结构调整，促进了世界生产体系的形成

长期以来，旧的国际分工造成发达国家是高新技术的生产和供应国，发展中国家则是农矿产品和初级产品的加工国。新科技革命加快了世界范围内产业结构的梯度转移过程，促进各国产业结构调整不断深化，对经济全球化起到了积极的推动作用。同时，经济全球化又进一步强化了各国产业结构调整，使世界范围内的生产体系日益形成并不断发展。随着发展中国家经济的高速发展以及世界经济全球化进程的加快，国际分工将进一步加深，从而使生产的全球联系日趋紧密、分工日趋细微、协作日趋频繁。

3. 经济全球化推动了世界贸易自由化发展，有助于全球性市场进一步拓展

经济全球化浪潮使得越来越多的国家参与到世界经济循环与交流之中。各国为了充分利用国际劳动分工，发挥本地优势，纷纷宣布实行开放政策，提供优惠的条件，建立

---

① 习近平谈治国理政：第2卷．北京：外文出版社，2017：199.

经济开发区，鼓励外国企业设厂、雇工、加工生产、销售。而世界贸易组织的运转更是把全球贸易推向一个更加法制化、秩序化的阶段。

4. 经济全球化推进了国际大企业间的兼并重组，促使跨国公司调整经营策略

为了在日趋激烈的国际竞争中扩大生产规模，巩固和增加在世界市场的份额，世界著名的跨国公司掀起了一波合并、兼并浪潮。跨国公司的大兼并反过来进一步促进了经济全球化的发展，也导致其调整和改变经营战略。同时，跨国公司越来越注重从全球性的战略目标出发组织其业务活动。具体表现为：不是分散地考虑一时一地的得失，而是以争夺全球市场份额为目标；不是仅考虑本国具有的优势，而是在全球范围内合理地进行资源配置；在经营方式上，更多地采用网络式的组织结构，任用所在国本土管理人员，在需要的国家和地区组织科研和新产品开发活动等，从而进一步推动经济全球化的发展。

五、经济全球化的发展趋势

经济全球化是当代世界最根本的特征，是人类无法回避的客观事实，是科学技术和生产力发展的必然结果。经济全球化作为一种不断深入的进程，其总体趋势已不能逆转。

1. 经济全球化程度不断提高

当前，经济全球化趋势越来越明显，并呈不断加强之势。一是贸易自由化的范围迅速扩大。近年来，贸易自由化已经从传统的商品贸易扩大到技术、金融等服务贸易领域。这就要求加强对世界经济的国际调控，各国之间加强协调与合作。尤其是发达国家与发展中国家及转轨国家，须在国际经济合作和竞争中不断消除利益矛盾，加强经济联合，共同解决经济全球化所面对的问题。二是生产网络化的体系正在逐步形成。传统的国际分工正在演变成为世界性的分工，一个以跨国公司为核心的国际生产体系正在逐步形成。跨国公司内部的产品调拨和资金流动，在世界贸易和国际资金流动中所占的比重越来越大，国际分工无论从内容、形式，还是形成机制上都发生了明显的变化。三是金融国际化的进程正明显加快。随着金融国际化进程的进一步推进，国与国之间的金融相关性进一步增强。除了金融大国政策对世界其他国家的影响外，发展中国家的货币金融政策在将来可能通过区域货币合作安排，在一个地区甚至整个世界产生传递和冲击效应，从而使货币金融政策的相关性越来越朝双向的影响方面发展。

2. 经济全球化形式多种多样

（1）经济活动的全球化。全球经济合作呈现出从双边、多边、区域到全球的多层次互动有序结构。国际合作的南北界限和社会制度差异日益打破，出现了以地域为纽带，在区域内发达国家与发展中国家的合作多于不同区域间经济水平相当的国家合作的趋势。贸易自由化构成经济全球化的重要组成部分，金融国际化进程空前加快，生产的国际一体化格局逐渐形成。

（2）经济观念的全球化。在传统经济观念中，国际贸易和对外经济交往被视为国民经济的补充，更多地服务于国内产业发展。在经济全球化时代，无论是政府、国际组织还是跨国公司都树立了全球性经济视野，都将参与全球市场竞争作为基本经济发展战略。

只有将国家经济利益放在全球范围内来考虑，把本国经济与世界经济、本国市场与全球市场紧密地联系在一起，才能有更大发展机遇和动力。

（3）经济规则的全球化。在经济全球化时代，国家和企业的国际经济活动均被要求在统一的规则内进行，世界经济的运行逐渐向规范化方向发展。世界贸易组织的成立和发展，标志着经济规则的全球化取得了空前突破和制度创新。按照世界贸易组织的规则要求，国家在对外经济活动中必须接受和遵循一系列全球性规范，国内的经济规则也必须逐步与全球规则相适应。

（4）经济信息的全球化。信息全球化主要表现为以信息技术高度发展为依托的传递速度和空间的飞速发展。互联网的普及尤其是移动终端的高速发展，使世界任何国家和地区的有关经济信息都可以在瞬间传播到世界各地，人类正在逐步实现经济信息的共享，过去那种通过经济信息的封锁和垄断获利的现象日益减少，鉴于国家对经济信息控制力的空前削弱，国家的经济政策也变得更加开放和透明。

（5）经济问题的全球化。作为经济全球化的副产品，原先大多存在于国家内部的经济问题和经济灾难也日益向全球范围延伸。除了由国家经济问题向外辐射造成的经济问题全球化，国际社会中还存在诸多全球所有国家都必须共同面对的经济灾难和经济问题，例如消除贫困、可持续发展、环境污染治理、资源短缺、粮食安全、人口老龄化等。全球各国必须共同努力，才有可能解决这些问题。

权威观点　费孝通：经济全球化潮流中的我国文化古训

第 2 节　区域经济一体化

一、区域经济一体化的内涵

目前，国内外学术界尚未形成“区域经济一体化”的统一概念，对此还有“经济区域化”“区域经济集团化”“区域经济合作”等多种称谓，虽然这些称谓观察问题的视角有所不同，但它们指向的核心完全一致。

我们认为，区域经济一体化是指具有共同的经济、政治、军事等利益的国家，由政府引领在经济领域里实行宏观经济政策的协调和国民经济的联合发展，并形成契约性的区域经济集团化组织。在区域经济集团化组织的内部，消除各种生产要素跨国流动的阻碍，商品、劳务、技术、信息及资金可以自由流动，在内部形成统一的大市场。同时，国家通过缔约的方式将部分经济主权让渡给经济一体化组织，从法律上保证跨国自由贸易的顺利进行。

二、区域经济一体化的动因

从根本上讲，区域经济一体化源于各国发展经济、增强综合国力的实际需要。冷战结束后，国家间的军事竞争渐居次要地位，综合国力竞争成为各国内政外交决策的出发点和归宿。在本国的经济技术、人力资源、资金均有限的情况下，加入区域经济集团无疑可以实现资源共享和优势互补，尤其是经济实力较弱、资源匮乏、资金薄弱的国家，可以借助他国的经济强势发展经济，在短期内改变落后局面。

传统的区域经济一体化理论强调对成员的静态收益的影响，主要包括：改善成员的贸易条件，实现规模收益递增，强化竞争，吸引外来投资等。近年来，区域经济合作更多地是寻求动态收益及非经济收益，并因此取得迅速的发展。

（1）世界贸易组织无法满足一部分成员在开放贸易方面的需求，由此导致一些成员撇开国际组织而组建区域经济一体化组织。在多边贸易谈判中无法达成的协定，却经常能够在双边贸易谈判中达成。从这种意义上说，区域经济一体化组织是多边贸易体制的实验场，许多贸易自由化措施都是先在区域经济一体化组织内部实施的。

（2）一些国家把区域经济协定作为增强其市场影响力和规避世界贸易组织关于非歧视性要求的一种手段。它们将区域经济一体化组织当作一种工具，借此实行一些尚未在多边贸易体制中实行的措施，并向贸易伙伴施加压力。

（3）一些国家将区域经济协定作为一种锁定贸易自由化或制度改革进程的机制。保护主义政策的一个主要来源是国内利益集团的压力，区域经济协定有助于限制国内利益集团的压力。在区域经济一体化的环境下，形成寻租利益集团的难度增加，寻租者要想形成利益集团就不得不在整个区域范围内重组。此外，一国加入区域经济一体化组织有助于向外部世界发出一个清晰可靠的信号：本国的贸易自由化体制和改革具有长期的稳定性，并将受到区域经济一体化组织的约束，这对于引进外资极为重要。

（4）保障市场准入。无论何种形式的区域经济协定，都会给非成员构成某种程度的歧视。对于非成员而言，为克服这种负面影响有三种选择：一是加强双边贸易谈判；二是组建新的区域经济一体化组织；三是加入业已存在的区域经济一体化组织。区域经济合作的进一步发展，尤其是大国的参与，在全球范围内产生了一种“多米诺骨牌效应”。欧盟统一大市场和北美自由贸易区的形成，使其他国家对区域经济协定保护主义效应的担忧加剧。为保障市场准入，被排斥在外的国家要么加入已有的区域经济一体化组织，要么组建新的区域经济一体化组织。

（5）影响国际经济规则的制定。经济全球化时代，区域经济一体化组织在国际经济规则制定过程中的作用越来越大。与此同时，规则对国家的约束力越来越强，迫使任何国家都不能再忽视规则的制定过程。由于在一个范围较小的组织内，一国的呼声更容易得到尊重，这种呼声可以通过区域经济一体化组织在全球谈判中得到放大，因此加入区域经济一体化组织有利于维护自身的利益。

（6）非经济因素考虑成为许多区域经济一体化组织产生和发展的原因。区域经济一体化的一个重要收益是有助于改善成员的安全。首先，它有助于改善国内安全；其次，通过组建区域经济一体化组织对抗来自第三国的威胁；最后，安全威胁促使相邻的成员组成区域经济一体化组织。

三、区域经济一体化的特征

（1）区域经济一体化程度有所提高，已有的区域经济一体化组织不断壮大，新建立的区域经济一体化组织不断涌现。这反映出经济力量的新变化和世界经济多元化趋势。20 世纪 80 年代末，亚太经合组织建立；90 年代，北美自由贸易区问世。它们的出现极大地刺激了其他国家成立区域经济一体化组织的愿望。21 世纪的今天，欧盟已从 12 国扩充到 27 国，并完成由统一大市场向经济货币联盟的过渡，一体化程度进一步提高；其他如东南亚国家联盟（简称“东盟”）也正在由关税同盟向共同市场过渡，并提出了经济联盟的计划。当前有越来越多迅速发展的国家和地区，特别是非洲国家和拉美国家正在积极筹建新的区域经济一体化组织。

（2）区域经济一体化突破了由经济发展水平接近或经济结构相同的国家组成的旧模式界限，扩大到经济发展程度或经济结构差异较大的国家。比如，北美自由贸易区就是由经济发达的美国、加拿大和相对落后的墨西哥组成的；欧盟在不断东扩的过程中吸纳了不少经济不甚发达的中东欧国家参加；亚太经合组织也存在类似的情况，美国、加拿大、日本、澳大利亚、新西兰等发达国家与东亚、拉美各国间的差距明显。这些成员之间在经贸方面虽然具有很大的互补性，但也存在明显的不对称性。

（3）冷战结束后，区域经济一体化突破了政治制度和意识形态的束缚。这反映了冷战后经济、科技因素在国际竞争领域的地位与作用显著上升，经济利益成为世界各国优先考虑的主导性因素。比如，中国、日本和韩国筹划已久的东北亚自贸区，中国正在积极倡导的“一带一路”倡议，更加强调合作共赢。不过，意识形态差别虽然已经淡化，但总是客观存在的；不同社会政治制度虽然并行发展，但依然存在对立。

（4）发展中国家组成的区域经济一体化组织不断涌现，已成为发展中国家进行南南合作并参与全球竞争的有效途径。经济全球化给广大发展中国家既带来了加快发展的历史机遇，又带来了严峻的挑战。在全球多边贸易、金融体系中，发展中国家一般处于国际分工的不利地位，但因此不参与国际分工更是死路一条。为了增强自身与发达国家竞争的能力，尽快地完成工业化任务，发展中国家正积极建立和发展区域经济一体化组织，相互取长补短，以便利用集体的力量参与外部的国际竞争。

（5）区域经济一体化开始出现从相对封闭型向自由开放型转变的迹象。典型例子是亚太经合组织。与传统的许多区域经济一体化组织不同，它不具有排他性和歧视性，“开放的区域主义”是其最典型的特征。它的开放性主要表现在两个方面：一是该组织注重多国政府单方面的承诺，而不是一体化组织的制度性安排，表现出极大的灵活性；二是在该组织范围内存在关系较为紧密的次区域经济一体化组织，如东盟。这种开放性的一体化进程，与其他制度性目标明确的一体化安排形成了鲜明的对照。这种性质的一体化与世界经济一体化的发展原则相一致，有可能成为区域经济一体化组织未来的发展方向。

四、区域经济一体化与经济全球化的关系

从本质上讲，区域经济一体化与经济全球化并不矛盾：二者的实质都是商品、劳务、

技术、信息及资金等生产要素超越国界实现一定程度的自由流动，使世界市场在一定程度上联系起来；二者的实现都要靠国家经济主权在一定程度上和一定范围内的让渡。

经济区域化与经济全球化的区别主要在于实施的范围与程度的差异。区域经济一体化组织内部实现的市场自由化程度，通常比经济全球化的多边贸易体制所达到的自由化程度高。例如，欧盟内部不仅形成了生产要素完全自由流动的统一大市场，而且在更加紧密的经济区域欧元区内实现了货币的统一。经济全球化的多边贸易体制最主要的是世界贸易组织规则，它在一定程度上实现了关税的大幅削减和对某些非关税壁垒的限制，相对于区域经济一体化下的贸易自由仍然处于低水平。

经济区域化与经济全球化的联系主要表现在两个方面：一方面，经济全球化作为比经济区域化更高级的经济国际化的表现，在刺激区域经济一体化向最高形式发展的同时，也在不断地冲破与经济区域化相适应的区域经济一体化制度框架。经济区域化所代表的集团利益与全球化所代表的全球利益是存在矛盾的，例如在国际贸易方面，区域经济一体化组织的排他性以及对成员的保护性与经济全球化背景下的世界贸易组织的多边贸易体制就存在隔阂。然而，经济全球化的不断发展是生产力进步的表现，它必然要克服这一矛盾，最终推进全球经济一体化建设。另一方面，经济区域化为经济全球化准备了条件。区域经济合作促进了国际生产的发展和国际分工的形成，在这一基础上必然导致进一步的经济全球化的产生，因为区域经济合作强化了作为经济全球化主体和载体的跨国公司的贸易功能。区域经济合作使集团间的竞争日趋激烈，竞争的结果会改变国际贸易的市场范围，以及国际贸易的市场结构。

总之，经济全球化与区域经济一体化之间的矛盾是存在的，但这种矛盾也使两者相互促进。最终的发展趋势必然是，区域经济一体化在发展过程中实现对自身的否定，经济全球化通过量变的积累和部分的质变促成全面质变的发生，即全球经济一体化。

五、区域经济一体化对当代世界经济的影响

区域经济一体化对世界经济发展的影响具有双重性特征。一方面，区域经济一体化促进了区域内的经济增长。区域经济一体化既可以消除成员之间的贸易壁垒等障碍，为市场容量的扩大和市场的深化创造了有利条件。因为区域内自由贸易在淘汰成员劣质产品的同时，又鼓励扩大再生产其优质产品，这就促进了区域内各成员生产的分工和生产的专业化，每个成员都集中自己的有限资源生产效益最高的产品。生产规模的扩大和产业结构的调整，势必提高规模经济效益，降低成本，从而增强整体竞争力。

另一方面，区域经济一体化促进了国际贸易的发展。第二次世界大战之后，世界经济出现区域经济一体化的趋势，区域性经济联合组织迅速增加，相应的经济贸易政策纷纷出台。欧盟率先实现了成员之间的关税同盟目标，即在同盟内部消除关税壁垒，对外则实行统一的贸易壁垒，到欧洲统一大市场建成后，基本实现了无国界限制的商品、资金、劳务人员的自由流动。北美自由贸易区成立后，也确立了将在 15 年内取消关税壁垒和其他限制，实现商品和劳务自由流通的目标。可以说，区域经济一体化是世界贸易领域竞争的产物，它有力地推动了世界贸易自由化的进程。

与经济全球化相似，区域经济一体化也有其消极影响，主要包括：使发展中国家的经济主权受到冲击和被削弱；在一定程度上加剧了经济发展不平衡；使发展中国家的国内市场受到冲击；等等。

第 3 节　推动经济全球化健康发展

一、推动经济全球化健康发展的时代背景

当前，世界正处于百年未有之大变局，大发展大调整大变革成为时代鲜明特色。以"雅尔塔体系"和"布雷顿森林体系"为标志的第二次世界大战后形成的政治经济体系逐渐瓦解，新一轮科技革命和产业变革加速酝酿，发展中国家和新兴市场国家迅速崛起，国际力量对比发生深刻调整，国际秩序和国际格局深刻变动，经济全球化遭遇逆流，世界和平赤字、发展赤字、治理赤字和安全赤字凸显，世界进入动荡变革期。

（1）世界经济处于新旧动能转换的关键期。当今世界，新一轮科技革命突飞猛进，一些重大原创性科技成果大量涌现，不仅涵盖生命、物质、地球和宇宙科学等领域，还涉及信息、量子、生物、人工智能、制造、新材料、安全、新能源等领域。经济发展传统动力与新兴动力正发生深刻转变，融通新老技术的高精尖技术革命正在加速孕育，各种新产业、新业态、新模式势如破竹，在对全球经济和人类生产生活产生深刻影响的同时，也给世界经济动能带来生机。尤其是人工智能、互联网、大数据等高新技术应用的不断增加，以及信息化、自动化、智能化的不断加快，都对世界经济运行产生重大影响。哪个国家抓住机遇，占领了世界高新技术的顶端，哪个国家就能够在日益激烈的国际竞争中占据优势。各个国家对于掌握高科技先机的争夺尤为激烈，而加强各个国家间的国际创新合作也尤其重要。因此，如何打破局限以及不合理科技合作规则，实现科技、人才和资源的合理化配置也成为重要课题。

（2）国际格局和力量对比深刻调整。2008 年美国次贷危机爆发以来，美国等传统西方国家经济社会发展陷入泥潭。经济不景气又会导致政治社会危机，进而引发各方面的危机。尤其是这些国家出现的产业空心化、人口老龄化、收入差距扩大化更是严重威胁国内经济的恢复与发展，社会矛盾、阶级矛盾、民族种族矛盾等问题不断显现，社会冲突加剧甚至走向对立对抗，发展艰难、后劲不足。新兴市场国家和发展中国家却借助自身独特人口、资源等优势、抓住经济全球化有利条件和机遇实现了群体性崛起和经济腾飞，发展潜力大、韧性强、空间广阔，呈现加速发展态势，这也使得老牌发达国家与发展中国家、新兴市场国家的力量对比正在发生近代以来最具革命性和颠覆性的变化，发展中国家和新兴市场国家国际地位和话语权不断提升。新兴市场国家和发展中国家的经济总量占世界的比重已达 40%左右，对世界经济增长的贡献率已达到 80%，且增长速度要远高于发达国家。两种国际力量对比的深刻调整，也必然推动全球治理体系发生深刻变革。

（3）疫情带来更深刻挑战。受新冠疫情全球大流行的影响，世界大变局加速演进，

各种“黑天鹅”“灰犀牛”等世界经济不稳定、不确定因素不断增多。无论是因疫情带来的经济衰退而诱发的民粹主义、保守主义思潮抬头，意识形态领域斗争日趋激烈，还是疫情导致全球产业链供应链缩短、断裂，致使一些国家把产业链供应链政治化、武器化所引发的逆全球化趋势加剧、国际安全风险点增多，以及公共卫生、生物安全、极端气候等全球共同问题的重要性日益凸显，都深刻印证了以利润最大化为目标的资本全球化难以为继的事实。

（4）全球化进程的冲击。21 世纪以来，经济全球化迅速拓展，各个国家间的交往日渐密切，虽然世界经济在经济全球化的助力下取得重要成效，实现了迅速发展，各参与国也享受到了经济全球化的“红利”，但经济全球化也是把“双刃剑”。在发展进程中，经济全球化不仅无法真正化解全球性贫困、饥饿和安全问题等世界性难题，还可能造成发展红利不均、世界极化现象严重、南北发展鸿沟不断拉大的现象，引发新的世界性难题。近年来，保护主义和经济霸权主义抬头，使国际经济秩序面临巨大风险和挑战。这不仅带来贸易摩擦、汇率波动、货币与金融危机等风险，甚至引发军事摩擦、冲突与战争风险，造成全球性经济动荡、衰退与危机，严重扰乱国际经济秩序和健康发展，冲击全球价值链和国际分工体系，影响世界经济发展和稳定，也一定程度上损害了长期以来经济全球化的积极成果，是推动经济全球化必须坚决反对和阻止的。

阅读扩展　即将到来的全球化 4.0 时代

二、引导和推动经济全球化健康发展的主要举措

虽然经济全球化给发展中国家发展带来了机遇与挑战双重影响，但从总体上看，经济全球化不仅推动了资本、科技、原材料、人才、技术等要素的全球流动与优化配置，促进了世界各国人民交流，还代表了人类社会生产力的发展方向，成为世界经济增长强大推动力量，既符合各国共同利益，也有利于世界文明进步。经济全球化代表了人类社会生产力发展的必然要求和客观规律，是世界经济发展的必然趋势。如果仅仅因为经济全球化发展会给世界经济带来挑战与风险，或使部分国家发展受到冲击就简单否定经济全球化，既不符合事实，也不客观、不辩证。只有顺应世界经济全球化的发展趋势，顺势而为、应势而动，才能始终走在世界经济发展前列，在激烈的国际竞争中立于不败之地。站在人类社会发展的十字路口，我们不仅要发扬历史主动精神，增强历史主动和历史自觉，始终站在历史正确的一边，旗帜鲜明地反对逆全球化和单边主义、保护主义，坚定不移地推进经济全球化进程，还要积极引导经济全球化的宏观走向，在推进中降低其负面影响，着力实现发展机会和权利的公平公正，以及各民族国家的普惠共赢。

第一，构建开放型世界经济，拓展经济全球化的新空间。当今世界是一个相互联系、密不可分的命运共同体，“你中有我，我中有你”是当今世界经济的鲜明特色。由于这种命运与共、福祸相连的紧密关系，在挑战与风险面前，各国只有以共同利益为重，坚持合作共赢、团结协作的理念，相互信任、共同协商，坚持同舟共济、各尽其责的精神，以建设性姿态改革全球经济治理体系，坚持共商共建共享的全球治理观，维护以世界贸

易组织为基石的多边贸易体制，完善全球经济治理规则，抛弃猜忌、质疑、歧视等对立性思维，摒除唯我独尊、损人不利己的狭隘认识，实现大国率先示范、主要经济体以身作则、发展中国家积极作为，才能推动经济全球化朝着更加开放、包容、普惠、平衡、共赢的方向发展，推动建设开放型世界经济。

第二，构建创新型世界经济，培育经济全球化的新动力。创新是引领发展的第一动力，是一个民族进步的灵魂，也是一个国家兴旺发达的不竭源泉。新发展理念中，创新居于首位，“以创新引领发展”集中凸显了创新对于发展的极端重要性。当今时代，新一轮科技革命和产业变革正在酝酿兴起，其本身必将涉及人民生产、生活、工作的各个领域，是一次全方位变革和突破，也必将对人类生产、生活、思维方式和价值观念产生深刻影响。但科技创新只有服务于世界各国才能发挥其强大功能，因此，各国只有顺应科技发展新趋势，积极参与并融入数字化、网络化、智能化发展潮流，打破知识、技术、人才等科技创新要素自由流动的壁垒和封锁、独占的格局，共同探讨建立符合新一轮科技革命和产业变革需要的政策制度体系，促进创新、产业、人才、政策、资金、技术等环节的深度融合，才能使科技创新成果惠及更多国家和人民，才能打破科技鸿沟，让经济全球化获得更大的发展动力。

第三，构建协调型世界经济，推动经济全球化有序运行。“无规矩不成方圆”，推进经济全球化发展离不开合理规则和有效秩序的组织、协调和统筹作用，这也是规避经济全球化弊端和风险、最大限度利用全球化有利条件的应然前提，也是保障其有序、高效和平稳运行的题中之义。毋庸置疑，过去几十年，以联合国为主体，包括国际货币基金组织、世界贸易组织、世界卫生组织等在内的国际组织共同构建的全球治理体系为维护世界和平，促进各国共同发展发挥了重要作用。新时代，在百年未有之大变局下，面对逆全球化、反全球化思潮抬头，单边主义、保护主义和霸权主义盛行的复杂形势，推进经济全球化有序平稳健康发展更需要良好的经济秩序、有序的发展环境、高效的政策调控。对此，秉持共商共建共享原则，本着互利共赢、相互尊重的合作精神，推动全球经济治理体系变革，构建协调型世界经济，是推进经济全球化有序发展的必要前提。

第四，构建共享型世界经济，夯实经济全球化的共赢基础。共享源于共建，体现着公平正义和互利共赢精神。新形势下，要推动经济全球化健康发展，就必须改变原有不合理、不公正、不普惠、不包容的旧秩序，建立公平合理、互利共赢、普惠包容的经济全球化新秩序，这也是实现经济全球化健康、平稳、可持续发展的根本性保障。这就要求各国不仅要坚持公平公正原则，各取所长，实现包容普惠发展，还要落实联合国《2030 年可持续发展议程》，深化相互间合作，寻求发展利益最大公约数，在缩小发展鸿沟、发展赤字的基础上，真正使人民共享经济全球化有益成果。

第五，构建联动型世界经济，夯实经济全球化的合作基础。经济全球化时代，世界各个国家紧密相连、休戚与共，各国发展更是环环相扣。没有哪一个国家可以脱离世界一体化洪流而独善其身。要有效应对经济全球化带来的各种调整和风险，就必须同舟共济、协调合作。据此，推进经济全球化健康发展，就要求世界各国不仅要建立相互间宏观经济政策的沟通与协调机制，促进政策联动，增强正面联动效力，缩减负面效应，强化基础设施的联动，促进全球基础设施互联互通、协同并进，还要在进一步完善全球价值链、供应链的基础上，扩大各方参与，构建全球增长的协作链和共赢链。

复习与思考

一、名词解释

经济全球化　　　　区域经济一体化

二、简答题

1. 经济全球化的成因有哪些？
2. 经济全球化的基本特征是什么？
3. 经济全球化与区域经济一体化的关系如何？
4. 简述区域经济一体化的特征。
5. 区域经济一体化对世界经济发展的主要影响表现在哪些方面？

三、论述题

1. 试述经济全球化对当代世界经济产生的影响。
2. 如何看待区域经济一体化对发展中国家带来的利弊得失？

四、讨论题

在推进东亚经济一体化进程中中国应扮演何种角色？

延伸阅读

1. 阿尔温·托夫勒．第三次浪潮．北京：生活·读书·新知三联书店，1983.
2. 约瑟夫·斯蒂格利茨．让全球化造福全球．北京：中国人民大学出版社，2013.

即测即评

扫描二维码可在线自测并查看答案。

第22章

“反全球化”与“逆全球化”

全球化在当代世界经济社会发展中扮演着越来越重要的角色，客观上要求世界主要经济体确立一种全球化的思维方式。但全球化是一把“双刃剑”，随着全球化不断向纵深发展，全球治理赤字日趋严重，民粹主义升温，新冠疫情与一系列地缘政治因素一起加速了“反全球化”“逆全球化”思潮，使得全球治理更趋复杂，有时甚至是步履维艰。在全球化不可逆转的背景下，我国积极奉行人类命运共同体理念，提出了应对“反全球化”“逆全球化”的中国方案。

第1节 “反全球化”“逆全球化”的诱因及表现

一、当代“反全球化”的诱因及表现

1. 当代“反全球化”的诱因

“反全球化”作为全球化的抵制力量，主要是指一些国家及地区质疑和反对现行全球化的思想、政策和行为的总称。作为一种总体性称谓，“反全球化”既指运动，也指思潮或情绪。全球化作为一把“双刃剑”，在促进世界经济发展的同时，也带来一些负面效应。这些负面效应往往构成了“反全球化”思潮和行动产生的重要诱因。

（1）利益分配不均，贫富两极分化严重。全球化的纵深推进，在加强各国交往的同时，也不可避免地使发达国家与发展中国家以及各国内部的贫富差距拉大。一方面，长期以来，少数发达国家主导着全球化进程，对贸易与竞争规则有着绝对话语权，能够借助更高的劳动生产率在国际交换中获利更多，成为全球化的主要受益者。而一些发展中国家由于发展资金匮乏、技术水平落后、债务负担沉重、贸易条件不利以及在全球化规则制定中的“缺位”，总体上处于被动不利的地位，面对较大的冲击和挑战。在全球化的

驱动下，发达国家与发展中国家的贫富差距进一步扩大，两极化趋势也更为显著。另一方面，尽管发达国家是全球化的推动者和受益者，但全球化也造成了这些国家国内贫富鸿沟不断增大。在发展中国家，贫富差距扩大更为明显，造成社会的严重不平等。而那些利益受损的国家和群体，可能对全球化不满。这也成为“反全球化”的重要原因。

（2）世界经济风险和金融危机加剧。金融全球化是指资本在世界各国各地区自由流动，而使全球金融市场日趋开放、金融体系日益融合的过程。经济全球化，尤其是金融全球化的发展，推动了各国金融市场的开放，使得世界的经济联系和相互依赖不断加深。然而，由于金融资本具有较强趋利性和投机性特征，在有效的全球性经济协调机制没有完全建立起来的情况下，世界上局部国家或地区爆发的金融危机将会迅速蔓延至全球，造成全球经济发展的不稳定性和经济风险增大。20世纪90年代爆发的欧洲货币危机、墨西哥金融危机、亚洲金融危机三次重大金融危机，以及2008年爆发的美国次贷危机都是金融危机全球化的典型案例。国际金融市场出现波动不仅严重影响国家经济发展，也会导致人民生活水平下降、失业率上升等系列社会问题，使国家利益受损。可以说，经济全球化尽管给世界各国的发展带来巨大机遇，但也使得世界经济面临的不确定性和不安全因素越来越多。

（3）生态环境日益恶化。生态环境持续恶化也是造成“反全球化”的重要因素。英国学者赫尔德指出：“尽管环境问题——地方性的、区域性的、全球性的已有着很长的历史，但是，我们可以认为，当代环境退化形式比人类历史上任何其他时候都更具有全球性，而且它们对人类生命造成的一系列危害和威胁具有最重要的历史意义。”① 全球化在推动全球经济发展的同时，也会造成部分国家或地区因加快发展而忽略生态环境保护，导致生态环境持续恶化。一些不计生态环境代价的社会生产，加剧了温室气体和有毒物质的大量排放，造成了资源的过度开采和利用、热带雨林的大面积减少等一系列恶劣后果。同时，一些发达国家根据产业链优化升级的需求，把高污染高耗能产业向发展中国家转移，把危险废弃物和有害垃圾不断出口到发展中国家，加剧了发展中国家的资源短缺和环境污染问题。因此，生态环境的持续恶化也成为“反全球化”思潮和行动兴起的重要诱因。

2. 当代“反全球化”的表现

“反全球化”表现复杂多样，其中，反对主要的国际经济组织、反对野蛮扩张的跨国公司、反对霸权主义构成了其主要表现。

（1）反对主要的国际经济组织。国际货币基金组织、世界银行、世界贸易组织作为当今世界主要的国际经济组织和全球化的支柱，分别管理着世界经济中的货币领域、投资领域和贸易领域，管控着全球化的推进以及全球化规则的制定及践行。在全球化进程中，由于自身的运行和管控问题，三大国际经济组织也造成了一系列消极影响，从而成为反全球化者攻击的重要目标。许多重大国际经济会议尤其是三大国际经济组织召开的国际会议都出现了反全球化者抵制或抗议的身影，其中以“西雅图风暴”最具代表性。

---

① 戴维·赫尔德，等. 全球大变革：全球化时代的政治、经济与文化. 北京：社会科学文献出版社，2001：567.

（2）反对野蛮扩张的跨国公司。随着全球化的推进，跨国公司作为经济全球化的载体和纽带，发挥的作用也越来越重要。然而，随着跨国公司的迅猛发展，其在全球化进程中的消极影响也不断凸显：野蛮扩张不仅给发展中国家的主权安全带来了严峻的挑战，给企业所在地的环境带来极大破坏等，还减少了跨国公司母国的工作岗位和税收，因此，跨国公司引起了各国反全球化势力的不满与极端行为。

（3）反对霸权主义。在全球化进程中，一些国家借机不断推行霸权主义和强权政治，尤其给发展中国家带来严重负面影响，遭到这些国家民众的抵制。这种抵制也成了“反全球化”的重要力量。个别国家为了维护和巩固自身的“霸主”地位，利用自身掌握全球化规则制定权的便利，借助全球化潮流不断推行霸权主义，搞强权政治，奉行“零和博弈”“丛林法则”等二元对立思维，将本国利益凌驾于他国利益之上，给世界日益造成严重后果。这种霸权主义行为成为反全球化者明确反对和抵制的目标，是“反全球化”产生的重要诱因。

二、当代“逆全球化”的诱因及表现

1.“逆全球化”的诱因

“逆全球化”是与全球化逆向而行的现象，在经济和外交政策、政治形势和社会思潮上有所变化，突出表现为原先奉行自由贸易的国家由于国际竞争力下降导致利益受损，而退回到市场有条件开放甚至封闭的保护主义状态，对商品、资本和劳动力等要素的国际流动设置各种制度性障碍。“逆全球化”的诱因集中在以下两个方面。

（1）一些发达国家内部矛盾愈发突出。一些发达国家由全球化的主导者变为阻碍力量，一个关键的原因在于推动全球化的过程中对国家的无效治理，导致本国内部矛盾重重。一方面，社会分配不公带来贫富差距持续扩大，激化了国内矛盾。随着全球化的发展，一些发达国家在积累大量社会财富的同时未能处理好分配问题，本国的高收入阶层在全球化中成为主要受益群体，而庞大的中低收入阶层却成为利益受损者，利益分配机制的不合理致使分配不均问题进一步突出，贫富差距越来越大。另一方面，发展停滞也带来严重社会问题。2008 年国际金融危机后，一些发达国家经济发展趋于停滞，社会福利和保障政策难以为继。为了在全球化中实现利益的最大化，一些发达国家采取将资源密集型与劳动密集型产业转移到发展中国家的策略，影响了本国的就业与收入，致使社会矛盾不断凸显。上述矛盾诱发了“逆全球化”思潮和行动。

（2）发达国家与发展中国家力量对比改变。2008 年国际金融危机爆发后，世界经济发展陷入低迷，一些发达国家经济增长趋于停滞甚至倒退，而一些新兴经济体在全球化的发展中抓住机遇实现了快速发展。新兴国家的快速崛起，改变了长期以来的国际力量对比，发展中国家在国际事务中的话语权不断提升，发展中国家的利益诉求在国际经济秩序和规则体系中愈发受到重视。出于对维护自身霸主地位和获取更多经济利益的考虑，一些发达国家制定了一系列强化地区保护主义、孤立主义和贸易保护主义的措施，诱发了“逆全球化”思潮和行动。

阅读扩展

“逆全球化”概念辨析

全球化是各国的相互联系和相互依存不断加深的过程，是人类社会发展的必由之路，因而也是一种不可逆转的历史发展趋势。这一趋势之所以不会逆转，主要是因为人的社会性、资本的扩张性、生产力的惯性以及科技进步的必然性在持续不断地发挥作用。近几年，国内外学术界和媒体越来越关注“逆全球化”。虽然“逆全球化”一词在字面意义上是指全球化趋势的逆转，但由于全球化趋势在现实中是不可能逆转的，因此，“逆全球化”是一个伪命题。在字面意义上，“逆全球化”与“反全球化”是两个不同的概念：“逆全球化”是指全球化趋势的逆转或倒退，而“反全球化”则可以被视为一种与全球化趋势“对着干”的思潮、心态、现象、政策行为、政治口号或意识形态。

资料来源：江时学．“逆全球化”概念辨析：兼论全球化的动力与阻力．国际关系研究，2021（6）：3－17，153.

2. 当代“逆全球化”的表现

在经济全球化背景下，资本、技术、劳动力等生产要素的流动和配置在全球范围内展开，促进了全球财富的增加以及经济的发展。但是，这个过程并非一帆风顺，必定会有波折、有分化，甚至出现反复。近年来，世界经济复苏乏力，一些国家出现了扭曲市场竞争、阻碍公平贸易、割裂全球产业链的行为，损害了以规则为基础的多边贸易体制，并严重影响全球经贸关系正常发展，出现了“逆全球化”现象。所谓逆全球化，就是与全球化进程背道而驰，重新赋权于地方和国家层面的现象。当前，“逆全球化”主要有以下表现：

首先，保护主义增强。全球经济不平等的加剧，使得一些国家开始动摇自由贸易的理念，它们力求通过贸易保护主义来保护本国经济。2008年国际金融危机之后，世界经济复苏无力，需求不振使得自由贸易对全球经济增长的作用减弱，从而导致一些国家实施贸易保护主义政策。保护主义不仅是逆全球化的重要标志和内容，也是推动逆全球化演化的重要力量。当今，面对各种复杂的矛盾和危机，各国政府都希望通过政策调整来维持稳定的经济社会秩序，但一些国家在政策调整过程中以自身利益为重，以邻为壑，由此催生了各种形式的保护主义，如新兴贸易保护主义、新兴投资保护主义、新兴产业保护主义、新兴市场保护主义、新兴技术保护主义、新兴劳动保护主义等。一些国家为应对本国经济发展缓慢，保护国内市场及产业，维持在国际贸易领域的优势地位，假借公平贸易的名义，采取新的更为隐蔽的措施规避多边贸易制度的约束，实施贸易保护。从保护范围看，新一轮贸易保护既包括农业、纺织、汽车、钢铁等陷入结构性危机的产业部门和传统商品贸易领域，也包括航空工程、光纤通信等高新技术领域和中高端产品，还包括劳动力等生产要素流动范畴，甚至涉及投资领域；从实施手段看，既包括传统的关税壁垒和非关税壁垒，也包括知识产权壁垒、绿色壁垒和蓝色壁垒。

其次，极端政治倾向加重。“逆全球化”具有明显的由政府或政治人物开启并主导的特征，一些国家利用国家权力限制资本自由流动，加强国家对经济的管制。WTO多哈回合谈判受阻、英国“脱欧”、美国推行“美国优先”战略等，都是极端政治倾向加重的表现。

再次，单边主义愈加凸显。当保护主义无法实现利益诉求时，一些国家实施单边主义和霸权主义政策，使得有利于全球化、有利于国家相互合作的多边主义遭到了“逆全球化”的打压和破坏。

最后，民族主义抬头。近年来欧洲经济长期低迷，加上欧债危机的爆发和移民问题的凸现，欧洲出现了大量的社会难题。① 2008 年国际金融危机以来，相对实力下降、国内挑战增多、自由国际主义外交实践失败和人口结构变化等因素共同促成了欧美新一轮民族主义浪潮。

“反全球化”和“逆全球化”虽然起势，但是难以阻碍全球化进一步发展的大趋势。伴随科学技术的不断发展和世界各国联系的不断增强，新全球化的浪潮正滚滚而来。需要指出的是，新全球化意味着参与更平等、发展更包容、成果更共享，意味着全球治理体系更加优化、国际政治经济秩序更加公正合理。近年来，我国作为经济全球化的受益者和贡献者，是抵御“逆全球化”的中坚力量。我国在推动新全球化进程中，通过凝聚“全球化”“人类命运共同体”思想共识、构建更完善的国际经贸体系和新兴“全球化”经贸体制、与相关国家共建经济发展新引擎等，推动全球化在新理念和新层次上实现新的跃升。

第 2 节 “反全球化”“逆全球化”的实质及影响

一、“反全球化”的实质与影响

1. “反全球化”的实质

“反全球化”形式上针对的是跨国公司、国际经济组织和霸权主义，但根本上反对的是它们的基础——“新自由主义”。“反全球化”的实质是反新自由主义的全球化，是对资本主义体系的质疑和批判。

20 世纪 80 年代，在撒切尔政府和里根政府的全力支持与推动下，新自由主义逐步发展为一种明确的政治经济范式，成为全球化发展的核心驱动力。新自由主义强调，在全球化迅猛发展的背景下，自我保护主义已经不合时宜，国家应当成为“守夜人”，把经济调节的权利递交给主要国际经济组织，从而利用市场和私有化的力量来避免“官僚控制”带来的效率低下的问题。然而，随着全球化进程的深入，由于新自由主义全球化缺乏基本的公正性，负面后果日益显现，加剧了世界范围内的两极分化，全世界越来越多的人对这些后果表示不满、反对、质疑和抵抗，由此诱发了“反全球化”的兴起和壮大。具体而言，新自由主义全球化增加了世界经济的风险性，破坏了发展中国家的主权。在全球化的过程中，一些发达国家以新自由主义为旗帜，不断鼓吹自由化、私有化，发展中国家为实现经济的加速发展，自愿或被迫接受了这一全球化模式，导致本国政府控制

① 熊光清．“逆全球化”阻挡不了全球化进程．人民论坛，2019（14）：40－41.

国内经济和金融活动的能力不断被削弱，民族和主权的独立受到严重影响。随着全球化的不断演进，一些人对资本主义影响下的全球政治、经济秩序产生了深切质疑，因而表现出对全球化的不满和反抗，诱发了反全球化思潮的滋长。

2. “反全球化”的影响

“反全球化”就像一面镜子，能够将全球化的负面影响映照出来，使身处全球化进程中的人们清醒地认识到全球化的固有弊端及其产生的消极后果，形成辩证认识，进而通过对全球化的规则、政策、进程和方向的调整，对全球化发挥积极制衡作用，促使全球化朝着更为公正、平等与可持续发展的方向发展：其一，在“反全球化”的压力下，主要国际经济组织正在进行改革，不断朝着更为公正与合理的方向转变，这样有利于发展中国家和非政府组织加入相关决策机制，打破一些发达国家对全球化游戏规则制定权的垄断；其二，反全球化者对全球化的积极抵制，使推动全球化的精英开始正视和考虑“反全球化”的相关诉求，在一定程度上纠正了全球化规则的“扶强抑弱”特征，促进了更为公正、合理的世界经济政治秩序的建立；其三，“反全球化”的兴起一方面在道义上增强发展中国家在国际谈判中的地位，另一方面也使发展中国家认识到了联合斗争的必要性，这对新全球化的改革产生了一定的积极效应等。

然而，“反全球化”本身存在多方面问题，制约了其本身积极作用的发挥。首先，“反全球化”立场和目标缺乏一致性，其中不乏目标相互抵触和矛盾的状况，这在很大程度上抵消了“反全球化”的积极效应，也使世界各地的反全球化者难以形成坚实的同盟，产生应有的影响力。其次，“反全球化”存在过激行为和暴力倾向。反全球化者时常提出一些理想主义甚至是极端的要求，但提不出实现这些要求的现实途径，因而往往采取街头抗议行动，甚至发展到暴力对抗。再次，“反全球化”是非理性的。“反全球化”在一定程度上有利于全球化负面问题的解决，但反全球化者将所有问题盲目地归咎于全球化，显然只是把全球化当作“替罪羊”，体现了“反全球化”非理性的一面。最后，“反全球化”未能找到解决“全球化”问题的可行方案。反全球化者大多从自身利益出发，但不能从全球利益出发提出切实可行的替代方案，并不能对真正解决当前世界的不公正、不合理现象发挥有效作用。

二、“逆全球化”的实质与影响

1. “逆全球化”的实质

“逆全球化”的实质是一些发达国家为维护自身既得利益，对经济进行干预，以损人利己的方式，转移社会矛盾，试图重新争夺全球化主导权的过程。

应当说，“全球化”和“逆全球化”都是一些发达国家为实现自身利益而开展的。在全球化的发展进程中，一些发达国家为开辟海外市场，获得经济利益，利用全球化的便利条件，将国内的制造业向原材料丰富和劳动力成本较低的发展中国家进行转移，使得资本和产业大量外流，造成了本国产业的“空心化”。同时，为继续获取更多的经济利益，一些发达国家纵容金融资本进行无序扩张，致使实体产业从业人数持续下滑，实体经济与虚拟经济严重脱节。2008 年国际金融危机爆发多年后，一些发达国家仍无法拿出有效的产业结构失衡治理方案，经济发展陷入低迷状态，失业率上升，贫富差距不断拉大，社会矛盾趋于尖锐。因此，一些发达国家试图通过保护主义、孤立主义、单边主义、提高关税、升级贸易战等干预方式，来不断引导本国资本和产业“回流”，进而解决产业结构失衡的问题，推动国内经济的发展。此外，一些发达国家曾是全球化规则的制定者和全球化市场的“掌控者”，但随着发展中国家在全球化进程中的迅速崛起，其优势开始丧失，因此试图通过“逆全球化”来达到“赢者通吃”的目的。

2. “逆全球化”的影响

首先，“逆全球化”加剧了世界经济的不稳定性，阻碍了全球化的向前发展。一些发达国家对经济进行国家干预和管制，人为地阻碍生产资源在世界市场中的最优配置，最为直接的后果就是生产要素在全球范围内的自由流动受阻，世界各国间的贸易、投资、货币和金融联系面临重重阻碍，国际合作和相互依赖的程度下降。在“逆全球化”的影响下，由于部分国家财政政策与货币政策失效，还可能出现国家间的贸易摩擦和冲突，形成保护主义壁垒和排他性区域集团。总之，“逆全球化”的种种负面后果在使世界经济发展的不稳定性大大增加的同时，也严重束缚着全球化的健康发展。

其次，“逆全球化”激化了国家间矛盾，破坏了国际政治关系健康发展。“逆全球化”的推进将激化不同国家间的矛盾。为了维护自身的既得利益，一些国家秉持“零和博弈”“丛林法则”等二元对立思维，在对外交往中日趋保守和封闭，甚至采取联合向他国施压的极端行为，极大地破坏了国家间的联系，对国际社会合作共赢的发展格局形成了严重损害。与此同时，一些国家通过推进“逆全球化”来争夺全球化发展主导权的意图，进一步加深了国家间的战略互疑，使得不同国家间合作交往的困难程度日益增加，严重损害了国际政治关系的健康发展。

最后，“逆全球化”破坏了世界市场秩序，降低了全球资源配置效率。一些国家在推进“逆全球化”的过程中，往往凭借国家权力对本国资本与产业的自由流通进行干扰，横加干涉自由市场机制对世界范围资源的优化配置，阻碍国与国之间的经济合作，严重破坏了世界市场的公平竞争秩序。与此同时，一些国家奉行保守主义的策略，对国际合作采取消极抵抗的态度，企图完全屏蔽自由世界市场的干扰，致使国际组织或机构在全球价值分配中的作用被削弱，国际机制的管理和制约能力不断下降，从而也严重降低了全球资源配置的效率。

第 3 节　应对“反全球化”“逆全球化”的中国方案

当今世界，虽然出现“反全球化”“逆全球化”趋势加强，全球化发展面临一系列矛盾和问题，但人类交往的世界性比过去任何时候都更深入、更广泛，各国的相互联系和彼此依存比过去任何时候都更频繁、更紧密，全球化的历史潮流不可阻挡。作为一个负责任的大国，中国在参与和推动全球化的进程中，也形成了应对“反全球化”“逆全球化”的中国方案。

一、坚持平等、对话、互惠、共赢的发展观

“反全球化”“逆全球化”思潮的产生和蔓延是全球化进程中各国发展不平衡、利益分配不均的结果。为应对全球化进程中伴随的消极影响，推动全球化行稳致远，习近平总书记提出了构建人类命运共同体这一中国方案。人类命运共同体理念不是否定全球化，而是最大限度地消解其负面因素，实现普惠包容、互利互惠、合作共赢，引领全球化朝着更加健康的方向发展。习近平总书记指出：“任何国家都不能从别国的困难中谋取利益，从他国的动荡中收获稳定。如果以邻为壑、隔岸观火，别国的威胁迟早会变成自己的挑战。”[①] “逆全球化”思潮的实质就是只顾个体利益而损害别国利益，以他国的前途命运为代价来发展自己。而要应对“反全球化”“逆全球化”思潮的挑战，可以采取以下措施。

首先，摒弃“零和博弈”等对立性发展思维。“零和博弈”等二元对立思维是造成当今各种全球性问题的思维根源。要有效应对“逆全球化”和“反全球化”浪潮，扭转现有的不平衡利益分配现状，就要从改变这种对立思维开始，只有倡导双赢、多赢的“正和博弈”，打造公平的利益分配体系，推动构建人类命运共同体，才能以人类命运共同体理念引领全球化持续发展。

其次，反对贸易保护主义，增强协同发展能力。在全球化高度发达的背景下，任何国家都不可能离开别国的参与而单独发展。只有倡导合作共赢、互惠互利的利益观，坚持人类命运共同体理念，促进世界各国携手解决全球化难题，完善多边贸易机制，加强多边对话协商，以多边合作机制超越发达国家封闭式的单边主义和保护主义，才能有效应对这一挑战。

再次，抵制霸权主义和强权政治。在全球化进程中，国际政治经济秩序和规则通常由发达国家主导制定，发展中国家与新兴经济体无法在平等、自主的国际环境下对话协商，最终阻碍全球化的健康发展。因此，抵制霸权主义和强权政治，实现国与国相互尊重、平等对话与合作共赢，是应对全球化逆流和返潮的重要手段，也是推动全球化和谐平等自由发展的必要路径。

最后，努力提升发展中国家和新兴经济体的发言权。全球化的不断发展给发展中国家带来新的机遇，但是受旧的不合理的国际贸易规则的影响，新兴经济体在国际中对经济、生态等领域缺少发声的权利，这也导致发展中国家与新兴经济体在全球化发展中并没有获得相应的发展空间。只有使发展中国家和新兴经济体在国际政治中获得更多的话语权，才能改变既有的对话格局和规则制定生态，有效应对“逆全球化”和“反全球化”的挑战。

二、高质量共建“一带一路”，推动全球化转型升级

自 2008 年国际金融危机以来，世界经济发展持续低迷，一些国家实行了倒行逆施的

① 习近平在第七十五届联合国大会一般性辩论上发表重要讲话．人民日报，2020－09－23（1）．

“逆全球化”行径和贸易保护主义政策，对全球化发展产生了不利影响。在这个历史节点上，只有改革全球化机制，才能有效应对“逆全球化”和“反全球化”挑战。中国作为全球化的受益者和坚定捍卫者，始终高举全球化大旗，坚持全球化理念，走全球化道路，提出了“一带一路”倡议的中国方案。这一倡议是以基础设施建设为主线，加强全方位互联互通，为世界经济增长挖掘新动力，为国际经济合作打造新平台。

其一，加强政策沟通。“逆全球化”思想导致的一个严重后果便是各国宏观政策协调难度增大，政策不确定性带来的冲击频发。而只有始终秉持共享共商共赢的发展思想，在经济规划和经济贸易往来等方面加强宏观政策的协调和沟通，促进参与政治体在不同意识形态和社会制度下的平等互信和多元合作，才能有效应对挑战。

其二，提倡设施联通。设施联通有利于提升沿线国家的基础设施建设，把那些被隔断的经济纽带连通起来，既能降低贸易和投资的成本，也有助于消除“逆全球化”趋势中的贸易壁垒和贸易关税等方面的消极影响，使沿线国家得到均衡发展并融入全球化进程，缓解一些国家发展动力不足的问题，自然也成了促进全球化协调平衡发展的重要渠道。

其三，推动贸易畅通。在经济全球化进程受阻的情况下，推进“一带一路”贸易畅通，建设自由贸易网络体系，着力突破各种形式的新贸易保护主义和投资保护主义及其各种壁垒，形成更为自由和便利的国际贸易规则和贸易体系，促进沿线国家和地区产业互补、互动与互助，共同探索新的开放开发之路，以互惠多赢强化全球经济的一体化程度和效度，自然也是有效化解挑战的重要内容。

其四，实现资金融通。金融是服务贸易和投资等经济活动的重要手段，加强资金融通的本质是加强区域内各国的金融合作，加强金融政策的协同性，这有助于各国共同分散经济金融风险，构建经济发展的防火墙，有助于减少“逆全球化”的单边金融政策所带来的金融市场动荡。

其五，倡导民心相通。从社会心理的角度看，“逆全球化”思潮盛行的根本原因是各国民心相悖，个别国家只顾自身利益实行以邻为壑的政策，造成了国际信任体系的坍塌。“一带一路”倡导的跨文化交流，不仅是为了促进更多元文化的互联互动，更重要的是这种以平等为基础的文化多元模式能够凝聚发展共识，使政策沟通、设施联通、贸易畅通、资金融通、民心相通得到世界人民的认同和响应，从而也构成了有效应对“逆全球化”和“反全球化”挑战的重要举措。

三、坚定共商共建共享的全球治理观，维护多边主义

当今世界正在进入一个前所未有的动荡变革期。霸权主义和强权政治“阴魂不散”，地缘政治博弈加剧，国际协调和全球治理不畅，全球治理赤字日益加剧。习近平总书记指出：“世界各国乘坐在一条命运与共的大船上，要穿越惊涛骇浪、驶向光明未来，必须同舟共济，企图把谁扔下大海都是不可接受的。”① 只有坚持真正的多边主义，践行共商

---

① 习近平．携手迎接挑战，合作开创未来．人民日报，2022－04－22（2）．

共建共享的全球治理观，积极参与全球治理体系改革和建设，推进国际关系民主化，努力为完善全球治理贡献中国智慧、中国力量，才能推动全球化朝着更加公正合理的方向发展。

一方面，要坚持共商共建共享的全球治理观。共商共建共享的全球治理观主张，要坚持对话而不对抗、拆墙而不筑墙、融合而不脱钩、包容而不排他，以公平正义为理念引领全球治理体系变革，使全球治理体系符合变化了的世界政治经济，满足应对全球性挑战的现实需要，无疑这一倡议也顺应和平发展合作共赢的历史趋势，正是推进全球化健康发展的题中之义。

另一方面，要加强多边合作，维护多边主义。当前，单边主义和强权政治冲击了国际秩序和全球治理体系，世界的发展比以往更加需要多边主义。所谓多边主义，就是国际上的事情要兼顾各国利益和关切，由各国商量着办、按大家同意的规矩办。多边主义倡导：坚持开放包容，不封闭排他；坚持以国际法则为基础，不唯我独尊；坚持协商合作，不冲突对抗；坚持与时俱进，不故步自封。坚持多边主义，就要坚定维护以联合国为核心的国际体系、以国际法为基础的国际秩序、以联合国宪章宗旨和原则为基础的国际关系基本准则，反对一切形式的单边主义，反对搞针对特定国家的阵营化和排他性小圈子，积极维护开放型世界经济体制，推动建设和完善区域合作机制，加强国际社会应对全球性挑战的能力。这也是应对单边主义、保护主义和霸权主义等“逆全球化”和“反全球化”思潮的重要手段。

四、推动落实全球发展倡议、全球安全倡议和全球文明倡议

当今世界，和平、发展、合作、共赢成为时代潮流。人们对促进共同发展、维护和平稳定、推动文明进步的渴望更加强烈、需求更加迫切。然而，团结和分裂、“全球化”和“逆全球化”“反全球化”的博弈较量日益突出。为破解全球发展难题、应对全球安全挑战，2021年9月，习近平总书记在第七十六届联合国大会上发出全球发展倡议，旨在加快落实联合国《2030年可持续发展议程》，广泛凝聚共识、汇聚力量，推动实现更加强劲、绿色、健康的全球发展，培育全球发展新动能，构建全球发展共同体，推动全球化实现强劲发展。总体而言，主要包括全球发展倡议、全球安全倡议和全球文明倡议。

（1）全球发展倡议。一方面，倡导各国坚持发展优先，坚持以人民为中心，坚持普惠包容，坚持创新驱动，坚持人与自然和谐共生，坚持行动导向，共创共享和平繁荣美好未来；另一方面，塑造有利的发展环境，提振发展伙伴关系，推动全球化进程，推动科技同经济深度融合，维护全球产业链供应链稳定，以实现世界经济复苏，促进全球平衡、协调、包容发展。

（2）全球安全倡议。一方面，主张各国要坚持共同、综合、合作、可持续的安全观，坚持尊重各国主权和领土完整、不干涉别国内政的原则，遵守联合国宪章宗旨和原则，重视各国合理安全关切，坚持通过对话协商以和平方式解决国家间的分歧和争端，统筹维护传统领域和非传统领域安全；另一方面，坚持积极参与全球安全规则制定，加强国际安全合作，推动全球安全倡议落地见效，构建均衡、有效、可持续的安全架构，走出一条对话而不对抗、结伴而不结盟、共赢而非零和的新型安全之路。

（3）全球文明倡议。一方面，倡导尊重世界文明多样性，坚持文明平等、互鉴、对话、包容，以文明交流超越文明隔阂、文明互鉴超越文明冲突、文明包容超越文明优越，倡导弘扬和平、发展、公平、正义、民主、自由的全人类共同价值，以宽广胸怀理解不同文明对价值内涵的认识，不将自己的价值观和模式强加于人，不搞意识形态对抗；另一方面，倡导重视文明传承和创新，推动各国优秀传统文化在现代化进程中实现创造性转化、创新性发展，倡导加强国际人文交流合作，促进各国人民相知相亲，共同推动人类文明发展进步。

五、推动构建新型国际关系，走出全球化发展新路

全球化时代，国与国之间的相互依存空前紧密，利益共生关系也不断深化。各国都在全球供应链、产业链、价值链的相互联系当中，任何一个环节出了问题，都影响巨大。同时，全球化面临的挑战越来越具有全局性、综合性和复杂性。只有不断调整原有国际格局，推动构建新型国际关系，才能推动全球化走深走实，健康发展。

在政治上，积极构建新型伙伴关系。在传统国际关系中，国与国之间往往不是结盟，就是对抗。构建伙伴关系，就是走出一条“对话而不对抗，结伴而不结盟”的新路。围绕此问题，我国提出，在中美关系上，推动新型大国关系构建，更加注重战略沟通，管控矛盾分歧；在中俄关系上，要保持全面战略协作伙伴关系的高水平运行，不断加强国际战略协作；在中欧关系上，要将中欧关系提升为全面战略伙伴关系，致力于打造和平、增长、改革、文明四大伙伴关系；在同新兴市场国家和发展中国家关系上，强调加强相互间的团结协作等。

在经济上，开创全球共同发展的新前景。全球化过程中出现的发展不平衡现象不是简单的经济问题，而是当今世界诸多矛盾热点的根源所在。我国主张，各国应真正树立起利益共同体意识，在共同发展中寻求各方利益的最大公约数，共同打造一个政治互信、经济融合、文化包容的全球利益共同体、命运共同体和责任共同体，最终促进全球化实现新发展，造福世界各国人民。

在安全上，营造各国共享安全的新局面。我国提出，要进一步摒弃一切形式的冷战思维，反对动辄使用武力和以武力相威胁，树立共同安全、合作安全、综合安全和可持续安全的观念，坚持通过对话协商和平解决国家间争端，走出一条各国共建共享共赢的安全之路。

在文化上，形成不同文明包容互鉴的新气象。我国强调，应对共同挑战，迈向美好未来，文化文明的力量不可或缺。各个国家、民族都是人类社会大家庭的重要组成部分，都在推动人类社会发展进步、创造人类灿烂文明中发挥了重大作用。不同文化、文明虽然形式不同，但都融通着人类对和平、发展、进步等先进价值的共同追求，完全可以“并育而不相害”。只有坚持“美人之美，美美与共”的文化文明观，实现各民族国家相互尊重、平等相待、开放包容、互学互鉴，才能在全球化势不可挡的历史洪流中赢得主动，有所作为。

复习与思考

一、名词解释

反全球化	逆全球化	零和博弈	多边主义
全球发展倡议	全球安全倡议	全球文明倡议	

二、简答题

1. “反全球化”的诱因和表现何在？
2. “逆全球化”的实质和影响有哪些？

三、论述题

试述应对“逆全球化”“反全球化”的中国方案。

四、讨论题

“反全球化”和“逆全球化”有什么异同？

延伸阅读

1. 唐任伍．涡流：“反全球化”运动的理论与实践．北京：经济管理出版社，2020.
2. 孙文远．全球化经济学．北京：经济管理出版社，2020.

即测即评

扫描二维码可在线自测并查看答案。

第 23 章
坚定不移全面扩大对外开放

市场经济是开放的经济，是与国际市场紧密联系的经济。改革开放以来，我国将对外开放作为一项基本国策，不仅引进国外的商品、资本、技术，更重要的是按国际市场经济的规范进入国际市场，成功实现了从封闭、半封闭到全方位开放的伟大历史转折。

第 1 节　我国对外开放的历程与经验

随着经济全球化进程的日益加快，任何一国经济都不可能长期脱离国际经济而独自发展。社会主义市场经济也不例外，其本身的建立与完善要求积极发展对外经济关系。

一、对外开放政策的提出

新中国成立后的近 30 年里，由于多种原因，我国基本上走的是一条自我封闭型发展的道路。历史经验教训告诉我们，关起门来搞建设是不行的。长期脱离世界经济发展的轨道，必然会严重影响和限制本国的经济发展。正是在对历史和现实的反思中，邓小平指出："一个国家要取得真正的政治独立，必须努力摆脱贫困。而要摆脱贫困，在经济政策和对外政策上都要立足于自己的实际，不要给自己设置障碍，不要孤立于世界之外。根据中国的经验，把自己孤立于世界之外是不利的。"①

为了更准确地把握世界发展形势，从 1976 年 10 月起，我国陆续派出国家级和地方级代表团出国考察。1978 年 5 月，国务院派出了新中国第一个由国务院时任副总理谷牧带队的高级经济代表团，赴法国、德国、比利时、丹麦和瑞士进行了为期一个多月的考

① 邓小平文选：第 3 卷．北京：人民出版社，1993：202.

察。经过多次讨论，代表团归纳了三点突出的印象：第一，第二次世界大战后，西欧资本主义国家经济确有相当大的新发展。尤其是科学技术日新月异，工农业生产、交通运输、通信手段广泛采用电子技术，现代化水平很高，工人的工资和生活福利状况有明显改善，政府对经济的调控和对社会矛盾的处理手段也有新变化。第二，西欧国家对同中国发展经济关系很有兴趣。西欧国家普遍认为，中国是世界上重要的稳定因素，一个强大的中国，加上强大的欧洲，稳定世界局势就好办得多。中国安定团结的政治局面，使它们增强了信心，潜力巨大的市场对它们很有吸引力。第三，在发展对外经济关系中，许多国际上通行的做法，包括卖方信贷、买方信贷和补偿贸易，中国也可以采用。[①]

同年6月下旬，党中央、国务院的许多领导同志听取了考察团的详细汇报。这次会议强调：争取社会主义建设的速度，主要立足国内，独立自主，自力更生，但同时必须引进国外先进技术，为此要扩大出口，增加收汇，还要抓非贸易外汇收入的增长，发展对外经济合作。7月上旬，国务院召开有关部委领导参加的关于加速四化建设的务虚会。这次会议解放思想、开拓创新，在正确运用价值规律、改革经济体制、坚持按劳分配、发展农村多种经营等方面，特别是对如何加强技术引进、扩大外贸出口、采取灵活方式利用国外资金等方面达成共识。9月，邓小平同志在一次会议上指出，经过几年的努力，有了今天这样的比过去好得多的条件，使我们能够吸收国际上先进的技术和管理经验，吸收他们的资金。12月，在经中央工作会议认真讨论后，党的十一届三中全会作出了在自力更生的基础上积极发展同世界各国的经济合作，努力采用世界先进技术和先进装备的重大决策，由此确定了我国对外开放的基本国策，揭开了我国经济发展的新的序幕。

二、中国对外开放的发展历程

从建立经济特区到开放沿海、沿江、沿边、内陆地区再到加入世界贸易组织，从大规模“引进来”到大踏步“走出去”，利用国际国内两个市场、两种资源，中国的对外开放大体上经历了三个发展阶段：

1. 第一阶段：对外开放初步探索阶段（1978—1991年）

党的十一届三中全会后，在邓小平的倡导下，我国开始了创办经济特区的伟大实践。1979年继中国第一个外向型经济开发区——深圳蛇口工业区正式成立后，同年7月，党中央、国务院又决定对广东、福建两省的对外经济活动实行特殊政策和优惠措施。1980年5月，决定在深圳、珠海、汕头和厦门创办经济特区，实行不同于其他地区的便利政策，主要包括：放松有关外资在经济比重中硬性要求，鼓励外商投资，提供各种便利待遇；在国家宏观调控下，实行市场机制为主的经济运行体制；给予经济特区政府更大的经济管理权限，对于外事、边防、海关等经济行政事务可以遵照专项管理办法执行；享受政府给予的各项政策倾斜利好等。1988年4月，第七届全国人民代表大会第一次会议通过关于建立海南经济特区的决议。在这些特区里，国务院批准率先实行市场经济体制。具体表现在：发展特区的资金，主要依靠利用外资；生产资料所有制结构体系，以中外

---

① 谷牧．我国对外开放国策的酝酿和起步．党的文献，2009（1）：21-27.

合资、合作经营和外商独资经营为主；特区经济的运行机制，在国家宏观调控下实行市场调节；特区生产的产品，以外销为主；对外商投资企业，在税收、土地使用费、人员出入境和物资进出口方面给予特殊优惠和方便。国家给予经济特区较大的自主权，允许其大胆地按照市场经济原则搞生产经营，按国际惯例搞建设。经济特区实行特殊经济政策，以市场调节和外向型经济为主，发挥了世界进入中国、中国融入世界的窗口和桥梁作用。

1984年5月，党中央、国务院在总结经济特区经验的基础上，决定进一步开放14个沿海港口城市，即大连、秦皇岛、天津、烟台、青岛、连云港、南通、上海、宁波、温州、福州、广州、湛江、北海。这14个城市工业基础雄厚，产业工人队伍强大，在历史上就有广泛的对外联系。对这些开放的港口城市，国家扩大其经济技术对外自主权，并给前去投资的外商以仅次于经济特区的优惠待遇。这些城市的进一步对外开放，带动了整个沿海地带的开放和经济发展。

为了扩大上述优惠政策的实施范围，1985年年初，国务院又决定将长江三角洲、珠江三角洲、闽南厦漳泉三角地区开辟为沿海经济开发区。1987年以来，又陆续将胶东半岛、辽东半岛、济南和广东的韶关、河源、梅州以及福建、浙江、江苏、河北、广西的许多沿海城市、县列入沿海经济开发区。这些举措使我国从南到北在沿海地区形成了一条包括2亿多人口的开放地带。沿海经济开放区的建立，使中国对外开放由城市扩展到广大农村，大大扩大和拓宽了对外开放的规模和领域。1988年3月，沿海经济开放区已拓展到辽东半岛、山东半岛及其他沿海市县；同年4月，海南也纳入经济特区行列。

进入20世纪90年代，我国又在沿海开放地区逐步兴办了各种保税区。首先于1990年兴办了上海外高桥保税区，此后又在天津、深圳沙头角和福田开辟了保税区；1990年4月18日，党中央、国务院决定进一步开放和开发浦东新区，并于1990年6月2日正式批准。在浦东地区实行经济技术开发区和某些特区的政策，带动长江流域腹地的发展。

这一阶段，我国对外开放的特点是发展“外向型经济”。努力改变原来相对封闭的发展模式，充分发挥自身的比较优势，以特区、保税区开放为主，逐渐向沿海、沿边推进，建立中国与世界相联系的“通道”，为外资企业提供税收减免等各种优惠政策，发展“三来一补”工业，推动加工贸易的发展，为中国经济增长注入活力，为经济体制改革提供样板和经验。

2. 第二阶段：对外开放格局和外向型经济体制基本形成阶段（1992—2000年）

1992年，以邓小平同志南方谈话和党的十四大召开为标志，我国的对外开放进入了全面加速推进时期。1992年，国务院决定开放吉林的珲春，黑龙江的绥芬河、黑河，内蒙古的满洲里、二连浩特，新疆的伊宁、塔城、博乐，云南的瑞丽、畹町、河口，广西的凭祥、东兴13个沿边城市。国务院赋予沿边开放城市多项鼓励外商投资、促进边境贸易发展的优惠政策，加强同周边国家的经济交流与合作，推动这些原来较封闭地区的经济发展，使原来对外开放的大后方变成了对外开放的前沿阵地。

之后，又进一步开放了沿长江的芜湖、九江、武汉、黄石、岳阳、重庆6市和合肥、南昌、长沙、成都4个省会城市。至此，长江沿岸10个主要中心城市全部开放，形成了以省会城市为中心的内陆开放区。

这一时期，国务院批准北京、上海等6个城市和5个经济特区各试办一两个外商投资商业零售企业，批准63家外资（或中外合资）银行（或金融机构）在5个经济特区和上海、天津、大连、广州、宁波、青岛、南京7个城市开业经营外币业务，对金融保险、旅游、房地产等原来禁止或限制外商投资的行业也进行了开放试点。

在经济体制改革方面，主要通过汇率、外贸、外资、金融、计划管理体制改革，对财政、税收、金融、外贸和外汇体制进行全面改革。1994年1月，我国政府取消对出口的所有财政补贴，进出口企业转变为完全自负盈亏的企业。人民币官方汇率与市场调剂汇率并轨，实行以市场供求为基础、单一的、有管理的浮动汇率制度。外贸经营领域进行了企业股份化和进出口代理制试点。同年，《中华人民共和国对外贸易法》正式颁布实施，确立了维护公平、自由的对外贸易秩序等原则，奠定了对外贸易的基本法律制度。1996年12月，我国实现了人民币经常项目下可兑换。与此同时，我国多次大幅自主降低关税，减少配额和许可证等非关税措施。这些改革使我国初步建立起以市场经济为基础，充分发挥汇率、税收、关税、金融等经济杠杆作用的外向型经济体制，促进了产出和出口快速增长，从根本上缓解了外汇和资本短缺的瓶颈制约，成功地实现经济起飞。

这一阶段，我国对外开放的特点是发展“开放型经济”。在进一步扩大开放领域的同时，不断改革外贸体制，充分利用国际国内两种资源、两个市场，抓住发达国家产业转移的历史机遇，在长江三角洲、珠江三角洲形成了国际先进制造业的加工中心，“中国制造”迅速风靡世界市场，中国工业化进程以前所未有的速度迅猛发展，大大促进了中国经济与世界经济的融合。

3. 第三阶段：与国际通行规则接轨的开放型经济阶段（2001年至今）

经过艰难谈判，我国于2001年11月加入WTO，这标志着我国对外开放进入一个崭新的阶段。我国由以前有限范围和有限领域内的开放，转变为全方位的开放；由以试点为特征的政策主导下的开放，转变为法律框架下可预见的开放；由单方面为主的自我开放，转变为与WTO成员之间的相互开放。这一时期我国对外开放的主要特点是：

第一，由地域的全方位开放走向产业的全方位开放。进入20世纪90年代中期以来，中国开放形成了东西南北中全方位的开放局面，使中国经济的开放程度和范围有了极大的提高。更重要的是我国积极作准备由地域性的全方位开放进一步走向产业的全面开放，一般具备竞争性的行业实行全面的开放，允许外国商品和资本在一定的条件下进入。

第二，生产和资本国际化程度进一步提高。在世界经济一体化趋势越来越明显的背景下，不仅中国的市场向全面开放的方向发展，使国际资本和商品更大范围地进入中国市场，而且中国的资本也以更快的速度进入国际市场，中国将会有更多的企业从事跨国生产和经营，“引进来”和“走出去”成为我国对外开放的两个轮子，有力地推动我国对外开放向纵深发展。

第三，中国的金融市场不再与国际金融市场割裂，金融市场与世界市场的一体化程度大幅度提高。金融业和金融市场作为国民经济的关键部门和核心环节，通常在对外开放的进程中排在较后的序列，这在发达国家开放经济的历程中也是如此。金融市场和金融业的开放，是一种客观的发展趋势，是经济全球化和世界经济一体化的重要表现形式，全面开放和高度国际化的金融市场可以被看作开放型经济的发达形态。中国开放经济的建设目前尚处在一个由初级阶段向高级阶段过渡的时期。我国金融业对外开放进一步加快，但我国金融业整体上竞争能力不强，金融安全值得高度关注。

第四，我国的规章制度进一步规范化并与国际接轨，政府的宏观调控方式发生重大变化。改革开放以来，中国市场经济体制的建设是与对外开放共同发展的，并取得了很大的成就。但应该看到，市场的上层建筑，对市场进行调控的各种管理手段、规章制度，尚未按照开放型市场经济的要求进重构和重组。随着国际化进程的发展，这些规章制度和政府的宏观调控必然要遵循 WTO 规则，这就要求我们对与 WTO 规则以及我们在谈判中作出的承诺不相符的地方做重大修改使其与国际惯例接轨。①

三、中国对外开放的基本形式

在经济全球化条件下，对外经济关系的范围广泛，形式多样，最主要的形式有：对外贸易、对外资金交流、对外承包工程与劳务合作、对外技术交流、发展国际旅游业等。

1. 对外贸易

（1）对外贸易的基本形式。对外贸易是指一个国家同其他国家或地区进行的商品与劳务的交换活动，包括出口和进口两个方面。对外贸易有狭义和广义之分。狭义的对外贸易指的是有形商品的进出口；广义的对外贸易不仅包括有形商品的进出口，而且包括无形商品的进出口（即服务贸易）。由于对外贸易的发展必然会引起一系列货币、劳务等各种经济关系的发展，因而对外贸易是一个国家对外关系的基础。

对外贸易在我国的对外经济关系中居于主导地位，是其他对外开放形式的基础，是我国开展对外经济交流的中心环节。在我国，对外贸易有以下几种方式。

①一般贸易。一般贸易是指进出口企业单边进口或出口货物，但来料加工装配贸易、进料加工贸易、补偿贸易、寄售、易货贸易、边境小额贸易等除外。

②加工贸易。加工贸易是指在两国或两国以上的国家之间进行的加工制造活动。进行加工贸易的国家从外国进口原材料和中间产品，按照对方所要求的产品质量、款式、规格以及包装加工后，再将最终产品或半成品出口。加工贸易的种类主要有：进料加工、来料加工、来件装配。

③补偿贸易。补偿贸易是指国外厂商提供或利用国外进出口信贷进口生产技术和设备，由我方企业进行生产，以返销其产品的方式分期偿还对方技术、设备价款或信贷本息的贸易方式。加工贸易和补偿贸易结合，通常称为“三来一补”。

补偿贸易与一般贸易的主要区别表现为：一是支付手段不同。一般贸易通常以货币为支付手段，补偿贸易实质上是以商品为支付手段。二是与信贷的关系不同。一般商品通常不必以信贷为条件，补偿贸易往往离不开信贷，信贷是这种贸易的组成部分。三是交易手续复杂程度不同。一般贸易，一方为买方，另一方为卖方，交易手续简便。补偿贸易双方既是买方，又是卖方，具有两重身份，有时供货或销售的义务还可让给第三方，交易手续比较复杂。

---

① 刘新民．中国对外开放政策的确立及开放进程．中国网，2018－12－26.

④易货贸易。易货贸易是指在换货的基础上，把等值的出口货物和进口货物直接结合起来的贸易方式。易货贸易在实际做法上比较灵活，例如，在交货时间上，可以进口与出口同时成交，也可以有先有后；在支付办法上，可用现汇支付，也可以通过账户记账，从账户上相互冲抵；在成交对象上，进口对象可以是一个人，出口对象则由进口方指定另一个人；等等。

此外，对外贸易还有寄售、边境小额贸易、包销等多种贸易方式。

（2）中国对外贸易取得的主要成就及存在的突出问题。改革开放以来，我国大力发展对外贸易，对外贸易成为我国加快现代化建设、改变落后面貌、促进经济发展和提高综合国力的重要法宝。

我国从一个贸易小国逐渐成长为贸易大国，贸易大国地位稳步确立。在全球贸易舞台上，中国既是重要的供应方，也是重要的消费市场。1978 年，中国货物进出口总额为 206 亿美元，2009 年中国就成为全球最大的商品出口国，2013 年又成为全球最大的商品贸易国。2022 年，我国外贸进出口总值 420 678 亿元，比 2021 年增长 7.7%。其中，出口 239 654 亿元，增长 10.5%；进口 181 024 亿元，增长 4.3%。进出口相抵，贸易顺差 58 630 亿元。2022 年全年进出口贸易呈现出“进出口韧性强、规模大，贸易伙伴结构优、增势好，一般贸易增长快、比重升，外贸主体数量增、活力强，主要产品供需稳、优势足”等特点。

中国贸易质量不断提升，贸易结构进一步优化。2022 年，我国对欧盟、东盟、拉丁美洲、非洲进出口分别增长 8%、14.1%、8%和 6.8%。商品结构不断升级，机电产品出口占比达 58.4%，集成电路、汽车整车等高质量高技术高附加值产品出口分别比上一年增长 25.3%和 8.2%。

形成全方位和多元化进出口市场格局。改革开放后，中国全方位发展对外贸易，与世界上绝大多数国家和地区建立了贸易关系。贸易伙伴已经由 1978 年的几十个发展到目前的 200 多个国家和地区。2023 年前 8 个月，我国对 152 个“一带一路”共建国家进出口 12.62 万亿元，同比增长 3.6%，占我国外贸规模的比重为 46.6%。其中，对东盟进出口 4.11 万亿元，增长 1.6%；对中亚五国进出口 3 904.7 亿元，增长 34.1%。

中国与世界之间的经济联系正在发生改变。麦肯锡全球研究院选取了贸易、技术和资本三个重点维度，对中国与世界在经济上的相互依存度进行了分析。2000—2017 年，世界对中国经济的依存度在这三个维度均有所提升，世界对中国经济的综合依存度指数从 0.4 逐步增长到 1.2，而中国对世界经济的依存度指数则在 2007 年达到 0.9 的最高点，到 2017 年则下降到 0.6。2022 年，中国经济对外依存度为 0.4，为 2013 年以来的最高对外依存度。

对外贸易发展有力推动了中国的现代化建设，中国成长为一个开放的经济体。参与国际分工与竞争，引进先进技术、设备和管理，利用外商直接投资，极大地促进了中国技术进步和产业升级，提高了企业管理水平和市场竞争力。加工贸易迅速发展壮大，使中国劳动力充裕的比较优势得以发挥，加快了中国的工业化和城镇化进程。但是，我国高端装备制造的核心关键技术、核心关键零部件进口依赖程度相当高，导致高端装备制造主机面临极其危险的“空壳化”问题。这些问题是一个高速发展的经济体在发展过程中难以避免的，也是我国下一步在贸易强国之路上要着力解决的问题。

2. 对外资金交流

国际资金交流与合作是经济全球化的重要内容。对一国来讲，资金交流包括资金的流入和流出两个部分。我国是发展中国家，在改革开放相当长的时期内是以吸收和利用外资为主，而对外投资是一个循序渐进的发展过程。

（1）利用外资。利用外资主要有两种形式：一是通过各种信贷途径借用国外资金；二是吸收外国资本进行直接投资。

借用国外资金的对象主要包括国际金融组织、外国政府和国际商业银行。信贷可分为国家信贷和私人信贷。国家信贷多为政府间协议安排和提供的贷款，一些国际经济组织的贷款也属于这一类。这种贷款条件比较优惠，且多用于特定项目，数额也有限。私人信贷在国际信贷中占有较大比重，又分为商业信贷和银行信贷两类。商业信贷是购买外国商品时由对方出口商提供的，主要表现为延期支付货款。银行信贷是由金融机构提供的，可以在国际贸易中以买方信贷或卖方信贷的形式出现，也可以直接提供贷款供借款人自由支配使用。

外国直接投资是指取得或拥有国外企业经营管理权和控制权的投资。一般来说，外国直接投资主要包括以下几种形式：在国外创办新的企业，包括开办新工厂或设立分公司、子公司等，即独资经营；与当地东道国创办合资或合作经营的企业；参与和控制外国企业的股权，即购买外国企业的股票并达到一定的比例；单独以股金参与东道国资源的开发，如合作开发等。

招商引资是我国通过国际合作来发展对外贸易的一大特色。不同于日韩长期采用国外借款的做法，吸收外商直接投资一直是促进中国经济发展的重要手段。截至 2021 年底，我国累计吸引外商直接投资超过 2.6 万亿美元。通过引进外资，我国不仅在初始阶段缓解了外汇、资本和供给的短缺，增加了就业、税收和国民收入，而且引入了外来竞争压力，启动了市场和企业“干中学”的过程。

随着我国经济的快速发展和经济发展方式的转变，利用外资的条件正在发生变化，迫切需要创新利用外资的方式，优化利用外资的结构，大力提高利用外资的质量。中国实际使用外商直接投资从 2012 年的 1 117.16 亿美元增加到 2021 年的 1 734.8 亿美元，增幅超过 55%，年度使用外商投资额稳居世界第二，连续 30 年居于发展中国家首位，10 年累计使用外商直接投资超过 1.2 万亿美元。外商投资结构逐步升级，外资质量和水平显著提高，高技术产业吸收外商投资占比从 2012 年的 14.1%上升到 2021 年的 30.2%，提升 1 倍以上。然而，我国距离金融体系全球化仍有相当长的一段路要走。截至 2023 年第二季度，外资持有 A 股总市值 3.35 万亿元，占比只有 3.57%，还有很大的提升空间。

（2）对外投资。对外资金交流是双向的。在引进外国资金的同时，随着改革开放的深入、国力的增强，我国的对外投资活动也逐步增加。

我国在海外的间接投资采取了多种贷款形式。对海外的直接投资主要是在国外开设独资、合资或合作企业，进行跨国经营。这种对外投资和跨国经营主要有三类：第一，向发达国家和地区投资，以便更有效地获得国外的先进技术与管理经验，并可利用我国的某些经济优势和技术特长，参与国际竞争，扩大市场影响，提高经济效益；第二，向一些资源丰富的国家和地区投资，开发当地的矿产品或其他资源，以保证我国对这些矿产品或其他重要资源有稳定的来源；第三，向发展中国家投资，帮助其发展独立的民族经济。

20世纪90年代末期，我国政府制定了“走出去”战略。该战略主要包括采取对外投资、对外承包工程和对外劳务合作等多种方式走出国门，以充分利用两个市场、两种资源，实现我国经济的可持续发展。在“走出去”战略的推动下，我国的对外投资迅速发展。据商务部、国家外汇局统计，2022年，我国对外全行业直接投资9 853.7亿元，较上年增长5.2%。其中，我国境内投资者共对全球160个国家和地区的6 430家境外企业进行了非金融类直接投资，累计投资7 859.4亿元，增长7.2%。目前，我国海外投资仍在稳定增长，并在这些资金的运营中学习国外的先进技术和管理经验，了解世界经济的动态和信息。对外投资已经成为我国对外开放的重要组成部分。

为了推动我国全方位对外开放，培育国际经济合作和竞争新优势，必须进一步拓展开放领域、优化开放布局，继续推动商品和要素流动型开放，更加注重规则、规制、管理、标准等制度型开放，以高水平开放带动改革全面深化。

3. 对外承包工程与国际劳务合作

劳务市场是国际市场的有机组成部分。我国是人口大国，发挥我国劳动力资源丰富的优势，不断扩大劳务输出，不但可以解决国内的就业压力，还能增加外汇收入，促进国民经济的发展。

在国际市场上对外输出劳务，主要有对外承包工程和国际劳务合作两种形式。

对外承包工程是指由本国的对外承包公司承揽外国政府、国际组织或私人业主的建设项目、物资采购或其他业务。国际承包一般通过投标、议标或其他途径签订承包合同。根据我国2008年9月起实行的《对外承包工程管理条例》，对外承包工程是指中国的企业或者其他单位承包境外建设工程项目的活动，包括但不限于对外承包公司以招标议标承包方式承揽的下列业务：（1）承包国外工程建设项目；（2）承包中国对外援助项目；（3）承包中国驻外机构的工程建设项目；（4）与外国公司合营或联合承包工程项目时中国公司分包部分；（5）对外承包兼营的房屋开发业务。我国目前对外承包工程项目分为11类，包括房屋建筑项目、制造及加工业项目、石油化工项目、电力工业项目、电子通信项目、交通运输项目、供排水项目、环保产业项目、航空航天项目、矿山建设项目及其他项目，主要分布在亚洲、中东和北非一些发展中国家。对外承包工程对经济发展的促进作用绝不仅限于获取承包服务收入、推动劳务输出方面，更多地体现在对货物出口、境外资源开发和对外投资具有较强的带动作用。从我国当前的发展情况看，对外承包工程是我国实施“走出去”战略的主要形式之一。

国际劳务合作是通过向国外提供劳务来获取盈利的经济活动，如派遣技术人员、管理人员、工人、医务人员、海员、厨师等为外国客商服务。我国自改革开放以来，国际劳务合作不断发展，项目和人员逐年增多，主要是根据国外业主或承包商的要求，按所需专业、工种提供工程技术人员和熟练工人。为了发挥我国劳动力资源优势，我国应在劳务输出方面进一步放开政策、简化手续，制定必要的鼓励劳务出口的政策措施，并培训和提高输出人员的文化素质，以适应国际劳务市场的需要。

4. 对外技术交流

科学技术作为第一生产力，在经济社会发展中是进步的革命的因素。因此，在国际经济关系中，国家间的科学技术交流已经成为日益重要的内容。一般来说，各国在科学技术方面都有自身优势，但从总体上看，发达国家在科学技术方面一直占据领先地位。引进先进科学技术是落后国家赶超先进国家的必由之路，因此，发展中国家在对外技术交流中大多以引进为主。

对外技术交流的方式有两大类：贸易性和非贸易性。贸易性方式具体有：许可证贸易（包括专利许可、技术许可、商标许可）、咨询服务、进口成套设备等；非贸易性方式具体有：举办国际学术会议、科技人员互访、聘请外国专家讲学、派遣留学生、开展各国研究机构交流文献和情报以及举办外国设备展览等。

改革开放以来，在科学技术的引进过程中，我国通过外商直接投资获得了一批先进实用的技术，填补了许多产品技术的空白，使许多行业的大批产品更新换代，一大批老企业的技术设备得到改造。我国通过引进、合资生产彩电、机电产品、汽车、洗衣机、冰箱等许多产品生产线，不仅满足了国内市场的大部分需求，还有部分产品大量出口。目前，我国正处在工业化加速发展时期，对发达国家的先进设备和高新技术有着较大的进口需求，因此，要把引进尖端技术、最新技术和引进适用技术有机结合起来，把技术引进、消化、吸收和创新结合起来。

在对外输出技术方面，我国近年来有长足的进步。我国有一支水平较高、素质较好、阵容庞大、学科配置合理的科技人员队伍，取得了不少处于世界领先地位的科技成果。从基础理论到工农业实用技术，从航天、超导、计算机、材料等尖端科研领域到民用消费品的实用发明和专利，各层次的科技成果不断涌现。近年来，我国为国外发射卫星，向国外出售拥有自主知识产权的高铁技术和装备，科技工作者赴国外开展合作研究等，在对外输出技术上硕果累累。

5. 发展国际旅游业

国际旅游业是一种服务贸易事业，是通过为旅游者提供服务劳动而创造收入的行业。旅游业主要涉及旅馆、饮食、交通运输、旅行社与游览娱乐等方面。

改革开放以来，我国的国际旅游业蓬勃发展，现已形成一定规模。境外来华旅游的人数和旅游业创汇收入持续增长，继对外贸易、劳务输出之后，我国的旅游创汇收入成为创汇的第三大支柱，并已形成一批旅游创汇基地。

随着我国经济的发展和人民收入水平的不断提高，近年来我国赴国外旅游的人越来越多，旅游目的地遍布世界各地。

四、中国对外开放的基本经验

回顾中国对外开放以来的实践，有许多成功经验值得总结。概括起来，主要有以下几点：

第一，必须坚持党对一切工作的领导，不断加强和改善党的领导。中国共产党领导是中国特色社会主义最本质的特征，是中国特色社会主义制度的最大优势。党政军民学，东西南北中，党是领导一切的。正是因为始终坚持党的集中统一领导，我们才能实现伟大历史转折，开启改革开放新时期和中华民族伟大复兴新征程，才能成功应对一系列重大风险挑战、克服无数艰难险阻，才能有力应变局、平风波、化危机，才能既不走封闭僵化的老路也不走改旗易帜的邪路，而是坚定不移走中国特色社会主义道路。坚持党的领导，必须不断改善党的领导，让党的领导更加适应实践、时代、人民的要求。

第二，必须坚持以人民为中心，不断实现人民对美好生活的向往。为中国人民谋幸福，为中华民族谋复兴，是中国共产党人的初心和使命，也是改革开放的初心和使命。我们党来自人民、扎根人民、造福人民，全心全意为人民服务是党的根本宗旨，必须以最广大人民根本利益为我们一切工作的根本出发点和落脚点，坚持把人民拥护不拥护、赞成不赞成、高兴不高兴作为制定政策的依据，顺应民心、尊重民意、关注民情、致力民生，既通过提出并贯彻正确的理论和路线方针政策带领人民前进，又从人民实践创造和发展要求中获得前进动力，让人民共享改革开放成果，激励人民更加自觉地投身改革开放和社会主义现代化建设事业。

第三，必须坚持马克思主义指导地位，不断推进实践基础上的理论创新。实践发展永无止境，解放思想永无止境。恩格斯说："一切社会变迁和政治变革的终极原因，不应当到人们的头脑中，到人们对永恒的真理和正义的日益增进的认识中去寻找，而应当到生产方式和交换方式的变更中去寻找。"① 我们坚持理论联系实际，及时回答时代之问、人民之问，廓清困扰和束缚实践发展的思想迷雾，不断推进马克思主义中国化时代化大众化，不断开辟马克思主义发展新境界。

第四，必须坚持走中国特色社会主义道路，不断坚持和发展中国特色社会主义。方向决定前途，道路决定命运。改革开放40多年来，我们党全部理论和实践的主题是坚持和发展中国特色社会主义。在中国这样一个有着5 000多年文明史、14亿多人口的大国推进改革发展，没有可以奉为金科玉律的教科书，也没有可以对中国人民颐指气使的教师爷。鲁迅先生说过：什么是路？就是从没路的地方践踏出来的，从只有荆棘的地方开辟出来的。中国特色社会主义道路是当代中国大踏步赶上时代、引领时代发展的康庄大道，必须毫不动摇走下去。

第五，必须坚持完善和发展中国特色社会主义制度，不断发挥和增强我国制度优势。制度是关系党和国家事业发展的根本性、全局性、稳定性、长期性问题。我们扭住完善和发展中国特色社会主义制度这个关键，为解放和发展社会生产力、解放和增强社会活力、永葆党和国家生机活力提供了有力保证，为保持社会大局稳定、保证人民安居乐业、保障国家安全提供了有力保证，为放手让一切劳动、知识、技术、管理、资本等要素的活力竞相迸发，让一切创造社会财富的源泉充分涌流不断建立了充满活力的体制机制。

第六，必须坚持以发展为第一要务，不断增强我国综合国力。解放和发展社会生产力，增强社会主义国家的综合国力，是社会主义的本质要求和根本任务。只有牢牢扭住经济建设这个中心，毫不动摇坚持发展是硬道理、发展应该是科学发展和高质量发展的战略思想，推动经济社会持续健康发展，才能全面增强我国经济实力、科技实力、国防

---

① 马克思恩格斯选集：第3卷．北京：人民出版社，1995：617.

实力、综合国力，才能为坚持和发展中国特色社会主义、实现中华民族伟大复兴奠定雄厚物质基础。

第七，必须坚持扩大开放，不断推动共建人类命运共同体。开放带来进步，封闭必然落后。中国的发展离不开世界，世界的繁荣也需要中国。我们统筹国内国际两个大局，坚持对外开放的基本国策，实行积极主动的开放政策，形成全方位、多层次、宽领域的全面开放新格局，为我国创造了良好国际环境、开拓了广阔发展空间。

第八，必须坚持全面从严治党，不断提高党的创造力、凝聚力、战斗力。办好中国的事情，关键在党，关键在坚持党要管党、全面从严治党。我们党只有在领导改革开放和社会主义现代化建设伟大社会革命的同时，坚定不移推进党的伟大自我革命，敢于清除一切侵蚀党的健康肌体的病毒，使党不断自我净化、自我完善、自我革新、自我提高，不断增强党的政治领导力、思想引领力、群众组织力、社会号召力，才能确保党始终保持同人民群众的血肉联系。

第九，必须坚持辩证唯物主义和历史唯物主义的世界观和方法论，正确处理改革发展稳定关系。我国是一个大国，决不能在根本性问题上出现颠覆性错误。我们坚持加强党的领导和尊重人民首创精神相结合，坚持"摸着石头过河"和顶层设计相结合，坚持问题导向和目标导向相统一，坚持试点先行和全面推进相促进，既鼓励大胆试、大胆闯，又坚持实事求是、善作善成，确保了改革开放行稳致远。①

第 2 节　建设更高水平开放型经济新体制

开放，不仅仅是一种观念，更意味着新的体制、新的格局。构建开放型经济新体制，是以习近平同志为核心的党中央提出的具有原创性、时代性的概念和理论。《中共中央关于制定国民经济和社会发展第十四个五年规划和二〇三五年远景目标的建议》更是把"更高水平开放型经济新体制基本形成"列入"十四五"时期经济社会发展主要目标，提出了"全面提高对外开放水平，推动贸易和投资自由化便利化，推进贸易创新发展，增强对外贸易综合竞争力"的要求，为加快发展更高层次开放型经济提供了遵循。党的二十大报告明确地将"更高水平开放型经济新体制基本形成"作为未来五年的主要目标任务提了出来。建设更高水平开放型经济新体制是我们主动作为以开放促改革、促发展的战略举措，也是新时代推进我国经济高质量发展、构建新发展格局，积极主动把我国对外开放提高到新水平的应然之措。

一、建设更高水平开放型经济新体制的时代背景

1. 国际背景

（1）新兴科技和产业领域的国际规则与标准制定之争加剧。新兴科学技术发展带动

① 习近平．在庆祝改革开放四十周年大会上的讲话．人民日报，2018－12－19（2）．

新一轮产业革命，使得世界各国要占领科技制高点就必须重视全球治理机制的构建。在新国际规则的制定上，发达国家与发展中国家之间的斗争加剧，发达国家凭借自身优势，试图继续掌握国际规则和标准制定的主导权，这也给以中国为代表的发展中国家在新产业领域赢得同发达国家竞争的优势造成了巨大压力。

（2）“逆全球化”趋势不断发展，影响范围不断扩大。“逆全球化”趋势由一国扩展到多国，自2013年起，“逆全球化”趋势日益凸显，从英国通过“脱欧”法案到美国宣布退出《跨太平洋伙伴关系协定》（TPP）再到中美贸易摩擦，“逆全球化”浪潮从少数国家扩大到多国经济区域，并在全球范围内持续发酵，影响日益扩大。传统的贸易壁垒与新兴的贸易壁垒同时发挥作用，使得全球化的发展更加困难。

（3）全球经济治理体系面临新考验新风险。一是贸易协定区域化不利影响开始凸显。随着全球经济体系的深刻变革和国际产业分工的进一步调整，全球范围内的经济贸易发展受限，区域贸易协定成为各国合作的主要途径。这类协定会形成区域化的经济治理体系，从而影响全球经济治理体系。二是安全问题、环境问题和社会公平问题等问题日益显现。受新一轮科技革命的影响，以高科技企业为代表的跨国企业在全球范围内迅速兴起，但受疫情的影响，各国加强了对这些企业的管制。与此同时，社会上不同阶层之间的社会差距不断扩大，环境恶化问题日益严重，因此，政府对社会公平、环境保护等问题的重视程度不断提高。三是治理领域弊端逐步显露。随着经济社会的不断发展和国际力量的不断调整，原有全球经济治理体系弊端逐步显现，原有治理领域的局限性凸显，缺少对环境治理、公共健康、网络安全、数字经济等领域的监管。

2. 国内背景

（1）我国工业体系完备，具有齐全的生产部类，能够为建设更高水平开放型经济新体制提供物质基础。我国工业体系韧性、质量效益和新动能支撑作用较为强劲，能够为建设更高水平开放型经济新体制提供支撑。从韧性来看，我国制造业抵御风险能力较强。我国具备完整的工业体系和齐全的产业门类，这使得我国制造业能有效应对疫情等国内外不可控的重大挑战。从质量效益来看，我国制造业的产出效益不断提高，工业产能利用率稳步提升，产品质量不断提高。从新动能来看，以医药制造业、电子及通信设备制造业为代表的高技术制造业成为工业增长新动能，且增长势头迅猛，对经济发展的带动作用不断增强。

（2）在经济发展格局中我国国内需求的地位不断提升。近年来，随着人民物质财富的增加，人民的消费水平和消费能力不断提高，我国内需对经济发展的拉动作用不断增强。从国内来看，我国超大规模市场优势不断凸显，“内循环”地位不断提升。从国际来看，我国市场“外循环”的地位逐渐降低，且态势趋于稳定。

（3）我国科技自立自强能力不断得到强化，产业化技术创新步伐不断加快。创新驱动发展战略的实施激发了全社会的创新活力，国家对创新的投入逐步增加，创新型人才供给逐步增加，创新能力不断增强，创新在经济社会发展中发挥着越来越重要的作用。

（4）我国对外开放质量持续升高。首先，进出口结构不断优化。高附加值产品出口量不断增加，制造业水平不断提升。其次，贸易伙伴多样化。随着“一带一路”倡议的实施，我国主要贸易伙伴日益多元化，对非洲和拉丁美洲的出口也不断增加。再次，我国在国际分工中的地位有所提升。近年来，我国劳动力低成本的比较优势逐渐削弱，以雄厚资金、完备工业体系、超大市场规模为代表的新优势正在涌现。此外，全球新一轮科技革命推动全球价值链重构也使得我国嵌入全球价值链的方式不再仅限于国际产业转移，而是凭借完备的工业体系、参与国际合作的新优势逐渐向全球价值链的高端环节延伸。

(5) 我国在国际格局中地位提升，由“被动融入”转向“主动引领”。我国国际影响力不断提升，对世界经济发展的带动作用不断增强。“引进来”和“走出去”平稳增长，取得丰硕成果。我国的开放战略已经逐渐从“商品和要素流动型开放”向“更高水平制度型开放”迈进。

综上所述，国内外经济科技发展形势的新变化，既对我国“建设更高水平开放型经济新体制”提供了难得的机遇和条件，也提出了挑战和发展要求。

二、建设更高水平开放型经济新体制的必要性

1. 建设更高水平开放型经济新体制，是应对世界百年未有之大变局的关键举措

党的十八大以来，世界百年未有之大变局加速演进，新一轮科技革命和产业变革深入发展，国际力量对比深刻调整，国际生产方式和分工格局面临重大变化。与此同时，单边主义、贸易保护主义抬头，“逆全球化”趋势进一步发展，传统安全和非传统安全风险交织。面对国际环境的新变化，我们必须因势而谋、应势而动、顺势而为，利用好发展的重要战略机遇期，发展更高层次的开放型经济，拓展我国自身的发展空间，积极探索对外经济合作新模式新路径，以高水平的对外开放赢得经济发展和国际竞争的新优势。

2. 建设更高水平开放型经济新体制，是以开放促改革的必然要求

实践证明，开放往往为改革带来新的动力。我国经济的快速发展很大程度上得益于开放。但是，我国产业分布不平衡，区域开放水平不同，这要求我们进一步改革，进而破除影响国内市场资源自由流通的深层障碍，实现改革与开放的良性互动。面对国际经济形势的新变化，建设更高水平开放型经济新体制，有助于进一步破除影响经济发展的体制机制障碍，以开放促改革、以改革促发展，变外部压力为内生动力，使“引进来”与“走出去”更好结合，从而激发市场活力，建设开放型现代化经济强国。

3. 建设更高水平开放型经济新体制，是构建新发展格局的必然需要

习近平总书记在论述新发展格局时指出：“要科学认识国内大循环和国内国际双循环的关系，主动作为、善于作为，建设更高水平开放型经济新体制，实施更大范围、更宽领域、更深层次的对外开放。”① 加快构建新发展格局既是关系党和国家事业发展全局的战略任务，也是实现我国经济高质量发展的路径选择。要构建新发展格局，实现高水平的对外开放，就需要建设更高水平的开放型经济新体制。一方面，可以更好联系国内国际两个市场，使资源全球范围内自由流动，提高全球资源合理配置能力；另一方面，通

① 新发展阶段贯彻新发展理念必然要求构建新发展格局．求是，2022（17）．

过开放水平的提高和国际竞争新优势的培育，我国经济与世界经济的联系更加密切，推动世界经济发展的作用日益强劲。

4. 建设更高水平开放型经济新体制，是推动经济高质量发展的必然要求

当前，我国经济已经由高速增长阶段转为高质量发展阶段，中国特色社会主义制度优势不断彰显，物质基础日益雄厚，市场空间广阔，发展韧性强劲。尤其在创新创业、能源资源、基础设施等方面的优势为建设更高水平开放型经济新体制提供了有利条件。通过建设更高水平开放型经济新体制，可以更好地利用国内国际两种资源和两个市场，深度参与国际经济贸易交流与合作，推动我国经济健康发展，增强我国经济创新能力，加快实现经济增长新旧动能转换，更好完成高质量发展这一全面建设社会主义现代化国家的首要任务。

5. 建设更高水平开放型经济新体制，是增添我国内循环新动能的题中之义

更高水平开放型经济新体制有利于促进供需结构优化调整。从供给端来看，更高水平开放型经济新体制能够促进我国制造业水平进一步提升，促进关键技术和核心科技的发展，提高全社会创新能力。从需求端来看，更高水平开放型经济新体制可以更好地满足人民群众日益增长的美好生活需要，提高群众的生活水平，不断提高人民群众的获得感、幸福感、安全感。

6. 建设更高水平开放型经济新体制，是提升我国外循环抗风险能力的可靠路径

当前，世界正面临百年未有之大变局，处于后金融危机时期、后全球化时期和后疫情时期的三重叠加期，全球经济发展呈现出更多的不确定性和不稳定性。在此背景下，要建设更高水平开放型经济新体制，就必须立足前沿、抓住机遇、积极化解挑战，尤其是不仅要通过构建更高水平开放型经济新体制，以服务业、数字贸易为重点推进制度型开放，增强我国产业链创新链安全系数，还要实行“边境内”制度型开放，积极对接国际高标准经贸规则并参与高标准自贸区协定规则的制定工作，在推动全球经济治理体系改革、开拓国际合作新空间中，促进我国外循环稳定发展。

7. 建设更高水平开放型经济新体制，有利于培育参与外循环的国内新优势

近年来，我国劳动力成本上升，劳动力成本优势下降，但以高端人才、科技研发、新兴产业为代表的新优势不断增加。尽管这些新优势在国际竞争中的作用还处于上升阶段，我国还未完全掌握如高端芯片、数字经济等新兴产业的关键核心技术，但我国拥有全球最大的需求市场。需求刺激生产，这将促进我国对关键技术的研发，不断提高科技水平和创新能力，在提升我国在全球价值链中地位的同时，打破国内经济与国际经济壁垒，促进国内经济与国际经济的“双循环”。

三、建设更高水平开放型经济新体制的主要举措

1. 完善开放型经济新体制的顶层设计

建设更高水平开放型经济新体制要完整准确全面贯彻新发展理念，立足新发展阶段，

构建新发展格局，紧密结合高质量发展战略、现代化强国战略等，实施全方位多领域宽层次合作，破除影响对外开放的体制机制障碍，从世界汲取能量，集聚更多优质外部资源，实现要素国际化市场化配置。通过完善开放型经济新体制的顶层设计，为提升我国企业和产品的国际竞争力、推动产业结构优化升级、优化我国经济发展动力结构，构建国内国际双循环相互促进的新发展格局提供体制机制保障。

2. 建设更高水平开放型经济新体制，必须实施更大范围、更宽领域、更深层次的全面开放

一是实施更大范围的全面开放。优化对外开放的空间格局，通过更大范围的开放，改变区域开放程度不平衡的现状，促进沿海地区、沿边地区和内陆地区优势互补、协同发展，形成新的开放格局。二是实施更宽领域的全面开放。在扩大对外贸易、跨境投资合作等领域开放的同时，深化和拓展资金、人才、科技等新领域的对外开放，完善要素市场化国际化配置，使商品、要素等领域开放形成协同效应和规模效益，形成我国经济发展的比较优势。三是实施更深层次的全面开放。要推动由商品和要素流动为主的流动型开放向规则等制度型开放的转变。一方面要从我国国情出发，借鉴国际先进经验，完善我国涉外经贸法律和制度规则体系，推动规则、规制、管理、标准等制度型开放，营造更加市场化、法治化、国际化的营商环境；另一方面要积极参与世界贸易组织改革，推动完善国际经济贸易规则，与国际社会一道共同构建以规则为基础的多边贸易体系，维护多边贸易体制的权威性和有效性，使国际贸易规则更加公平与合理。

3. 完善高水平国际经济贸易合作服务保障体系

要实现这一目标就需要从以下几个方面发力：要深化贸易投资领域体制机制改革，加快自由贸易试验区和自由贸易港的建设。要加强对贸易国家、区域、重点合作领域的前瞻性针对性研究，提高我国对外开放战略谋划水平和国际经贸合作服务能力。要维护开放、包容、透明、非歧视性等世界贸易组织核心价值和基本原则，反对单边主义和保护主义，推动对世界贸易组织进行必要改革。要实行高水平贸易和投资便利政策，加快同有关国家和地区签订投资协定、合作协议等，健全企业“走出去”的服务保障体系，健全对外投资促进政策和保护机制。要按照国际化、法治化要求，参与制定国际宏观经济政策协调机制，建立与国际高标准投资和贸易规则相适应的现代管理方式。要制定与国际接轨的服务业标准化体系，为人才、知识、资金、专业服务等要素的跨境流动提供便利服务。

4. 充分发挥我国综合优势，推动“引进来”和“走出去”协同发展，共同服务于新发展格局

以国内大循环为主体，发挥超大市场规模优势，吸引全球优质资源要素向国内流动，提升贸易投资合作质量和水平。积极参与多边贸易规则谈判，建设性参与全球经济治理，推动建设开放型世界经济。统筹推进各类开放平台建设，优化营商环境，增强辐射作用，提高开放层次。实施更加开放的人才、出入境、贸易等政策，完善自由贸易试验区布局，积极推广可复制经验，推进制度创新。完善国家级新区和开发区建设，赋予其更大的自主权，扎实稳步推进海南自由贸易港建设。

5. 高质量共建“一带一路”，积极参与全球治理体系改革和建设

推动与“一带一路”国家贸易投资合作优化升级，深化与各国产业贸易和分工合作，扩大双向经济贸易和投资交流。积极推动“一带一路”基础设施建设，持续增强我国的全球商流、物流、资金流和信息流的连接与融通能力。建立健全“一带一路”金融合作网络，创新融资合作框架，充分发挥“一带一路”专项贷款、丝路基金等资金作用，健全多元化投融资体系。积极发展“一带一路”电商经济，坚持以企业为主体、市场为导向，构筑高水平互利共赢的产业链供应链合作体系。积极发展全球伙伴关系，加强同发展中国家交流合作，共同维护全球产业链供应链稳定畅通。支持多边金融机构共同参与投资融资，推动资金、人才、基础设施互联互通。推进大国协调合作，深化同周边国家关系，搭建国际合作平台，推动国际宏观经济政策沟通协调，合力促进世界经济增长。积极参与世界贸易组织改革，维护发展中国家成员地位，发展完善多边贸易体制。实施自由贸易区提升战略，推动新兴领域经济治理规则制定，构建面向全球的高标准自由贸易区网络。

6. 坚持底线思维，健全国家安全保障体制机制，着力提升对外开放监管能力和水平

构筑与更高水平开放型经济新体制相匹配的风险监管和风险防控体系，在扩大对外开放的同时，守住安全的底线红线。坚决维护国家主权、安全和发展利益，维护最广大人民群众的根本利益。加强国际供应链保障合作，建立重要资源和产品的全球供应链风险预警系统，健全外商投资国家安全审查、不可靠实体清单等制度，完善经济管理体制和运行机制，健全完善管理服务机制，有效防范和管控风险，未雨绸缪健全体制机制，切实提升维护国家安全的能力。同时，还要加强国际收支监测，保持国际收支基本平衡和外汇储备基本稳定，完善境外投资分类分级监管体系，加强对外资产负债监测，构建海外利益保护和风险预警防范体系。

第3节　高质量共建“一带一路”

开放带来进步，封闭必然落后。中国的发展离不开世界，世界的繁荣也需要中国。改革开放40多年来，我们统筹国内国际两个大局，坚持对外开放的基本国策，实行积极主动的开放政策，形成全方位、多层次、宽领域的全面开放新格局，为我国创造了良好国际环境、开拓了广阔发展空间。其中“一带一路”建设正是新时代我国对外开放事业的重要窗口和重大工程。

一、“一带一路”倡议的提出与推进

“一带一路”伟大构想是我国实施新一轮扩大开放的重要举措和进一步提高对外开放水平的重大战略。2013年9月和10月，习近平总书记在哈萨克斯坦和印度尼西亚访问时分别提出共建“丝绸之路经济带”和“21世纪海上丝绸之路”，即“一带一路”倡议。

2014年，中共中央、国务院印发《丝绸之路经济带和21世纪海上丝绸之路建设战略规划》，全面部署了“一带一路”的建设工作。同年，习近平总书记进一步指明了“一带一路”建设的方向和路径，推动了“一带一路”的共建工作进入务实合作阶段。在此基础上，2015年，中国发布《推动共建丝绸之路经济带和21世纪海上丝绸之路的愿景与行动》，进一步推动了“一带一路”的落地生根。2016年，亚洲基础设施投资银行宣告成立，成为“一带一路”共建史上的重要里程碑。2017年，由140多个国家、80多个国际组织参加的首届“一带一路”国际合作高峰论坛在北京成功举办，达成了270多项成果，进一步凝聚了“一带一路”的共建共识。之后，中国还举办了博鳌亚洲论坛年会、上海合作组织青岛峰会、中非合作论坛北京峰会、中国国际进口博览会等国际性重大会议，进一步推动了“一带一路”共建进程。2019年，由来自150个国家、92个国际组织参加的第二届“一带一路”国际合作高峰论坛召开，强调要着眼更深入的务实合作、更开放的联动发展、更广泛的互利共赢，不仅主张以高质量基础设施建设和产业合作为重点，解决好金融支撑、投资环境、风险管控、民心相通等关键问题，还强调建立工作机制、完善配套支持，形成更多可视化成果，共同绘制精谨细腻的“工笔画”，这也标志着“一带一路”建设开始步入高质量发展阶段。

二、“一带一路”倡议的丰富内涵

“一带一路”是依靠中国与有关国家既有的双多边机制，旨在借用古代“丝绸之路”的历史符号，借助既有的、行之有效的区域合作平台，高举和平发展的旗帜，主动地发展与沿线国家的经济合作伙伴关系，共同打造政治互信、经济融合、文化包容的利益共同体、命运共同体和责任共同体。习近平总书记指出，“在新的历史条件下，我们提出‘一带一路’倡议，就是要继承和发扬丝绸之路精神，把我国发展同沿线国家发展结合起来，把中国梦同沿线各国人民的梦想结合起来，赋予古代丝绸之路以全新的时代内涵”①，提出了把“一带一路”建设成为“和平之路、繁荣之路、开放之路、绿色之路、创新之路、文明之路”的倡议。

“一带一路”是和平之路。“一带一路”建设离不开和平安宁的环境。习近平总书记指出，古丝绸之路沿线地区曾经是“流淌着牛奶与蜂蜜的地方”，如今很多地方却成了冲突动荡和危机挑战的代名词。这种状况不能再持续下去。沿线各国应该尊重彼此主权、尊严、领土完整，尊重彼此发展道路和社会制度，尊重彼此核心利益和重大关切。要树立共同、综合、合作、可持续的新安全观，营造共建共享的安全格局。要着力化解热点，坚持政治解决；要着力斡旋调解，坚持公道正义；要着力推进反恐，标本兼治，消除贫困落后和社会不公。

“一带一路”是繁荣之路。“一带一路”建设，聚焦发展这个根本性问题，释放各国发展潜力，实现经济大融合、发展大联动、成果大共享。要深入开展产业合作，推动各国产业发展规划相互兼容、相互促进，抓好大项目建设，加强国际产能和装备制造合作，

① 借鉴历史经验创新合作理念 让“一带一路”建设推动各国共同发展．人民日报，2016-05-01（1）.

抓住新工业革命的发展新机遇，培育新业态，保持经济增长活力。要建立稳定、可持续、风险可控的金融保障体系，创新投资和融资模式，推广政府和社会资本合作，建设多元化融资体系和多层次资本市场，发展普惠金融，完善金融服务网络。要加强互联互通合作，大力推进基础设施“硬联通”和政策规则标准“软联通”。

“一带一路”是开放之路。共建“一带一路”倡议源于中国，但机会和成果属于世界，中国不打地缘博弈小算盘，不搞封闭排他小圈子，不做凌驾于人的强买强卖。“一带一路”建设以开放为导向，解决经济增长和平衡问题。结合自身国情，积极发展开放型经济，参与全球治理和公共产品供给，携手构建广泛的利益共同体。要有“向外看”的胸怀，维护多边贸易体制，推动自由贸易区建设，促进贸易和投资自由化便利化。着力解决发展失衡、治理困境、数字鸿沟、分配差距等问题，建设开放、包容、普惠、平衡、共赢的经济全球化。

“一带一路”是创新之路。创新是推动发展的重要力量。“一带一路”建设本身就是一个创举，搞好“一带一路”建设也要向创新要动力。坚持创新驱动发展，加强在数字经济、人工智能、纳米技术、量子计算机等前沿领域合作，推动大数据、云计算、智慧城市建设，连接成21世纪的数字丝绸之路。促进科技同产业、科技同金融深度融合，优化创新环境，集聚创新资源。我们要为互联网时代的各国青年打造创业空间、创业工场，成就未来一代的青春梦想。践行绿色发展的新理念，倡导绿色、低碳、循环、可持续的生产生活方式，加强生态环保合作，建设生态文明，共同实现联合国2030年可持续发展目标。[①]

“一带一路”是文明之路。“国之交在于民相亲，民相亲在于心相通。”“一带一路”建设以文明交流超越文明隔阂、文明互鉴超越文明冲突、文明共存超越文明优越，推动各国相互理解、相互尊重、相互信任。建立多层次人文合作机制，搭建更多合作平台，开辟更多合作渠道。在文化、体育、卫生领域，要创新合作模式，推动务实项目。加强各国议会、政党、智库、民间组织往来和国际反腐合作，密切妇女、青年、残疾人等群体交流，促进包容发展。

阅读扩展　“一带一路”沿线国家为我国出口注入新动能

三、“一带一路”铺就互利共赢之路

“一带一路”是互利共赢之路，它通过提供一个能够实现各国互惠互利的发展平台，带动各国更加紧密地合作，推动各国基础设施建设和体制机制创新，创造新的经济和就业增长点，增强各国经济内生动力和抗风险能力，将快速发展的中国同沿线国家的切身发展利益紧密相连，致力于合作共赢、共同发展，使各国人民更好地共享发展成果，为中国和沿线国家共同发展带来巨大机遇。“一带一路”不仅是经济发展之路，还是完善全球发展模式，实现全球有效治理，促进世界经济健康发展的重要路径，既顺应了当今时

① 中共中央宣传部．习近平新时代中国特色社会主义思想三十讲．北京：学习出版社，2018：300-302.

代“和平、发展、合作、共赢”的发展潮流和时代趋势，也迎合了各国加快本国发展的强烈愿望。

1. “一带一路”建设秉持共商共建共享原则

共商就是集思广益，兼顾各方利益和关切，体现各方智慧和创意。“一带”和“一路”倡议分别在哈萨克斯坦和印度尼西亚提出，本身就是与东道国共商的结果。在制定规划和推出《推动共建丝绸之路经济带和 21 世纪海上丝绸之路的愿景与行动》的过程中，中国通过双多边渠道，广泛听取沿线国家的意见和建议，汲取了不少建设性意见。共建就是共同参与，发挥自身优势和潜能，形成新的合作优势。沿线国家国情国力不同，可各尽其力，各施所长。共享就是坚持互利共赢，寻求利益契合点和合作最大公约数，大家一起做大“蛋糕”，公平合理地分好“蛋糕”。“一带一路”建设倡导包容性发展理念，努力让合作成果惠及沿线各国及国际社会，惠及基层民众。

2. “一带一路”建设合作的核心内容

“一带一路”建设合作的核心内容是政策沟通、设施联通、贸易畅通、资金融通、民心相通。沿线各国资源禀赋各异，经济互补性较强，合作的潜力和空间很大。中国与更多国家携手打造内外联动、海陆统筹的对外开放新布局。

（1）政策沟通。加强政策沟通是“一带一路”建设的重要保障。加强政府间合作，积极构建多层次政府间宏观政策沟通交流机制，沿线各国可以就经济发展战略和对策进行充分交流对接，共同制定推进区域合作的规划和措施，协商解决合作中的问题，共同为务实合作及大型项目实施提供政策支持。

（2）设施联通。基础设施互联互通是“一带一路”建设的优先领域。推动沿线各国加强基础设施规划、技术标准体系对接，共同推进交通、能源、信息等国际骨干通道建设，打通缺失路段，畅通瓶颈路段，提升通达水平，把活跃的东亚经济圈、发达的欧洲经济圈和经济发展潜力巨大的中间广大腹地国家结成携手发展的利益共同体。

（3）贸易畅通。投资贸易合作是“一带一路”建设的重点内容。中国将积极同沿线国家和地区共同建设自由贸易网络体系，拓宽贸易领域，共同优化产业链、价值链、供应链和服务链，促进沿线国家和地区产业互补、互动与互助，共同探索新的开放之路，形成互利共赢、多元平衡、安全高效的开放型经济体系。

（4）资金融通。资金融通是“一带一路”建设的重要支撑。沿线国家间深化金融合作，推进亚洲货币稳定体系、投融资体系和信用体系建设，扩大双边本币互换、结算的范围和规模，共同推进亚洲基础设施投资银行顺利运行，支持沿线国家政府和信用等级较高的企业以及金融机构在中国境内发行人民币债券，鼓励在沿线国家使用所筹资金等。

（5）民心相通。民心相通是“一带一路”建设的社会根基。中国更高层次的开放是获得包括沿线国家和地区在内世界各国的文化认同。要使“一带一路”建设得到更多国家和地区的响应，必须传承和弘扬丝绸之路友好合作精神，广泛开展文化交流、学术往来、人才交流合作、媒体合作、青年和妇女交往、志愿者服务等，为深化双多边合作奠定坚实的民意基础。

3. “一带一路”将给沿线各国人民带来实实在在的利益

“一带一路”东牵亚太经济圈，西接欧洲经济圈，穿越非洲，环连亚欧，沿线国家大多是发展中国家和新兴经济体，普遍处于经济发展上升期，开展合作前景十分广阔。中国提出“一带一路”合作倡议，就是要把世界的机遇转变为中国的机遇，把中国的机遇转变为世界的机遇，推动“一带一路”沿线国家乃至世界各国实现共同发展。“一带一路”倡议提出以来已取得许多重大进展。

（1）政策沟通不断深化。本着求同存异、互利共赢原则，我国与沿线各国协商制定并推进区域合作规划，形成了系列政策文件，如中国与俄罗斯发表了《中华人民共和国与俄罗斯联邦关于丝绸之路经济带建设和欧亚经济联盟建设对接合作的联合声明》，与匈牙利签署了《中华人民共和国政府和匈牙利政府关于共同推进丝绸之路经济带和21世纪海上丝绸之路建设的谅解备忘录》，中国、蒙古国和俄罗斯三国签署了《关于编制建设中蒙俄经济走廊规划纲要的谅解备忘录》，中国与吉尔吉斯共和国签署了《中华人民共和国政府与吉尔吉斯共和国政府关于两国毗邻地区合作规划纲要2015—2020年》，与哈萨克斯坦签署了《关于加强产能与投资合作的框架协议》，与塔吉克斯坦签署了《关于编制中塔合作规划纲要的谅解备忘录》，等等。此外，中国同老挝、柬埔寨、缅甸、匈牙利等国的规划对接工作也得以全面展开。截至2023年6月底，中国已与152个国家、32个国际组织签署200多份共建“一带一路”合作文件，涵盖投资、贸易、金融、科技、人文、社会、海洋等多个领域。

（2）设施联通不断强化。近年来，中国同沿线国家一道加速推进了雅万高铁、中老铁路、亚吉铁路、匈塞铁路等多个项目，建设了包括瓜达尔港、比雷埃夫斯港在内的多个港口，规划并实施了大批互联互通工程。融通中巴、中蒙俄、新亚欧大陆桥等经济走廊，贯通陆海空通道和信息高速路，覆盖铁路、港口、管网等重大工程的基础设施互联互通网络正逐步形成。

（3）贸易畅通不断增强。近年来，中国同“一带一路”共建国家积极推动贸易和投资自由化便利化，在不断改善营商环境、降低贸易和投资成本的同时，提高区域经济循环速度和质量。据世界银行研究数据，“一带一路”合作使全球贸易成本降低了1.1%～2.2%，推动“中国—中亚—西亚”经济走廊上的贸易成本降低了10.2%，使哈萨克斯坦等中亚国家农产品到达中国市场的通关时间缩短了90%。

（4）资金融通不断扩大。近年来，我国同“一带一路”共建国家积极开展了多种形式的金融合作。随着2022年底非洲国家毛里塔尼亚的获批加入，亚洲基础设施投资银行现已拥有来自世界六大洲的106个成员，覆盖全球81%的人口和65%的GDP，成为成员数量仅少于世界银行的全球第二大国际多边开发机构。2016—2022年，在基础设施建设、推动当地经济与社会发展、改善人民生活等方面，亚洲基础设施投资银行已累计批准202个项目，融资总额超过388亿美元，撬动资本近1 300亿美元，涉及能源、交通、水务、通信、教育、公共卫生等领域的可持续基础设施建设与成员经济的绿色复苏，项目遍布全球33个国家。层次清晰、初具规模的“一带一路”金融合作网络逐步形成。

（5）民心相通不断促进。“一带一路”的共建离不开一个具有相互欣赏、理解与尊重特点的人文格局的保障作用。近年来，“一带一路”共建国家围绕“民心相通”工程在科学、教育、文化、卫生、民间、交往等领域展开了广泛合作。中国不仅每年向有关国家提供1万个政府奖学金名额，还设立了丝绸之路专项奖学金，实施了各类丝绸之路文化年、旅游年、艺术节、影视桥、研讨会、智库对话等人文合作项目。与蒙古国、阿富汗等国及世界卫生组织等签署了多个卫生健康合作协议，积极帮助发展中国家发展卫生健康事业。

（6）产业合作不断深入。紧紧抓住产业这一经济之本，积极推动产业合作，促进了各国产业发展规划的相互兼容、优势互补和相互促进。2022 年，中国企业在“一带一路”沿线国家非金融类直接投资 1 410.5 亿元人民币，较上年增长 7.7%，占同期总额的 17.9%，与上年同期持平，主要投向新加坡、印度尼西亚、马来西亚、泰国、越南、巴基斯坦、阿拉伯联合酋长国、柬埔寨、塞尔维亚和孟加拉国等国家。在对外承包工程方面，我国企业在“一带一路”沿线国家新签对外承包工程项目合同 5 514 份，新签合同额 8 718.4 亿元人民币，增长 0.8%，占同期我国对外承包工程新签合同额的 51.2%；完成营业额 5 713.1 亿元人民币，下降 1.3%，占同期总额的 54.8%。

上述合作的重大成效也为下一步“一带一路”的务实推进奠定了良好基础。沿线各国资源禀赋各异，经济互补性较强，“一带一路”建设将为沿线各国人民带来实实在在的利益，逐步实现欧亚非互联互通的美好蓝图。

四、“一带一路”——连通亚欧非的“朋友圈”

“一带一路”作为中国及亚欧非国家之间的桥梁和纽带，正在为连通亚欧非“朋友圈”发挥应有的作用。

1. “一带一路”建设开放包容，使中国的朋友圈越来越大

中国正着眼于构建以合作共赢为核心的新型国际关系，走出一条结伴而不结盟的对外交往新路。“一带一路”倡议得到了沿线国家的广泛响应。中国的朋友圈越来越大，好朋友、好伙伴越来越多。“一带一路”建设倡导不同民族、不同文化“交而通”，而不是“交而恶”。中国对各国的政策举措坚持从事情本身的是非曲直出发，坚持从各国人民的根本利益出发，推动大家一起加入“一带一路”朋友圈，共同编织互利共赢的合作伙伴网络。新时代，推进“一带一路”建设，不仅要坚持开放共赢、互惠互利的双向贸易和投资导向，扩大市场开放，提高贸易投资的自由化、便利化，反对保护主义，维护多边贸易体制，还要积极构建促进生产要素跨境流动和跨国政策协调机制，推动沿线各国战略规划机制对接、政策规则标准联通。

2. 互联互通成为连接朋友圈的血脉经络

“一带一路”和互联互通是相融相近、相辅相成的。中国要建设的互联互通，不仅仅是修路架桥，不只是平面化和单线条的联通，还包括基础设施、制度规章、人员交流的三位一体，以及政策沟通、设施联通、贸易畅通、资金融通、民心相通五大领域的齐头并进。这是全方位、立体化、网络状的大联通，是以点带线，从线到片，最终形成大区域大合作的发展格局。新时代，推进“一带一路”建设，不仅要加强基础设施互联互通，构建起高质量、可持续、多样化的基础设施，还要积极构建以新亚欧大陆桥等经济走廊为引领，以中欧班列、陆海新通道等大通道和信息高速路为骨架，以铁路、港口、管网等设施为依托的互联互通网，建立健全多元化投融资体系，有效支撑“一带一路”建设。同时，还要聚焦创新驱动战略，实施共建“一带一路”科技创新行动计划、创新人才交流项目等，加强同沿线国家特别是发展中国家在科技创新领域的合作，通过创新为沿线国家实现跨越式发展提供强大动力。

3.“一带一路”要以人文交流促民心相通

民心相通是“一带一路”建设的重要内容，也是“一带一路”建设的人文基础。要真正建成“一带一路”，必须在沿线国家民众中形成一个相互欣赏、相互理解、相互尊重的人文格局。要传承和弘扬丝绸之路的友好合作精神，坚持推动经济合作和人文交流共同推进，注重在人文领域精耕细作，尊重各国人民文化历史、风俗习惯，加强同沿线国家人民的友好往来，为“一带一路”建设打下广泛的社会基础。“一带一路”延伸之处，要让丝绸之路精神薪火相传，让各国人民心与心相通、手和手相连，增进友好往来。新时代，推进“一带一路”建设，不仅要深化交流互鉴，形成多元互动的人文交流格局，还要积极拓展包括公共卫生、绿色发展、科技教育等领域的合作，积极促成政党、智库、民间社会组织的相互交流，形成全方位、深层次、多渠道、稳定性的合作架构，同时还要注重均衡发展，将可持续发展理念融入各类经贸合作中，倡导南南合作、主动对接联合国《2030年可持续发展议程》，着力在消除贫困和饥饿、增进人民健康与福祉等方面发力，确保“一带一路”成果惠及民生。

“一带一路”合作倡议契合中国、沿线国家和地区发展需要，符合有关各方共同利益，顺应了地区和全球合作潮流，顺应了时代要求和各国加快发展的愿望，提供了一个包容性巨大的发展平台，具有深厚历史渊源和人文基础，能够把快速发展的中国经济同沿线国家的利益结合起来，对促进各国共同发展意义重大。

复习与思考

一、名词解释

经济特区	对外贸易	对外直接投资	三来一补
补偿贸易	经济国际化	贸易依存度	一带一路

二、简答题

1. 改革开放40多年来中国对外开放有哪些基本经验?
2. 中国对外开放的基本形式有哪些?
3. 中国吸收外商投资的特点和作用是什么?
4. 中国为什么要提出“一带一路”倡议?

三、论述题

1. 试述中国对外贸易取得的主要成就及存在的突出问题。
2. 试述对外开放与中国经济国际化的关系。

四、讨论题

1. 在内外经济失衡的情况下，中国对外开放应采取哪些政策措施?
2. 中国资本国际化的利与弊有哪些?

3. 实施“一带一路”倡议面临的挑战有哪些？中国应如何应对？

延伸阅读

1. 于洪君，史志钦．“一带一路”十周年青年发展报告．北京：人民出版社，2023.

2. 中国社会科学院世界经济与政治研究所，虹桥国际经济论坛研究中心．世界开放报告 2022. 北京：中国社会科学出版社，2022.

即测即评

扫描二维码可在线自测并查看答案。

参考文献

[1] 马克思恩格斯文集：第 1～10 卷．北京：人民出版社，2009.
[2] 马克思恩格斯选集：第 1～4 卷．北京：人民出版社，2012.
[3] 马克思恩格斯全集：第 16 卷．北京：人民出版社，1964.
[4] 马克思恩格斯全集：第 21 卷．北京：人民出版社，1965.
[5] 马克思恩格斯全集：第 23 卷．北京：人民出版社，1973.
[6] 马克思恩格斯全集：第 44 卷．2 版．北京：人民出版社，2001.
[7] 马克思．资本论．上海：上海三联书店，2009.
[8] 列宁选集：第 4 卷．北京：人民出版社，2012.
[9] 列宁全集：第 1 卷．北京：人民出版社，1955.
[10] 列宁全集：第 25 卷．北京：人民出版社，1958.
[11] 列宁全集：第 40 卷．北京：人民出版社，1986.
[12] 毛泽东文集：第 1～8 卷．北京：人民出版社，1999.
[13] 邓小平文选：第 1～3 卷．北京：人民出版社，1993.
[14] 江泽民文选：第 1～3 卷．北京：人民出版社，2006.
[15] 胡锦涛文选：第 1～3 卷．北京：人民出版社，2016.
[16] 习近平．习近平谈治国理政：第 1 卷. 北京：外文出版社，2018.
[17] 习近平．习近平谈治国理政：第 2 卷. 北京：外文出版社，2017.
[18] 习近平．习近平谈治国理政：第 3 卷. 北京：外文出版社，2020.
[19] 习近平．习近平谈治国理政：第 4 卷. 北京：外文出版社，2023.
[20] 习近平．高举中国特色社会主义伟大旗帜 为全面建设社会主义现代化国家而团结奋斗：在中国共产党第二十次全国代表大会上的报告．北京：人民出版社，2022.
[21] 习近平著作选读：第 1～2 卷．北京：人民出版社，2023.
[22] 本书编写组．党的二十大报告学习辅导百问．北京：学习出版社，2022.

［23］本书编写组．《中共中央关于党的百年奋斗重大成就和历史经验的决议》辅导读本．北京：人民出版社，2021.

［24］十一届三中全会以来重要文献选读：上．北京：人民出版社，1987.

［25］十二大以来重要文献选编：中．北京：人民出版社，1986.

［26］十三大以来重要文献选编：上．北京：人民出版社，1991.

［27］十五大以来重要文献选编：上．北京：人民出版社，2000.

［28］十六大以来重要文献选编：上．北京：中央文献出版社，2005.

［29］十七大以来重要文献选编：上．北京：中央文献出版社，2009.

［30］十八大以来重要文献选编：上．北京：中央文献出版社，2014.

［31］十八大以来重要文献选编：中．北京：中央文献出版社，2016.

［32］约翰·思文，罗思高．发展转型之路：中国与东欧的不同历程．北京：北京大学出版社，2008.

［33］阿瑟·奥肯．平等与效率：重大抉择．北京：中国社会科学出版社，2013.

［34］保罗·萨缪尔森，威廉·诺德豪斯．微观经济学：第 19 版．北京：人民邮电出版社，2012.

［35］保罗·萨缪尔森，威廉·诺德豪斯．宏观经济学：第 19 版．北京：人民邮电出版社，2012.

［36］查尔斯·沃尔夫．市场或政府：权衡两种不完善的选择（/兰德公司的一项研究）．北京：中国发展出版社，1994.

［37］克拉克．财富的分配．2 版．北京：商务印书馆，1983.

［38］罗伯特·平狄克，丹尼尔·鲁宾费尔德．微观经济学：第 8 版．北京：中国人民大学出版社，2013.

［39］亚当·斯密．亚当·斯密全集．北京：商务印书馆，2014.

［40］斯蒂格利茨，沃尔什．经济学：第 3 版．北京：中国人民大学出版社，2005.

［41］威廉·阿瑟·刘易斯．发展计划：经济政策的本质．北京：北京经济学院出版社，1988.

［42］约瑟夫·斯蒂格利茨．社会主义向何处去：体制转型的理论与证据．长春：吉林人民出版社，1998.

［43］格里高利·曼昆．经济学原理：第 7 版．北京：北京大学出版社，2015.

［44］雅克·阿达．经济全球化．北京：中央编译出版社，2000.

［45］植草益．微观规制经济学．北京：中国发展出版社，1992.

［46］阿瑟·奥肯．平等与效率：重大抉择．北京：华夏出版社，2010.

［47］蒂莫西·泰勒．斯坦福极简经济学．长沙：湖南人民出版社，2015.

［48］托马斯·皮凯蒂．21 世纪资本论．北京：中信出版社，2014.

［49］坂井丰贵．小学二年级就能读懂的经济学．南昌：江西人民出版社，2019.

［50］罗伯特·弗兰克．牛奶可乐经济学．北京：北京联合出版公司，2016.

［51］维托·坦茨．政府与市场：变革中的政府职能．北京：商务印书馆，2014.

［52］吴敬琏．当代中国经济改革教程．上海：上海远东出版社，2016.

[53] 卫兴华，张宇．社会主义经济理论．3版．北京：高等教育出版社，2013.
[54] 刘诗白文集：第7卷．成都：西南财经大学出版社，1999.
[55] 张维迎．市场的逻辑．西安：西北大学出版社，2019.
[56] 王军旗，刘旭青．市场经济教程．4版．北京：中国人民大学出版社，2017.
[57] 顾俊礼．德国社会市场经济的运行机制．武汉：武汉出版社，1994.
[58] 杨承训．中国特色社会主义经济学．北京：人民出版社，2009.
[59] 卓炯．论社会主义商品经济．广州：广东经济出版社，1998.
[60] 崔友平．美好生活论．北京：中共中央党校出版社，2022.
[61] 谷书堂．社会主义经济学通论：中国转型期经济问题研究．3版．北京：高等教育出版社，2006.
[62] 邹东涛，欧阳日辉，等．新中国经济发展60年（1949—2009）．北京：人民出版社，2009.
[63] 谭索．戈尔巴乔夫的改革与苏联的毁灭．北京：社会科学文献出版社，2006.
[64] 陆南泉．苏联经济体制改革史论．北京：人民出版社，2007.
[65] 张维达．政治经济学．2版．北京：高等教育出版社，2004.
[66] 张宇，孟捷，卢荻．高级政治经济学：马克思主义经济学的最新发展．北京：经济科学出版社，2002.
[67] 陆立军，王祖强．新政治经济学．杭州：浙江人民出版社，2002.
[68] 谷书堂，宋则行．政治经济学（社会主义部分）．8版．西安：陕西人民出版社，2003.
[69] 宋涛．政治经济学教程．11版．北京：中国人民大学出版社，2016.
[70] 胡代光，周安军．当代国外学者论市场经济．北京：商务印书馆，1996.
[71] 彭森，张小冲，金春田，等．中国经济体制改革的国际比较与借鉴．北京：中国人民大学出版社，2008.
[72] 白永秀．中国现代市场经济研究：一种新的社会主义市场经济理论及其实现形式．2版．西安：陕西人民出版社，1996.
[73] 李丰才．社会主义市场经济理论．2版．北京：中国人民大学出版社，2014.
[74] 肖文海，彭新万．中国社会主义市场经济理论．北京：经济管理出版社，2011.
[75] 杨干忠．社会主义市场经济概论．3版．北京：中国人民大学出版社，2011.
[76] 伍柏麟．社会主义市场经济教程．上海：复旦大学出版社，1993.
[77] 史继红．社会主义市场经济理论体系创新研究．成都：西南交通大学出版社，2009.
[78] 苏星．邓小平社会主义市场经济理论与中国经济体制转轨．2版．北京：人民出版社，2008.
[79] 庞元正．当代中国科学发展观．北京：中共中央党校出版社，2004.
[80] 洪银兴．可持续发展经济学．北京：商务印书馆，2000.
[81] 郭连成，周铁赢．经济全球化与转轨国家政府职能转换研究．北京：商务印书馆，2011.

[82] 刘华．经济转型中的政府职能转变．北京：社会科学文献出版社，2011.
[83] 何维达．全球化背景下的国家经济安全与发展．北京：机械工业出版社，2012.
[84] 王洛林．全球化与中国．北京：经济管理出版社，2010.
[85] 詹宏毅．全球经济的非对称依存．北京：中国人民大学出版社，2010.
[86] 王军旗．中国式现代化十三讲．银川：宁夏人民出版社，2023.
[87] 张登文．经济全球化与后发资本主义国家．北京：人民出版社，2007.
[88] 刘力．经济全球化与中国和平崛起．北京：中共中央党校出版社，2004.
[89] 郑功成．社会保障学：理念、制度、实践与思辨．北京：商务印书馆，2000.
[90] 许琳．社会保障学．2 版．北京：清华大学出版社，2012.
[91] 苏剑．宏观经济学：中国版．北京：北京大学出版社，2010.
[92] 张银杰．宏观经济理论与实践新论．2 版．上海：上海财经大学出版社，2014.
[93] 庞明川．中国经济转轨中的宏观调控与公共政策．北京：中国社会科学出版社，2011.
[94] 宋晓梧．"十三五"时期我国社会保障制度重大问题研究．北京：中国劳动社会保障出版社，2016.
[95] 郑功成．社会保障研究第 1 卷．北京：中国劳动社会保障出版社，2015.
[96] 本书编写组．马克思主义政治经济学十五讲．北京：中国人民大学出版社，2016.
[97] 苏晓红．社会主义市场经济概论．2 版．北京：科学出版社，2011.
[98] 凯伯．全球经济学：第 13 版．北京：高等教育出版社，2014.
[99] 陈志武．财富的逻辑 1：为什么中国人勤劳而不富有．西安：西北大学出版社，2015.
[100] 林毅夫．解读中国经济：增订版．北京：北京大学出版社，2014.
[101] 王军旗，刘儒．政治经济学：原理・前沿・案例．北京：中国人民大学出版社，2013.
[102] 邵宁．国有企业改革实录（1998—2008)．北京：经济科学出版社，2014.
[103] 编写组．《关于深化国有企业改革的指导意见》学习读本．北京：中国经济出版社，2016.
[104] 李实，罗楚亮．中国收入差距的实证分析．北京：社会科学文献出版社，2014.
[105] 林毅夫，等．供给侧结构性改革．北京：民主与建设出版社，2016.
[106] 国家行政学院经济学教研部．中国经济新常态．北京：人民出版社，2015.
[107] 韩庆祥．思想的力量：新一届中央领导集体治国理政的基本思路．北京：中共中央党校出版社，2014.
[108] 林毅夫．新结构经济学：反思经济发展与政策的理论框架．北京：北京大学出版社，2014.
[109] 袁志刚．失业经济学．上海：格致出版社，2014.
[110] 张雷声．马克思主义政治经济学原理．4 版．北京：中国人民大学出版社，2020.

［111］金立群，林毅夫，等．“一带一路”引领中国：国家顶层战略设计与行动布局．北京：中国文史出版社，2015.

［112］王军旗，刘旭青．社会主义市场经济理论与实践．5版．北京：中国人民大学出版社，2020.

［113］汪丁丁．行为经济学要义．上海：上海人民出版社，2015.

［114］顾海良．马克思主义中国化史：第四卷．北京：中国人民大学出版社，2022.

后　记

根据党的二十大精神和习近平总书记最新讲话精神，本书在第 5 版的基础上进一步修改完善，现推出第 6 版，供本科生和研究生使用。

本书以习近平新时代中国特色社会主义思想为指引，深入贯彻党的二十大报告和习近平总书记最新讲话精神，运用辩证唯物主义和历史唯物主义方法和工具，对市场经济的普遍性和社会主义市场经济的特殊性展开系统深入的研究。与第 5 版相比，第 6 版对第 3 篇至第 5 篇进行了较大幅度的调整，增加了把握新发展阶段、贯彻新发展理念、加快构建新发展格局、大力发展数字经济、中国式现代化的成功推进和拓展、我国未来发展的战略安排和总体目标、推动高质量发展等内容，集中诠释社会主义市场经济理论在新时代的新发展，更新了“阅读扩展”“权威观点”等资料，增补了构建高水平社会主义市场经济体制、应对“反全球化”“逆全球化”问题等内容，吸收了 2020 年以来经济学界研究的最新成果和中国共产党在社会主义市场经济方面的理论创新和实践创新；所有章节根据党的最新文献进行了对表，增添了新概念和新提法，并更新了相关统计数据。

本书是集体智慧的结晶，中共中央党史和文献研究院第四研究部主任崔友平教授担任业务指导并欣然作序，主编由中宣部文化名家暨“四个一批”理论人才、国家“万人计划”哲学社会科学领军人才、天津大学马克思主义学院博士生导师王军旗教授担任，负责全书总体设计，副主编由国防大学政治学院西安校区华昊副教授和天津大学马克思主义学院贺敬垒副教授共同担任，进行提纲完善和文字校对。初稿由白永秀、王军旗、贺敬垒、华昊、王海山、吴照峰、王玉龙、张思弘、徐斌、王丽荣、马立党、王雷等专家教授撰写。第 6 版修订具体分工如下：白永秀负责第 1 章，王军旗负责第 2、3、6、7、8、9 章，华昊负责第 4、5、11、16 章，贺敬垒负责第 14、22、23、24 章，王丽荣负责第 10 章，马立党负责第 19 章，徐斌负责第 12、21 章，吴照峰负责第 13 章，王雷负责第 15 章，王玉龙负责第 17、18 章，张思弘负责第 20 章。初步统稿由华昊、贺敬垒完成，最后由王军旗统稿。多媒体课件、教师参考书和“即测即评”由陕西师范大学王海山讲师制作编写。

在本书编撰过程中，得到天津大学马克思主义学院、中共中央党史和文献研究院第四研究部、国防大学政治学院西安校区、西北大学经济管理学院、长安大学等单位和广大同行的大力支持，同时借鉴吸收了理论和实践中的最新研究成果。在此，向所有对本书作出贡献的单位、朋友表示深深的谢意！

王军旗

中国人民大学出版社　管理分社

教师教学服务说明

中国人民大学出版社管理分社以出版工商管理和公共管理类精品图书为宗旨。为更好地服务一线教师，我们着力建设了一批数字化、立体化的网络教学资源。教师可以通过以下方式获得免费下载教学资源的权限：

★ 在中国人民大学出版社网站 www.crup.com.cn 进行注册，注册后进入“会员中心”，在左侧点击“我的教师认证”，填写相关信息，提交后等待审核。我们将在一个工作日内为您开通相关资源的下载权限。

★ 如您急需教学资源或需要其他帮助，请加入教师 QQ 群或在工作时间与我们联络。

中国人民大学出版社　管理分社

教师 QQ 群： 648333426（工商管理）　114970332（财会）　648117133（公共管理）
教师群仅限教师加入，入群请备注（学校+姓名）

联系电话： 010-62515735，62515987，62515782，82501048，62514760

电子邮箱： glcbfs@crup.com.cn

通讯地址： 北京市海淀区中关村大街甲 59 号文化大厦 1501 室（100872）

管理书社　　人大社财会　　公共管理与政治学悦读坊